侯长林选集

(第二卷)

校园文化略论
校园文化学导论

侯长林 / 著

贵州出版集团
贵州人民出版社

图书在版编目(CIP)数据

侯长林选集. 二 / 侯长林著. -- 贵阳：贵州人民出版社, 2023.9

ISBN 978-7-221-17772-8

Ⅰ.①侯… Ⅱ.①侯… Ⅲ.①校园文化—文集 Ⅳ.①G47-53

中国国家版本馆 CIP 数据核字 (2023) 第 157803 号

侯长林选集（第二卷）
HOU CHANG LIN XUAN JI

侯长林 / 著

出 版 人 ：	朱文迅
策划编辑：	代　勇
责任编辑：	唐　博
封面设计：	唐锡璋
版式设计：	陈　晨
责任印制：	蔡继磊
出版发行	贵州出版集团　贵州人民出版社
地　　址	贵州省贵阳市观山湖区会展东路SOHO办公区A座
印　　刷	贵州新华印务有限责任公司
版　　次 ：	2023年9月第1版
印　　次 ：	2023年9月第1次印刷
开　　本 ：	787mm×1092mm　1/16
印　　张 ：	36
字　　数 ：	600千字
书　　号 ：	ISBN 978-7-221-17772-8
定　　价 ：	68.00元

如发现图书印装质量问题，请与印刷厂联系调换；版权所有，翻版必究；未经许可，不得转载。

总 序

人生无常！每个人来到这个世界，面对神秘莫测的大自然和纷繁复杂的人类社会，难免都会发出这样的感慨。出生在莫斯科，后加入比利时国籍的伊利亚·普里高津（Ilya Prigogine）曾经在《确定性的终结：时间、混沌与新自然法则》一书中认为，自然科学过去以为是确定性的东西，现在已经变得不确定了，即大自然具有"荒诞的、非因果的、无法理喻"[1]的不确定性。同样，人生也具有不确定性。我出生于云贵高原群山环抱中的一个名叫火麻坨的小山村，小时从没有想到会走进城里的学堂，不仅读完师范、师专、大学本科，还攻读了两个博士学位，尤其是自从莽莽撞撞地闯进学术的天地之后，就几十年如一日，乐此不疲地在学术这方天地里行走，并且对曾经担任过较长时间的两所地方高校的校长岗位好像没有多少留恋，反而对学术的兴趣似乎越来越浓，还"能够在学术领域中像年轻人一样跌扑

---

[1]［比］伊利亚·普里高津：《确定性的终结：时间、混沌与新自然法则》，湛敏译，上海科技教育出版社，1998，第150页。

滚爬，像战士一样坚守在学术的前沿阵地"[1]。这些都是我过去没有想到的，也是不敢想象的。所以，人生无常和不确定性的确是客观存在的。不过，无常中蕴含着有常，不确定性中有确定性，也是客观存在的。我们每一个个体虽然对于无常和不确定性往往更多的是无奈或无所适从，但是我们能够在这种无常和不确定性中追求有常和确定性，这也是人生无常和不确定性中内在包含着的人生价值和意义。

一个人来到这个世界，可做和要做的事情很多，面对不期而遇的无常和不确定性带来的困难和挫折，可以惆怅，可以感伤，但是不能丧失追求有常和确定性的勇气与信心，更不能沉沦！其实，只要追求了、努力了、付出了，也就赋予人生的价值和意义了。我曾经在《人到中年》一文中说过这样一段话："平平淡淡也是真，只要心中的那盏灯不灭，只要能在平淡的日子中多一份人生的关怀和人生的理解，从而做自己所能做、所愿做的事，并能感受只有在平淡的日子中才能获得的那份没有任何压力、没有任何功利的清纯如水的快乐，那何尝不是一种真实而美丽的人生！"[2]不过，这需要学会放下。只有学会放下，才能感受到这种人生的幸福与快乐！

当然，不同的人可以选择不同的方式放下。有的人说放下可能就放下了，有的人说放下了可能未必真正放下。我今天编辑自己的《选集》，就是在做使自己放下的工作。因为我感到做学问就像做木匠活一样，最终总得有一件或者有一套像样的哪怕只是让自己满意或自己

---

[1] 侯长林：《往事回望——侯长林散文选集》，贵州人民出版社，2021，第615页。
[2] 侯长林：《侯长林文集·即将辞去的旧楼》，北京理工大学出版社，2012，第224页。

并不满意但是尽力做出的家具，即我们称之为的作品，对自己和后人有一个交代。正因为有这样一个想法，我就把《选集》的编辑当作自己一生放下的工作来做。

尽管如此，我还会在编辑《选集》的同时进行学术思考，创作新的作品，尤其是与我的学生一起探讨未知、追求真理，做一个像英国哲学家、教育家怀特海（Alfred North Whitehead）所说的"使青年和老年人融为一体，对学术进行充满想象力的探索，从而在知识和追求生命的热情之间架起桥梁"[1]的理想中的带着自己的学生不断进行学术探险的人，只要身体允许，我会一直做下去！

在编辑《选集》的过程中，我已明显地感到早期研究的不足，尤其是这些研究在历史的进程中被相关研究（包括自己的研究）所超越。我知道，这是十分正常的。马克斯·韦伯（Max Weber）曾说过："在学术领域里，我们每一个人都知道，我们取得的业绩，在10年、20年、50年内就都会过时。这就是学术研究必须面对的命运，或者说，这就是学术工作的真正意义。文化的其他领域也受到同样的限制，但是，学术研究在一种十分特殊的意义上，投身于这种意义：学术工作上，每一次'完满'，就意味着新'问题'的诞生——学术工作要求不断被'超越'，要求过时。任何有志于献身学术工作的人都必须接受这一残酷的事实。"[2]我有这个心理准备，我今天编辑自己的《选集》，就是为有志于从事这些方面研究的人提供查阅的方便

---

[1] [英]怀特海：《教育的目的》，徐汝舟译，生活·读书·新知三联书店，2002，第112页。

[2] [德]马克斯·韦伯：《韦伯论大学》，孙传钊译，江苏人民出版社，2006，第101页。

并乐见其超越我的研究与思考。被超越，就人生而言是幸福之所在；被超越，就学术研究而言是价值之所在。人类的学问就是在这种不断超越中积累起来或不断前进的。我愿意做这样的被超越者，愿意做这样的铺路石！这也算是我所能够做的在人生无常和不确定性中对有常和确定性的追求。

在这里，我还想说的是，作为"一个从文学中走出但在内心深处仍然充满着对文学的向往与热爱的人来说，只要有机会接触文学、使用文学，就不会轻易放过。因而在我几十年的学问人生中，一旦有闲暇的时间和适合的心境，就会……回到文学的天地之中，任由情感的驱使，说我想说的话，写我想写的文字，不过，更多的是用文学的手法记录我的学术生活，尤其是对学术的思考……对我而言，文学创作就只能是我所从事的教育管理和教育研究的手段，是一种教育学术的文学表达"[1]。于是，我也就将自己的文学创作作品一并列入了《选集》之中。

在选编的过程中，尽可能保持原状，但也不完全拘泥于原状，认为需要修改的地方还是做了一定的修改，即有删减或增添。所以，在发表时间的说明之处用的是"原文"或"原著"。

侯长林
2022年12月6日

---

[1]侯长林：《往事回望——侯长林散文选集》，贵州人民出版社，2021，第616页。

自 序

校园文化是我学术职业生涯的起点，即是我关注的第一个学术研究领域。《校园文化略论》是我在这个领域里撰写的第一部书稿，也是我的学术职业生涯的第一本著作。

我在这里强调"职业"二字，是因为庆幸自己在人生的发展中找到了适合的职业，即不管行政管理岗位如何变化都坚持进行文化和教育等学术研究及文学创作，并且几十年如一日从未间断。

沧海桑田，风云变幻。人也是处在不断变化之中的，但人在其不断变化的过程中应该有某种基本的坚守。这种基本的坚守就是人之为人的根本，如果一个人一点坚守都没有，很难说这种生存状态的人是一个真正意义上的人。在德国哲学家卡西尔（Ernst Cassirer）看来，"人的本质是永远处在制作之中的，它只存在于人不断创造文化的辛勤劳作之中"[1]。他说："人的突出的特征，人的与众不同的标志，既不是他的形而上学本性，也不是他的物理本性，而是人的劳作

---

[1] [德]恩斯特·卡西尔：《人论——人类文化哲学导引》，甘阳，译文出版社，2013，第8页。

（work）。"[1]卡西尔倡导"劳作"，尤其推崇"创造"，我不敢说我的学术研究都是创造，但至少可以归入其所倡导的"劳作"之中。

回想自己之所以能够几十年如一日地在学术天地里劳作，开始时主要还是缘于生存与发展的压力，缘于向生于斯长于斯的土地证明自己，但是渐渐地这种情况发生了变化，尤其是生存与发展的问题得到基本解决之后，就更多地听从了内心的召唤，把学术作为了人生最大的追求与向往。现在，学术劳作已经成为我的一种生活习惯或生活方式。所以，当跨过耳顺之年，许多人都开始在回忆中安享晚年之时，我却感到还有许多想看的书没有看，许多值得研究的课题尚未研究，许多想写的文章还没来得及写，感到自己的学术事业没有完成——已经行走多年的学术天地之中还有许多待开采的学术矿藏，还有成片的丰饶的学术原野。每天看到新生的太阳，总觉得自己的学术生命依旧年轻！这一切，我以为还是得益于早在青年时期就误打误撞地进入了学术天地，选择了学术的职业，并在从事大量高校行政管理工作的同时，仍然坚持学术立身的准则，坚守以学术为志业的人生选择。美国教育哲学家杜威（John Dewey）说得好："找出一个人适宜做的事业并且获得实行的机会，这是幸福的关键。天下最可悲的事，莫过于一个人不能发现一生的真正事业，或未能发现他已随波逐流或为环境所迫陷入了不合志趣的职业。"[2]我现在确实感受到了杜威所说的这种幸福！因而，一个人能

---

[1][德]恩斯特·卡西尔：《人论——人类文化哲学导引》，甘阳译，译文出版社，2013，第115页。
[2][美]约翰·杜威：《民主主义与教育》，王承绪译，人民教育出版社，2001，第327页。

自 序

否成功，不仅仅是能力的问题，还在于其是否找到了适合自己劳作的职业，并且长期坚守，成为变化中的不变，成为不确定性中的确定性。

关于《校园文化略论》这部书稿的撰写，我在《人生四十才开始》一书中有这样的记录——

> 在1990年4月28日晚上，《新闻联播》播出时，我正在老干所旁边的炮楼家里做饭，听到客厅传来播音员报道关于全国校园文化理论研讨会在北京召开的声音，就快步由厨房走到客厅，正好听到播音员在说："现在全国还没有一本研究校园文化理论的专著出现。"听到这样的信息，当时我就想，我能不能写一本关于校园文化理论研究的专著呢？吃好饭，我就走出房间，下到一楼，往学校走，来到中文系办公室，把我收集到的关于校园文化的资料全部拿回了家。我把办公室和家里关于校园文化的资料全部翻了一遍，然后坐在窗前，看着天空中朦朦胧胧的星光和铜仁城闪闪烁烁的灯火发呆。几天后，我理出了书稿的写作提纲。有了提纲，我就开始围绕提纲到学校图书馆查找相关资料。通过两个多月的准备，我收集到了大量相关资料，并对写作提纲进行了再次修改……对书稿的写作是在暑期的一天早上开始的。我那时写作有一个习惯，往往是一旦开始，就连续奋战，乃至通宵达旦，直至完成初稿为止。书稿的写作需要比较长的时间，不可能采取一口气写完的办法。我是每天都坚持写，写累了就休息，睡一觉醒来又接着写，就这样写了21天，完成了初

稿的写作……书稿的初稿写完后，整理誊正则花了两个多月……打印又花了一个多月的时间，当油印稿最后打印出来的时候，已经是1991年的春天了。还值得一提的是，在打印的过程中，多印一张少印一张都很正常，房间里丢得到处都是废纸，但奇怪的是，最后装订成册30本书，一张纸没有多，一张纸也没有少，我当时就对我爱人说："看来，我这本书要顺利出版！"然后，我就分别寄给了贵州教育出版社和文化部副部长高占祥同志。当时真是初生牛犊不怕虎，居然也敢把自己的习作寄给文化部副部长高占祥。不久，出版社来了信函，说同意出版。高占祥副部长也来信同意用他的文章作为我的书稿的序言。[1]

这部书稿的主要内容涉及两个方面：一是校园文化的内部构成要素。我认为："作为一个完整的校园文化必须具备校园人、校园物质环境、校园图书馆、校园文化活动、校风等基本要素，校园人是校园文化的主体，校园物质环境是物化形态校园文化的静态表现，校园图书馆是校园文化信息的储存中心，校园文化活动是物化形态校园文化的动态表现，校风是校园精神的核心内容。因而，这些要素缺一不可，否则，将是不完整或有缺陷的校园文化。"[2]二是校园文化与其他文化的关系。在这一方面，主要讨论了校园文化与社会文化、传统文化、外来文化，以及与非智力因素的培养等问题。

---

[1]侯长林：《人生四十才开始》，岳麓书社，2015，第140—141页。
[2]侯长林：《校园文化略论》，贵州教育出版社，1991，第162页。

| 自 序 |

这部书稿出版后，引起了一定的反响。袁建清副研究员曾做了这样的评价：《校园文化略论》一书"博采众议，纵抒己见，深层次地揭示了校园文化的性质、功能和主要特点，多角度地论述了校园的现状、模式和演变趋势，不仅对校园文化的总体理论做了全面的介绍和评说，而且对校园文化的基本要素做了恰当的条分缕析，并将校园文化放在整个人类文化的大背景中进行全方位的考察，为我们在'校园文化'这个'古老而年轻的话题'方面设计了一副理论框架……《校园文化略论》确系校园文化理论研究领域中的一部'补白书'"[1]。我的这部书稿是1991年7月出版的，后来才知道，就在我的这部书稿出版的前几个月，即在1991年2月，陕西人民教育出版社出版了俞国良的《校园文化导论》一书。其实，我的《校园文化略论》一书最初的书名就叫《校园文化导论》，只是我"认为'导'有引导之意，不好，还是'略'字，谦虚一些。于是，书稿出版时的名字就改为《校园文化略论》了"[2]。哪知这一改，正好与俞国良的《校园文化导论》有了一字之差。不过，俞国良的《校园文化导论》一书主要是"围绕'教育活动属于一种文化活动'的基本观点，按照'师生—关系—校园文化'的逻辑思路，从文化的视野，运用心理学、教育学、社会学的理论和知识，具体阐述了青少年学生心理发展的亚文化系统——校园文化的各个方面（如校园环境、校园群体、校园风气、校园规范与舆论、校园时髦现象、校园文化生活等），把课堂教学、思想政治教育都视为一种文

---

[1]袁建清：《〈校园文化略论〉评介》，《贵州文化》1991年第7期。
[2]侯长林：《人生四十才开始》，岳麓书社，2015，第142页。

009

化现象，青少年学生的心理发展正是在这种文化背景下展开的"[1]，的确与我的《校园文化略论》"在内容和体例方面相去很远"[2]。因此，说《校园文化略论》是校园文化理论研究领域中的"补白书"，也没有错，即我的《校园文化略论》所补之"白"与俞国良的《校园文化导论》所补之"白"不同。不过，准确地说，《校园文化略论》是我国校园文化理论研究领域中的第二本专著。关于《校园文化略论》一书，学界评价较高。早在2007年，时任东南大学党委书记郭广银等在《新时期高校校园文化建设的理论与实践》一书中有这样的评述："20世纪90年代是校园文化研究发展较快的时期，出版了几本理论性较强的学术著作。这段时期的代表性著作包括：高占祥主编的论文集《论校园文化》（新华出版社，1990年），侯长林著《校园文化略论》（贵州教育出版社，1991年），史华楠等主编《校园文化学》（北京医科大学、中国协和医院大学联合出版社，1993年）……这些著作从总体上界定了校园文化的内涵、功能、结构，论述了校园文化与经济、政治、其他文化的关系，阐发了校园文化的发展方向与建设途径。"[3]我国较早积极倡导并致力"校园文化学"研究的学者史华楠也做了这样的评价："以高占祥主编的论文集《论校园文化》（1990年）、侯长林的《校园文化略论》（1991年）……可以说是这一阶段校园文化研究的代表性成

---

[1] 佚名：《我国第一部校园文化论著——〈校园文化导论〉出版》，《青年探索》1991年第2期。
[2] 侯长林：《人生四十才开始》，岳麓书社，2015，第142页。
[3] 郭广银、杨明：《新时期高校校园文化建设的理论与实践》，南京大学出版社，2007，第77页。

果。"[1]山东曲阜师范大学李保强认为，在强调管人重在发挥人的积极性、主动性和创造性方面"影响较大的成果有：盛绍宽编《学校公共关系学》（1994年）、侯长林著《校园文化略论》（1991年）"[2]。徐东等认为在学校文化建设方面"影响较大的成果有：赵守仁著《学校公共关系管理》（1995年）、赵中建著《学校文化》（2004年）、侯长林著《校园文化略论》（1991年）等"[3]。尤其是在一些与校园文化相关研究的硕士、博士学位论文中涉及《校园文化略论》的评价较多。比如李剑锋认为，"《学校文化论》《校园文化导论》《校园文化学》《校园文化略论》等著作颇具真知灼见……对校园文化的建设实践给予了强大的理论支撑"[4]。蔡桂珍认为，在20世纪90年代"这个阶段开始出现了一些理论性较强的学术著作，如高占祥主编的论文集《论校园文化》（新华出版社，1990年）、侯长林的《校园文化略论》（贵州教育出版社，1991年）……这些论著的出现也是校园文化得以发展的又一个标志"[5]。任缘娟认为，20世纪80年代末、90年代初出现的"杜文华主编的论文集《校园文化论》、高占祥主编的论文集《论校园文

---

[1]史华楠：《我国"大学文化研究"之研究——兼论中国特色大学文化学构建问题》，《现代大学教育》2014年第5期。

[2]李保强：《我国当代学校管理理论发展的走向》，《教育理论与实践》1999年第3期。

[3]徐东、邱永成、张继华：《现代学校管理创新研究》，电子科技大学出版社，2006，第35页。

[4]李剑锋：《探索以"校园文化"为核心的学校管理模式》，首都师范大学硕士学位论文，2001，第7页。

[5]蔡桂珍：《新时期高校校园文化建设研究——以福建省高校为例》，福建师范大学博士学位论文，2013，第17页。

化》、侯长林的《校园文化略论》、俞国良的《校园文化导论》等,为校园文化的系统研究奠定了理论基石,进一步拓宽了高校校园文化建设的研究思路与方法"[1]。胡敏认为:"高占祥主编的论文集《论校园文化》(1990年)、侯长林的《校园文化略论》(1991年)、俞国良的《校园文化导论》(1991年)等著作,对后来的校园文化研究影响颇深。"[2]庄科举认为:"进入到20世纪90年代,校园文化研究发展迅速,在这一时期发表了许多理论性较强,研究影响较大的著作。其中著名的有侯长林的《校园文化略论》、高占祥的《论校园文化》、陶国富等编的《大学校园文化》、高长梅、吴玉红主编的《校园文化建设百科全书》等。"[3]吴昌珍和李化树两位学者早在1994年就撰文认为,关于校园文化构成,虽然没有统一的看法,但是"理论界的观点主要有:校园文化主要分为物质文化和精神文化两大层面……校园文化一般应包括校园人、校园物质环境、校园图书馆、校园文化活动、校风等基本要素"[4]。这是对《校园文化略论》一书中关于校园文化构成观点的最早认同。引用这本书中具体观点如校园文化定义、校园文化功能等的还不少,通过读秀数据库查找,到目前为止,《校园文化略论》一书总被引137条。总之,《校园文化略论》一书在我国校园文化理论研究史上

---

[1]任缘娟:《新时代中华优秀传统文化融入高校校园文化建设的路径研究》,新疆医科大学硕士学位论文,2020,第10页。
[2]胡敏:《中华民族共同体意识融入高校校园文化研究》,西南大学硕士学位论文,2020,第6页。
[3]庄科举:《基于校园文化的高校书店空间设计研究》,中国矿业大学硕士学位论文,2022,第4页。
[4]吴昌珍、李化树:《大学校园文化若干问题探讨》,《重庆师院学报》(哲社版)1994年第2期。

| 自 序 |

确有其特殊的地位。还值得一提的是，早在1992年，《校园文化略论》一书还获得了贵州省第二次哲学社会科学优秀成果三等奖。那年我30岁。作为那个年代30岁的年轻人能够获得省部级奖，哪怕只是三等奖，于我而言都是莫大的鼓励。这种鼓励增强了我从事学术研究的信心，让我进一步看到了学术研究的价值与意义，从而也就促使我更加自觉地进行学术研究。另外，在1996年，以《校园文化略论》一书作为主要理论支撑申报的题为"校园文化建设理论研究与实践"的成果还获得了贵州省第四届普通高等学校省级教学成果一等奖。尽管如此，毕竟这部书写作的时间较早，由于历史条件和自己认识能力所限，仍有许多不足。为此，我曾经对这部书稿进行过修订，"我对这部书稿修订的原则是只做局部的调整、修补或增删，尽可能保持原貌"[1]，该稿于2018年由中国文化出版社出版。本《选集》收集的就是在这部修订版基础上进行的再次修订版，即第二个修订版。《校园文化略论》修订版还被皮谨煜翻译成了英文，于2023年由哈尔滨工程大学出版社出版。

《校园文化学导论》是我的第二部书稿，关于这部书稿，我的《人生四十才开始》一书中也有一段记录——

> 担任铜仁师专党委副书记后，学校的思想政治和行政管理工作陡然增加，我白天基本上没有时间看书写作，但是下班吃了饭后就是我的自由时间，再加上周末和其他节假日，我仍然可以看很多书，仍然可以写我想写的文章。2000年6月由中国文联出版社出版的《校园文化学导论》，就是

---

[1] 侯长林：《校园文化略论》（修订版），中国文化出版社，2018，第176页。

在这种情况下完成的。[1]

《校园文化学导论》"主要从学科建设的角度,以文化学、教育学、哲学等为理论基础,对校园文化进行了系统地、深入地探讨与论述,基本把握住了校园文化的内涵、特征、功能、作用和一般运行规律,为校园文化建设提供了理论和工作依据。从学科建设的角度来研究校园文化,即校园文化学"[2]。这本书出版后,也产生了一定的影响。我国著名演讲教育艺术家李燕杰来信称:"《校园文化学导论》是我见到的第一部校园文化学专著。读过之后,受益匪浅。记得在1963年,我向蒋南翔、杨海波等领导汇报高校学生工作时,曾提出大学生正课8小时,由教师负责,剩下的16个小时谁管?怎么管?我提出要占领三个阵地:一个宿舍阵地,一个社团阵地,一个课外阅读阵地。提出后,领导们十分高兴。几十年过去了,没有想到你系统地、全面地对这些阵地进行了认真研究,并结合实际进行了深入探讨,在许多方面讲得很深刻,很透辟,而且易于落实。其中一些做法是切实可行,并将行之有效的。我认为这是一部值得一读的好书,应当建议高校、中专等广大师生阅读,特别是应当向在校负责学生工作的老师推介,请他们也读读这本好书。"[3]任明刚发表文章,认为"这是一部系统、完整地探讨、论述新兴学科校园文化学基本理论的具有创见性和开拓性的学术专

---

[1] 侯长林:《人生四十才开始》,岳麓书社,2015,第200—201页。
[2] 侯长林:《校园文化学导论》(修订版),江西人民出版社,2018,第1页。
[3] 侯长林:《侯长林文集·文化探索》,北京理工大学出版社,2012,第156页。

著"[1]。宋伟博士在其学位论文中认为,"进入21世纪以后,侯长林的《校园文化学导论》(中国文联出版社,2000年)、白同平的《高校校园文化论》(中国林业出版社,2000年)等相继出版,形成了比较庞大的校园文化研究阵容"[2]。陈阳阳在其硕士学位论文中认为,关于校园文化理论研究,"影响力较大的著作有侯长林的《校园文化学导论》(中国文联出版社,2000年)、刘德宇的《高校校园文化发展论》(中国海洋大学出版社,2004年)等"[3]。还有学者认为"《校园文化学导论》从学科建设的角度,以文化学、教育学等为理论基础,初步构建了校园文化学的理论体系"[4]。《校园文化学导论》还于2002年获得了铜仁地区哲学社会科学优秀成果一等奖。2018年,我也对《校园文化学导论》进行了修订,并由江西人民出版社出版。现在收入本《选集》的就是在该修订版基础上进行的再次修订版,即第二个修订版。

粗略地梳理这两部书稿出版后所引起的反响,看到学界给予的充分肯定与积极评价,内心的愉悦是不用言说的,但又让我隐隐地感到不安与遗憾,因为我知道,这两部书稿并非完美无缺,仍有诸多不足,并且有的不足是我自己难以弥补的。更何况,书稿一旦出版,就像一个呱呱坠地的孩子,是一个有了鲜活生命的存在,其怎么成长、怎么发展、怎

---

[1]任明刚:《新学科 新视野——读〈校园文化学导论〉》,《贵州日报》2000年10月18日。
[2]宋伟:《社会主义核心价值观融入高校校园文化建设研究》,郑州大学博士学位论文,2016,第11页。
[3]陈阳阳:《立德树人视阈下高校校园文化建设研究——以西安高校为例》,西安理工大学硕士学位论文,2020,第3页。
[4]田晓乔:《铜仁市村级组织史资料》(1949年11月—2007年12月),铜仁市委党史研究室,2008,第968页。

么消亡，已经不是我能够主宰的了。我唯一能够做的就是在本《选集》出版的过程中，再次做力所能及地修订。不过，想到"做学问，我们追求真理，然而，除非是套套逻辑，天下没有绝对或永远对的真理"[1]等学术前辈的谆谆告诫，也就释然了。

在这里，还需要说明的是，由于《校园文化略论》主要论述的校园文化内部构成要素及校园文化与其他文化的关系是《校园文化学导论》主要论述的校园文化学科建设的基础、《校园文化学导论》主要论述的校园文化学科建设是《校园文化略论》主要论述的校园文化内部构成要素及校园文化与其他文化关系研究的进一步提升与发展，即两本书稿主要讨论的问题关系紧密，因此，本《选集》将这两部书合二为一出版。

侯长林

2023年1月27日于铜仁学院学科楼512工作室

---

[1]张五常：《科学与文化》，中信出版集团，2015，第36页。

文化是校园的常青树[1]
——修订版前言

已经有几年时间没有谈文化的问题了。虽然曾经有很长一段时间围绕着文化的问题进行过一些思考，也出版了十余本和文化有关的书，发表了几十篇关于文化的文章，但到底什么是文化仍然云里雾里，所以也就不大敢继续触摸文化的问题。文化确实是一个很难说清的问题，我在《文化笔记》一书的"弁言"中，曾经很坦诚地写过这样一段话："什么是文化？十余年来，我曾经千百次地追问过自己。每次我都展开想象的翅膀在文化的天空里反复地搜寻，同时借助逻辑推理在文化的两维甚至三维空间中苦苦探寻，企图找到一个能够完全揭示文化真理的定义，结果每次都是两手空空。"[2]当我翻阅关于校园文化的旧稿时，又不得不把自己已经远离文化的思绪拉回到文化理论的现实中来。

---

[1] 该文的主要内容曾以《文化是大学校园的常青树》为题刊发在《铜仁学院学报》2017年第7期。

[2] 侯长林：《文化笔记》，河南文艺出版社，2006，第1页。

我过去对文化的感受是文化是汪洋的海，它深邃、博大，但现在感到文化之于大学校园，更像一棵树，还在不断地生长，尤其是像铜仁学院这样一些新建本科院校，文化就像刚刚出土的幼苗，需要浇灌，需要关爱。然而，客观的现实是我们相当一部分高校的管理者，口头上重视文化建设，其实没有真正理解文化建设的精髓与价值，看不到文化对于校园建设与人的发展的重要性。我在与文化有关的讲座中，曾不止一次地谈到过德国由哲学引发的文化革命推动社会的进步与发展，以及儒家文化对我们中华民族心灵的浸润与影响等事实。另外，也在我的有关著作中，讨论过高校校园文化对学生培养和教师发展的意义。在这里，我还想说的是文化是学校长期需要的，应该是校园的常青树。正如华中科技大学黄长义所说："大学属于社会的文化组织，文化性是大学的根本属性……不管如何变化，大学的文化性没有变，也不应该变。文化使命作为现代大学的一项基本使命，始终贯穿在大学人才培养、科学研究和社会服务之中。"[1] 所以，办大学不能只种香樟树、梧桐树、樱花树、桂花树等自然树种，还要种文化的树，不仅要种文化的树，而且要施肥，要修剪，要培育。

文化之于校园，有显性的物质文化，比如运动场、图书馆、教学楼、学生宿舍楼、食堂等，但是更为重要的还是内化在校园各种形态之中的隐性文化。隐性文化无所不在，无处不有，它存在于校园生活的广阔领域，由文化传统、文化氛围和文化精神等因素构成，是影响学生成长成才的重要因素之一。

校园文化的内涵十分丰富，不仅是专业文化、课程文化和活动

---

[1]侯长林：《高校校园文化基本理论研究》，人民出版社，2014，第3页。

文化，还有很多精深和博大的内容。但是校园文化是需要积累积淀，并在校园里逐步生长起来的，不是与生俱来的。因此，我们不仅要播下文化的种子，更要精心地呵护其成长，使其常绿常青，直至绿满校园，成为独特的风景和学校的核心竞争力！

我对校园文化的思考及对旧稿的修订，就是为了使文化这棵常青树能够在学校常绿常青并绿满校园。德国教育家洪堡（Wilhelm von Humboldt）的办学理念是："教师的首要任务是自由地从事于'创造性的学问'。"每个学生则如洪堡所说："应该至少在日益增大的'知识金殿'上置放一块砖石。"[1]我作为大学校长和大学教师，虽然不能说自己所从事的工作和学问都具有创造性，但是我愿意像一个学生一样学着为日益增大的校园文化的知识金殿添加一块砖瓦。这次修订就是想把添加的这块砖瓦尽可能做得完美！我知道，世上本没有完美的东西存在，我也做不到这样的完美，我这里所谈的完美只是我的能力和水平有可能达到的完美。权当是自己对自己的一种期待吧！

愿校园文化这棵常青树永远成为校园的风景！

侯长林
2018年9月8日

---

[1]金耀基：《大学之理念》，生活·读书·新知三联书店，2008，第4页。

目 录

» 第一部 校园文化略论

繁荣校园文化 培育四有新人 …………………………… 002
一、校园文化需要大力倡导 …………………………………… 003
二、校园文化需要党政领导 …………………………………… 005
三、校园文化需要正确引导 …………………………………… 006
四、校园文化需要教师指导 …………………………………… 007
五、校园文化需要培养"向导" ……………………………… 007
六、校园文化需要热心辅导 …………………………………… 008

第一章 校园文化概说 …………………………………… 010
一、校园文化 …………………………………………………… 010
二、校园文化模式 ……………………………………………… 045
三、校园文化的功能和特点 …………………………………… 056
四、新时期校园文化的发展 …………………………………… 064

第二章　校园人 … 068
一、校园人 … 069
二、大学校园人 … 075

第三章　校园物质环境 … 102
一、校园物质环境的地位和作用 … 102
二、校园物质环境建设 … 110

第四章　校园图书馆 … 120
一、校园图书馆的职能 … 121
二、学校图书馆文化 … 128
三、加强图书馆文化建设 … 132

第五章　校园文化活动 … 139
一、校园文化活动的类型和特征 … 140
二、校园文化活动的作用 … 144
三、校园社团 … 160
四、校园文化活动开展应注意的问题 … 169

第六章　校　风 … 177
一、校风的特点 … 178
二、校风的内在结构 … 181
三、校风的重要作用 … 184
四、校园风尚文化建设的基本原则和途径 … 195

第七章　校园文化与社会文化 … 205
一、校园文化与社会文化关系诸说 … 205
二、校园文化与社会文化的对立 … 209
三、校园文化与社会文化的统一 … 218
四、校园文化与人的社会化 … 220

第八章　当代校园文化与传统文化 ·········· 227
一、传统文化 ·········· 228
二、当代校园文化与传统文化的关系 ·········· 231
三、当代校园文化对待传统文化的基本原则 ·········· 234

第九章　中国校园文化与外来文化 ·········· 237
一、文化全球化与中华民族文化的发展 ·········· 240
二、中国校园文化与外来文化的关系 ·········· 247
三、对待外来文化的原则 ·········· 250

第十章　校园文化与人的非智力因素的培养 ·········· 252
一、非智力因素的概念 ·········· 252
二、校园文化对非智力因素的培养起主要作用 ·········· 253
三、校园文化对非智力因素培养的途径和方法 ·········· 254

主要参考文献 ·········· 260
一、主要参考著作 ·········· 260
二、主要参考论文 ·········· 263

附　录 ·········· 275
《校园文化略论》评介 ·········· 275
神圣没有失落——青年学者侯长林和他的"校园文化"研究 ····· 282
《校园文化略论》原版后记 ·········· 287
《校园文化略论》第一次修订版后记 ·········· 290

» 第二部　校园文化学导论

《校园文化学导论》原版前言	294
绪　论	296
一、校园文化学研究的对象和任务	297
二、校园文化学研究的政治方向	306
三、建立校园文化学是社会的需要	310
第一章　校园文化本质	318
一、文化和校园文化	318
二、校园文化本质	342
第二章　校园文化结构	359
一、校园文化结构的层次和内容	359
二、校园文化结构的功能和特点	369
第三章　校园文化模式	379
一、校园文化模式的含义	380
二、校园文化模式的类型	388
第四章　校园文化基本理论	391
一、校园文化基本理论	391
二、高校校园文化基本理论的内涵	394
第五章　校园文化典型形态	403
一、校园人	403
二、校园物质环境	408
三、图书馆	412
四、校园文化活动	415

五、校风 ··· 417

第六章　校园文化价值 ·· 421
一、价值的含义 ·· 422
二、文化价值 ·· 424
三、校园文化价值 ·· 429

第七章　校园文化发展 ·· 432
一、校园文化起源 ·· 432
二、校园文化发展 ·· 444

第八章　校园文化社会控制 ···································· 462
一、社会控制的含义 ·· 462
二、校园文化社会控制的必要性 ······························ 468
三、校园文化的可控性 ······································ 474
四、校园文化社会控制的目的、方法、手段 ···················· 477

第九章　中国校园文化与其他文化 ······························ 485
一、校园文化与社会文化 ···································· 485
二、当代校园文化与传统文化 ································ 491
三、中国校园文化与外来文化 ································ 496

第十章　校园文化建设总论 ···································· 501
一、校园文化建设的地位 ···································· 501
二、校园文化建设的原则 ···································· 505
三、校园文化建设的途径和方法 ······························ 509

主要参考文献 ··· 513
一、主要参考著作 ·· 513
二、主要参考论文 ·· 518

附 录 ·· 535

新学科 新视野——读《校园文化学导论》················ 535

《校园文化学导论》原版后记 ·························· 538

《校园文化学导论》第一次修订版后记 ················ 540

本《选集》后记 ·· 542

第一部

校园文化略论

繁荣校园文化　培育四有新人
（《校园文化略论》原版代前言）[1]

高占祥

什么是校园文化？讲法很多，比如，有广义、狭义之分，还有许多从不同角度的说法。我觉得都有一定道理。我想是否可以这样讲：校园文化是以学生为主体、以课外文化活动为主要内容、以校园为主要空间、以校园精神为主要特征的一种群体文化。

这也算是一家之言吧。

近些年来，随着我国教育事业的发展，校园文化也有了新的发展。校园文化在全面贯彻党的教育方针，活跃校园文化生活，培育四有新人方面，积累了许多新的经验，同时也出现了一些新情况，遇到了一些新矛盾和新问题。就总的情况而言，目前的校园文化处于浅层次的较多，不够深化。在不少学校，校园文化还没有得到应有的重视。因此，如何进一步繁荣校园文化是我们所面临的需要认真研究的

---

[1]著者注：此文是文化部副部长高占祥同志1990年4月28日在全国高校文化理论研讨会上讲话的摘要，经征得他本人同意，作为本书的前言。

问题，也是与会者共同关心的问题。

怎样进一步搞好校园文化建设，我认为应在六个方面做出努力。

一、校园文化需要大力倡导

一些学校，对校园文化的意义缺乏认识，没有真正把这项工作提到日程上来，甚至文化部门也没有很好地将校园文化纳入工作的视野中来。因此，要大力倡导校园文化，宣传和认识校园文化建设的意义和校园文化的功能。

校园文化具有多方面的功能。

1. 认识功能

校园文化渗透着社会文化和民族优秀文化。通过开展校园文化，学生们可以认识社会、认识人生、认识没有共产党就没有新中国的深刻道理，了解和学习中华民族的优秀传统文化和勤劳善良的美德，了解认识中国国情。校园文化有利于青少年学生提高素质，丰富阅历，有利于学生形成科学的人生观、价值观。

2. 娱乐功能

处于发育、成长关键时期的青少年，担负着繁重的学习任务。娱乐型的校园文化活动，不仅能够使他们调剂精神，保持乐观向上的情绪，而且能够起到"以乐育人""以美育人"的作用。

3. 导向功能

校园文化的内容、校园文化的方式以及校园文化所形成的文化环境和文化氛围，对学生有着直接或潜移默化的导向作用，深刻影响着每个学生的思想品德、行为规范和生活方式。正像有的同志所说：它具有滴水穿石的力量。

校园文化寓教于乐，寓教于美，增添了思想政治工作的艺术性，使学生在喜闻乐见的文化活动中，和谐地接受思想政治工作的内容。

4.育才功能

一些学校在育人方面，与党的教育方针的要求尚有一定差距。有的片面追求升学率，有的忽视美育，造成了学生知识面狭窄，文化修养不足，实际能力不足等，这些都需要补充和完善。丰富多彩、健康活跃的校园文化可以弥补课堂教学中的不足。校园文化能够巩固、加深课堂专业知识，扩大学生的知识领域，发展他们的独立思考能力，还可以发挥学生的各种潜能，锻炼多方面的能力，如写作能力、组织能力、社交能力、活动能力等。开展校园文化的过程实际上就是学生自我实现、自我教育、自我管理、自我提高，促进社会化的过程。

校园文化的功能集中体现在它能优化育人环境，有利于培养德智体美劳全面发展的社会主义新人。在大力倡导校园文化时，要有一种纵览所有校园的战略眼光，即在继续加强大学校园文化的同时，加强中小学的校园文化建设。

目前我国各级学校的在校生共18235万人，其中研究生、大学本科、专科生共218.3万人，而中小学生则多达18016.7万人，是研究生和大学生的82.5倍。

从人数对比上说，我们绝不能忽视中小学。从发展来看，学生是从小学到中学，再到大学，我们应把基础放在中小学。

总之，通过大力倡导校园文化，一是要进一步提高思想认识，二是要树立面向全体校园的战略思想，这样有利于繁荣校园文化。

二、校园文化需要党政领导

实践证明,加强党政对校园文化的领导是加强校园文化建设、繁荣校园文化的关键。江泽民同志在高等学校党的建设工作会议上提出:"各级党委要把学校工作提上议事日程上来,要动员全党全社会都来关心学校工作。"校园文化既是文化工作的一部分,又是学校工作的一部分。我们一方面需要党政领导,另一方面要主动争取党政领导的支持,按照党政的要求去开展校园文化活动。要做到这一点,最重要的是用马列主义、毛泽东思想占领校园文化阵地,警惕和反对资产阶级自由化思潮的侵袭和影响,使校园文化沿着正确的方向发展。

我们主张把校园文化搞得多姿多彩,并不主张形形色色。我们必须在马克思主义的世界观、文艺观的指导下去开展校园文化活动和繁荣校园文化。有的同志讲,校园文化面临三个方面的冲击:商品经济意识的冲击;资产阶级自由化的冲击;片面追求升学率的冲击。学校还是"和平演变"与反"和平演变"、争夺与反争夺的前沿阵地。因此,坚持坚定正确的政治方向是第一位的。

加强党对校园文化的领导,就是要通过经常的、细致的思想政治工作,通过学生们喜闻乐见的文化活动,进行潜移默化的诱导,遇到思想情绪上的问题和矛盾,积极疏导,警惕和抵制错误思潮对青少年学生的误导。

要主动争取党政对校园文化的领导,还应把校园文化建设中的实际问题、困难,反映给党政领导部门,力争解决一些实际问题。只有把解决方向问题和解决实际问题结合起来,才能真正推动校园文化建设。

三、校园文化需要正确引导

小学生需要引导,中学生需要引导,大学生、研究生也需要引导。对研究生、大学生们的引导更难些,也更重要些。

柳斌同志讲,除了强调教书育人、服务育人以外,还要特别强调环境育人。而环境,从来就不可能是完全纯净的。在校园文化中,就存在着有序与混乱、洁净与肮脏、高雅与粗俗、祥和与浮躁、文明与愚昧、新生与腐朽等文化的对立和斗争。这种对立又往往处于菁芜杂陈、良莠难辨的状态之中,而青少年学生又尚在确立正确人生观、世界观、文艺观的初级阶段,辨别能力不强,生活阅历尚不丰富。这就需要正确引导。

而这种引导,主要是通过细致的思想政治工作和开展健康有益、丰富多彩的文娱活动来实现的。引导,就是要把那些错误的思想引导到正确的轨道上来;把热衷于西方文化、轻视民族文化的偏向引导到弘扬民族文化的轨道上来;把消极情绪、悲观心理引导到积极进取、奋发有为的昂扬精神上来;把庸俗无聊的消遣引导到健康向上的追求上来;把浅表层次的文娱活动引导到深层次的净化精神境界的文化活动中来。

引导,并不是强拉硬扭。在引导过程中要注重听取学生的意见,要照顾到不同年龄学生的心理特点和接受能力。解放军艺术学院的周荫昌教授说得好,卫生部门对不同年龄段的学生能够开出营养食谱，我们文化、教育部门也应该能够开出不同年龄段学生的文化"食谱"。

四、校园文化需要教师指导

参与校园文化建设应该说是学校老师的天职。充分发挥教师在校园文化活动中的指导作用，是提高校园文化活动质量，加强校园文化建设的重要条件。

我们有许多教师以高度自觉的精神、满腔热忱的态度承担着指导校园文化的工作，为校园文化建设的发展作出了可贵的贡献。如北京航空航天大学的赵元修同志，他是一名火箭专家，同时他在音乐方面又有很深的造诣。他除了教授专业课外，还给学生上音乐辅导课，深受学生们的爱戴。发展健康向上的校园文化，需要千千万万个赵元修式的灵魂工程师。

在中小学的校园文化活动中，不仅要充分发挥教师的指导作用，而且要充分发挥少先队辅导员的作用。

讨论中有的同志讲，校园文化学生是主体，教师是主导。由此可以看出，教育战线的教师队伍在校园文化的建设中，肩负着重要的职责和光荣的任务。

五、校园文化需要培养"向导"

这里所说的"向导"指的就是校园文化活动的带头人。校园文化活动搞得如何，往往跟这些组织者、带头人有直接关系，他们甚至能起到关键性的作用。因此，在开展校园文化活动中，要注意在学生中培养校园文化的骨干,并使这些骨干在校园文化活动中发挥向导作用。

这些带头人的文化素质、思想道德素质、认识问题和解决问题的水平、组织能力如何,与校园文化建设有直接关系。因此,要注意从品德高尚、作风正派、有活动能力的青少年学生中发现、培养校园文化的骨干。这样,可以保证校园文化健康地发展,有利于校园良好风貌的形成。

共青团、学生会应该把培养骨干的任务承担起来,并采取一些具体措施来培养校园文化的骨干队伍,充分发挥出他们的积极性、主动性和创造性。有了这样一支队伍,就能使校园文化活动既能符合学生的心愿,又符合党的要求。这是我们建设校园文化要追求的理想境界。

六、校园文化需要热心辅导

校园文化并不是一种围墙里的文化、封闭的文化,而是与社会文化相结合,既能够丰富校园生活,又是学生走向社会的一种形式。在这方面要处理好校内与校外、学期与假期、平时与节日、普及与提高的关系。

校园文化既需要从社会文化中汲取营养,同时也要排除和抵制社会文化中的消极因素对校园文化的影响。文化部门的专业文化艺术工作者,也要积极主动地到学校去做示范演出和艺术辅导工作。应当鼓励作家、艺术家和文艺工作者参与到校园文化的活动中去,这样既可以对校园文化进行辅导,又可以从中吸取校园文化的养分,达到教学相长的目的，有利于促进专业文化和社会文化的发展。

文化部门组织、主办的一些群众文化活动，要有计划地、经常地邀请青少年学生参加，使学生亲身感受到社会文化的氛围，接触并学习活生生的中华民族的各种美德和优秀的文化传统。如今年广西文化厅等举办"三月三"壮族歌节，邀请广西大学、广西民族学院、广西师范学院等大专院校的师生参加，其中的"弘扬民族文化，赞美广西歌海"大学生演讲比赛更具特色，具有很强的吸引力。

李鹏总理说："各级政府和各有关部门、企业事业单位，应该以积极的态度支持和欢迎学生参加各种形式的社会实践，为他们创造条件，做好安排。"我们文化部门一定要认真落实这一指示，把一些优秀的文化艺术展览、文物（图片）展览等办到学校去，把一些优秀的文艺节目安排到学校去演出，组织辅导学生开展文艺评论。

校园文化要重视理论的研究与探讨。当前，校园文化要着力搞好应用理论的研究，在这个基础上进一步把握校园文化的一般规律。我们从这次研讨会征集的论文中欣喜地看到这方面取得的可喜成果。许多论文阐述的观点给我们以教益，许多论文的建设性意见给我们以启发，对此我们要认真加以研究，并把它应用到校园文化的实践中去，指导和推动校园文化向横宽纵深的方面发展。

让我们携起手来，在新的起点上继续开拓前进，为进一步繁荣校园文化作出新的努力和新的贡献！

第一章　校园文化概说

一、校园文化

（一）文化

关于文化，当代著名作家、文学家、艺术家冯骥才在其《文化眼光》一文中有过精辟的概括，很有代表性。这段话是这样说的——

> 大文化像猢狲，从身上拔一把毫毛，吹一口气，变成千万种文化。从燕赵文化、齐鲁文化、吴越文化、岭南文化、巴蜀文化、中原文化、长江文化、黄河文化、海洋文化，到城市文化、山水文化、商业文化、农业文化、企业文化、佛教文化、道教文化、民俗文化、民居文化、服饰文化、案头文化、药文化、食文化、酒文化、茶文化，再到钱币文化、武林文化、兵刃文化、京剧文化、风筝文化、生肖文化、祭祀文化、电视文化、咖啡文化、牛仔文化、年文化、鞋文化、性文化、鬼文化、梦文化……于是，不断听到

第一章 校园文化概说

惊呼："什么都成了文化。"[1]

由此来看，文化是何等丰富，何等庞杂，何等绚丽多姿，真是令人眼花缭乱。显然，面对如此繁多的文化，如果不加区分，确实难以认识。难以认识的文化，其价值将大打折扣。因此，有必要对文化进行区分。把文化进行一定的区分，不仅更有利于认识文化，而且文化的意趣更浓，文化的风景更美。

关于文化的区分，最为常见的说法就是从广狭的角度来看，可以将文化划分为广义文化和狭义文化或大文化和小文化。在这一点上，日本著名社会学家富永健一认为："正如我们将社会区分为广义的社会和狭义的社会那样，有必要将文化也分为广义的文化和狭义的文化。广义的社会是与自然相对应的范畴，同样，广义的文化也是作为与自然相对应的范畴来使用的。在这种情况下，技术、经济、政治、法律、宗教等都可以认为是属于文化的领域。也就是说，广义的文化与广义的社会的含义是相同的。但另一方面，狭义的文化与狭义的社会却有不同的内容。后者是通过持续的相互关系而形成的社会关系系统；而前者如我们上文中提出的定义那样，是产生于人类行动但又独立于这些的客观存在的符号系统。"[2]

关于显性文化和隐性文化的划分。这一区分的代表性作者是现代文化学之父、美国人类学家克莱德·克鲁克洪（Clyde Kluckhohn），他在《文化与个人》中说："对文化做分析，必然既包括显露方面的

---

[1] 冯骥才：《文化眼光》，《党政干部文摘》2000年第10期。
[2] [日]富永健一：《社会学原理》，社会科学文献出版社，1992，第18页。

分析，也包括隐含方面的分析。显性文化寓于文字和事实所构成的规律之中，它可以经过耳濡目染的证实直接总结出来。人们只需在自己的观察中看到或揭示其连贯一致的东西。人类学家不会去解释任意的行为。然而，隐性文化却是一种二级抽象。在这里，人类学家所推断的是最不一般、最少共性的特征——看来它们确实是构成文化内容多重性的基础。只有在文化的最为精深微妙的自我意识之处，人类学家才在文化的承载者那里关注隐性文化。隐性文化由纯粹的形式构成，而显性文化既有内容又有结构。"[1]克鲁克洪关于显性文化和隐性文化区分的学术思想，对我国校园文化和企业文化的研究影响较大。在这两个领域已有许多关于校园显性文化和校园隐性文化、企业显性文化和企业隐性文化的研究成果出现，并已应用到校园文化建设和企业文化建设之中去了。

关于文化结构的划分。把文化结构区分为物质文化、精神文化两大层面的观点由来已久。传统的物质文化定义，实际是指人们在物质生产活动中所创造的物质产品。精神文化是指物质生活以外的精神现象和精神生活，也称为观念文化，它是以心理、观念、理论形态存在的文化。

还比如从文化的主体来划分，可以将文化划分为老年文化、中年文化、青年文化和少年文化；从文化的雅、俗来划分，可以将文化划分为高雅文化、通俗文化；从文化普及的程度来划分，可以将文化划分为精英文化、大众文化；从文化对社会发展的作用来划分，可以将

---

[1][美]克莱德·克鲁克洪等：《文化与个人》，高佳等译，浙江人民出版社，1986，第8页。

文化划分为主流文化、先进文化、落后文化、反文化；从文化的学科性质来划分，可以将文化划分为政治文化、经济文化、企业文化、行政文化、管理文化、法律文化等。

纵观林林总总的文化现象，要想一一地说清，显然是十分困难的。更何况有些存在物并不是文化，但它的存在方式却是文化，而且是典型的文化。比如，山上的石头是不是文化？不是，但由石头砌成的横亘在北方的万里长城和横亘在南方的边墙等建筑物是文化，是建筑文化。人的声音是不是文化？不是，但由一个个音节组成的具有一定意义的语言是文化，是语言文化。冰雪是不是文化？不是，但用冰雪做成的雪人、雪马、雪球等雪雕是文化，是冰雪文化……总之，由于文化的个体千差万别，文化的现象多姿多彩，再加上判别文化的标准的不同或认识文化的角度的差异，对具体文化的认识就难以统一，甚至在甲看来是文化，在乙看来可能就不是文化，在甲看来是这类文化，在乙看来可能就是另一类文化，甚至成为你中有我我中有你的一团乱麻或无论如何也理不清楚的铺天盖地的一张大网。所以，要想从文化的具体现象来把握文化实在是十分困难的事。正如英国社会人类学大师马林诺夫斯基（Malinowski）在其所著《文化论》首章发出的感慨："文化，文化，言之固易，要正确地加以定义和完备地加以叙述则是不容易的事。"[1]

那么，如何来认识文化呢？

还是让我们从人类已有的关于文化定义的研究成果中来认识文化，这是认识文化的捷径。说是捷径，其实也不是那么简单，因为正

---

[1] [英]马林诺夫斯基：《文化论》，费孝通译，中国民间文艺出版社，1987，第2页。

确地研究和把握文化的定义是认识文化的一道坎,一道极易让人产生困惑的坎。

为什么这样说呢?我国文化学者曾小华说得好:"关于文化的定义,一直是一个令人头痛的问题,这主要反映在文化定义的众说纷纭及其内容的丰富多彩方面。因此,对于文化研究中的文化定义,进行梳理和分析是非常有必要的。我们不能对由文化定义问题形成的文化定义现象绕道而行。"[1]的确,任何文化研究者都必须首先跨越这道坎,然后,才能进行他的文化研究,要想绕道而行那是绝对不行的。从文化研究的现状来看,几乎所有的文化研究者在进行文化研究的时候都要首先说清楚他所要研究的文化是什么样的文化。因为,不说清楚其所研究的文化是什么样的文化,就难以和其他文化研究者进行交流。

在中国古代,"文""化"两字各有其义,两字连续使用最早出现在《易经》中。打开《易传》就会看到这样的句子:"观乎人文,以化成天下。"意即以文教化。但真正将两字联用的则是西汉时的刘向。他在《说苑·指武》一文中说:"圣人之治天下也,先文德而后武力。凡武之兴,为不服也;文化不改,然后加诛。"晋束皙在《补亡诗·由仪》中云:"文化内辑,武功外悠。"梁昭明太子萧统在《昭明文选》中将其注释为:"言以文化辑和于内,用武德加于外远也。"南齐王融《曲水诗序》曰:"设神理以景俗,敷文化以柔远。"总之,尽管这些论述各不相同,但中国古代汉语文字系统里关于文化的概念,意思则相差不大,在很长一段时间里"文化"被理

---

[1]曾小华:《关于文化定义》,《学习时报》2004年2月23日。

解为统治阶级的施政和言法，是与"武功""武威"相对立的"文治"和"教化"的总称。"文治"如果从词的产生来看比"文化"出现得还早，多指借助"礼乐制度"所进行的社会治理。"教化"即培养人，教育人。总的来说，中国古代关于"文化"概念的含义变化不大，而西方就不同了，有的前后简直风马牛不相及。究其原因当然是多方面的，但与中国人使用汉字有关，因为汉字是象形文字，而象形文字的历史流变比拼音文字要缓慢得多，以至"中国今天的学龄儿童能阅读两千多年前的《论语》，而英国今天的成人却看不懂14世纪（600多年前）英国诗人乔叟的诗篇"[1]。

在西方，关于"文化"，从词源学的角度考察，大家基本上都同意"文化"这个术语产生于拉丁语"Cultura"的看法，在拉丁语中"文化"是动词"Colere"的派生词，意指土地耕种、加工、照料和改善，含有在自然界中劳作收获物的意思。后来文化这个术语又产生了新的意义。这个新的意义，罗马著名演说家西塞罗（Marcus Tullius Cicero）在他的"智慧文化即哲学"这句名言中表达得最为确切。在这里，智慧文化的内容就是指"改造、完善人的内在世界，使人具有理想公民素质的过程"[2]。这个概念的含义随着人类的进步和发展在不断扩大。17世纪，世界上第一个把文化作为独立概念使用的是德国法学家S.普芬多夫（Pufendorf，Samuel von）。他认为："文化是社会人的活动所创造的东西和有赖于人和社会生活而存在的

---

[1] 黎鸣：《中国人性分析报告》，中国社会出版社，2003，第330页。
[2] 中共中央党校科社教研室：《文化和文明》，求实出版社，1982，第133页。

东西的总和。"[1]普芬多夫虽然没有对文化做深入解读，但他首次提出"文化"是一个独立的概念，已经足以使他在文化学术史中占据谁也取代不了的地位。这就是新概念提出之于学术研究的价值和意义。不过，文化作为一个"专门的题目"和"科学的武库"提出来则是在18世纪以后，那是启蒙时代理论家努力的结果。德国哲学家康德（Immanuel Kant）认为，文化是"有理性的存在者为了一定的目的而进行的能力之创造"[2]。这种"创造"，指人类在精神和肉体两个方面由自然力统治的"原始状态"向统治自然力的状态的逐步发展。康德还认为，文化从一开始就属于整个民族和人类。德国哲学家黑格尔（Georg Wilhelm Friedrich Hegel）认为："这种利用抽象对内容所做的分离，创造出劳动分工。需要中、认识中、知识中和作为中的这种抽象的习惯就是文化。"[3]在黑格尔看来，文化是在人类劳动基础上产生的实践文化和理论文化。18世纪以后，其意义逐步演化为个人素养，整个社会的知识，艺术作品的汇集，以及引申为泛指一定社会的全部生活内容等。随着文化及其学说的发展，文化概念的外延变得越来越广泛，越来越丰富。直到英国人类学家E·B泰勒（Edward Burnett Tylor）的《原始文化》一书出版之后，"文化"一词的含义才得以比较系统地表述："文化……是包括知识、信仰、艺术、道德、法律、风俗以及其他作为社会成员的人所掌握和接受的

---

[1] 赵洪恩：《中国传统文化通论》，人民出版社，2009，第4页。
[2] [德]康德：《判断力批判》（下卷），韦卓民译，商务印书馆，1964，第95页。
[3] [苏]凯勒：《文化的本质与历程》，陈文江、吴骏远译，浙江人民出版社，1989，第35页。

任何其他的才能和习惯的复合体。"[1]但由于文化是极其复杂的社会现象,关于"文化"的定义,可以说不胜枚举。1952年,美国的两位文化人类学家阿尔弗雷德·克洛依伯(Alfred Kroeber)和克莱德·克鲁克洪在其出版的《文化:概念和定义批判分析》(*Culture: A Critical Review of Concepts and Definitions*,by Clyde Kluckhohn, A. L. Kroeber, Alfred G. Meyer, Wayne Untereiner, 1952)一书,统计从1871年到1951年的80年间关于文化的定义竟有164种之多。如果有人再从1951年统计到现在的话,那么文化定义就更多了,有人估计关于文化的定义到现在为止可能不下300种。

关于人类已经提出的文化定义要想一一说清,既不可能也没有必要。为了对文化定义的情况有一个大致的印象,我以为还是美国人类学家克洛依伯和克鲁克洪将文化的定义从学科的角度出发概括为9种基本概念的办法比较有代表性。所谓9种基本文化概念是指哲学的、艺术的、教育的、心理学的、历史的、人类学的、社会学的、生态学的和生物学的文化概念。

文化的这9种基本概念虽然不能囊括人类所有的文化定义,但可以让我们看清文化发展的基本脉络,至少可以说这9种基本概念是对西方文化发展历史的一个浓缩,一个概括,所以有必要做简要的介绍。

就文化的哲学概念而言,前面已经提到,早在两千多年以前,西塞罗就提出过"智慧文化即哲学"的说法。黑格尔在《美学讲演录》

---

[1] [英]爱德华·泰勒:《原始文化》,连树声译,广西师范大学出版社,2005,第1页。

中说过，语词的最初的意义总是隐喻的、形象的，后来才发展引申出抽象义来，这后到的精神义终而反客为主，掩盖了语词原初的感性本义。

艺术的文化概念是中世纪和文艺复兴的产物。这一类概念中强调的是文化所具有的创造性质。艺术家经常被认为是一个民族的精英人物，他们总是不满现实，喜欢标新立异，具有叛逆、反抗精神。问题是艺术概念本身含糊，其内涵和外延在不同民族的语境中具有不同的含义，这自然就会影响到由它而产生的文化的定义。

教育的文化概念认为文化是通过接触无边浩瀚的知识和智慧的积累，让光把心灵和精神照得雪亮，即文化是培育人的心灵的方式或途径。显然，这是一个很具有启蒙意味的传统。但文化作为教育，它不仅包括初等、中等、高等以及特殊教育等，而且包括一切非正规的教育。

心理的文化概念出现得较晚一些，是19世纪中叶的产物，其代表人物就是英国诗人和文学批评家马修·阿诺德（Matthew Arnold）。他在1869年出版的《文化和无政府状态》一书中认为，文化就是求知的完美，是怎样来获知这世界上同我们有关的最好的思想。因而文化有一种激情，一种追求甜美和光明的激情。这里甜美指的是艺术，光明指的是教育，文化就是通过艺术和教育的途径，以臻人格的完美。

历史的文化概念有广义狭义之分。从历史的角度看，广义的文化概念包括过去遗产的全部积累。狭义的文化概念指的虽然同样是过去传统的积累，但这种积累之所以成为文化，前提是它们表征了时代的见证，故而为今日的个人、社会和民族所高度重视。

人类学的文化概念也是19世纪的产物，其最有权威的定义来自英国著名人类学家爱德华·泰勒。因为，他在1871年的《原始文化》中提出了文化发展史上最经典的文化定义。泰勒的这个定义，被认为是一个分水岭，即以前的文化定义或多或少总是偏向某些方面，泰勒的这个定义则是提供了一个全方位的说明。

社会学的文化概念与人类学的文化观念几乎同时勃兴。但不同的是人类学的文化概念强调"错综复杂的总体"，社会学的文化概念将重心移到社会共享的价值观念和行为特征等方面，有代表性的定义如美国社会学家保罗·布莱斯蒂德（Braisted）认为：文化是一个具有多种意义的语词。这里用作更为广泛的社会学含义，即用来指作为一个民族社会遗产的手工制品、货物、技术过程、观念、习惯和价值。总之，文化包括一切习得的行为，智能和知识，社会组织和语言，以及经济的、道德的和精神的价值系统。

生态学和生物学的文化概念旨在说明，文化并不仅仅限于人类和人类的创造，它同样适用于其他物种和整个自然领域。具体来说，生态学的和生物学的文化概念是生态环境运动的产物，视文化为人类和自然环境之间的一种互补的象征关系，一个对话交流的过程。

既然文化边界的大门已经敞开，文化的概念扩展自身就是势所必然的事情，并且今后新的文化定义还会像雨后春笋般出现。

关于文化的定义为什么会众说纷纭，竟有几百种不同的说法呢？这的确是一个让人困惑的话题。难道文化的内涵真的像大海一样汪洋、像幽深的山谷一样扑朔迷离吗？

我看顾久、顾劳讲得不错。他们在《中国文化教程》一书中谈到文化的时候,通过一则小故事,即有一艘中国海轮抵达罗马尼亚,中国船员下船列队时,与罗马尼亚姑娘之间不同的表现,就能得出文化的三个不同的定义(文化是"一种生活方式""民族精神的表现"和"人与自然的关系的总和"[1]),这说明文化内涵的丰富性。那么,文化学者们的视野更广,角度更多,方法还不一致,再加上表述的方式各不相同,所以,定义就自然很多。由此,确实容易让人想到:我们这些企图解开文化定义之谜的人们,就像寓言故事《瞎子摸象》中的瞎子一样,摸到文化这头大象身子的时候,就说文化是一堵墙;摸到文化这头大象腿的时候,就说文化是一根柱子;摸到文化这头大象尾巴的时候,就说文化是一条蛇;摸到文化这头大象耳朵的时候,就说文化是一把扇子……我敢断言:在这个世界上在人类仅有的语言中不可能找到一个没有任何破绽的文化定义的表述。要想提出一个既能揭示文化的真理、运行的规律,又具有广阔的包容性或者说没有任何破绽的文化定义,就像人们想制造一架永动机一样,是不可能的。从理性的角度来看,造成文化定义如此之多的原因尽管很多,比如学科体系的不同、方法论上的分歧、政治视野上的差别、民族语言表达方式问题等,都可能造成文化定义的差异,但最根本的有两条:一是文化内容的丰富性和广博性,其文化因子已渗透到许多学科之中,成为许多学科研究的对象;二是文化概念发展的特殊的历史。

那么,到底什么是文化?在我国最有代表性的观点主要有以下几种:

文化是财富。这个定义是从苏联传来的,在我们中国流传了很长

---

[1] 顾久、顾劳:《中国文化教程》,贵州教育出版社,1995,第6页。

一段时间，对我国文化的研究和发展影响很大。这个定义的缺陷在于它明显的不周全性。也就是说，从这个定义来看只有"财富"才是文化或文化的东西均为财富。那么，请问：巫术是不是财富呢？显然，没有人敢做完全肯定的回答，因为，巫术中肯定有不是财富的成分。但巫术肯定是文化，而且是典型的巫文化，这恐怕是任何文化学家都不会怀疑的。如果用"文化等于财富"的观点来衡量，巫术就被排斥在文化之外了。

文化是生活方式。在我国，最早使用这个定义的是胡适和梁漱溟。胡适认为，"文化只是人民生活的方式，处处都不能不受人民的经济状况和历史习惯的限制"[1]。即文化是一种文明所形成的生活方式。梁漱溟说："你且看文化是什么东西呢？不过是那一民族生活的样法罢了。生活又是什么呢？生活就是无尽的意欲(will)——此所谓'意欲'与叔本华所谓'意欲'略相近——和那不断的满足与不满足罢了。通是个民族，通是个生活，何以他那表现出来的生活样法成了两异的彩色？不过是他那为生活样法最初本因的意欲分出两异的方向，所以发挥出来的便两样罢了。然则你要去求一家文化的根本或源泉，你只要去看文化的根源的意欲，这家的方向如何与他家的不同。你要去寻这方向怎样不同，你只要他已知的特异彩色推他那原出发点，不难一目了然。"[2]在梁漱溟眼里，文化是人的生活的样法，意欲是文化的根源，并以意欲的活动方向对文化进行区分，将世界文化划分为中国、西方和印度三种独立的文化类型。英国诗人T.S.艾

---

[1] 胡适：《胡适文存》（第4集），黄山书社，1996，第402页。
[2] 梁漱溟：《梁漱溟全集》（第1卷），山东人民出版社，1989，第352页。

略特（Thomas Stearns Eliot）也有类似的看法，他认为："我所说的'文化'，首先就包括着人类学家关于此词的所有含义：共同生活在一个地域的特定民族的生活方式。该民族的文化见诸其文学艺术、社会制度、风俗习惯和宗教。但是这些东西的简单相加并不能构成文化……所有这些东西都是相互作用着，因而要了解其一，就必须了解全体。"[1]即文化是涵盖了一个民族的全部生活方式。我曾经在研究校园文化的时候，根据文化是生活方式的观点给校园文化下了一个类似的定义——校园文化就是指除去课堂教学以外的校园生活存在方式。我至今认为这个定义有很多合理的成分，但这个观点也的确有它的不足，正如马千里、吉强在评述我的文章时所指出的"这个定义相当笼统，'校园生活存在方式'既包括精神的，也包括物质的，覆盖面很大。里面包含着许多潜在的内容"[2]。应该说，文化是生活方式的观点，在今天仍有它的合理性。

  文化是人化。这种观点认为文化一般可分为广义与狭义两种。广义的文化是指人化，即指除去未经人工琢磨的自然物外，一切人为的与人生活有关的物质与非物质要素，简而言之，人类创造的一切都是文化；狭义的文化是指物质生活以外的精神现象和精神生活，即精神文化。从我对文化的研究来看，我以为这种观点最接近文化的真理。但就是这种文化定义也有需要做进一步讨论的地方。比如从"人类创造的一切都是文化"，可以得出"人类创造的第一件工具就是文化诞

---

[1][英]T.S.艾略特：《基督教与文化》（1949），杨民生、陈常锦译，四川人民出版社，1989，第83—84页。
[2]马千里、吉强：《校园文化建设评述》，《高教文摘》1991年第7期。

生的源头",也就是说"能制造和使用工具的只能是真正的人类,猿和其他动物是不会制造和使用工具的"。这种观点在英国珍妮·古多尔博士(Dr·Jane Goodall)的 *In The Shadow Of Man*(科学出版社1980年出版的中文译名为《黑猩猩在召唤》)一书出版后,受到了挑战。珍妮·古多尔在她的《黑猩猩在召唤》一书中记载了这样两个细节:一个是说有一个叫艾维莱德的黑猩猩发现树洞里有水,但嘴巴大了喝不到,于是,这个名叫艾维莱德的黑猩猩灵机一动,伸出前肢抓了一把树叶并揉碎,然后将其伸进树洞,把水吸出来喝。另一个是指一个叫白胡子大卫的黑猩猩发现枯朽的树缝里有蚂蚁,吃不到,就从身旁扯了一根草茎,沾上唾液,并将沾有唾液的草茎伸进树缝里,结果吃到了蚂蚁。揉碎的树叶和沾上唾液的草茎是不是工具?回答是肯定的。但艾维莱德和白胡子大卫是不是人?当然不是,是黑猩猩。如此反推回去,这个定义就值得商榷。这是一个困扰很多人的问题,也是困扰我多年的问题,不过,我现在明白了,其实,黑猩猩能够制造并使用揉碎的树叶和沾上唾液的草茎,能够证明的最多只能是黑猩猩是最接近于人类的动物而并不是人类本身,因为揉碎的树叶和沾上唾液的草茎毕竟只是非常简单的工具,同时也正好说明从动物到人类的转变有一个很漫长的过渡地带,哪一件工具才能算得上是人类制造并使用的工具,还需要考古发现和做进一步论证。显然,揉碎的树叶和沾上唾液的草茎还算不上人类制造并使用的工具,还是动物的"工具"。尽管"人化"的观点确有一定的缺陷,但是这个定义所表现出来的对人的重视,强调"人按照自己的目的和价值生产产品,发明技术,创造物质和精神成果,也就把人的自由精神倾注其中,把人们关于好、善、美、益等价值观念贯穿其中,把人的品位、情趣、意义、生存样态等包含其中"[1]的人之于文化的价值和意义,是非常值得肯定的。所以,"人类创造的一切都是文化"的观点,即文化就是人化的观点,虽然有些泛化,还有缺陷,但是强调人尤其是人的目的、价值等精神因素在创造过程中的渗透、影响是有道理的,正确的。因为人的创造,不管是什么创造,都会在其创造的过程中打上人的精神印记,即人类创造的一切作品都会留下人类精神方面的印记。这种精神印记,肯定是文化。

既然文化是人化的观点是正确的,那么,什么是物质文化和精神文化呢?

物质文化是文化的重要组成部分。对这一认识,学界基本没有异议,但什么是物质文化,目前还有不同看法。比如有的学者认为"反映人与自然的物质转换关系的物质文化,是由'物化的知识力量'所构成,包括人类对自然加工时创制的各种器具,是可触知的具有物质实体的文化事物,即人们的物质生产活动方式和产品的总和"[2]。这个定义将物质文化界定为"是可触知的具有物质实体的文化事物",多少还是有些问题,正如孙显元所指出的,"这个解释的核心是物质文化是'可触知的具有物质实体'。这就是说,物质文化是可以凭人们的感觉而感知的物质实在。这就肯定了物质文化不是精神

---

[1] 孙美堂、杜中臣:《文化即"人化"——文化概念的一种诠释及其意义》,《中国人民大学学报》2004年第6期。
[2] 吴克礼:《文化学教程》,上海外语教育出版社,2002,第65页。

的东西，因为精神的东西是不能用感觉感知的"[1]。如果要追问文化是物质的还是精神的，文化肯定是精神的，把文化说成是物质的是站不住脚的，但是文化又是离不开物质的。因而，将物质文化定义为"以物质为载体的文化"[2]，也是有一定的问题，就是将这个定义理解为"在物质文化中，物质载体不是文化，物质载体的负载物是文化"[3]，也没有解决目前公认的精神文化也是有物质载体的问题；如果用是否有物质载体对文化进行判断，也就无所谓精神文化了，因为很难找到完全不需要物质载体的文化。也就是说，文化是精神的，文化需要物质载体，是文化存在的基本要求。因此，我以为，对物质文化与精神文化的划分，如果要以物质载体及其负载的文化为标准进行划分，只能根据物质载体和其所负载的文化在物质载体和所负载的文化组成的共同体中所占的比重或分量上的差异来确定，即在物质载体和所负载的文化组成的共同体中，如果物质载体所占的比重或分量大，就是物质文化，精神文化所占的比重或分量大，就是精神文化。总之，文化都是精神的，其所负载的物质载体本身绝不是文化，只是文化这个精神印记的负载物。那么，到底什么是文化？其实，文化就是指负载到物质载体上的人的精神印记，即人化的精神印记[4]。

物质文化包括两大部分：

一是由生产力和生产关系组成的社会生产方式。我们知道，政

---

[1] 孙显元：《"物质文化"概念辨析》，《人文杂志》2006年第3期。
[2] 孙显元：《"物质文化"概念辨析》，《人文杂志》2006年第3期。
[3] 孙显元：《"物质文化"概念辨析》，《人文杂志》2006年第3期。
[4] 侯长林：《侯长林选集·文化与文学的多维研究》（第1卷），贵州人民出版社，2022，第21—22页。

治经济学就是关于社会生产方式发展规律的科学。马克思对生产方式特别重视。他比较系统地阐释了"生产力—生产方式—生产关系原理",并在此基础上明确指出,他的《资本论》要研究的就是"资本主义生产方式以及和它相适应的生产关系和交换关系"[1]。马克思和恩格斯在《德意志意识形态》中曾做了这样的论述:"人们用以生产自己必需的生活资料的方式,首先取决于他们得到的现成的和需要再生产的生活资料本身的特性。这种生产方式不仅应当从它是个人肉体存在的再生产这方面来加以考察,它在更大程度上是这些个人的一定的活动方式、表现他们生活的一定形式、他们的一定的生活方式。个人怎样表现自己的生活,他们自己也就怎样。因此,他们是什么样的,这同他们的生产是一致的——既和他们生产什么一致,又和他们怎样生产一致。因而,个人是什么样的,这取决于他们进行生产的物质条件。"[2]这里需要指出的是,"所谓生产方式,不是生产力与生产关系的简单总和,而是两者的矛盾统一体"[3]。所谓生产力就是人类征服自然、改造自然的能力。而生产力不是空的,它有非常具体的内容,包括劳动者、生产工具和劳动对象,这些都是具有典型物质形态的存在物,在此基础上所建立的人与人的社会关系,即生产关系,也是物质关系。由具有物质形态的生产力和属于物质关系的生产关系所组成的社会生产方式,不仅物质形式非常明显,并且是一定社

---

[1]马克思、恩格斯:《马克思恩格斯全集》(第23卷),人民出版社,1972,第8页。

[2]马克思、恩格斯:《马克思恩格斯全集》(第3卷),人民出版社,1960,第24页。

[3]方文:《马克思列宁主义政治经济学的对象是社会生产方式》,《经济研究》1961年第7期。

会的性质及其物质文化水平的标志。

二是表现在物质产品上的文化。卡西尔认为,"人的本质是永远处在制作之中的,它只存在于人不断创造文化的辛勤劳作之中"[1],他说:"人的突出的特征,人的与众不同的标志,既不是他的形而上学本性,也不是他的物理本性,而是人的劳作(work)。"[2]也就是说,人之为人必然要不断地劳作。人类的不断劳作,必然创造出各种各样的物品。人类制造或生产的各种各样的物品,必然凝结着制造或生产者的思想观念、价值选择、情感倾向、审美爱好等文化特点,如殷墟出土的文物、万里长城、北京的四合院、铜仁的苗家木板房、傣族的竹楼、赵州的石拱桥,以及苗族、土家族、侗族等民族服饰及其相关工艺产品,比如安顺的蜡染、松桃的苗绣等都是物质产品类文化的代表。这类物质产品型文化虽然其物质载体所占比重或分量较大,但是并不影响其对制造或生产者所属民族文化发达程度代表作用的发挥。因为能够制造或生产出精美物品的民族,必然是文化先进或发达的民族。中国能够成为四大文明古国,就在于我们的祖先发明了造纸术、指南针、火药、印刷术等并能够制造或生产出这些物品,是这些物质产品型文化将中国带向世界的。

精神文化包括:

一是语言文字。语言产生于人类的劳动,有语言才有人类的文

---

[1][德]恩斯特·卡西尔:《人论——人类文化哲学导引》,甘阳译,译文出版社,2013,第8页。

[2][德]恩斯特·卡西尔:《人论——人类文化哲学导引》,甘阳译,译文出版社,2013,第115页。

化，因为语言是文化的重要载体。有学者认为，"语言和文化是同步发生的，没有语言就没有文化。语言是文化形成和发展的前提，文化的发展也促进了语言的丰富发展。有了语言，人类就有了文化。语言是人类区别于动物的重要标志。从生物学的角度来看，原始人与动物有许多相近之处，但是人产生了语言，动物却没有。原始人具有宗教、信仰、道德、习俗等属于文化范畴的东西，动物则不可能有。人类用语言创造了文化，文化又反过来影响了人类，促使人类走向更大的进步"[1]。但是没有文化的语言只能说是音节或声音，而不是真正的语言。也就是说，语言总是包含着一定文化的语言。正如德国威廉·冯·洪堡（Wilhelm von Humboldt）所说："每一个人，不管用什么语言，都可以被看作是一种世界观的承担者。世界观的形成要通过语言这一手段才能实现……每种语言都有各自的世界观。"[2]在这里所谈到的世界观就是文化，即语言中的文化。如果从大文化的角度看，语言作为人与人的交流工具，是人与文化融合的媒介，即是人类特有的一种社会现象，因而语言"从本质上说，同宗教、法律、文学一样，是人类创造性加工的产品，是一种制度，一种规范，一种价值体系，具有社会性、传承性和变异性，是文化的一部分"[3]。文字作为人类最伟大的发明之一，是人类文明产生的标志，它记录人类的声音及其文明的发展，也是文化的重要载体。高占祥说得好："文字解决了'集体记忆'的问题，把人类几千年文化科学知识的结

---

[1] 汤飞：《浅谈语言表达和文化之间的联系》，《双语学习》2007年第4期。
[2] 汤飞：《浅谈语言表达和文化之间的联系》，《双语学习》2007年第4期。
[3] 孙铜花：《试析语言、文字与文化的关系》，《俄罗斯文艺》2003年第10期。

晶贮存起来，并且源源不断地为人们的精神生活、物质生产提供'原材料'。"[1]此外，不同民族的文字也同语言一样是其民族文化的重要特征。比如"汉文字，这块横亘古今的'活化石'，笔笔画画中无不显示出它对汉文化的观照对应，透露出汉文化的内在活力。因此，作为一种独特的语言符号系统，汉字构成了文化的表征，具有不可替代的认识价值和审美价值"[2]。贵州著名文化学者史继忠将汉字文化圈与佛教文化圈、基督教文化圈、伊斯兰教文化圈和游牧文化圈并称为世界五大文化圈，因为在他看来，"汉字文化圈是世界文化的重要组成部分，它不限于汉族，而是影响国内许多民族，并辐射到朝鲜、日本、越南及东南亚华人地区，具有重要意义。汉字文化圈的内涵极其丰富，它以汉字为重要标志，用汉字来表现各种特有的文化现象，包括哲学、宗教、文学、艺术、科学技术、制度文化乃至风俗习惯等。在这里，汉字既是文化载体，同时又是文化传播的媒介"[3]。恩格斯在《共产党宣言》1888年英文版关于"一切社会的历史"的注释中指出"即有文字可考的全部历史"。[4]也就是说，在恩格斯看来，人类的成文历史与史前史之间有质的差异，而这种质的差异的标志则是有无文字。因此，有学者认为："人类历史进化过程中有采集文化、畜牧文化、农耕文化等，我们也可以说有一种文字

---

[1]高占祥：《文化力》，北京大学出版社，2007，第15页。
[2]赵虹、石鸥飞：《汉字的文化表征》，《思想战线》1991年第4期。
[3]史继忠：《世界五大文化圈的互动》，《贵州民族研究》2002年第4期。
[4]马克思、恩格斯：《马克思恩格斯全集》（第4卷），人民出版社，1958，第466页。

文化，因为有了文字，人类历史才开始进入了文明时代。"[1]

二是文学艺术。文学艺术是精神文化的重要形态之一，其产生的目的就是为了满足人们的精神需求。也正因为人们有这种精神需求，才催生了每个国家和民族的文学艺术。文学艺术在广义上属于精神文化的范畴，但文学艺术并不完全等同于文化，因为"文学是文化的载体，而文化是文学的内涵，只有两者结合起来，才能展现独特的风采"[2]，同样艺术也只是文化的载体而不是文化本身，也只有艺术表现、反映了一定的文化，并与文化实现了很好的结合，才能展示其独特的魅力。正因为如此，文学艺术创作才有一个文化化的过程，即"只要是成形的文学种类都有文化化的问题，比如民族文学、地域文学和经济文学等都有与此相应的民族文学文化化、地域文学文化化和经济文学文化化等"[3]，并且文学文化化的过程是十分艰难的——"哲学文学、政治文学和历史文学等文学种类在其文化化的过程中所遇到的困难和挑战各有不同，但总体看还是有其需要共同跨越的'卡夫丁峡谷'。"[4]卡夫丁峡谷（Caudine Valley）是古罗马史中的一个典故。据记载，在公元前321年，萨姆尼特人在古罗马的卡夫丁峡谷战胜了罗马军队，并在卡夫丁峡谷中用长矛架起了形似城门的"牛轭"（fork），要求罗马战俘从牛轭下通过，以此对其进行羞辱。此

---

[1]张公瑾：《文字的文化属性》，《民族语文》1991年第1期。
[2]张悦莹：《文学与文化》，《商周刊》2015年第12期。
[3]侯长林：《文学文化化及其需要跨越的"卡夫丁峡谷"——以哲学、政治和历史文学文化化为例》，《中国现代文学论丛》2022年第3期。
[4]侯长林：《文学文化化及其需要跨越的"卡夫丁峡谷"——以哲学、政治和历史文学文化化为例》，《中国现代文学论丛》2022年第3期。

后，有人就将卡夫丁峡谷比喻灾难性的人生经历或视为"羞辱之谷"的代名词，但更多的人则将其引申为在人生发展过程中所遇到的极大的困难与难以战胜的挑战。没有文化的文学，以及没有文化的艺术，都是不可想象的，人们喜欢、推崇文学艺术，就因为文学艺术有着能够滋养人的心灵的文化，当然，文化也离不开文学艺术这种独特的载体，没有这种载体，文化难以抵达人的心灵，更谈不上被人们所认同并传承和发扬光大。

三是社会行为规范。以道德、法律和各种规章制度，以及风俗习惯等形式呈现出来的社会行为规范，是人们行为处世的规矩和规则。叶捷新认为，"规范文化子系统是文化大系统的中层结构，它的主要功能在于联系人与人的关系。如果说物质文化子系统的功能在于满足人类的基本需要，涉及人类生物学意义上的基本生存问题，那么规范文化子系统的主要功能则在于为满足人们群体生活的基本需要，解决社会成员之间的行为协调问题，即处理人与人之间最基本的社会关系问题"[1]。因而这种规范文化更多的属于精神文化的范畴。在这里需要特别说明的是，在讨论文化分类时，有不少人将制度、规范等作为物质文化和精神文化之外的一种文化进行单列，我以为是不符合逻辑要求的，因为我们这个大千世界虽然林林总总、纷繁复杂，但是无外乎物质和精神两大类，尽管有许多事物既属于物质也内含精神，不过，总体而言，在某一个体中其物质和精神所占的比例是不一样的，肯定会有主要和次要之别，即物质成分占主要者可归入物质类，精神

---

[1] 叶捷新：《文化系统的自组织、自调节机制初探》，《广东社会科学》1992年第1期。

成分占主要者归入精神类，社会行为规范包括制度就属于精神成分占主要这一类型，所以，应该归入精神文化的范畴。我也知道，有的学者把制度、规范文化进行单列，是想强调制度、规范文化的重要性。在文化建设中，制度、规范文化确确实实具有举足轻重的作用，没有制度、规范不成方圆，再好的思想和理念都是一张废纸，因此，进行文化建设必须要建制度、立规矩，才能使文化建设按照正常的轨道健康发展。

四是自然科学和社会科学。在这里首先需要澄清的是，文化不只是文化学科，所有的学科都属于文化的范畴，学科本身就是典型的文化现象。就是文化学科也有学者认为，不仅包括社会科学，也包括自然科学。比如西班牙著名思想家和社会活动家奥尔托加·加塞特（José Ortega y Gasset）就认为："大学的基本功能是教授重要的文化学科，即：（1）世界的自然科学体系（物理学）；（2）有机生命的基本主题（生物学）；（3）人类发展的历史过程（历史学）；（4）社会生活的结构和功能（社会学）；（5）一般概念的体系（哲学）。"[1]说社会科学是文化好理解，说自然科学是文化，在有的人的心里就要打上问号——自然科学是文化吗？比如说科学精神及科学发展史等具有明显的文化属性，我想应该没有人会产生疑问，技术哲学、科学哲学，技术伦理、科学伦理等，也应该没有人会怀疑其是否存在，因为这些学科本身就属于人文学科的范畴。在西方，自然科学的产生与宗教等文化紧密相连，并且自然科学本身就一直被认为

---

[1] [西班牙]奥尔托加·加塞特：《大学的使命》，徐小洲、陈军译，浙江教育出版社，2001，第73页。

是文化，是科学文化。比如英国著名作家斯诺（C. P. Snow）1959年5月7日在剑桥大学的演讲中提出的"两种文化"就是指人文文化和科学文化。科学文化就是自然科学文化。我国自然辩证法界在科学观方面，尤其是对"自然科学与文化关系的研究（自然科学的文化属性、自然科学发展的文化环境、传统文化对科学发展的影响、科学的精神文化价值、科学与精神文明的关系等）"[1]方面进行了一系列卓有成效的研究，取得了丰硕的成果。因而有学者甚至认为："科学与人文是一致的，科学是一种人文学术，人文学术是一种科学。"[2]其实，自然科学本身也是文化，因为自然科学也是人类创造的成果。既然人类创造的一切都是文化，自然科学作为人类创造的成果，怎么可能不是文化呢？只不过，它是以自然科学的形式呈现在人们的面前而已。所以，社会科学是精神文化，自然科学也同样是精神文化。

（二）校园

要把握校园文化，除了对文化有一个基本的了解外，还必须对校园有一个基本的认知。校园作为一个空间形态的概念，既是社会这个大空间的一个组成部分，又是一个相对独立的个体。这个个体与学校同一，因而有人就干脆用"学校文化"取代校园文化。不过，细细分析还是有差异的，虽然它们所指的是同一个事物，却是同一个事物的不同方面，学校更多的是指一个机构或组织，而校园则是指这个机构或组织所占据的空间位置及其内部空间形态。尽管学校和校园所指的

---

[1] 马来平：《重心转移后的自然辩证法研究》，《文史哲》1994年第4期。
[2] 刘华杰：《自然科学的人文层面：两种文化》，《社会科学管理与评论》2001年第2期。

具体内容不尽相同，但是它们是紧密相连并统一于同一个体之中。所以，一部学校史就是一部校园史。

在世界教育史上，中国是最早出现学校的国家之一。传说五帝时已有学校，当时叫"成均"。《周礼·春官·大司乐》："大司乐掌成均之法，以治建国之学政，而合国之子弟焉。"董仲舒在《礼记·文王世子》注中说："五帝名大学曰成均，则虞庠近是也。"即认为在唐虞时期就已经出现了大学。古籍中有关夏代学校的记载有："夏后氏之学在上庠"（《礼记·礼仪》郑玄注），"序，夏后氏之序也"（《礼记·明堂位》），"夏曰校"（《孟子·滕文公上》）等。可见夏朝已有名叫"庠""序""校"的施教机构。商朝在此基础上出现了"学""瞽宗"。西周已初步具有了学制系统，从宏观上构筑了校园文化的体系雏形，为校园文化的发展奠定了基础。但"学在官府"，文化教育完全被奴隶主所垄断，奴隶的子弟是无权问津的。当时学校教育的主要内容是六艺：礼、乐、射、御、书、数。"礼"是别上下，分尊卑，用来维持世袭等级制的典章制度，以及各种道德规范；"乐"是什么？"乐"就是指音乐和舞蹈，是用来祭祀天地鬼神、颂扬王公贵族和鼓舞军心的手段与工具；"射"是指射箭技术；"御"是指驾车等技术；"书"是指对语言文字的阅读和写作，以及文史哲方面的知识；"数"是指计算，包括天文历法地理等自然科学方面的知识。

春秋时的学校继续发展，到战国时期，学在官府的传统受到冲击，少数贵族垄断文化知识的局面被打破，文化知识教育开始普及于民间，因而有"孔墨之弟子徒属，充满天下"（《吕氏春秋·有度》)之说。孔墨及弟子们著书立说,上说下教,文化学术获得空前的发展,尔后,道家、法家等学派的相继勃发,把先秦文化的发展推到了高潮。先秦的各种学术思想首先来源于校园,并在校园中分化、争鸣和交融。如稷下学宫,是当时的高等学府。诸子学派都是在稷下学宫形成和发展的。黄老学派还以此为大本营,并经历了产生、分化与演变的过程。后期儒家大师都曾游学稷下,从儒家分化出来的阴阳学派,在稷下也很有势力。此外,其他稷下学士,有的是名家的代表,有的是纵横家的先驱。稷下学宫兼容并包各学派的办学方针,提倡"百家争鸣"的学风,学宫议政的传统,形成了自己独特的文化,对后世产生了深远的影响。

在欧洲,最早出现的学校是在斯巴达和雅典。斯巴达是一个古老的农业国,奴隶主为了维持他们的统治,十分重视对子女进行体操和军事训练,将赛跑、跳跃、角力、骑马、游泳、掷铁饼、投标枪、使用武器等作为主要的学习内容,学校培养的是效忠国家、镇压奴隶的武士,使其具有军营文化的特点。而雅典的校园文化则不同,由于雅典是一个商业发达的国家,国内斗争也比较复杂,他们比较注重学生从事商业能力和政治活动能力的培养,既有军事和体操等科目的训练,也有政治、哲学和文学,以及读、写、算、音乐等方面的教育,学校充满着商业文化和政治文化的氛围。

关于学校的起源,苏联教育史学家麦丁斯基在他编著的《世界教育史》中认为:"学校最初是在蓄奴制社会形成时期,在古代东方各国发生的……这些学校和科学还在阶级社会发生的黎明期就已成了满足社会需要的武器,而且还成了祭司阶级为自身创造特权地位和统治地位的工具。"[1]即认为学校产生于统治阶级对教育的垄断和学校产生于培养统治者的需要。这种观点在我国教育界影响很大。我国外国教育史方面的老前辈曹孚和中国教育史方面的老前辈毛礼锐等都认同这种观点。应该说，这种观点在一定程度上揭示了学校起源的规律，有一定的说服力。不过，林柱育的看法也不无道理。他说："社会生产日益发展，有可能使一部分人脱离生产劳动专门办教育和受教育，人类生存和发展的需要对人的智力和能力提出了越来越高的要求，这些智力和能力必须通过创办学校进行训练和培养，文化知识的丰富，学习内容的扩大，特别是文字的产生，有了贮存和传递知识的工具，这就有必要和可能建立有组织有计划的专门教育机关，于是产生了学校。"[2]即从人类生存和发展的需要，以及学校建立的可能方面阐释学校产生的原因也是有道理的。对这两种观点进行比较，各有其可取之处。不管是个人的成长与发展的需要，还是统治阶级培养统治者的需要，都是需要。没有这种需要，就找不到建立学校的动力支点。仅仅有这种需要，没有人类创造的日益丰富的知识，包括文字的产生等条件，学校也不可能产生。但是自阶级产生以后，人总是一定阶级或阶层的人，学校更多地为统治阶级服务，这也是不争的事实。

---

[1] [苏]麦丁斯基：《世界教育史》（增订本），叶文雄译，五十年代出版社，1950，第6页。
[2] 林柱育：《教育史上学校起源问题的商榷》，《学术研究》1990年第3期。

（三）校园文化

1.关于校园文化的定义

我国的校园文化理论研究工作起步较晚，且其成果是零散的，缺乏系统的，加之文化的多义性、模糊性，因而有关校园文化的定义或内涵，也就有多种界定，真可谓"百花盛开"。在我国校园文化研究中，主要有以下六种类型：一是文化视角。持这种观点的认为，主要突出文化中"人化"的特征，即文化是人类创造并为人类所特有的东西，它是人类特殊的活动形式，校园文化就是指学校这一组织特有的精神风格和文化氛围等。二是社会控制视角。持这种观点的认为，根据社会控制理论，校园文化作为一种文化现象，主要不是什么思想或观念性的东西，而是作为社会人的学生的各种现实的规范体系，主要表现为学生内在和外在活动的社会控制体系。三是氛围视角。持这种观点的认为，校园文化是一种注重课外活动，在社会历史发展的要求和制约下，经过校园人的长期努力所形成的一种特定的文化氛围及其精神状态。杨叔子认为："校园文化，就是校园的'环境'，就是校园的'氛围'，就是校园的'生态'，就是校园中弥漫着的文化精神，乃至可以说是学校的灵魂。"[1]涂又光的"泡菜坛理论"说的也是这个道理："校园是泡菜坛，文化就是泡菜水，学生就是泡菜；有什么样的泡菜水，就将泡制出什么样的泡菜。"[2]四是活动视角。持这种观点的认为，校园文化就是指利用课余时间开展的各种文化、艺术、体育等群体文化活动，比如杨益民就是这样认为的："校

---

[1] 杨叔子：《校园文化与时代精神》，《中国高教研究》2007年第3期。
[2] 杨叔子：《校园文化与时代精神》，《中国高教研究》2007年第3期。

园文化是一种注重课外生活透过特定的文化氛围使置身其间的大学生受到熏陶和启发，从而获得全面发展的文化'形态'。"[1]简而言之，校园文化就是指校园课余文化活动。五是规范视角。持这种观点的强调校园文化在学校组织管理中的规范作用，认为校园文化是指学校在文化建设实践中逐渐形成并为学校成员认同的以价值观为核心的群体意识和群体行为规范。六是校园视角。持这种观点的认为，校园文化是校园这个特定的教育环境中对学生起着显性和隐性作用的群体文化。它也有广义与狭义之分。广义的校园文化是指校园是全方位的精神文明；狭义的是指校园精神文化环境，包括艺术教育和课外文学艺术活动等。此外，有学者认为，应该将校园文化定义为"是以学生为主体，以课余文化活动为主要内容，以校园为主要空间，以校园精神为主要特征的群体文化"[2]等。

还有学者将校园文化的定义罗列为12种：校园文化是指知识密集、人才集中的高等学府所具有的特定的精神环境和文化氛围；校园文化是指依附于学校这个载体，并通过学校载体来反映和传播的各种文化现象；校园文化是指除了教学、科研以外的一切文化活动、文化交流、文化设施以及由此而产生的思想文化成果；校园文化就是开展健康的文艺活动和对学生进行文化艺术教育；校园文化是校园内的实践活动；校园文化作为整个社会文化背景中的子系统，它是指学校校园的文化氛围和学生生存的整个环境；校园文化指学校以青年学生特有的思想观念、心理素质、价值取向、思维方式等为核心，以具有校

---

[1]杨益民：《关于校园文化建设的双向思考》，《江西高教》1990年第1期。
[2]黄禧侦：《高校校园文化研究综述》，《高教探索》1991年12期。

园特色的人际关系、生活方式、行为方式以及由青年学生参与创办的报刊、讲座、社团、沙龙及其他文化活动和各种文化设施为表征的精神环境、文化氛围；校园文化是全体师生员工共同遵循的人生指导原则，以及在这些原则指引下形成的以教学和科研为主的运作方式和群体生活风貌；校园文化是以校园为空间，以学生、教师为参与主体，以课外文化活动为载体，以文化的多学科、多领域综合交叉、广泛交流及特有的活动方式为基本形态，具有时代特点的一种群体文化；校园文化是指在学校这个特定的环境中所拥有的价值观的集合，也就是指校园的物质文明和精神文明建设；广义的校园文化是高等学校生活方式的总和；校园文化是一种管理文化，是一种教育文化，是一种微观组织文化。[1]

对校园文化的定义，应当允许有多种表述的存在，因为仅就文化而言，至今都没有一个统一的看法。在这样的前提下，要求校园文化定义确立一个统一的说法几乎是不可能的。何况目前对校园文化定义所做的多角度、多侧重的不同表述，客观上对人们更好地理解和把握校园文化的内涵是十分有益的。

2.校园文化的广义观

对校园文化的界说，尽管仁者见仁、智者见智，但不管怎么界定，都应从大处着眼，将校园文化作为一个整体进行考察，即应持校园文化的广义观。这是因为：

第一，作为研究者，只有持广义的文化观，才能进一步认识和

---

[1] 史洁、冀伦文、朱先奇：《校园文化的内涵和结构》，《中国高教研究》2005年第5期。

把握校园文化的运行机制及内在规律，丰富和发展校园文化理论。人们对校园文化的认识，同对其他事物的认识一样，经历了一个由表及里、逐步深化的过程。最初几年，不仅研究者少，而且认识肤浅，视野狭窄，往往秉持的是狭义的文化观——或把校园文化理解为"课余文化"，或把校园文化与"校园文娱活动"画上等号……我对校园文化的认识也有一个逐步深化的过程，在开始进入校园文化研究领域时，秉持的也是这种狭义的文化观，认为校园文化不就是"蹦蹦跳跳"的一些文化活动吗？直到后来，尤其是随着对文化认识的逐步深入，把对校园文化的界定调整为方式文化，即"校园文化的广义与狭义则以是否包含课堂教学为界，含课堂教学者为广义，除去课堂教学者为狭义。我们平时所说的，一般是指这种除去课堂教学的狭义的校园文化，即校园文化是指除去课堂教学以外的校园文化生活存在方式"[1]，对校园文化的研究，才取得一定的进展，但方式文化的内涵比校园文化活动要宽泛得多、丰富得多，正如原华东工学院的马千里、吉强著文评述我这一看法时所说："校园文化生活方式，既包括精神的，也包括物质的，覆盖面很大，里面包含着许多潜在的内容。"[2]马千里、吉强担心对校园文化界定过大，不易把握，是有道理的，确实，如果校园里的什么东西都可以装进校园文化的箩筐里，那校园文化也就不成为校园文化了，但校园文化本身所具有的内涵的丰富性是客观存在的事实。既然是客观存在的事实，既然校园文化实实在在包含着丰富的内容，我们对校园文化的界定也别无选择，

---

[1] 侯长林：《校园文化与非智力因素的培养》，《贵州高教》1990年第3期。
[2] 马千里、吉强：《校园文化建设述评》，《高教文摘》1991年第7期。

即只能取其广义。并且，我认为将课堂教学排斥在校园文化之外也是不对的。因为课堂教学不仅是文化，而且是校园里最重要的文化，即课堂文化。学校校园文化结构里怎么可以没有课堂文化的位置？从大文化观出发对校园文化进行研究，其可研究的内容十分丰富：从文化层次来看，可以分为校园文化活动层、文化制度层和文化心理层；从文化主体来看，可以分为教师文化、学生文化和职工文化；从文化单元来看，可以分为校园景观文化、服饰文化、饮食文化、课堂文化、娱乐文化、社团文化、社会实践文化、院系文化、宿舍文化、图书馆文化、走廊文化等。丰富的内容是深入研究的前提，否则，还有什么可研究的呢？因此，校园文化研究者只有从广义入手，才能展现校园文化丰富的内容，也才能进行系统的深层次的研究。

第二，作为管理者，只有持广义的文化观才能从宏观上调控校园文化，把握校园文化总的发展趋势和发展方向，从而全面系统地规划和建设好校园文化。学校领导或管理者是加强校园文化建设，繁荣校园文化的关键。因此，他们的看法将直接影响校园文化的发展。如果他们持的是狭义的文化观，如把校园文化建设只理解为课堂外的文娱体育活动，就势必会影响校园其他文化的建设，比如校园课堂文化的建设、校园政治文化的建设、校园物质环境文化的建设等。而持广义的文化观，则视野开阔，纵观全局，宏观调控，有利于发挥文化的整合力，正如陈奎彦所说："只有从广义界定校园文化的内涵，重视各种形态校园文化的作用，才有利于全面改善校园气候，以产生良性的整体效应。"[1]

---

[1]陈奎彦：《关于校园文化的思考》，《教育研究》1992年第2期。

因此，关于校园文化的定义，我仍持这样的观点，校园文化是"文化"的种概念，是亚文化，对校园文化的理解，对其内涵的把握，应依据对文化的一般理解进行诠释。如前所说，从广义来看，文化既包括物质文化，也包括精神文化。顺而推之，从广义而言，所谓校园文化，就是指校园物质文化与校园精神文化的总和；狭义的校园文化，即专指校园精神文化。本书所指的校园文化既包括物质文化也包括精神文化，但最终都是指校园精神文化。因为校园物质文化实质上是指物质载体所占比重或分量较大的精神文化，当然，无论何种校园精神文化都离不开物质载体，只不过物质载体所占比重或分量不同罢了。总之，无论是校园物质文化还是校园精神文化，其实都是指校园人负载到校园物质载体上的精神印记，简而言之，校园文化就是指校园人化的精神印记。

3.关于校园文化的构成

关于校园文化的构成，到目前为止，从不同的角度看会得出不同的结论。不过，主要可以划分为以下三类：

第一，物质与精神两大层面。持这种观点的学者居多，他们认为，校园文化主要由物质文化和精神文化两大层面的内容构成。校园物质文化主要包括校园建筑、校园道路、校园文化设施、校园绿化美化及其自然景观等。这些是校园文化外显的物质形态，是人们用肉眼能够看得见的校园文化的外在的表现形式。而校园精神文化则隐藏在校园文化的深层结构之中，是学校本质、精神面貌等的集中反映和表现，包括观念文化和制度文化。校园观念文化包括思想认识、价值取向、生活观念和行为方式等；校园制度文化是校园观念文化的转化形式，先进的理念只有变成制度才能贯彻落实，包括学校领导管理体制、文化管理制度及各种规章制度等。

第二，硬文化和软文化。校园文化同一般文化一样，也有校园硬文化和校园软文化之分。校园硬文化主要是指学校在发展历史过程中逐步形成的外在的物质形态，即校园的物理环境，包括校园建筑、设施设备、校园人文景观、图书馆、运动场、社团俱乐部，以及校园绿化等。校园硬文化"是校园文化建设的前提条件，是精神文化赖以生存和发展的载体，是较长时期相对固定的文化标志"[1]。20世纪80年代末，美国学者约瑟夫·奈（Joseph Nye）提出了软实力的概念。所谓"软实力（soft power）是指能够影响他国意愿的无形的精神力，包括政治制度的吸引力、价值观的感召力、文化的感染力、外交的说服力、国际信誉以及领导人与国民形象的魅力"。[2]软实力可以演化为重要的资源力量。美国学者摩根索（Hans Joachim Morgenthau）对此有精辟的总结："国际舞台上的强权斗争在今天不仅是争夺军事霸权和政治优势的斗争，而且在一种特殊意义上是争夺人心的斗争。那么，一国的强权不仅取决于外交艺术和武装部队的实力，也取决于它的政治思想、政治体制和政治政策对别国的吸引力。"[3]胡锦涛指出："综合国力竞争的一个显著特点就是把提高文化软实力作为增强国家核心竞争力的重要战略。在世界范围内各种

---

[1] 范天森、刘巧玲、徐锋华、邓蕊：《高校校园人文环境建设刍议》2008年第11期。
[2] 章一平：《软实力的内涵与外延》，《现代国际关系》2006年第11期。
[3] [美]汉斯·J·摩根索：《国际纵横策论》，卢明华、时殷弘、林勇军译，上海译文出版社，1995，第202—203页。

文化交流、交融、交锋越发频繁的背景下,谁占据了文化发展制高点,谁就拥有了强大文化软实力,谁就能够在激烈的国际竞争中赢得主动。"[1]校园软文化包括学校精神、校园人的思维方式、价值观念、政治意识,校风、学风和工作作风等。校园软文化是学校生存和发展的重要组成部分,是学校的灵魂,因而是校园文化建设的重点和核心,建设得好,能够发挥比硬文化更大的作用——真正能推动学校发展的还是"学校中最为重要的教师和学生这两个活生生的有血有肉、有情感的软文化,若能用好他们,将对学校的发展起到不可估量的作用"[2]。

第三,自然的和社会的两大部分。持这种观点者所指的自然的文化与物质文化所指相差不大。而社会的文化则不同,认为它是由校园"文化群"和"文化圈"所构成的,并且"这些不同特质、不同品种的文化并不是孤立的,它们和其他文化相互比较而存在,相互吸收而发展,每一种文化都是一个动态的生命体,各种文化聚合在一起,形成各种不同的文化群落、文化圈,甚至类似生物链的文化链,并共同构成了人类文化的有机整体"[3]。学校领导管理,教师教育教学,学生上课、做实验、参加文艺体育活动等,都是其文化构成内容的表现形式。

关于校园文化的构成,各有各的看法,但我以为不管怎么划分,

---

[1] 胡锦涛:《坚定不移走中国特色社会主义文化发展道路,努力建设社会主义文化强国》,《求是》2012年第1期。
[2] 谢万新:《用好软文化 成就名学校》,《学周刊》2016年第35期。
[3] 吴圣刚:《文化的生态学阐释和保护》,《理论界》2005年第5期。

一般应该包括校园人、校园物质环境、校园图书馆、校园文化活动和校风五大文化形态。这五大文化形态是不同类型、不同层次校园文化都必须具备的基本文化形态，缺一不可，否则，将是不完整或有缺陷的校园文化。

二、校园文化模式

人是创造文化的主体，没有人也就无所谓文化，但是每一个人又都生活在一定的时代和社区的文化之中，并由文化尤其是文化模式所决定。每一个人都打上其所生活的时代和社区的文化及文化模式的烙印。可以说，没有一定的文化模式，就不会有一定的社会类型的人。企业文化模式塑造了企业人，乡村文化模式塑造了乡村人，军营文化模式塑造了军人，当然，校园文化模式也就孕育、塑造了校园人。换言之，企业人、乡村人、军人及校园人之所以能在整个社会人群中形成特殊的群体，从文化的角度而言，虽然也有多方面的因素，但主要就是由于其所生活的文化模式各有不同罢了。学校与学校之间的差异主要在于其文化的差异，而不同学校的校园文化之间的差异则主要在于其校园文化模式方面的差异。因为"校园文化的差异性及其个性特征是由于存在各自不同的校园文化模式所决定的。各个校园文化模式的形成和发展由于起始条件不同，学校的历史不同，学校的地理位置不同，学校的类型不同，学校的领导人不同等，表现出各自不同的校训、校风、校园文化环境、师生的精神风貌和追求、学校管理制度、文艺活动等"[1]。可见，校园文化模式是校园文化研究不能回避的

---

[1] 王干：《略论校园文化模式》，《学校党建与思想教育》1994年第4期。

问题。

(一) 文化模式

"模式"一词是现代使用率较高的一个术语。在汉语中把它理解为标准的形式或样式，在英语中它和"模型"（Model）的意义相近。一般是指被研究对象在其历史发展过程中逐步形成的比较清晰的轮廓或较为稳定的结构。文化模式这一概念，不同的学者有不同的理解。比如美国文化人类学家克洛依伯在《人类学》一书中认为，"文化模式乃是文化结构和文化功能的规定。不同的结构就有不同的功能，某一稳定的结构也就有某种稳定的功能，而那种稳定的结构得以构成的基本要素和基本关系，就构成了所谓结构'模式'"[1]。这一文化模式观与后来的"结构功能主义"的文化模式观基本一致，属于客观主义的文化观点。美国著名文化人类学家R·M·基辛（Roger Martin Keesing）在其著作《当代文化人类学》一书中，虽然没有专门论述文化模式的问题，但是他认为："文化既是观念的，这种观念又非个体的，而是民族共同的……文化模式是稳定的，好比贝多芬的一首四重奏'不管是谁去了解或演奏这已写好的乐曲，这首乐曲总归有一个标准而不变的正式模式'。"[2] 总之，西方社会学家、文化人类学家及民族学家对文化模式的研究很多，看法也很不一致，但影响最大的要算美国人类学家露丝·本尼迪克特（Ruth Benedict）。在第二次世界大战快要结束的时候，露丝·本尼迪克特开始对文化模式进行研究。她的关于文化模式的研究开始于一次文化调查。为了给

---

[1] 刘敏中:《文化模式论》,《学习与探索》1989年第4—5期。
[2] 刘敏中:《文化模式论》,《学习与探索》1989年第4—5期。

美国在战后对日本采取正确的管理形式提供参考,露丝·本尼迪克特从文化人类学的角度出发,对日本的文化进行了系统的调查与研究。在调查研究中发现,日本的文化既与美国的文化不同,也与中国文化和印度文化不同。美国文化强调的是所谓"个人自由"和"人人平等";中国文化以儒家文化为主体,兼顾佛家、道家文化,它是建立在宗法制度基础上的;印度文化受"种姓"制度影响很大,其民族的人生观是以"涅槃"为最大幸福的;而日本文化则是一种"各安本位"等级森严的文化。日本人从小就开始进行这种文化的自我教育和训练,因此日本人的道德、伦理、风俗、习惯等都是按照这种文化精神和要求培养起来的。露丝·本尼迪克特最后的结论是:美国只能采取由日本人自己统治日本的办法,而不能直接用军事占领的办法对日本进行统治。日本投降后,美国政府采纳了这位人类学家的建议。1946年,露丝·本尼迪克特在她的调查报告基础上撰写出版了《菊与刀》一书。这本书出版后在社会上引起了很大争议,有褒扬、有批评,但它却因此成为后人公认的一本经典名著。露丝·本尼迪克特在这本书中对日本人的生存方式进行了详细描述,阐释了西方国家明显存在的"罪感文化"与日本民族存在的"耻感文化"两种类型的文化模式。罪感文化来自基督教的原罪说,其主要观点是:"人是带着罪恶来到世界,但作为选民又必须努力获得救赎,才能最终洗脱自己的原罪,因此对每个人都有缺陷皆非完美者来说,原罪是每个人都必须承担的并应努力解脱的。"[1]而耻感文化则没有罪感文化中的"原

---

[1] 袁小云:《文化模式视野下的文化本质——读本尼迪克特的〈文化模式〉》,《未来与发展》2011年第5期。

罪意识"。露丝·本尼迪克特认为："真正的耻感文化依靠外部的强制力来做善行。真正的罪感文化则依靠罪恶感在内心的反映来做善行。羞耻是对别人批评的反应。一个人感到羞耻，是因为他或者被公开讥笑、排斥，或者他自己感觉被讥笑，不管是哪一种，羞耻感都是一种有效的强制力。但是，羞耻感要求有外人在场，至少要感觉到有外人在场。罪恶感则不是这样。有的民族中，名誉的含义就是按照自己心目中的理想自我而生活。这里，即使恶行未被人发觉，自己也会有罪恶感，而且这种罪恶感会因坦白忏悔而得到解脱。"[1]

露丝·本尼迪克特在这里所论述的日本羞耻文化类型，就是指日本的文化模式。

但是，露丝·本尼迪克特早在《菊与刀》出版前12年，即1934年就曾出版过一本名叫《文化模式》的著作。这本著作到现在为止，已有14种文字的译本面世，影响很大。她认为，每一个民族都有自己独特的文化，这种文化如同人的思想和行为模式。人类行为的方式有多种多样的可能，这种可能是无穷的。但是一个部族、一种文化在这样的无穷的可能性里，只能选择其中的一部分，而这种选择不是盲目的，它有自身的社会价值取向。选择的行为方式包括对待人之生、死、青春期、婚姻方式，以至在经济、政治、社会交往等领域的各种规矩、习俗，并通过形式化的方式，演变成风俗、礼仪，从而形成一个部落或部族的文化模式。在《文化模式》一书中，露丝·本尼迪克特着重分析了三种不同的文化模式：一是"日神型"，即阿波罗

---

[1] 袁小云：《文化模式视野下的文化本质——读本尼迪克特的〈文化模式〉》，《未来与发展》2011年第5期。

式,指的是新墨西哥州的祖尼印第安人形成的文化模式;二是"酒神型",即底俄尼索斯式,指的是温哥华岛上的夸库特尔人形成的文化模式;三是"妄想狂型",指西北部美拉尼西亚民族中多布人在其历史发展进程中逐步形成的文化模式。在不同的文化模式之间常常存在着很大的差距,有的社会价值观甚至是完全对立的。但是在同一文化模式中的行为方式总能够找到合理的存在。这些文化模式代表着不同的文化,同时对生活于其中的个体产生熏陶、感染作用。露丝·本尼迪克特认为:"一种文化就像一个人,或多或少有一种思想与行为的一致模式。每一种文化之内,总有一些特别的,没必要为其他类型的社会分享的目的。在对这些目的的服从过程中,每一个民族越来越深入地强化着它的经验,并且与这些内驱力的紧迫性相适应,行为的异质项就会采取愈来愈一致的形式。当那些最不协调的行为被完全整合的文化接受后,它们常常通过最不可能的变化而使它们自己代表了该文化的具体目标。"[1]这就是文化的模式化。文化模式的形成需要一个漫长的过程,并非一朝一夕,有的需要几代甚至几十代人的努力才能逐步结构化和模式化。露丝·本尼迪克特赞成文化相对主义。她认为各文化模式存在着比较大的差异,但没有等级优劣之别,都有其存在的理由,绝对不能因其对文化的好恶而有所取舍或有所褒贬,她主张按照每一种文化本来的面目、本来的样本来研究文化现象或文化形态本身。文化模式是文化现象本身所具有的客观存在,而不是研究者研究出的东西,不是研究者先入为主的用来统摄材料的工具。文化

---

[1] [美]露丝·本尼迪克特:《文化模式》,何锡章、黄欢译,华夏出版社,1987,第36页。

是统一的，是具有模式的，但是文化又是多元的。文化相对主义具有十分重要的价值和意义，用露丝·本尼迪克特的话来说：思考文化相对性是一项非常重要的任务，尤其是在社会学和心理学这两个领域内，文化相对性的意义更大，文化相对主义反对习以为常的观念。《文化模式》一书出版后，之所以会产生如此大的影响，除了提出文化模式的理论及其有关文化整体观和文化相对论的观点以外，露丝·本尼迪克特在书里表现出的对人类的真挚的爱，打动和影响了读者。她对人类所有的民族都充满了理解和同情。在她看来，每个人都是平等的，没有高低贵贱之分，不应该有种族歧视；人所创造的文化也是平等的，也没有等级优劣之别；尽管文化的差别确实存在，但这种存在并非意味着落后与先进这类评价是必然的，每一种文化都有其独特的价值取向，有自己的优势及与所属社会相适应的能力；文化是相对的，但更是相互交流和互相理解的。但她在书中认为文化模式的形成是由民族或部族潜意识决定的观点，则又回到弗洛伊德老路上去了。露丝·本尼迪克特的"文化模式"概念所内含的实际上是一种文化心理趋向或"价值模式"。在露丝·本尼迪克特之后的文化族体学派代表人物林顿等曾将她的"文化模式"阐释为"行为标准"，并将其做进一步划分，认为文化模式包括"实际文化模式"和"文化结构模式"等。

那么，到底什么是文化模式呢？衣俊卿认为：文化模式就是"特定民族或特定时代人们普遍认同的，由内在的民族精神或时代精神、价值取向、习俗、理论规范等构成的相对稳定的行为方式，或者说基本的生存方式或样法"[1]。我国著名文化社会学家司马云杰的观点是：所谓文化模式不是别的，它实质上就是不同文化的构成方式及其稳定的特征。露丝·本尼迪克特在《文化模式》一书中，就专门通过对祖尼人、多布人、夸库特尔人的文化群落及其特性的考察，描述其文化模式的差异。大家都知道，由于生态环境千差万别，因此，不同的文化环境中的文化特质也就各不相同。在长期的历史演变之中，这些文化特质依据不同的构成方式逐步形成不同的文化系统和较稳定的文化特征。如中国人的吃饭方式就不同于西方人的吃饭方式，中国传统的伦理道德观念也与西方国家不一样，就是在我们国内，不同区域的人由于所处的特殊地域及其所受特殊文化的影响，其生活方式也是各有千秋的。这些不同的文化构成方式及其比较稳定的文化特征，就是露丝·本尼迪克特眼中的"文化模式"。文化模式是文化发展的产物，是人类智慧的结晶，但它们一经形成，就对生活在其中的人有着十分重要的作用，甚至可以说，没有一定的文化模式就不会有一定社会类型的人。文化模式按系统论的观点，可以根据不同的类型、不同的性质、不同的地区、不同的行业等划分为多个子系统或多种层次。当然，在这众多的模式中，也有校园文化模式。

凡学校皆有固定之所，每一所学校的固定校区不仅有自己独特的自然环境，还有属于自己的人文环境，即文化的社区。同时，学校又是有目的、有计划、有组织地对受教育者实施教育的专门机构，是从事传授知识和创造知识的重要场所，是知识库或信息库，因此随着学校的发展和校园文化的不断积累，必然逐步形成独特的文化结构方

---

[1] 衣俊卿：《文化哲学十五讲》，北京大学出版社，2004，第65页。

式及较稳定的特征，即在教学、科研、社会服务系统、文化传承与创新、国际教育，以及行政管理、学生工作等方面逐步形成自己的结构方式和特点。这些盘根错节而又相互紧密联系的系统所形成的比较稳定的有机结合方式，即具有学校特色的文化结构方式及较稳定的特征，就是校园文化模式。

由于校园文化可以划分为校园物质文化和校园精神文化，也可以将校园文化模式划分为校园物质文化模式和校园精神文化模式。从人才培养方面看，在校园文化模式之中的精神文化部分更为重要，也可以说这一部分是校园文化模式中的主体部分。因为任何一个学生的成长都不是其自身毫无准备地对外界信息只做机械地加工，也不是塑造者不通过被塑造者内部因素的分化与融合等作用而像工厂生产产品一样可以简单地完成，而是需要通过被塑造者结合自己已有的经验进行主动地建构。[1]没有主动地建构，外界的东西难以被接受。按哲学的观点，每一个人都是受动的客体，同时又是具有主观能动性的实践主体，其品德的形成、知识的掌握、技能的获得、习惯的养成，虽然不能超越客观物质条件，但与学校教的方式、学生学的方式，以及学校倡导的价值取向、管理方式等的关系非常密切，受这些因素的影响很大。一所学校的校园文化模式与其历史发展紧密相连，就一般情况而言，历史悠久的学校，其校园文化模式中自然就带有一种厚重的历史感，文化是在历史发展进程中逐步积累而成的，校园文化模式也同样如此。校园文化模式又与其赖以生存的社会义化大背景紧密相联。因为任何校园文化模式的形成与发展都离不开现实的土壤和时代的背

---

[1]杜文华、徐新建：《校园文化论》，贵州师范大学编辑部，1989，第61—62页。

景。没有现实土壤和时代背景的支撑，再稳定的校园文化模式也会变得松散，甚至夭折。正因为各个学校的发展历史和赖以生存的社会文化大背景等不同，才有不同的校园文化模式，而不同的校园文化模式又决定了不同学校的校园文化形态，即"各个校园文化模式的形成和发展由于起始条件不同，学校的历史不同，学校的地理位置不同，学校的类型不同，学校的领导人不同等，表现出各自不同的校训、校风、校园文化环境、师生的精神风貌和追求、学校管理制度、文艺活动等"[1]。校园文化模式的一般特性有哪些？我以为王干的观点有一定的代表性，他认为校园文化模式的一般特性主要有：一是定势性，即校园群体文化生活必然会具有某种定势特征，包括具有某些共同的文化生活倾向、准则和追求；二是整体性，即校园文化模式是一个文化生活的整体，具体表现在校园文化生活的共同倾向、准则和追求不是分割的，而是彼此联系的；三是互动性，即可以把校园文化模式看作是一个由诸多文化因素组成的校园文化系统，其系统内部存在着诸多文化因素相互制约、相互促进的内在机制，具有互动性；四是交汇性，即由于校园文化不是一个单独的一元的文化模式，而是一种受多种文化交汇发生作用的亚文化，因此，校园文化模式具有交汇性；五是制约性，在中国，学校校园是社会主义文化的阵地，所以校园文化模式必然要从根本上与社会主义文化模式的要求和发展方向保持一致；六是扩散性，即校园文化模式所具有的凝聚力和影响力不是凝固不变的，而是处在不断地向外扩散的过程之中的。[2]

---

[1] 王干：《略论校园文化模式》，《学校党建与思想教育》1994年第12期。
[2] 王干：《略论校园文化模式》，《学校党建与思想教育》1994年第12期。

(二)校园文化模式的类型

由于每一种文化都有其不同的文化构成方式,因此文化模式也就千差万别、形态各异。根据不同的标准、从不同的角度对文化模式的类型进行讨论,可以得出不同的文化模式类型。比如德国学者斯宾格勒(Oswald Arnold Gottfried Spengler)在《西方的没落》一书中"把世界文明史划分为希腊(古典)、阿拉伯、西方、印度、中国、埃及、巴比伦、墨西哥8个部分,它们被视为独立的、已经发展完成了的文化形态"[1]。英国学者汤因比(Arnold Joseph Toynbee)在《历史研究》一书中则把世界文明史划分为26个部分。我国学者梁漱溟在《东西文化及其哲学》一书中所选择的是中国、印度、西方三大文化形态的对比研究。总之,不同的学者从不同的角度进行划分,就可以归纳概括出不同的文化模式类型。但不管怎样划分,都要符合文化发展的实际,都要充分考虑文化模式所具有的稳定性及其相应的特征,都要有利于文化模式的演进与发展,绝不是为研究而研究、为学术而学术。

校园文化模式的形成与学校的产生和校园的出现紧密相连。有了学校就开始有了校园,有了校园就开始有了校园文化,有了校园文化也就开启了校园文化模式形成的征程。可以说,一部学校史和校园史,也就是一部校园文化和校园文化模式发展史。所以,校园文化模式并不是人们计划和研究的结果,而是在一定环境中长时间形成的客观存在。一般说,就某种校园文化模式而言,其历史积淀越长,时间持续越久,模式发展就越成熟、越稳定,个性色彩越浓,价

---

[1] 杨海文:《文化类型与文化模式简论》,《中州学刊》1996年第2期。

值取向越明确,社会影响也就越大。学校是多种多样的,文化是多种多样的,校园文化模式的类型也是多种多样的。从不同的角度进行不同的划分,可以得出不同的类型:从校园文化模式所表现的价值取向看,有强调在人才培养方面追求并致力于培养出品德高尚的人的美善型校园文化模式与强调追求并致力于培养出动手能力强的人的务实型校园文化模式之分;从校园文化模式的有序和无序状况看,可以分为强调校园内特有文化的唯一性、权威性并要求所属师生员工绝对服从的专制封闭型校园文化模式与讲究民主、平等和推崇学术自由的民主开放型校园文化模式;从校园文化模式的类型来看,可以分为普通教育校园文化模式与职业教育校园文化模式;从校园文化模式功能的偏与全来看,可以分为有缺陷的跛足型校园文化模式与促进学生全面发展的健全型校园文化模式;从校园文化模式的等级来看,可以分为幼儿园校园文化模式、初等学校校园文化模式、中学校园文化模式和高校校园文化模式;从校园文化模式的性质来看,可以分为综合性院校校园文化模式、医学系统校园文化模式、师范系统校园文化模式、农业系统校园文化模式、工业系统校园文化模式、军事系统校园文化模式、商业系统校园文化模式、交通系统校园文化模式;从校园文化模式的区域来看,可以分为东方校园文化模式和西方校园文化模式或东南亚校园文化模式、西欧校园文化模式、北美洲校园文化模式、澳洲校园文化模式、非洲校园文化模式;等等。总之,从不同的角度,按照不同的标准进行划分,就可以得出不同的结果,即不同的校园文化模式。[1]

---

[1]杜文华、徐新建:《校园文化论》,贵州师范大学编辑部,1989,第61—62页。

对校园文化模式进行划分，也只是为了认识的方便，现实中的校园文化模式并不是非此即彼，而是非常复杂的，很难划清界限，也没有绝对的好与坏之分。比如我国古代的书院文化，虽然不乏学术自由、民主管理等因素，但是其内容几乎都是"四书五经"，与生产劳动联系较少。所以，我们既不能断言它是民主开放型校园文化模式，也不能断言它是专制封闭型校园文化模式，应对其进行全面地、具体地分析，具体地看待，不能简单地下结论。

我国校园文化模式建设也同整个教育一样进入了新时代，总体而言，将朝着民主的、开放的、融合的、多元的、特色的方向演变、发展。

三、校园文化的功能和特点

（一）校园文化的功能

谈到功能，让我不自觉地想到"地位"和"作用"两个概念，因为功能与这两个概念有很多相似之处，在使用时很容易混淆。其实，它们还是有比较大的差异的。地位与事物所处的位置有关，作用是指事物的效益或效果，即更多的是指结果，而功能则不同，它是指事物所具有的功效能力。这种功效能力既不是效益或效果，也不是一事物与他事物的相对位置。

校园文化作为文化的亚文化，首先具有文化的一般功能。文化的一般功能主要有满足功能、认识功能、改造功能、协调功能、组织功能、向心功能等。但是校园文化又是具有特殊功能的文化，其特殊性主要表现在"校园"二字上。校园虽然同其他区域性概念一样都主要是指空间布局情况，但校园这个空间布局毕竟与其他区域性概念所指的内涵有很大不同，即校园与学校和教育紧密相连，甚至在一定程度上就是学校和教育的代名词，因而其教育功能就是其特殊的功能。

那么，何为校园文化的教育功能呢？我们知道，学校是培养人才的地方，传道、授业、解惑是学校最基本的功能，毫无疑问，校园文化最大的任务也是教育人，其最基本的功能也是教育，即培养和造就为社会主义服务的各种具有现代科学文化素质的专门人才。大学有多种功能，但是"在这多种功能中，教育功能仍然是最基本的，科学研究和服务社会都是大学的教育功能的拓展与深化，也是为更好地发挥教育功能服务的"[1]。西方的苏格拉底（Socrates）、柏拉图（Plato）、卢梭（Jean-Jacques Rousseau）、裴斯泰洛齐（Johann Heinrich Pestalozzi），中国的荀况、王充、朱熹等人都对文化或学校的教育功能发表过相关看法，只不过，没有使用校园文化及其相关概念而已。比如苏联著名教育家苏霍姆林斯基（Василий Александрович Сухомлинский）就认为："教育艺术在于，不仅要使人的关系、成人的榜样和语言以及集体里精心保持的种种传统能教育人，而且，也要使器物——物质和精神财富——能起到教育作用。依我们看，用环境，用学生创造的周围情景，用丰富的集体精神生活的一切东西进行教育，这是教育过程中最微妙的领域之一。"[2]校园文化是由多种文化要素组成的，每一种文化要素都有

---

[1] 欧阳康：《大学校园文化建设的价值取向》，《高等教育研究》2008年第8期。
[2] [苏]苏霍姆林斯基：《帕夫雷什中学》，赵玮、王义高、蔡兴文、纪强译，教育科学出版社，1983，第122页。

其自身的功能,不过,还需要特别指出的是,不管校园文化结构中有多少文化要素各自的功能存在,但是教育功能始终是最主要、最重要的功能,其他文化要素的功能都是对教育功能的补充或延伸,当然,教育功能也对其他文化要素功能的发挥起支撑作用。因为人的文化素质的提升主要表现在身心两个方面,而这两个方面都离不开教育功能与其他文化要素功能的相互融通和共同作用,是多种文化要素及其多种功能共同作用的结果。[1]教育和人才的培养是很复杂的工作,任何单因素都很难完成,需要综合考虑多因素的介入。在校园文化教育功能发挥的过程中,要特别注意教师尤其是名教师作用的发挥,以及良好校风、学风的培育。这是校园文化结构功能发挥的两个重要的因素,要给予特别关注。

(二)校园文化特点

校园文化的特点归纳起来,主要有如下几点:

1.开放性。校园文化结构是规范的、稳定的,更是开放的。当今世界已经是开放的时代,国际教育已经成为一种世界潮流,"教育国际化已不是愿不愿意的事,也不是可以等上一百年的事,而是必须立即行动"[2]。我还曾经说过这样一段话:"在教育国际化的过程中,高等教育自然应该先行。我以为没有国际教育的大学在当今高度开放的时代很难立足,甚至算不上真正的大学。"[3]学校的开放必

---

[1]杜文华、徐新建:《校园文化论》,贵州师范大学编辑部,1989,第71页。
[2]侯长林:《我生命中的十年》,巴蜀书社,2015,第211页。
[3]侯长林:《没有国际教育的大学算不上真正的大学》,《铜仁学院学报》2017年第1期。

然带来与之相伴的校园文化的开放。在这个开放的时代，校园的围墙是有形的，但人们思想和文化的交流早已超越围墙，尤其是各种新兴媒体的快速发展，各种信息的传播越来越快。学校既是各种思想的汇聚之所，也是各种信息相互交流的地方，是知识库也是信息库。加上广大师生尤其是高校的师生在全社会中文化程度较高，独立性很强，又在从事精神活动，所以，对外界思想、文化以及各种信息的吸收、交流，比从事其他社会工作的人更敏锐、更集中，交流更频繁，其学术思想和文化交流早已超越学校甚至国界。因此，校园文化的开放性也是非常明显的特征。

2.超前性。校园文化是超前的文化。超前，就意味着其拥有的知识和知识的生产必然是指向未来，以及未知的领域。否则，有什么超前可言？要具有这种超前性，其文化主体必须是高水平、高层次的。而校园文化就是高水平、高层次文化，它的载体是学生、教师和职工，绝大部分是知识分子，而且汇集了相当一部分高中级知识分子。青年大学生是高校校园文化的主体，他们的年龄一般在20岁左右，生理上已完全成熟，有充沛的精力与旺盛的热情。他们的情绪来得快，平息得也快，常常是"暴风雨式"的。因而，有的心理学家就把青年期说成是"急风怒涛的时期"。这时，也是他们自我意识大觉醒的时期，是人的一生中最富有理想和幻想的阶段，由于特殊的社会地位，使他们最敏锐也最强烈地感受到社会存在的问题。他们组织的学术交流、研讨性的社团，往往有一个显著的特点，就是以其锐利的思想为标志，而这些思想大多数又都是针对传统、针对社会的不完善而言的。因此，校园文化在冲击传统、变革时代里起了率先激进的作用，走在社会矛盾冲突的前沿。当然，这种先锋性不应该受到压制，它正是校园文化内在精神魅力之所在，但必须把握好这种先锋性的发展，引导青年学生自觉地与社会融合，否则，这种激进情绪的升级将会导致社会的混乱。因此，有学者认为："就总体而言校园文化总是最接近前沿文化，在一定程度上超前于社会现实并对社会现实常常采取批判的态度，又以极大的热情把人类发明、社会发展推向前进的。"[1]

3.创造性。学校尤其是高校，不仅是培养人才的地方，也是追求真理，发展知识的地方。历史发展到19世纪末，在德国著名教育改革家洪堡的倡导下，柏林大学率先进行改革，将科学研究引入大学，明确提出新的大学理念——"以大学为'研究中心'，教师的首要任务是自由地从事于'创造性的学问'"。每个学生则如洪堡所说："应该至少在日益增大的'知识金庙'上置放一块砖石。"[2]德国哲学家、教育家雅斯贝尔斯（Karl Jaspers）在《大学之理念》一书的开篇中就指出："大学是一个由学者与学生组成的、致力于寻求真理的共同体。"[3]大学生生不息的创造性是其他文化所没有的，就是一些专门的科学研究机构也难以相提并论，因为专门的科学研究机构没有学生这个群体。缺少学生群体，其学术文化的活跃性、想象力都会大打折扣，而活跃性、想象力不足，将直接导致创造性不足。

---

[1] 蒋宏、李强：《"校园文化"再探》，《当代青年研究》1989年第6期。
[2] 金耀基：《大学之理念》（增订版），生活·读书·新知三联书店，2008，第4页。
[3] [德]卡尔·雅斯贝尔斯：《大学之理念》，邱立波译，上海人民出版社，2007，第19页。

4.主体性。所谓主体性就是指校园文化主体的自觉的自我意识。所谓"自我意识",就是指主体关于自身的意识。马克思在《黑格尔法哲学批判》中指出:"人并不是抽象地栖息在世界以外的东西。人就是人的世界,就是国家、社会。"[1]这就是自我意识自觉的真正意义之所在!关于校园文化的主体,有的人主张只定位在学生或教师和学生,而把职工排斥在外。这是不对的。校园文化是所有校园人共同创造的成果,所以,校园文化主体不仅包括教师和学生,还包括职工,他们都是校园文化的直接继承者、创造者、建设者和反映者,只不过其作用有所不同:"大学管理者作为领导者,是社会要求在学校的法定代表人和实施者,他们的价值观念和行为方式对校风以至整个校园文化的倾向具有重大影响。大学教师作为教育者的任务是传道、授业、解惑,他们闻道在先,术有专攻。社会要求以及对社会文化的选择,最终必须具体由教师来贯彻落实。用教育学的术语来说,教师在校园文化活动中起着主导作用。教师主体直接制约着校园文化的性质、方向、水平甚至样式。大学生是校园文化主体中最大的群体,大学生作为处于发展过程中的群体,他们乐于接受新事物,富于批判精神,社会大文化稳定与变革的矛盾,往往集中在他们身上。"[2]校园文化主体自觉的自我意识,就是指教师、学生和职工能够比较清楚地意识到自身存在的地位和价值,意识到自身以外的对象的客观存在

---

[1]马克思、恩格斯:《马克思恩格斯全集》(第1卷),人民出版社,1956,第452页。
[2]郭孝文、吴玲:《论大学校园文化的内涵、机制与特征》,《吉林教育科学》(高教研究)1992年第1期。

以及自身与对象的区别和联系,意识到自身所开展的文化活动需要达到的目的。

5.批判性。校园文化的批评性主要表现在两个方面:一是学术的批判性。学校尤其是高校校园文化要进行学术创新,必须保持质疑和批判的品质,只有质疑和批判成为学校的一种文化风尚,成为广大师生员工的一种习惯,才能在科学研究中不断发现新问题,并努力去解决或寻找答案。有学者说得好:"质疑和批判精神对于科学发展来说是不可或缺的。质疑是一种品质、一种思维方式,更是探索的起点和创新的前提。只有质疑,才会有新发现,才会有新思想,才会有所创新。"[1]当今时代,已经进入了一个创新的社会,我国要建设创新型国家,就应该更加重视文化的创新,包括校园文化的创新。所以,校园文化的这种质疑、批判的特质不仅不能削弱,反而还应强化。二是社会的批判性。校园文化是一个国家和民族先进文化的重要组成部分,肩负着对社会中各种低级、庸俗、腐朽和反动的劣性的落后文化的质疑、抵制和批判。校园文化既是社会文化百花园中先进文化的一员,也是清流文化的代表。社会风气的好坏,离不开校园文化的导向和引领,尤其是高校校园文化的导向和引领。

6.可塑性。校园文化不是孤岛文化,其形成与发展受到传统文化、外来文化的影响,但是更多的还是受到校园文化主体所具有的教育理念、价值取向和行为方式的支配。校园文化主体如何,校园文化就如何,也就是说,是校园文化主体决定了校园文化的性质、水平和风格。这是校园文化的教育功能及其学校的教育职能所决定的。因

---

[1]袁维新:《学生质疑精神的缺失与重建》,《中国教育学刊》2012年第10期。

此，在校园文化建设过程中，要充分调动校园文化主体所有成员的积极性，发挥其主动性，倡导积极的人生信念、文化理念、价值观念和行为规范，就能够逐步抛弃原有文化形态中残留的落后的东西，塑造新型的与时俱进的校园文化。

7.突变性。就一般情形而言，社会文化的演变、发展比较缓慢，不可能在短期内得到彻底的改观。社会文化尤其是精神文化的巨大惯性很难改变。但校园文化的演变则与一般社会文化不同，具有一定的特殊性。其特殊性表现在：校园文化中"除了物质文化以相对静止的形态存在以外，其余的文化形式则无不处于不断变换之中。在外观上呈现出一种积极活跃的姿态。校园文化不仅受到社会大文化环境的间接影响，而且更直接地受到校园文化主体有机构成的直接影响。不仅社会政治的变迁、经济的发展可以促使校园文化的变化，甚至校园文化主体中管理者的不同观念、工作方式和管理方法都能够促使校园文化完全改观"[1]。中华人民共和国成立后，封建残余文化在很长一段时间内还不同程度的存在，但是学校校园文化却发生了颠覆性变化，比如当时的北京大学、清华大学等几所高校的校园文化已经完全改观，封建军阀政客控制下的校园文化的影子已经荡然无存。还比如学校主要领导的变化，尤其是校长的变化，由于校园文化建设理念的不同，都会给校园文化建设带来很大的冲击和影响，甚至会使校园文化发生建设目标、努力方向、发展战略等重大调整。这些都是校园文化不同于其他社会文化的地方，是校园文化发展的特殊现象和独有的

---

[1]葛金国、石中英：《论校园文化的内涵、特征和功能》，《高等教育研究》1990年第3期。

规律。

四、新时期校园文化的发展

中华人民共和国成立以前,在中国共产党的领导下,在革命根据地内建立起来的新民主主义教育是无产阶级文化教育的一部分,属于社会主义文化教育的范畴。毛泽东不仅为延安抗日军政大学题写"团结、紧张、严肃、活泼"的校训,还在《抗大三周年的纪念》一文中明确提出了抗大的教育方针是:"坚定正确的政治方向,艰苦奋斗的工作作风,灵活机动的战略战术,这三者是造成一个抗日的革命的军人所不可缺一的,抗大的职员、教员、学生都是根据这三者去进行教育与从事学习的。"[1]抗大之所以全国闻名、全世界闻名,就在于其鲜明的革命文化。正如毛泽东所说:"抗大的革命与进步,是因为它们的职员、教员与课程是革命的、进步的,又因为它们的学生是革命的、进步的,没有这两方面的革命性、进步性,抗大决不能成为全国与全世界称赞的抗大。"[2]以毛泽东概括的"坚定正确的政治方向,艰苦奋斗的工作作风,灵活机动的战略战术"三句话,以及延安抗日军政大学的校训——"团结、紧张、严肃、活泼"八个字构成的"三八作风",是抗大校风和抗大精神的写照,也是革命根据地校园文化兴盛的集中概括,为后来的校园文化建设树立了一面旗帜。因此,抗战时期,解放区的校园文化,应算是新时期校园文化的

---

[1] 人民教育出版社:《毛泽东同志论教育工作》,人民教育出版社,1992,第67页。

[2] 人民教育出版社:《毛泽东同志论教育工作》,人民教育出版社,1992,第66页。

起点和开端。由于革命战争和根据地的具体情况,解放区对学制的各种等级、入学资格、在校年限及相互衔接,不要求统一,不要求整齐划一。学校教育的组织形式也就十分灵活,如群众教育采取冬学、半日学校、夜校、星期学校、巡回学校等形式;同样,干部教育也采取如上形式进行。除公办学校教育外,还提倡民办,或民办公助。这些特点反映了广大工农劳动群众政治觉悟的提高和对科学文化知识的渴求。不过,由于当时客观条件的限制,革命根据地学校校园文化制度的建立和发展,还有一定的局限性,在学制上也还没有形成一套完整的体系。但是建立和发展革命根据地学校校园文化制度的指导思想和具体措施,对于我国校园文化制度的改革和发展,仍有现实的指导意义。

中华人民共和国成立初期,我国的校园文化制度实际上存在着两个系统:一是解放区的学校校园文化制度,二是经过初步改造了的旧的校园文化制度。直到1951年10月1日,政务院颁布《关于改革学制的决定》后,才建立新的学校校园文化组织系统,把我国的校园文化划分为:幼儿园校园文化、初等学校校园文化、中等学校校园文化、高等学校校园文化和各级政治学校校园文化等。此外,还有各级各类补习学校、函授学校及听障、盲人等特殊学校校园文化。

新型的校园文化组织系统建立以后,我国的社会主义学校校园文化得到了迅速发展,取得了巨大的成绩,出现了20世纪50年代的兴盛时期。但十年"文化大革命"使我国新型的校园文化遭到了严重的摧残,出现了中华人民共和国成立后的第一次文化停滞现象。20世纪70年代中期至20世纪80年代中期,尤其是党的十一届三中全会以来,校园文化得到了快速发展。

党的十一届三中全会重新确立了"解放思想,实事求是"的思想路线和以经济建设为中心的政治路线。教育得到了应有的重视,恢复高考制度后入学的第一批大学生,带着对知识的渴求和满腔的热情,带着强烈的责任感和使命感,跨入校园。他们刻苦学习,不断进取。因此,发奋学习,振兴中华,成为这一时期校园文化的主旋律。所有高校几乎都成立了大学生科技协会,经常举办讲座,开展各种科技活动,掀起了校园科技文化热潮。

随着改革开放的不断深入,人们的思想也得到了空前的解放,社会文化逐步走向繁荣。在社会文化繁荣的过程中,由于学生开放意识、自主意识和审美意识的加强,一个以学生社团为轴心的校园文化新格局逐步形成。从党的十一届三中全会到20世纪80年代中前期,校园文化一直处在健康发展之中,无论是深度还是广度,都是以往任何时候不能相比的。当然,也应看到,这时期的校园文化建设还缺乏系统的校园文化理论指导,对校园文化运行机制和发展规律认识不够,校园文化整体层次偏低,缺乏科学性、系统性和创造性。

1989年后,中国共产党坚持把四项基本原则作为立国之本,视改革开放为强国之路,吸取了前几年物质文明和精神文明建设一手硬一手软的深刻教训,制定了两个文明一起抓的基本方针。正是在这样一种充满生气的政治社会环境中,校园文化走上了正常的健康发展的轨道。

1990年4月28日,由中国群众文化学会、中国高等教育学会、中国教育学会、共青团中央宣传部联合召开的全国首届校园文化理论研讨会在北京举行。这次会议的召开，目的就是总结新经验，探讨新问题，把好经验、好做法升华到理论上来，以进一步推动我国校园文化的发展。它的召开，标志着我国校园文化建设由自发进入自觉的崭新阶段。

这次会议认为，学校是培养和造就人才的重要基地。校园文化，不管你承认不承认，它是客观存在的，无产阶级不去占领，资产阶级就会乘虚而入。在学生中开展丰富多彩的高品位的校园文化活动，实际上是一项非常重要的思想政治工作，也是培养全面发展的"四有"新人的重要阵地。会上还分析了我国校园文化的现状，总结了我国校园文化建设中值得注意的问题，为今后校园文化的发展指明了方向。

随着市场经济的逐步建立，我国校园文化演变的趋势又如何呢？当然，总的趋势仍是朝着健全的、民主的方向发展，具体可能有这样几种变化：第一，校园文化将从以政治目标为导向的文化演变为以经济目标为导向的文化；第二，校园文化将从单维度文化演变为多维度文化；第三，校园文化将从单渊源文化演变为多渊源文化；第四，校园文化将从衍生文化演变为创造性文化等。[1]

---

[1] 杜文华、徐新建：《校园文化论》，贵州师范大学编辑部，1989，第75页。

第二章　校园人

人是文化的创造者，即文化是人创造的。马克思和恩格斯指出："思想、观念、意识的生产最初是直接与人们的物质活动，与人们的物质交往，与现实生活的语言交织在一起的。观念、思维、人们的精神交往在这里还是人们物质关系的直接产物。表现在某一民族的政治、法律、道德、宗教、形而上学等的语言中的精神生产也是这样。人们是自己的观念、思想等等的生产者。"[1] 既然文化是由人创造的，讨论文化就应该首先讨论人。

所谓校园人，顾名思义，指的就是生活在校园里的人。尽管校园的类型很多，有大学、中学、小学和幼儿园，还有高职院校和中等职业学校、初等职业学校等，但是不外乎三大群体：一是教师群体，二是职工群体，三是学生群体，其中占绝大多数的是教师和学生群体。这三大群体在不同类型的学校中分属于不同的组织层级，比如在大学中分属于各处、室（馆）等行政组织和各二级学院、系、专业或教研

---

[1] 马克思、恩格斯：《马克思恩格斯全集》（第3卷），人民出版社，1960，第29页。

室或研究中心（所）、班或年级等学科或专业组织，在中小学分属于各科室等行政组织和学科教研室、班级、小组等教学组织。这些群体相互影响、相互促进，共同构成学校校园文化中教师文化、学生文化和职工文化三大文化结丛。任友群认为："校园文化的主体应该是校园人，即工作、生活在校园里的人们，校园是社会的缩影，其主体构成尽管很复杂，但主要可分为教师、管理者、学生三大整体。"[1] 因为人是文化的人，也是体现文化的人。所以，讨论校园文化，不讨论这些校园人是怎么也说不过去的。至于有学者主张把校园文化主体只界定为学生或学生和教师，是不对的，职工群体也是校园文化的创造者和建设者，当然也是校园文化的主体之一，职工文化也是校园文化的重要组成部分，缺少了这一部分文化，校园文化就是残缺的文化。所以，讨论校园人就不能只讨论教师和学生，还要讨论职工。

一、校园人

（一）教师

从学校教育的主体看，"教师是教育的主体，教师队伍的状况从根本上决定着教育的水平"[2]。关于教师的作用尤其是在思想政治教育方面的作用，列宁曾有一段精辟的论述："在任何学校里，最重要的是课程的思想政治方向。这个方向由什么来决定呢？完全而且只能由教学人员来决定。"[3]我们知道，在学校这个文化场域

---

[1] 任友群：《高校校园文化与人的培养》，《高等师范教育研究》1997年第5期。
[2] 欧阳康：《大学校园文化建设的价值取向》，《高等教育研究》2008年第8期。
[3] 列宁：《列宁全集》（第45卷），人民出版社，1990，第249页。

中，知识水平最高的是教师群体。每一个教师都是一个小型的知识博物馆，都是一个独特的带有大量信息的文化个体，用哲学的话来说，都是单个的文化符号，都是文化存在物。对其进行整理，很容易组织成一个完整的知识群体并形成文化共同体。这个共同体能将有用的知识或信息一次次地复制出来，能将文化信息和文化传统通过特有的文化遗传基因一代代地传承下来，扩散开去。但是在复制和遗传的过程，教师不是简单的中转站，即不是将知识或信息进行机械地转运，而是通过教师头脑的加工，其所转运的知识或信息要发生一定的变化或变型。教师要对知识或信息进行复制与遗传，首先要进行自我建构，要理解。教师自己都没有建构，怎么可能有传授？教师对知识或信息的建构过程，同学生对知识或信息的建构过程没有什么不同，都是学习者，都要遵循建构主义的一般原则，即学习者都要根据自己的经验对新学习的知识或信息进行主动地选择、加工和处理。学习者所拥有的经验不同，对其所接受的新知识或新信息的解释，肯定有所不同。这就是教师对知识或信息进行复制和遗传为什么会发生变化或变型的原因所在。古人所谓"仁者见仁，智者见智"讲的也是这个道理。这种在知识传授过程中发生变型的现象，一方面使原封不动的复制知识产生了困难，同时又给教学或文化革新创造了条件。[1]在这个意义上，教师的职责是具有矛盾性的，或成为传播新知识和新文化的先锋，或成为保守者，或中立者，这就需要教师不断提高自身的素质，自觉地将自己的命运与国家、民族的命运联系在一起，从服务国家和民族发展大业的高度对知识或信息进行选择，多方开展科学

---

[1]杜文华、徐新建：《校园文化论》，贵州师范大学编辑部，1989，第4—5页。

研究，充分发挥教师的作用，彰显教师文化的风采和魅力。同时，"就教师而言，特别是专业课教师和研究人员必须更深刻地体会自身的双重使命，即除了传授知识以外，也具有不可推卸的普遍义务，即维护公正舆论，充当社会良心"[1]。学校教师往往是一个国家或某一区域中最高知识群体，他们也往往是一个国家或某一区域中清流派的代表。教师担当社会责任在我国有优良的传统。历史上东林书院的一批学者，他们躬修实践，充当社会清流，关心国家大事，正如顾宪成的对联所言："风声雨声读书声声声入耳，家事国事天下事事事关心。"[2]抗日战争时期，一大批学者感到整个中国已经安放不下一张平静的书桌，于是纷纷拿起笔发表文章或走向街头发表演讲，唤醒民众，保卫国家。还有些学者在教学之余，针砭时弊，批评社会不良风气，很好地发挥了教师作为社会良知的作用。

教师文化因教师所教学生的层次不同、其所处的社会地位不同，以及所教的学科不同等，都会导致文化特征有所不同。这些不同的文化特征构成了不同的文化类型。从不同的角度对教师文化进行划分，可以得出不同的结果。就一般情况而言，"学校中尤其是高等学校中的教师文化，依其表现形式大体可分为学术为本的文化、学校为本的文化、学科为本的文化"[3]。在郑金洲看来，所谓学术为本的教师文化的价值选择是把追求和传播知识作为基本目标，注重职业上的自主性，并通过自我管理表现出"学院性"；学校为本的教师文化的特

---

[1] 任友群：《高校校园文化与人的培养》，《高等师范教育研究》1997年第5期。
[2] 史文山：《古代书院的地位与价值》，《晋图学刊》1986年第12期。
[3] 郑金洲：《教育文化学》，人民教育出版社，2000，第269页。

征是教师往往受学校的规模、类型等因素影响很大，并相应地调整自己的思维和行为方式；学科为本的教师文化的特征是教师因学科而紧密地联系在一起，形成了比较一致的学科文化。除郑金洲的这种划分外，还有英国教育学者大卫·哈格里夫斯（Hargreaves，D）的"驯狮型"(liontamers)、"娱乐型"(entertainers)和"浪漫型"(romantics)等划分。驯狮型教师文化是指在教育的过程中学生被看作是教师驯化的对象，学生是未驯化的还保留着野性的"动物"，教师是学科的专家，其使命就是"驱使"学生学习，摆脱其野性；娱乐型教师文化则不同，其主要特征是认为引导学生学习的最好办法是使教学活动有趣，在有趣的教学活动中学到有用的知识；浪漫型教师文化则是从另一角度出发，认为学生的学习是人的本能，他们乐意学习，教师只是帮助学生学习。[1]这些划分虽然不能揭示教师文化的所有内容，但是可以在一定程度上帮助我们认识和把握教师文化的内涵及其本质。

（二）学生

学生也是学校教育的主体，是"建设校园文化的主体，是校园文化的载体。为此，大学校园文化的价值取向必须依托于大学生的价值取向，并能够为大学生们所接受和认同"[2]。所谓学生文化就是指"某个或某些学生群体所具有的独特的行为规范、言语表达和价值观念所构成的生活方式"[3]。作为知识或信息的被传授、被接受者，在其身上有两种力在同时发挥作用：一种是认同，即承认并接受

---

[1] 郑金洲：《教育文化学》，人民教育出版社，2000，第272—273页。
[2] 欧阳康：《大学校园文化建设的价值取向》，《高等教育研究》2008年第8期。
[3] 白芸：《学生文化的成因与特征分析》，《教育科学》2006年第1期。

所传授的知识或信息；另一种是反叛，即排斥所灌输的一切或部分。尤其是"高校学生是教育对象，是知识接受者，表现出认同与逆反的二重势态"[1]。学生的认同，既有利于知识或信息的传播，也有利于学生的社会化；学生的反叛，会给教师传授知识或信息带来挑战，但也会使教师不得不一次次地反省其所传授的知识或信息并不断修订和完善。[2]学生的这种认同与反叛的二重态势，将贯穿整个校园生活过程，所不同的是，在中小学阶段更多的是盲目认同和感性反叛，而在大学阶段更多的是主动认同和理智反叛。所以，在不同的阶段，对学生文化的引导，要采取不同的对策，不能一刀切。尤其是对于学生文化的反叛性，要有正确的认识——这是一种正常的文化现象。因为，"在当今的世界上，任何一种社会形式都不可能真正消除学生文化和成人文化之间的对立和冲突。中国作为一个不发达的社会主义国家，这两种文化的对立和冲突仍是难以避免。这一矛盾的根源可以说是产生于个人与社会矛盾的历史性的对立和冲突关系中。但是，我们有责任而且也有条件使这些对立和冲突减少其普遍性，减轻其严重性"[3]。关于学生文化的特征，比较有代表性的观点是学生文化具有过渡性、非正式性、多样性、互补性等特征。[4]这就要求我们，要加强对幼儿园学生文化、中小学学生文化和大学学生文化的研究并把握其规律，才能提出切实可行的办法，有针对性地建设好校园

---

[1] 贺宏志：《大学校园文化的结构与功能》，《高等教育研究》1993年第3期。
[2] 杜文华、徐新建：《校园文化论》，贵州师范大学编辑部，1989，第6—7页。
[3] 邹农基：《学生文化的存在及其与成人文化的冲突》，《当代青年研究》2004年第2期。
[4] 郑金洲：《教育文化学》，人民教育出版社，2000，第322—324页。

文化。

（三）职工

在学校，与教师、学生群体比，职工人数相对较少，但是其作用和文化的影响力不可忽视。在学校职工群体中，除少数工人外，绝大部分是行政管理人员，其中有学校领导和处、系等管理干部。这些人虽然所占比例不大，但往往影响着学校校园文化发展的方向，尤其是在一些新建和处于爬坡阶段的未定型的学校，学校职工中的管理层具有举足轻重的作用。从文化的角度看，学校管理者所创造的文化，也是人类活动社会化的产物，即是社会存在不可缺少的条件之一，并与其他管理文化一样，具有二重性。正如马克思所指出的："凡是直接生产过程具有社会结合过程的形态，而不是表现为独立生产者的孤立劳动的地方，都必然会产生监督劳动和指挥劳动。不过它具有二重性。一方面，凡是有许多个人进行协作的劳动，过程的联系和统一都必然要表现在一个指挥的意志上，表现在各种与局部劳动无关而与工场全部活动有关的职能上，就像一个军队要有一个指挥一样。这是一种生产劳动，是每一种结合的生产方式中必须进行的劳动。另一方面，完全撇开商业部门不说，凡是建立在作为直接生产者的劳动者和生产资料所有者之间的对立上的生产方式中，都必然会产生这种监督劳动。"[1]管理文化的二重性是由于生产过程是生产力和生产关系的统一体所决定的。可见，管理者的职责和使命就是要合理组织生产力的诸要素投入生产并维护生产关系的稳定和发展，以确保生产过程的正常运行。学校管理者的职责和使命就是确保学校管理工作的正常

---

[1] 马克思、恩格斯：《马克思恩格斯全集》（第25卷），人民出版社，1963，第431页。

运行，即学校管理者文化在其校园文化中发挥保障作用。

二、大学校园人

埃弗雷特·休斯（Everett Hughes）曾经说过："当一组人形成了一点共同的生活从而与其他人有了一定的距离，当他们占据社会一个共同的角落，有了共同的问题，或许有了几个共同的敌人的时候，文化便产生了。"[1]高校里大学教师、大学生和大学职工文化就是这样产生的。这三大群体占据了大学校园这个共同的"角落"，探讨共同的"学术"，自然就有了高校校园文化。因此，大学教师、大学生和大学职工三大群体就构成了高校校园文化主体。这三大群体虽然共同存在于大学校园这个特殊的空间范围之中，但是具有不同的特质和文化形态，而"一个群体的文化有别于另一群体的文化即每一个群体都拥有'自己的'文化"[2]。因此，可以说，这三种文化又是具有不同形态的文化。但是，就整个高校校园文化而言，它是由大学教师、大学生和大学职工共同创造的，没有他们的存在，也就没有高校校园文化的存在，也正因为他们的存在，才在高校校园文化中形成了大学教师文化、大学生文化和大学职工文化三种不同的文化形态。这三种不同的文化形态相互依存，共同构成高校校园文化整体，缺一不可。

在高校里，大学生、大学教师和大学职工这三大群体虽然都因学

---

[1][美]伯顿·克拉克：《高等教育系统——学术组织的跨国研究》，王承绪、徐辉、殷企平、蒋恒译，杭州大学出版社，1994，第83页。
[2][英]戴维·英格利斯：《文化与日常生活》，周书亚译，中央编译出版社，1910，第7页。

术而连接在一起，可以说，学术文化是他们都认同的文化，但是由于这三大群体各自文化的不同，又常常发生冲突。当然，这种冲突首先是文化的冲突。C·P·斯诺早在1959年就发现了大学里不同群体间的文化冲突，提出了著名的"两种文化"的理论，即文学知识分子与自然科学家这两大群体间的难以调和的矛盾与冲突，并认为这种矛盾冲突最终导致了这两大群体文化的断裂与两种文化的形成。但是在今天的大学里虽然C·P·斯诺所描述的文学知识分子与自然科学家这两大群体间的矛盾与冲突依然存在，但是更普遍、更明显的文化分裂则是大学职工与大学教师的文化分裂。这种文化分裂现象的出现，首先是因为随着我国高等教育大众化进程的推进，办学规模的不断扩大，大学职工队伍也不断壮大，逐步成为一个具有共同价值观和共同情感联系的群体，即大学校园里独特的大学职工文化已经形成。这种文化形成之后，由于其文化的特殊性，就与大学教师文化发生了一定的冲突。刘小强等人对这种冲突进行了专门的研究，认为这种冲突的产生，主要是因为"'自大傲慢'的学术人与'不卑不亢'的行政人""'学究的'学术人与'世俗的'行政人""'个人本位'的学术人与'组织本位'的行政人"[1]的不同引起的。大学职工文化与大学教师文化冲突的解决，最终还得通过大学法人治理结构的改革才能逐步进行化解。不过，既然大学职工与大学教师分属于不同的文化群体，其文化冲突的长期存在也是必然的。不仅大学教师文化与大学职工文化有冲突与矛盾，大学教师文化与大学生文化、大学职工文化与大学生文化

---

[1] 刘小强、沈文明：《两种人：大学群体文化的分裂与跨越》，《中国高教研究》2013年第11期。

也有冲突与矛盾，即这三大群体文化相互之间都有不可避免的冲突与矛盾。这些冲突与矛盾的存在都是正常的。高校校园文化就是在这些冲突与矛盾中前进与发展的。

（一）大学教师

如果说大学生群体是大学校园里最大的群体，那么，大学教师群体就是仅次于大学生群体的第二大群体。截至2017年，全国高等学校共计2914所，其中普通高校2631所，成人高校283所，而在2016年底，普通高校的专任教师就已经达到160.2万人。可见，从全国来看，大学教师已经是一个庞大的群体。虽然大学教师群体不是学校最大的群体，但是由于大学教师这个群体是大学中具有较高学术水平，思维活跃和一定影响力的特殊群体，他们既是研究高深学术、学问的科学研究工作者，又是传承文化、培养人才的教育工作者，同时还是联结大学与社会，起桥梁和纽带作用的友好使者，甚至大学教师这个群体就是大学本身和大学的代表。比如有人就认为，是大学教授缔造了大学。美国前总统德怀特·大卫·艾森豪威尔（Dwight David Eisenhower）于1952年出任哥伦比亚大学校长，他在欢迎仪式上，由于使用了"雇员"（Employee）一词来指称教授，当场就遭到了一位教授的质疑："尊敬的先生，我们不是哥伦比亚大学的雇员，我们就是哥伦比亚大学。"[1] 在这位教授眼里，教授这个群体本身就代表大学。这是美国大学文化普遍认同的观点。美国高等教育理论家克拉克·克尔（Clark Kerr）也明确谈到："教师就是大学——是它最有

---

[1] W.Schumar, *College for Sale: A Critique of the Commoditification of Higher Education*, Washington, D.C.: The Falmer Press, 1997.p10.

成效的成分，是它卓著的源泉。"[1]那么，什么是大学教师文化？所谓大学教师文化就是指大学教师这个群体在长期的学术生涯中所形成的共同价值追求、思维方式、行为方式和生活方式。美国有学者把大学教师划分为学生取向型与学术取向型、科学体系型与注重艺术型、权威型与朋友型、文静气质型与爽朗气质型四对八种类型；我国台湾有学者认为大学教师应该划分为学术中心与教学中心的对立、学习者与教学者角色的对立、专业取向与受雇者取向的对立三种对应类型。[2]还有学者认为我国的大学教师文化可以分为教学型教师文化、科研型教师文化、思政型教师文化、混合型教师文化等。但是大学教师这个大的群体，由于学术共同体的特征，尤其是对高深学问的追求，因此，可以说大学教师文化的本质在于学术，在于学问，并将其进行科学研究所得用于教学。因为大学是追求真理、开展科学研究的重要场所，对学术的追求是大学永恒的主题。而大学教师本身所从事的就是对高深知识的传授与高深学问的研究，因此大学教师文化与管理文化、大学生文化相比，大学教师文化的学术性特征十分明显。所谓学术性就是尊奉学术至上的价值选择。换言之，一切权威都应该是掌握真理的权威。古希腊学者亚里士多德的"吾爱吾师，吾更爱真理"，也说的是这个道理。因此，可以说，大学教师组成的"学者共同体"所尊奉的价值观念就是真理至上，学术至上，学问至上。这种学术文化的表现是多方面的，有大学教师的学术信念、学术忠诚，也

---

[1][美]克拉克·克尔：《大学之用》（第5版），高铦、高戈、汐汐译，北京大学出版社，2019，第58页。
[2]贺宏志：《大学校园文化的结构与功能》，《高等教育研究》1993年第3期。

有大学教师的学术自由、学术责任等，学术文化贯穿、渗透在大学教师所从事的学习、工作和生活的方方面面，包括教育教学、科学研究和个人生活等各个方面。因为大学教师本身就是典型的学术人，学术人周身所散发的光芒，甚至包括其所形成的无形的文化场，都是学术文化的具体表现。所谓学术权威其实就是知识权威，它与行政权威、市场权威相比，本能地要求居于中心的地位，并认为这是大学组织存在的理由和价值体现。所以从某种意义上说，大学教师文化实际上就是一种学术文化。当年清华大学的王国维、梁启超、陈寅恪、赵元任四位国学大师对国学的研究与探讨，一时间国学文化成为了清华大学的教师文化和学术文化的代表，成为了清华大学校园文化的灿烂之花，影响了几代清华人的发展。陈寅恪晚年南下岭南大学和中山大学期间，形成的陈寅恪文化现象，也是其校园文化难得的风景，陈寅恪的文化学术精神是岭南大学和中山大学宝贵的文化精神财富，尤其是陈寅恪独立的人格魅力与对学术自由的敬畏与追求，给岭南大学和中山大学校园文化留下了铮铮风骨。

作为大学教师文化代表的学术文化包括平等对话原则、客观公正原则、诚实可靠原则、前后一致原则、逻辑证明原则等基本规范，并具有自己一系列的特征：一是大学教师文化的平等性。所谓平等性就是强调每个教师人格平等，只服从理性原则，在真理面前人人都有平等的发言权。二是大学教师文化的自由性。所谓自由性就是崇尚学术自由，反对行政和社会干预。三是大学教师文化的包容性。所谓包容性就是在学术交流时倡导不同观点的争鸣，反对一家控制言论，因为只有允许批判才会有百家争鸣，有学术的碰撞、交流与争鸣才可能有学术繁荣，否则，就是一句空话。

世界一流大学的教师文化与其他类型的院校相比，还具有一些独特的地方，比如充分的学术自由与学术责任相依相存、教学与研究并重、教授参与院校管理等。当然这些特征离不开一流大学所具有的整体大学文化氛围。一流大学的教师文化是现代大学教师文化的标杆和榜样，但并不是大学教师文化发展的唯一模式，每一所大学都应该有自己独特的大学教师文化。

学术性特点是大学教师文化的根本和实质所在。试想一所大学的教师不敬畏学术，不追求学术，不把学问当回事，那还是大学教师吗？不像大学教师，那还有大学教师文化吗？所以，对学术的追求是大学教师文化的重要特征。遗憾的是，有的大学教师并不敬畏学术，更谈不上崇尚学术，所以，才有学术剽窃等丑恶现象在神圣的大学殿堂发生。不过，应该说我国绝大多数大学教师是有学术良知的，对学术剽窃等是嗤之以鼻的。对大学教师而言，学术诚然重要，但大学教师首先还是教师，是教师就有教育学生的使命和责任，而且是最重要的使命和责任。如此说来，大学教师既要做学问又要培养人才，是不是矛盾了呢？其实不然，两者是相辅相成的，做学问可以促进教学，可以提高教学的水平和能力，同时，教学相长，和学生讨论学问，又可以给教师做学问以启发和动力。张楚廷说得好："当研究者的教授将教授大学生变为研究者的学子时，教授是魅力四射的。这样，教授才不只是远远看去的一座灯塔，还是点亮在学生心头上的一盏明灯。"[1] 刘献君也说过类似的话：我们的大学教师应平等地对待每

---

[1] 张楚廷：《张楚廷教育文集》，湖南教育出版社，2007，第283页。

一个大学生,"满腔热情地关怀学生,和学生之间实现心灵的沟通、灵魂的撞击,在沟通、撞击中,点燃学生心灵深处的火花,让他们自己燃烧起来"[1]。所以,由名师主导带动学生参与其中而形成的学术团队及其文化,是一种更重要的教师文化,比如"优秀的教授会将学生和自己一起组成更强大的研究团队。也许,那就会是一个更有力量的学派,一面更鲜艳的学术旗帜"[2]。这里的"学派""学术旗帜"等当然是大学教师文化,而且是典型的教师文化。其实,现代大学就是发展到柏林洪堡大学时期,也是教学与科研并重,并没有不要教学只做科研,所以,在大学里教学与科研从来都是紧密相连的。不过,自从德国洪堡等人把科研作为大学的职能提出之后,大学的教学与科研两个中心的矛盾就一直没有停止过,因为要在同一个时间也几乎是同一个空间完成两个都重要的工作任务,肯定会有时间和空间上的冲突,更何况有的教师坚守英国高等教育理论家纽曼(John Henry Newman)的观点,认为两者属于"不同性质的工作",是两个水火不相容的东西,而有的教师则更加重视科研,认为科研才能够体现学术水平和人生价值,也能够给自己带来更多的利益。诸多认识的差异,使教学与科研的融合经历了一个艰难而又漫长的过程,就是在今天的大学里教学文化与科研文化的博弈与矛盾依旧十分尖锐。但是总体而言,二者是逐步趋于融合,比如有的教授不仅给研究生上课,也开始带头给本科生上课。试想一个大学教师长期远离讲台,不给学生讲课,整天只埋头在图书馆或实验室里,那还是一个大学教师吗?这

---

[1] 刘献君:《大学之思与大学之治》,华中科技大学出版社,2000,第14页。
[2] 张楚廷:《张楚廷教育文集》,湖南教育出版社,2007,第283页。

也是我们的大学教师应该深思的。

大学教师文化的学术性确实是大学教师文化的精髓和灵魂，但是其学术性从哪儿来？关键还是大学教师文化本身所具有的发展性所决定的。大学天生是使普通人成为名人的地方。那也是因为一个普通人一旦进入大学殿堂，就不仅仅是付出，像一支燃烧的蜡烛，当把光和热传递出去后，就慢慢变成一堆灰烬，在付出的同时，自己不断发展，不断进步，不断增值，逐渐丰富起来，高大起来，成为大专家、名教授。潘懋元早在2007年就发表《高校教师发展简论》一文，专门讨论高校教师发展的问题，认为高校教师发展与高校教师培训是完全不同的两个概念，培训是着重从外部需要出发要求教师接受，教师处于被动地位，而"教师发展则着重从教师主体性出发，强调教师自我要求达到某种目标"[1]。虽然教师发展离不开培训，但是教师发展"更重视教师的自主性，强调个性化的发展，强调自主学习和自我提高"[2]。应该说，这些观点和看法，对今天的大学教师文化建设仍然具有十分重要的意义。我曾经就教师的个人发展问题发表过意见和看法，认为要营造良好的氛围，唤醒大学教师自我发展的意识。[3]一个民族的觉醒很重要。拿破仑曾经说我们中国是一头沉睡的雄狮。但是今天她觉醒了。我在《南下老挝》的日记中为老挝民族还没有完全觉醒担忧。我国的著名社会学家费孝通曾经提出过"文化觉醒"

---

[1] 潘懋元、罗丹：《高校教师发展简论》，《中国大学教学》2007年第1期。
[2] 潘懋元、罗丹：《高校教师发展简论》，《中国大学教学》2007年第1期。
[3] 侯长林：《侯长林文集·大学精神与高职院校跨越发展》，北京理工大学出版社，2012，第99—101页。

的问题。民族的觉醒、文化的觉醒，是一个民族和一个民族文化发展的基础和前提。大学教师并不是人人都有个人发展的意识，可以说，有的大学教师在自我发展方面还在沉睡，还没有觉醒。那么，如何让他们觉醒，这就需要有一个良好的人人追求发展的氛围。这个氛围的营造首先需要干部带头，需要学术带头人带头。我最近看了尼采（Friedrich Wilhelm Nietzsche）的《查拉图斯特拉如是说》一书。尼采借查拉图斯特拉之口表白了他的理想——他要唤醒民众。干部更有唤醒还在沉睡的教师的责任。干部带头，仅仅是倡议，还不够，需要有组织保证。我到过英国，考察过英国的高等教育。英国大部分的大学教师发展中心于20世纪60至70年代就已经陆续建立起来。二是要明确目标，增强大学教师自我发展的动力。任何事情的发展都要有目标、有远景。学校发展有目标，二级学院或系的发展有目标，当然个人的发展也应该有目标。许多大学教师个人对自己的发展有想法，只不过有的比较具体，有的比较宏观，有的比较接近现实，有的可能难以实现，等等；有的大学教师可能对自己的发展压根就没有想过，糊里糊涂地过日子。长此以往，这一部分大学教师必然成为学校发展的落伍者。所以，从大学教师个人来说，确定目标，也是大学教师个人发展的需要。那么，大学教师发展的目标是什么样子？我以为就得以大学教师的要求来要求大家。大学教师发展的目标就是专家型教师。要做专家型教师，至少在两个方面应该有一定的要求：第一，有较系统的专业知识；第二，有较强的科学技术的研究能力。当然，这两个方面又可以有所侧重。总之，每个大学教师都应该有发展目标。三是要做学习型的大学教师，不断使自己的专业知识系统化。大学和中专不同，外出学习和校内学习的机会很多。有的地方院校由于办学经费不足，派出学习的教师不多，不过，学校会随着进一步的发展，不断加大教师外出学习的投入，校内也会请更多的专家学者来校讲学，不管是哪一种形式，学校的教师都应该珍惜每一次学习的机会。当然，仅仅靠外出学习和院内培训还不够，更多的需要大家利用晚上或节假日时间进行自学。学校要给大家确定一个理论学习时数的要求，比如每年100个学时怎么样？学校和二级学院或系里要检查，个人要进行登记，年终要进行考核，计入大学教师个人档案，作为大学教师晋级的依据。四是要做研究型的大学教师，不断提高自己的学术水平。是大学教师就必须从事科学研究工作。这是现代大学对教师的基本要求。地方院校也是大学，既然也是大学，那当然要有科学研究的任务。只不过，地方院校教师的科研要有自己的特色。1990年，时任卡内基教学促进基金会主席的博耶（Ernest L.Boyer）出版了《学术的反思——教授工作的重点》一书。他在这本书中重新思考了学术的含义，并对大学教师作为学者所做的事情进行了重构，认为在今天的大学里，大学教师重科研轻教学早已司空见惯。长期以来，在大学里人们认为只有专业科研才能算作学术，只有生产知识才称得上学术研究。这实际上是不对的。因为在博耶看来，大学里学术的内涵不应仅仅指专业的科学研究，而应该包括相互联系的四个方面，即探究的学术、整合的学术、应用知识的学术和传播知识的学术（教学学术）。显然，作为地方院校的教师更多地应该强调做应用知识的学术和传播知识的学术。做学术就应该争项目、争课题，仅仅依靠学校的科研经费是有限的。五是要做实践型的大学教师，不断增强自己的动手能力。地方本科院校属于大学，但是更多地属于应用型大学，因此，地方应用型高校的教师还应该具有应用型教育的属性。实践型就是地方应用型高校应用性的要求。怎么做一个实践型的教师？第一，要到校内实验室、实训基地去亲自进行实验和实训；第二，要利用节假日和课余时间到工厂、企业、农村去，一方面进行技术服务，一方面提升自己的实践动手能力。我专门发表过《怎么做教授》[1]一文，对如何做教授发表了自己的意见和看法，认为大学是学术之府，教授是学问之师。作为一个教授，首先应该敬畏学术。如何做一名名副其实的教授？我认为应该从以下几个方面努力：一是教授应是一个充满爱心、忧国忧民、胸怀天下的人。心中没有爱，做什么事情都不可能有动力。爱自己的国家、爱自己的民族，特别是在国家处于危难的时候，教授们对民族的大爱，体现得尤为明显。可以说，心中没有大爱的人不是合格的教授。如果心中没有爱，没有爱国、爱民族、爱学生之心，很难想象学校将是怎样的一种景象。学校是大家存在和发展的基础，没有理由不爱她、呵护她。作为教授、老师，不仅要爱祖国、爱学校，还要爱学校的二级学院或系、爱专业、爱学生，这是教授必备的基本素养。二是教授应是一个坚守真理、敢讲真话、实事求是的人。如何坚守真理？就是要实事求是，不能道听途说。例如，学校的科研数据必须是实验得来，不能捏造，更不能凭空想象，否则就不是坚守真理。西南联大闻一多就是坚守真理的代表，为了坚守真理，他抛头颅、洒热血，不惜牺牲自己的生命。苏格拉底、哥白尼坚守真

---

[1] 侯长林：《侯长林文集·大学精神与高职院校跨越发展》，北京理工大学出版社，2012，第102—104页。

理，不惜放弃自己生存的权利。我们今天还不需要大家做这样的牺牲，但是教授，就要对所讲的每一句话，所发表的每一篇文章负责。三是教授应是一个具有深厚学养的人。教授讲学，往往旁征博引，信手拈来，其学问之深、功底之厚，令人景仰。作为教授，扪心自问有多少学术积淀？学养如何？一个教授没有较深厚的学养，不仅做不成大的科研，出不了大的成果，更不能树立良好的教授形象。那么，深厚的学养应具备哪些方面的基本素养呢？我认为：第一，要有基本的文化修养、深厚的文化底蕴；第二，要有较强的专业知识；第三，要有基本的科研素养；第四，教授应是一个不断创新的人。科研就是创新，抄袭、剽窃不是科研。教授应该是不断创新的人，当然，创新包括知识的创新和技术的创新。那么，如何做一个创新型的教授？要做创新型的教授，必须要有创新的意识，更要有创新的行动。地方应用型高校创新的领域主要应该是服务地方经济发展和服务于教育教学改革。教授肩负着科研的重任，应不断思考、不断探索、不断创新，尽可能地取得新的成果。创新应有长期的规划，并要有长期坚持的方向。只有长期坚守自己的阵地，进行精耕细作，才能取得丰硕的成果。更重要的是创新还应争取课题项目，因为争取课题项目是创新的基础和条件。可以说，没有课题项目的教授很难说是称职的教授。当然，也不排除个别文科教授一辈子不做课题，只做自己喜欢做的科研，也能够做出成绩。陈平原曾经说过："在北大，我就认识很多这样的人文学者，他们不要课题，只凭良心、凭学问、凭大脑，一直前行并不断有成果产出。而且这些成果比同学科中，那些手握很多经费的人花费三两年就出产的成果要好得多。因此可以说，当前用课题项目、重大资金、庞大团队等数字做衡量标准的评价体系，对自然科学会有损害，对人文科学的损害尤其明显。"[1]不需要课题支持就能够做出高水平科研成果的教授毕竟不多，也就是说，更多的教授尤其是自然科学方面的教授还是需要课题经费支持才能完成。所以，争课题、争项目是教授的一项重要工作，也是作为教授、博士理应担当的责任，尤其是有组织的科研，更需要课题项目的支持，否则，有组织的科研就难以落实。创新还应在所谓的边缘学科、交叉学科上选准自己的方向。边缘学科、交叉学科是创新的战略选择，因为只有这样才容易出成果，才能真正创新。五是教授应是一个学术队伍和团队的带头人。教授、博士肩负着学校团队领头人的责任，同时这也是学校赋予教授、博士的使命。首先，教授、博士自己的学问要过硬，要有深厚的学养，才能带好头，才能让人信服。其次，是通过带团队和学生的发展来不断提升自己。学问是交流、碰撞的结果，教授、博士只有通过带团队、带学生，才有利于自己进一步地提升、有利于自己更高层次地发展，才能达到教学相长的目的，从而带动整个学校学术科研快速、健康发展。

当然，大学教师文化的特点也不仅仅是学术性，比如专业性、平等性、自由性和包容性等，也是大学教师文化的重要特点。所谓专业性即指大学教师虽然属于一定的院系，但最终总是归属于某一学科专业，他们一生中大部分时间是在某一学科专业领域里度过的，他们一生中的大部分精力也是围绕着专业的科学研究和教学工作转，甚至他们的喜怒哀乐都与其所从事的专业有关，因此，他们在工作内容上

---

[1] 陈平原：《大学排名弊大于利》，《中国科学报》2018年12月19日。

以及思维方式和思想方法上都表现出很强的专业性。但由于大学教师长期在某一学科专业领域里工作，这在一定程度上"使得大学教师在文化交流上具有某种局限性和自我封闭性……他们往往不愿意或不屑于和别的学科专业的人进行文化上的交往"[1]。所谓平等性是指在大学教师组成的学术共同体中，人们特别强调每个人的人格平等，在真理面前每个人只服从理性原则，每个人都有平等的发言权，只能靠说理来征服别人，其他的手段人们都是很难认同的。我们常常发现："越是学问高深的人越是平和，越是平易近人，越是谦虚。这是学术达到一定境地的自然流露，而不是故意做作。"[2]因为学术权威和其他权威的建立不一样，更多的是靠在平等的学术交流中逐步确立起来的。在大学校园里尽管也有不平等的现象发生，但是人们对平等的追求和渴望，是其他地方难以相比的。所以，平等性是大学教师文化的显著特点之一。自由性更是大学教师这个群体比较突出的表现。陈寅恪的"思想而不自由，毋宁死耳"的名言最有代表性，集中反映了大学教师这个群体崇尚自由、反对干预的倾向。这也与学术自由是紧密相连的，因为只有在自由的环境和氛围里，学术的思想才能生长，创新的火花才能迸发。包容性与学术性、自由性密切相关，没有包容就不可能有宽松的学术环境，因为学术允许错误、允许失败，这就需要形成良好的能够包容错误和失败的环境。因此，大学教师就需要有包容之心，更需要有容人的宽广胸怀，才能在大学教师这个学术共同

---

[1]傅定涛：《大学教师文化的基本特征及教育学意义》，《当代教育论坛》2006年第11期。
[2]王洪才：《大学教师文化：特色·困惑·趋势》，《大学》2007第2期。

体中培育宽松的学术环境。包容是大学教师之间相互的，但是更多的是学术权威或老教师对学术后起之秀或年轻人的包容与提携。这也是大学教师文化发展的内在要求。

（二）大学生

在大学校园里，大学生由于年龄、学历等情况的相似和相近，是一个比较特殊的群体。这个群体所独有的价值观念、思维特征、行为方式乃至生活习性等统称为大学生文化。日本武内清认为，大学生文化包括四类：学习型大学生文化、偏离型大学生文化、娱乐型大学生文化和孤立型大学生文化；美国克拉克和特罗则认为大学生文化应该划分为学业型大学生文化、娱乐型大学生文化、非顺应型大学生文化和职业型大学生文化四类。[1]这些划分都有一定的道理，也都有一些偏颇，不能比较准确地揭示大学生文化的类型特征。而把大学生文化划分为正式群体文化和非正式群体文化，则更能够揭示大学生文化的内涵。正式群体文化主要指大学校园里的班级以及那些跨学院跨系跨专业的学生社团等正式组织所形成的文化；非正式群体文化主要是指大学校园内各种非正式群体比如"同乡会"以及班级内的小集团等所形成的文化。在大学生文化中，要注意大学生的各种正式和非正式的群体组织，尤其要对班级、社团等大学生正式群体给予特别的关注。这是因为，大学班级是大学最基层的组织，是青年大学生学习、生活的最基本的活动单位或人际空间，班级的文化和社会心理氛围对生活在其中的大学生的学习、心理和个性发展都具有十分重要的作用和意义。

---

[1]贺宏志：《大学校园文化的结构与功能》，《高等教育研究》1993年第3期。

社团，可以把相同兴趣和爱好的学生凝聚在一起，让他们相互讨论、相互学习、相互促进。美国是一个崇尚组织社团的国家，早在18世纪末19世纪初，美国就出现了许多由男生或女生组成的联谊会等社团组织。哈佛大学非常重视学生社团活动的开展，截至2005年2月，学校有600多个学生社团，其中到学校登记并得到学校认可的学生社团有302个，平均30个学生就有一个学生社团组织。哈佛大学学生社团类型繁多，不过，主要有信仰型社团、专业学术型社团、艺术类学生社团、服务型学生社团和地域性社团等。美国高校社团为国家培养了一批又一批杰出人才，比如尼克松、克林顿、布什等都曾是当年他们所在大学学生社团的活跃分子和风云人物。在我国大学中学生社团也非常活跃，尤其是近几年呈现出蓬勃发展的趋势，大多数高校大学生社团的数量由成立之初的十几个已经发展到现在的近百个，参加的学生人数不等，有的几十人，有的上百人，一般情况是艺术类学生社团人数较多，尤其是文学艺术类社团往往是几百人，有的学校甚至是上千人。这种情况还不仅仅是人文类高校，就是有的理工科院校也是如此。大多数青年大学生天生喜欢文学艺术、崇尚文学艺术，并且许多人都积极进行文学艺术创作活动。比如贵州大学的桃源诗社成立于2004年3月，创办有诗刊《桃源志》，桃源诗社已经有成员1500余人。铜仁学院的晨光文学社已经走过了35年的坎坷历史，创办有《晨光》社刊，培养了一大批在黔东乃至贵州有影响的作家，比如当年晨光文学社的喻子涵、芦苇岸等已经成为中国作家协会会员。可以说，文学艺术的天空如果缺少了青年大学生这支队伍，将会暗淡许多。

正式群体的作用和意义很大，非正式群体对学生成长和发展的作用和意义也很大,并且非正式群体的有些功能和作用是各种正式群体所无法替代的,比如在满足大学生的兴趣、爱好以及情感归属需要等方面,有着十分重要的作用。非正式群体对大学生社会意识的形成,对大学生的自我教育和自我锻炼,也有着十分重要的意义,同时,它有助于大学生相互学习和相互促进,正如哈佛大学文理学院院长罗索夫斯基(Henry Rosovsky)在《美国校园文化》一书中所说:"在哈佛,我常听人说,学生们从相互间学到的东西比从教师那里学到的东西还要多……我把它看成是对一个巨大的、多样化的、经过精心挑选的、才能出众的学生群体的赞美——作为一个群体,它给每一个成员提供了个人成长的无与伦比的机会。"[1]由此可见,学生非正式群体相互间的影响是不可忽视的。

大学生文化的特点主要有青年性、先导性、开放性、突变性和偏离性等。大学生文化最明显的特点是青年性。因为我国全日制大学学生年龄一般在18~22岁之间,属于人生发展的青年中期,从心理学的角度看是不成熟的,比如他们追求独立但又还有比较强的依赖性,充满激情但又理智不够等。青年人的这些特点必然反映在大学生文化上,比如对服饰、发型、流行音乐等大学生所独有的文化现象,就应该从青年性的角度进行理解,给予宽容,不能一味地加以指责。大学生文化的先导性,首先表现在校园观念文化中。大学生多数是青年的精英,他们一方面接受传统文化的熏陶和感染,另一方面又不满足于传统,不满足于现状,急切地想寻找能够超越传统和现状的新理论、

---

[1][美]亨利·罗索夫斯基:《美国校园文化》,谢宗仙、周灵芝、马宝兰译,山东人民出版社,1996,第82页。

新思想和新观念,于是那些具有时代特征的价值观念和思维方式等,就自然与他们的需求相契合,"他们结合自身价值取向,不断对外部文化进行分化、选择、整合乃至创造,常常表现为一种新兴的潮流向外辐射至社会"[1]。其次,大学生文化的先导性还表现在交际、服饰、娱乐、生活习惯等方面。大学生文化的开放性特征主要表现在两个方面:一是青年大学生由于知识文化水平比一般社会青年要高,其接受外界信息的能力相对较强,思维开放,也易于接受新观念、新事物,正如有的学者所说的,"大学生文化的开放性源于青年思想开放,行为超前,容易接受外来事物"[2]。二是青年大学生所处的场所是大学校园,大学校园本身就是一个信息交流中心,是一个国家、民族最开放的地方。因此,大学生文化的开放性就十分明显。突变性,是大学生文化最重要的特征之一。我们都知道社会文化的演变发展是相当缓慢的,任何人都不可能幻想社会文化一朝一夕就发生根本性改观。但是大学生文化的演变却具有特殊性,在其组成要素中,除物质文化以相对静止的形态存在以外,其余的文化形式则无不处于不断变化之中,在外观上呈现出一种积极活跃的姿态,尤其是大学生文化更为活跃,因为大学生文化的主体——大学生易于接受社会文化环境的影响,甚至大学生工作管理者的不同观念、工作方式和工作方法等都会使大学生文化完全改观。同时,"由于大学生本质的最大特点

---

[1]张晓瑜:《试析大学生文化的本质特点》,《温州师范学院学报》1999年第4期。

[2]应金萍:《大学生文化与成人文化的冲突给学校教育带来的启示》,《浙江工商职业技术学院学报》2005年第1期。

是'未完成性',决定其在认同主导文化的同时,必然会表现出一定程度上的'偏离性'"[1]。这种"偏离性"在价值层面上主要表现为:一是价值主体由社会本位转向个体本位,即转向强调个人价值,认为个人利益不可侵犯;二是价值取向由人伦关系转向功利和效率,即使得大学生把对功利和效率的追求作为自身发展的价值取向;三是价值判断由二分法转向多元化,即大学生由于主体意识增强,他们的思维日益呈现出批判性、跳跃性、多样性和易变性,其"价值判断逐步脱离了两极判断的二分法,而逐渐趋向多元化"[2]。显然,大学生文化的"偏离性"与突变性是紧密相连的,这些价值层面的"偏离性"往往容易导致大学生文化的突变性。而突变性、偏离性又与先导性相联系,要走在思想文化的前列,就有可能发生偏离和突变。因此,大学生文化的先导性、突变性和偏离性等,是高校思想政治工作应该关注的重点,尤其要加强引导。

大学生宿舍是大学生这个特殊群体居住生活的地方,是大学课堂和图书馆等学习场所的延伸,是大学生进行思想文化交流的主要阵地之一。因此,可以说大学生宿舍文化是大学生文化的重要组成部分。所谓大学生宿舍文化就是指以大学生宿舍为空间形成的关于大学生这一特殊知识群体的文化自认和生活状态。从总体上看,可以把大学生宿舍文化划分为三种类型:一是积极向上型,二是一般状态型,三是

---

[1] 张晓瑜:《试析大学生文化的本质特点》,《温州师范学院学报》1999年第4期。

[2] 张晓瑜:《试析大学生文化的本质特点》,《温州师范学院学报》1999年第4期。

消极散漫型。在这三种类型中，一般状态型居多，积极向上型和消极散漫型相对较少。这就需要进行引导，尽可能减少消极散漫型，增加积极向上型。大学生宿舍文化如果引导不当或引导不力，会存在很多隐患和问题，尤其是网络时代到来之后，西方资本主义国家凭借自己的资金和技术利用网络向中国年青的一代，尤其是当代青年大学生宣传和推销自己的文化产品和与文化产品相契的价值观。同时，网络色情、网络暴力等网络垃圾随时可能在网络上出现。正因为网络的存在，许多青年大学生整天生活在网络虚拟的世界里，不与人交流和沟通，甚至同宿舍的也很少交往，以致有的大学生出现心理疾病。复旦大学投毒案的发生，不能说没有心理问题。因此，网络文化给大学生宿舍文化建设带来了严峻的挑战。所以，加强大学生文化建设决不能忽视大学生宿舍文化建设。

（三）大学职工

大学职工是大学里除大学生、大学教师以外的另一重要文化群体。这个群体包括学校领导和中层干部及一般职员。中层干部及一般职员具体包括在办公室、教务处、科研处、学生处、计财处、后勤处、图书馆等职能部门工作的人员。我国正在朝着世界一流大学的方向发展，而世界一流大学的一个重要特征，就是对职员队伍建设也非常重视，并且其队伍数量在校园人中所占比例很大。有研究者"调查了美英10所著名大学，平均拥有学生16820人，教师1963人，职员8326人。从人员规模上来看，拥有庞大的职员队伍是国外著名大学人员结构的重要特点之一。10所大学平均师职比为0.24∶1，师职比最高的是耶鲁大学0.39∶1，最低的是加州大学伯克利分校

0.12∶1"[1]。而我国北京大学、清华大学、中国人民大学、复旦大学、浙江大学、南京大学、南开大学、北京师范大学、中国科学技术大学、上海交通大学10所大学的平均师职比则为1.27∶1。相比之下，我国职员队伍数量偏少，并且"我国高校职员分布呈倒金字塔形，职员主要分布在校部机关，大多数院系等基层教学科研单位的职员数量远远不足，有时是一个教学秘书对应着上千名学生和数百名教师。而国外大学职员主要分布在院系，职员分布呈金字塔形。所以，我国高校建立学术权力体系并不意味着要减少职员数量，关键是合理布局职员在院系和学校的分布，科学合理配置人力资源"[2]。也就是说，我国职员队伍建设存在的问题，不仅仅是职员数量不足，还存在职员分布的不合理——院系太少，校部机关过多。这种职员分布必然导致职工文化中管理成分大，服务成分少，学校像衙门，职员主要从事管理而较少从事服务。如果一所学校的职工文化中只有行政管理文化而没有服务文化，那是很不利于学校发展的。所谓大学职工文化就是指学校领导和这些中层干部及一般职员在长期的领导和管理实践工作中形成的价值观、思维方式、领导风格及管理行为方式等。

关于领导风格和组织氛围的研究，西方学者起步较早，在20世纪30年代起就开始进行这方面的研究了。如美国依阿华大学著名的心理学家勒温（Kurt Lewin）认为，"领导者们通常会以不同的领导

---

[1] 李立国：《大学治理的基本框架分析——兼论大学制度和大学治理的关系》，《大学教育科学》2018年第3期。
[2] 李立国：《大学治理的基本框架分析——兼论大学制度和大学治理的关系》，《大学教育科学》2018年第3期。

风格表现他们的领导角色，这导致了截然不同的组织成员的工作绩效和工作满意度"[1]。他认为领导风格有三种：专制型、民主型和放任型，并进一步认为放任型领导者所领导的群体的绩效最低，比不上专制型和民主型领导者所领导的群体；民主型领导者所领导的群体与专制型领导者所领导的群体工作数量大体相当，但是民主型领导者所领导的群体的工作质量、工作满意度则更高，更容易为群众所接受。我国学者吴中平也有类似的看法，他认为学校的中层管理者文化有专制型、趋附型和民主型三种。大学职工虽然不像大学教师那样把更多的精力用于学术研究，从事学术探索，与大学教师有着不同的兴趣、不同的工作任务，但是大学职工由于所工作的对象是大学教师和大学生，就相应地要求大学职工也应该具有较高的知识文化水平。当前，在学生工作干部队伍建设方面，有"专职化""专业化""专家化"的"三专"的说法。所谓"专职化"是指有相当比例的专职人员作为保证，有一支专职队伍；"专业化"是指学生思想政治工作人员是有专业知识的，如学生管理专业等；"专家化"是指具有做好科学研究的能力，能够做好创新性、系统性的工作，成为学生思想政治工作和管理方面的专家。高校主要面对的是大学生，大学生的思想和文化素质较高，这就自然要求领导和组织他们开展活动的老师、干部具有较高的文化知识水平。尤其是在当前新的历史时期，各种思想文化相互冲撞、激荡，对校园冲击和影响很大，这就给高校的学生工作干部队伍的思想和文化素质提出了较高的要求。所以，学生工作干部队伍建

---

[1] 毕进杰、彭虹斌：《学校群体文化：内涵、构成及其和谐发展》，《广东广播电视大学学报》2010年第6期。

设专家化是发展的趋势。这就要求学生工作干部本身要有成为专家的意识和需要成为专家所做出的努力,尤其是理论知识的筹备和科研能力的训练,同时,学校要积极地为他们创造条件。

在职工队伍中学校领导尤其是校长的价值取向、领导风格对学校教师、学生的影响很大,往往是有什么样的大学校长就有什么样的大学校园文化,比如北京大学校长蔡元培所提出的"教授治校、民主办学、学术自由、兼容并包"的办学思想,为北京大学的发展和独特校园文化的形成奠定了基础;原华中理工大学校长朱九思、浙江大学校长马寅初、南京大学校长曲钦岳、中山大学校长黄达人等的办学思想对他们所领导的大学的发展和校园文化建设发挥了巨大的作用。具体而言,关于大学校长的作用,首先,大学校长要做大学发展的设计者。作为大学校长要站在时代的高度,以战略家的眼光,对大学的发展进行科学规划。要对大学进行科学规划,又必须要有先进的办学理念,并且要让先进的办学理念深入广大师生员工的心里。因为大学的理念决定大学的发展方向,是大学的灵魂。没有先进的办学理念,就不可能有一流的大学。20世纪初的北京大学之所以让人们无限向望,其主要原因就在于当年的蔡元培提出了"兼容并包""学术自由"的先进的办学理念。甚至可以说,没有"兼容并包""学术自由"的先进办学理念,就没有今天的北京大学。这就给大学校长提出了教育家的要求,不懂大学教育的规律,怎么办大学教育?其次,大学校长是学术管理的主持人。大学是教师和学生组成的学术共同体。学术是大学存在的基础和前提。大学校长要对大学的学术发展进行规划,并通过大学的学术组织努力营造良好的学术环境。国外虽然有成功的职业化的校长，但是在中国这样一个特殊的环境中，作为大学校长不做学问是很难想象的，应该说，社会普遍的期望是大学校长同时是某一领域的专家，并且是知名专家，否则，人们很难接受。再次，大学校长要做大学精神的培育者。大学精神是大学在其发展过程中经过长期积淀逐步形成的稳定的追求、理想和信念，是大学文化的灵魂和价值取向。大学校长"必须站在对大学的历史和未来负责、对社会负责的高度，精心选择、提炼和培育凸显自由、求真、创新、理性的大学精神"[1]。作为大学校长要培育大学精神，自己必须具备能够引领大学发展的能力，尤其是要具有大学精神所内含的人文和科学的精神特质。此外，大学校长要成为校内外资源的整合者。作为大学校长既要整合校内的资源，也要努力整合校外的资源，才能把大学办好，才能把大学的文化建设好。因而有的人就说，大学校长还应该是社会活动家，要有社会活动能力，有整合社会资源的能力，要有优化大学外部环境的能力。

不管是大学校长还是一般职员都非常重视效率、管理和问题的解决，可以说，效率、管理和问题的解决就是管理者文化的本质特征。因为大学职工所从事的工作本身就是要追求管理效率，发现管理中的问题并努力解决问题，大学职工在追求效率、发现问题并解决问题的过程中所产生的文化就是大学职工文化。大学教师所追求的是学术的品位，而大学职工所追求的则是效率的提高、管理水平的提升和问题的解决。

大学职工文化中最重要的部分就是大学行政文化。由于受传统行政文化和大学自身的逻辑运动的影响，在我国，大学行政文化比较

---

[1] 刘育奇：《现代大学校长的角色定位》，《湖南广播电视大学学报》2007年第4期。

强势。"我国传统行政文化的一个重要特征是政治与行政一体化,这使得行政官员大权在握,行政系统凌驾于社会之上,对社会过分干预。"[1]这种非常强势的行政文化必然辐射到校园围墙之内,对高校校园行政文化产生影响。我国近代大学的诞生,是外力推动的结果,从一开始,国家行政权力就介入到学校来了。随着大学规模的不断扩大和办学职能的进一步拓展,大学"需要管理协调的内外事务日趋繁多复杂,行政人员对大学的生存发展也变得越来越重要,行政权力凌驾于教师权力之上"[2]的现象也越来越多,从而导致大学行政文化与学术文化的矛盾越来越尖锐,以致去"行政化"的呼声一浪高过一浪。任何矛盾的形成都是双方的,但是造成目前存在的大学管理行政化,教育伦理沦丧化,资源配置垄断化,学术活动功利化等现象,根子还在行政化。要去"行政化",首先还是观念问题,一定要树立学校行政管理人员的服务意识,由管理文化转向服务文化。临沂大学的韩延明校长说得好:"干部都是为教师、学生、教学科研服务的,大学里是最不需要官的地方,我们所有的干部都是为教授搬板凳的,而不是指挥教授搬板凳的。"[3]然而,现实并非如此,大学的处长、科长们手中掌握着大量资源,让教授、博士们不得不接受他们的指挥去搬板凳。因此,去"行政化"势在必行。中国人民大学的李

---

[1]周霁野、郭宇燕:《我国大学行政文化刍议》,《淮北煤炭师范学院学报》2008年第1期。
[2]周霁野、郭宇燕:《我国大学行政文化刍议》,《淮北煤炭师范学院学报》2008年第1期。
[3]马兴宇、刘小兵、赵秋丽、彭景晖:《临沂大学党委书记:我们大学干部是为教授搬板凳的》,《光明日报》2012年11月29日。

立国认为:"我国高校的去'行政化'并不是不要行政管理,不要行政管理服务。随着高等教育规模扩张和高校规模的扩大以及职能的拓展,大学行政和服务人员的扩大是必然要求。当然,最为重要的是转变职能,从管理转向服务职能,为教师和学生服务,而不是为少数领导干部服务。"[1]但是要去"行政化"又不是简单的事,牵涉的面很宽很广。范先佐曾专门著文讨论过这一问题,他认为"从外部来讲,主要是正确处理政府与学校的关系,改变政府把学校当作下属行政机构来管理,改变'统、包、管'模式,转变政府角色"[2],即政府要转变管理方式,简政放权,给大学以更多的办学自主权。"从内部来讲,主要是应理顺学校内部的各种关系,学校管理不能行政化,必须遵循教育规律,实行符合教育本质要求的管理模式,充分尊重教师的意见,集中教师的智慧。"[3]就大学而言,就是要尽可能减少行政干预,还权力于学术委员会,实行民主管理,处理好行政权力与学术权力的关系。要真正做到这些,谈何容易,需要在今后改革的过程中逐步解决。南方科技大学校长朱清时在深圳接受凤凰网与正义网联合访谈时就曾经说过:"未来十年应该是中国教育改革的十年,去除行政化、让教授治校、恢复学术至上是中国大学的必由之路。"[4]但客观地说,由于教授都是学科的教授,在讨论学校发展

---

[1] 李立国:《大学治理的基本框架分析——兼论大学制度和大学治理的关系》,《大学教育科学》2018年第3期。
[2] 范先佐:《教育如何去行政化》,《人民日报》2013年12月5日。
[3] 范先佐:《教育如何去行政化》,《人民日报》2013年12月5日。
[4] 朱清时:《教育改革就是让大学去掉行政化》,http://edu.qq.com/a/20100103/000004.htm,访问日期:2013年12月6日。

的时候难免带有其所在学科的偏见或者说受其所在学科的限制，在治校方面还是有其天然的局限性。当然，教授参与民主管理是必须的，治校的工作还是应该交给校长，即校长治校、教授治学才是比较好的办学模式。

大学职工尤其是大学行政管理者文化往往是大学行政权力的象征，一所大学其学术自由的良好氛围能不能形成，关键在于大学职工文化有没有宽广的胸怀，能不能够容得下大学教师文化和大学生文化中的个性文化。当年北京大学的"兼容并包"和今天四川大学的"海纳百川，有容乃大"，对大学教师文化和学生文化中的个性文化的张扬与发展有着十分重要的意义。我们都知道，没有个性哪来创新？因此，在一定意义上说，对个性文化的尊重就是对特色的尊重，对创新的尊重。

第三章　校园物质环境

一、校园物质环境的地位和作用

校园物质环境是校园物质文化的载体，没有校园物质环境，也就无所谓校园物质文化。古今中外的教育家们都很重视校园物质环境的打造。因此，研究校园物质环境不仅具有理论意义，而且具有现实意义。

所谓校园物质环境是一个与校园精神环境相对的一个概念，具体包括校园内的各类建筑、花木、园林及塑雕等，在形态上是显性的，即是人们的肉眼能够看得到的，从运动形式上看是静态的，当然，这里所指的静态是相对的。依附于校园物质环境的文化就是校园物质环境文化，具体来说，校园物质环境文化就是指由校园内的各类建筑、道路系统、花草树木、园林及雕塑等所展现出的学校的历史传统、时代风貌和人文精神等。

（一）校园物质环境的地位

校园物质环境所折射出的校园物质文化是校园文化的重要方面。

因此，古今中外的教育家，大都十分重视教育环境的选择与建设。

1.我国政治家、教育家对教育环境的看法

从古文献上看，人们早已察觉到环境对人类社会生活的关系和作用。春秋晋国音乐家师旷就提出"欲知五谷，先占五术"，就是说，欲知庄稼丰收还是歉收，先要观察森林长得如何，即所谓"木奴千，无凶年"（徐光启《农政全书》卷三十七）。孔子是我国伟大的思想家和教育家，他创立的儒家学派在我国历史上产生了深远的影响。他的思想，特别是他的美育思想有着不可否认的合理内核，有着合乎人才成长规律，合乎教育规律的正确的内容。他热爱大自然，常以自然美教育学生，重视自然美的教育作用，由他创立的"以美比德"之说，在我国美学史上有着重要的意义。他在《论语·子路、曾晳、冉有、公西华侍坐章》中对曾点"暮春者，春服既成，冠者五六人，童子六七人，浴乎沂，风乎舞雩，咏而归"的超功利的自然的生活态度大加赞赏，喟然长叹："吾与点也。"他在《论语·雍也》中，更为直接地阐述"知者乐水，仁者乐山"的观点。后世历代教育家都十分重视以自然山水陶冶弟子的情操。宋代的五大书院都设在依山傍水之地。据记载："白鹿洞书院在庐山五老峰下，有林泉之胜；岳麓书院在岳麓山抱黄洞下，背陵向壑，木茂而泉洁；嵩阳书院在太宝山南；石鼓书院在回雁峰下；茅山书院在三茅山中。"[1]我国现代著名教育史学家毛礼锐谈及宋代书院的选址时曾说过一段精辟的话："创设如此幽深的学校环境，其中重要的原因是想借山光以悦人性，假湖水以静心情，使学生获得超然世外之感，在万籁空寂之中悟

---

[1]章柳泉：《中国书院史话》，教育科学出版社，1981，第10页。

道飯真。"[1]宋代书院在建筑上很有特色，其"传统的院落形式，以大小不同的院落适应不同的功能要求，既满足供祀的庄严肃穆和藏书的幽静安全需要，又解决了群居作息的便利。整个建筑格局错落有致，形成统一的又各具特色的建筑群体"[2]。近代，维新派代表人物康有为也十分重视学校环境的选择。他主张："择地要精，不可在山谷狭隘倾压、粗石荦确，不可在祁寒盛热之地……当择山水佳处，爽广原之地，以资卫生，以发明语；不得在林暗谷幽、岩洞崎岖、水泽沮洳之处。"[3]可见康有为的思想和古代教育家的思想是一脉相承的。我在选择铜仁职业技术学院新校址时，就受到这些教育思想和理念的影响，否则不会把铜仁职业技术学院的校址选在铜仁市的川硐小镇上来。铜仁职业技术学院不入住川硐镇，铜仁学院、铜仁幼儿师范高等专科学校、贵州省健康职业学院、铜仁一中等是否会陆续搬迁至川硐镇还很难说。铜仁各高校入驻川硐镇，毫无疑问是一个正确的选择，可以预见在不久的将来，这里将成为黔东高等教育重镇。可见，教育思想和理念对教育发展的影响有多大！蔡元培特别重视环境美的打造，认为："每个学校的建设样式、陈列品，都要合乎美育的条件。"[4]陶行知也曾指出："阵有阵容，校有校容。有其内必行诸外，我们首先重艺术化的校容……我们的校容要井井有条，秩然有

---

[1]毛礼锐：《中国教育史简编》，教育科学出版社，1984，第386页。
[2]仲波：《大学校园物质文化建设散论》，《淮阴教育学学院学报》1988年第4期。
[3]程斯辉：《中国近代教育管理史》，武汉工业大学出版社，1989，第282—283页。
[4]蔡元培：《蔡元培教育文选》，人民教育出版社，1980，第156页。

序，凛然有不可侵犯之威仪。"[1]当代教育家们也大都重视校容校貌建设。总的趋势是，当代校园建设大都朝着花园式的校园看齐，努力美化校园及周围的环境。美化校园已成为当代教育家们的共识。

2.西方政治家、教育家对教育环境的看法

马克思和恩格斯在《德意志意识形态》中指出："我们首先应当确定一切人类生存的第一个前提，也就是一切历史的第一个前提，这个前提就是人们为了能够'创造历史'，必须能够生活。但是为了生活，首先就需要衣、食、住以及其他东西。因此第一个历史活动就是生产满足这些需要的资料，即生产物质生活本身。同时这也是人们仅仅为了能够生活就必须每日每时都要进行的（现在也和几千年前一样）一种历史活动，即一切历史的一种基本条件。"[2]没有这种物质基本条件，就不可能有教育。恩格斯十分注意环境问题。他在《自然辩证法》中说道："美索不达米亚、希腊、小亚细亚以及其他各地的居民，为了得到耕地，把森林都砍完了，但是他们想不到，这些地方今天竟因此成为荒芜不毛之地，因为他们使这些地方失去了森林，也失去了积聚和贮存水分的中心。阿尔卑斯山的意大利人在山南坡砍光了在北坡被十分细心地保护的松林，他们没有预料到，这样一来，他们把他们区域里的高山畜牧业的基地给摧毁了；他们更没有预料到，他们这样做，竟使山泉在一年中的大部分时间内枯竭了，而在雨

---

[1] 陶行知：《陶行知文集》，江苏人民出版社，1981，第709页。
[2] 马克思、恩格斯：《马克思恩格斯全集》（第3卷），人民出版社，1960，第31—32页。

季又使更加凶猛的洪水倾泻到平原上。"[1]在西方，欧洲古老的大学也十分重视学校环境的选择与营造，他们大多把大学建在远离喧哗的美丽乡镇。比如德国，他们的大学几乎都建在偏僻的小城镇，选择偏僻的小城镇建立大学几乎成了他们建校选址的传统。为什么要把大学建在偏僻的小城镇？其原因是："它有一个好处，可以避开各种政治纠纷的干扰。按照当时的观念，大学是探索真理的地方，应该成为超越世俗的象牙塔。"[2]英国也十分重视大学的选址和校园环境建设。牛津大学的所在地牛津，传说是古代牛群涉水而过的地方，是泰晤士河谷地带的一个小镇，现在的牛津城是因牛津大学的建立才逐步发展而来的。剑桥大学的所在地剑桥市，原来也是一个古老的美丽的市镇。日本同样如此，比如日本的前首相田中角荣在他所著的《日本列岛改造论》中曾明确提出，宜选择"山麓湖畔，阳光充足，绿树成荫，山清水秀的开阔之处"[3]，建设现代大学科学城。根据他的这一设想，日本于1973年10月在位于东京东北部约60公里的茨城县上浦市，建成了自然环境十分优美的新型现代大学——筑波大学。

（二）校园物质环境的作用

人从母体中降临到这个世界，就受到一定环境的影响，这是任何人都无法超越也不可能超越的现实。环境对人的发展有着极为重要的作用。近代著名文化学家钱穆，在他的《中国文化史导论》中，曾对

---

[1]马克思、恩格斯：《马克思恩格斯全集》（第20卷），人民出版社，1971，第519页。
[2]戴问天：《格廷根大学》，湖南教育出版社，1986，第35页。
[3]周蕴石：《筑波大学》，湖南教育出版社，1986，第1页。

环境的作用给予了充分的肯定，认为"古代中国因天然环境之特殊，影响其文化之形成，因有许多独特之点，自亦不难想象而知"[1]。但是人也在不断地改造环境，并在改造环境的过程中改造着自己。马克思曾经在《关于费尔巴哈的提纲》中说过："环境的改变和人的活动的一致，只能被看作是并合理地理解为革命的实践。"[2] 这就告诉我们，人要接受环境的影响，同时又会主动地影响周围的环境。因为"环境正是由人来改变的"[3]。从生态学的观点看，在生态系统中，生物间相互制约、相互依赖，并处于统一体中，由于这种相互制约、相互依赖，才使得这个统一体在一定条件下保持相对的平衡关系，这种相对平衡的关系就是生态平衡。人类和各种生物都生活在地球的表层里，即生物圈，也可以说它是人类和一切生物生存的物质环境。人类和这个环境中的各个组成部分正处于辩证统一的整体中，人类这个环境也可以称作生态环境。当然，人在生态系统中是居于首要的中心支配地位的，因为人不仅能利用环境，而且能改造环境，并用以维持自己的生存与发展。总之，人与周围环境之间不是单向的而是一种互动的关系。人虽然受制于其所生活的环境，但对周围的环境绝不是完全被动、无能为力的，人是有思想的动物，与一般动物的区别就在于，不仅可以选择环境中的不同文化要素，而且可以在一定程度上改造和重组环境。

那么，一个优化的校园物质环境到底对校园人具有哪些作用呢？

---

[1] 钱穆:《中国文化史导论》，河南人民出版社，2017，第5页。
[2] 马克思、恩格斯:《马克思恩格斯全集》(第3卷)，人民出版社，1960，第4页。
[3] 马克思、恩格斯:《马克思恩格斯全集》(第3卷)，人民出版社，1960，第4页。

具体表现在：

一是非强制的影响力。校园物质环境对校园人的影响是无形的、潜在的，"既不是通过硬性灌输，也不是通过纪律约束来令人接受的，而是于潜移默化之中感染人的感情，陶冶人的情操，净化人的心灵"[1]。一个美化的优化的校园物质环境，"像呼吸空气一样，把从四面八方吹来的美的风，吸进自己的肺腑，渗入自己的血液，从而使自己的心灵得到净化，人品美化，感情高尚化"[2]。还有学者认为：校园物质环境"在发挥熏陶感染力的文化功能上，清澈芬芳、格调雅洁的大学校园绝不比充斥课堂的训导抑或空洞枯燥的说教逊色"[3]。

二是潜在的规范力。校园建筑等物质环境已经不是纯粹的自然环境，而是人化了的环境，都或多或少隐含着一定的"范型"和"价值"等文化观念。这些"范型"和"价值"等文化观念会对生活在其中的校园人产生支配和影响的作用。一个优美、舒适、恬静、整洁的学习、工作和生活环境，会对生活在其中的每个人都起着规范行为的作用。比如学生中个别想乱扔纸屑、随地吐痰、狂奔乱叫者，也将自然地受到优美、舒适、恬静、整洁的环境的影响，主动校正其与环境不和谐的行为。南开学校之所以要建一个"大立镜"，并在镜上横匾上镌刻"面必净、发必理、衣必整、纽必结。头容正、肩容平、背容

---

[1] 仲波：《大学校园文化浅论》，《教育评论》1987年第4期。
[2] 蒋孔阳：《谈谈审美教育》，《红旗》1984年第22期。
[3] 史洁、冀伦文、朱先奇：《校园文化的内涵和结构》，《中国高教研究》2005年第5期。

直。气象勿傲、勿暴、勿怠。颜色宜和、宜静、宜庄"[1]等箴言,就是希望学生和老师对镜自审并进行自我调整。这就是校园物质环境潜在规范力的具体表现。

三是导向力。一个优化的校园物质环境总是会将其办学理念及其所倡导的思想和价值取向等融入其中并以此引导学校发展。比如北大校园的李大钊、蔡元培的铜像,中山大学的孙中山雕像,铜仁学院的田秋塑像等就会使人深切地感受到学校历史的纵深感,自然地受到历史人物形象的启迪,从而产生强烈的责任感。

四是美育力。朱光潜非常重视美育的价值和作用,他认为"世间事物有真善美三种不同的价值,人类心理有知情意三种不同的活动。这三种心理活动恰和三种事物价值相当:真关于知,善关于意,美关于情"[2]。马克思在《1844年经济学哲学手稿》中认为:"动物只是按照它所属的那个种的尺度和需要来建造,而人却懂得按照任何一个种的尺度来进行生产,并且懂得怎样处处都把内在的尺度运用到对象上去;因此,人也按照美的规律来建造。"[3]生活在按照美的规律建造的校园里的学生就"像住在风和日丽的地带一样,四周一切都对健康有益,天天耳濡目染于优美的作品,像从一种清幽境界呼吸一阵清风,来呼吸它们的好影响,使他们不知不觉地从小就培养起融美于心灵的习惯"[4]。所以,校园环境的美育力是不可忽视的。

---

[1] 钟叔河、朱纯:《过去的学校》,湖南教育出版社,1982,第222页。
[2] 朱光潜:《朱光潜全集》(第4卷),安徽教育出版社,1998,第143页。
[3] 马克思、恩格斯:《马克思恩格斯全集》(第42卷),人民出版社,1979,第97页。
[4] [古希腊]柏拉图:《文艺对话录》,朱光潜译,人民出版社,1963,第62页。

二、校园物质环境建设

（一）重视校园物质环境建设的规划

校园物质环境建设涉及校园所有物质环境要素的合理安排及其综合作用的发挥，这就需要学校对其进行规划，否则，东一榔头西一棒槌，不可能把校园物质环境建设好。那么，如何对校园物质环境建设进行规划呢？我以为至少应该抓好以下两个方面的工作：

第一，把校园物质环境建设纳入学校发展的总体规划。目前，各学校尤其是高校对其总体发展规划都比较重视，可以说，每所高校基本上都有自己的发展规划，并且大多数高校也都意识到了高校校园物质环境建设的重要性。新建学校在这方面抓得更好，但老牌学校往往落不到实处，究其原因是多方面的，我以为最关键的还是没有把校园物质环境建设纳入学校发展的总体规划。这就使学校发展的"总盘子"里没有对校园物质环境发展进行考虑。"总盘子"没有，就成了可有可无的事。校园物质环境建设如果没有纳入学校发展总体规划，必然影响校园物质环境建设的落实，也势必使校园文化建设缺乏系统性和长远眼光，削弱或影响高校校园文化在人才培养过程中的作用和意义，以致校园文化难以与学校其他方面形成相一致的教育特征。因此，各学校要充分认识其校园物质环境建设对学校发展和人才培养的重要作用，特别是教育行政主管部门和学校主要领导要对校园物质环境建设的作用和意义有充分的认识，并高度重视，把校园物质环境建设纳入学校发展的总体规划进行考虑，"应将高校校园文化建设与学校的整体规划和中、长远发展目标有效地结合起来"[1]，使校园物

---

[1] 延凤宇：《高校校园文化的特质与构建》，《河北学刊》2006年第3期。

质环境建设真正成为学校办学水平和综合实力的重要标志，切实把加强校园物质环境建设列入重要工作议程，从而使校园物质环境建设步入良性发展的轨道。

第二，对校园物质环境建设进行科学合理的规划。各校校园物质环境建设都是一项长期的系统工程，需要进行科学合理的规划。目前，许多学校都在进行校园物质环境建设，但是由于缺乏统一规划，普遍存在盲目开展或短期行为，致使许多学校校园物质环境建设水平和层次较低，没有品位，缺乏特色。这就要求各级各类学校都要"整体设计，提高校园文化建设水准"[1]。那么，如何进行规划和设计？首先应该在调查研究的基础上，各教育行政主管部门从学校显性文化和隐性文化两个方面，从教师文化发展和学生文化提升等方面进行整体设计和总体规划，制定基本标准，构建校园文化基本框架。然后"各高校在此基础上，再结合各自实际进行规划设计，既坚持高标准、高要求，又各具特色，不千篇一律"[2]。在整体设计时，"要从整体着眼，统筹兼顾，既要让校园环境建设体现整体的一致、协调，又要能在个别设计上突出一定的特色来"[3]。在校园物质环境规划中尤其要考虑可持续发展的问题，重视低碳校园、生态校园、数字校园、校园文化传承、校园的开放化等方面的规划工作。校园物

---

[1] 梁建忠：《新时期我国高校校园文化建设的现状及对策研究》，东北师范大学硕士学位论文，2005，第22页。

[2] 梁建忠：《新时期我国高校校园文化建设的现状及对策研究》，东北师范大学硕士学位论文，2005，第22页。

[3] 马立新：《高等院校校园文化建设初探》，天津大学硕士学位论文，2008，第35页。

质环境建设规划制定出来后，要全面进行一次评估论证，论证通过后，以法定的形式进行确定，然后分期按计划进行实施，这就不会因学校主要领导人的主观意志和领导人员的变更而随意改变。由于没有发展规划，在当前校园物质环境建设实践中，出现随意性在所难免。但是，如果学校有了校园物质环境建设的发展规划，就既可以避免重复浪费，减少损失，也不会因环境的制约或未来领导的变更而改变想法，放弃目标，从而使高校校园文化建设不断发展、完善，提高其水准和品位。

（二）努力提升校园物质文化生态建设品位

校园物质文化生态是校园文化生态的重要组成部分，是校园文化生态整体建设水平提升的基础和前提，综合国内外校园物质文化生态建设的经验，我以为主要应该从以下几方面努力，才能提升校园物质文化生态建设品位。

一是建设环境优美的生态型的校园。每一所现代校园建设都应该朝优美环境的目标努力。因为建设优美的校园环境是构建高品位校园文化的重要方面。学校尤其大学校园作为各类高级知识分子云集的智慧殿堂，如诗如画的校园自然风光，花草树木的合理点缀，校园建筑的错落有致，校园道路的四通八达，布局合理，"无不洋溢着美的韵味，无不给学生以巨大鼓舞"[1]。具体而言，我以为要建设环境优美的生态型的校园，至少应该注意以下三个方面的问题：第一，要力求保持、营造校园建筑生态的美。许多高校都是几十年上百年的老

---

[1] 战燕：《论我国高校校园文化建设》，哈尔滨工程大学硕士学位论文，2005，第41页。

校，不可能把所有的建筑推倒重新进行建设，而应该在原有的历史建筑中做文章，对原有的建筑进行研究，或保持原貌或进行适当修补，使其与学校整个建筑和谐一致，呈现出建筑生态的美。而且许多校园老建筑本身就是一道道历史的风景，古朴典雅的建筑所折射的历史厚重感绝不是现代高楼大厦所能够替代的。我国古代教育家历来都比较重视以自然山水陶冶弟子的情操，形成了重视营造学校环境美的传统，尤其是宋代书院，在建筑布局方面特别讲究，采取传统的院落形式，以大小不同的院落相互配合，既庄严肃穆，又幽静安全，主要建筑如殿、堂、楼、阁均安排在纵深的中轴线上，中轴线两侧是一些错落有致的其他对称建筑。北京大学的古建筑也很有代表性。"这里不仅有亭台楼阁等古典建筑，而且山环水抱，湖泊相连，堤岛穿插，风景宜人；校园内古木参天，绿树成荫，四季常青，鸟语花香，园林景色步移景异。"[1]第二，要力求保持、营造校园花草树木自然生态的美。可以说，没有哪一所学校的校园没有花草树木，但是不是每一所学校的花草树木都摆放得恰到好处？绿茵茵的草坪、依依的杨柳、长条方凳，怎么达成一种和谐？校园的山与水怎么相互映衬？这些都需要从自然生态的角度来考量它们之间的关系，努力营造一种既具有某一学校的独特魅力，又有天然野趣的校园。比如华中科技大学校园里道路两旁的梧桐树就给人带来一种和谐的生态的美。第三，要力求保持、营造校园与校园周边生态的美。应该说，把校园打造成一个生态校园，有些学校是注意到了的，但是不仅考虑学校内部花草树木

---

[1]北京大学[EB/OL], http://baike.baidu.com/view/1471.htm, 访问日期：2012年1月22日。

以及建筑生态的整体和谐,同时考虑到学校与周边环境的协调的学校就不多了。其实,这也是很重要的,因为校内与校外只一墙之隔,如果在进行校园建设时不加以考虑,就会出现学校的建筑以及花草树木与周边环境的不协调,出现生态的不平衡。大学和城市融为一体。我国的北京大学虽然有围墙把学校与城市分隔开来,但是校园环境建设却充分考虑了其与周边的关系。北京大学校园北面与圆明园毗邻、西面与颐和园相望。北京大学就"充分利用了这一难得的历史遗产,营建了风景如画的校园环境,使之既有皇家园林的宏伟气度,又有江南山水的秀丽特色"[1]。德国大学校园建设非常重视校园规划,尤其重视校园生态问题。德国的大学绝大部分都选择在自然山水优美、人文环境良好的城市建设,他们在对校园进行规划时特别重视校园建筑与人文环境景观的塑造,重视大学与周边环境的关系,追求大学校园内部各景点之间及大学与所在城市环境景观之间的和谐统一,并且德国大学校园"往往通过生态化和景观化的绿地形态渗透至周围的城市社区,并与城郊自然景观基质相融合。大学与城市共享人文、社会资源"[2]。位于德国巴登-符腾堡州弗赖堡市的弗赖堡大学就是融于环境之都的生态大学城。因为弗赖堡大学教学楼就分布在整个城内。弗赖堡城内环保机构众多,因此,这里环保意识比较强,生活在这个小城的居民就把弗赖堡称为德国的环境之都。可以说,弗赖堡不仅是闻名世界的大学城,也是一个饮誉世界的优秀的文化生态旅游城市,是

---

[1] 北京大学[EB/OL], http://baike.baidu.com/view/1471.htm,访问日期:2012年1月22日。
[2] 王晓川、王小雨:《德国大学校园一览》,《城市建筑》2006年第8期。

人们读书和旅游休闲都十分向往的地方。柏林理工大学大部分建筑都坐落在柏林城的中心。柏林既是德国最大的城市，也是德国高校最密集的地方，是德国最大的大学城。同时，柏林市内的科学研究机构也非常多，非常密集，在欧洲也是首屈一指。如果说柏林理工大学是比较典型的大城市中的校园，那么，亚琛工业大学就是中小城市中的校园，而汉诺威大学则是大中城市中的校园。其实，亚琛工业大学并没有所谓的校园，其60多个专业和260多个研究所就分布在亚琛城的三个主要的中心区。亚琛城不大，全城只有25.3万人，其中1/4是亚琛工业大学的学生。汉诺威大学就位于德国下萨克森州州府——汉诺威，在皇家花园附近，由几个相对集中的区域组成。大学城中的教学主楼、图书馆等建筑都对市民开放，大学和城市融为一体。这种大学与城市融为一体的理念，对我国高校校园文化建设也很有启发和借鉴意义，尤其是一些新建的城市完全可以通过大学的引进和建设来推动城市的发展，提升城市建设的文化品位。总之，要建设生态型校园，不仅要注意校园内部各物质环境要素的整体和谐，同时也要关注学校与周边环境的和谐，走向和谐是生态型大学校园建设的目标指向。

二是建设历史人文生态气息浓厚的校园。许多新建的大学校园热衷于图书馆、运动场、教学楼等标志性生态建筑的建设，往往把校园历史人文景观生态置之度外，认为可有可无，那真是大错特错了。因为仅仅有图书馆、运动场、教学楼等校园建筑生态，那不叫真正的大学，大学必须有人义，必须有文化，一座"文化沙漠城"算什么大学？可以说，世界上任何一所著名大学都是人文景观生态非常丰富的大学。我曾经到过牛津大学，非常普通的两个建筑之间的窄窄的桥就是太息桥。太息桥有一段故事，正因为有故事也就有人文。走在校园里，看到一张古老的石凳，说不定就是哪个名人坐过的，那也是人文。每一所大学都有自己的历史，每一所大学也都存在和发展于一定的国家和民族之中，其所在的国家和民族也都有自己的历史，这些历史以及传统如果能够有选择地保留在校园里，不就是人文吗？可惜有的大学注意到了，有些大学部分注意到了，而有些大学根本没有意识到这些也是办学的财富，是使自然的环境长出文化来的东西。国外知名大学都比较注重校园人文景观的建造。美国耶鲁大学非常重视爱国主义教育，比如在校园里立了一尊耶鲁大学校友、美国民族英雄内森·黑尔（Nathan Hale）的雕像，就在这座雕像的底座上镌刻着黑尔的一句名言："我唯一的遗憾就是，我只有一次生命献给我的祖国。"[1] 美国普林斯顿大学校园里有一组雕塑也很有名，这组雕塑是一群没有头的人，其寓意是：希望从大学毕业后，不要成为没有思想、没有头脑的人。美国哈佛大学校园里的"谎言塑像"也令人回味。这座塑像是一位脚穿金靴子坐着的绅士，旁边写着：此人叫约翰·哈佛（John Harvard），他在1638年创立了哈佛大学。据考证，这个塑像并不是按照哈佛本人的相貌制作的，哈佛大学是在1636年创立，哈佛也不是创始人，只是捐款人。既然有那么多错误，怎么不更正？哈佛大学的回答是："质疑的精神是哈佛一向秉持的，'谎言塑像'提醒哈佛人，永远不要迷信传说中的权威，而要努力追求自己坚信的真理。"[2] 我国有的高校校园雕塑也不错。重庆文理学院以

---

[1] 杨家福：《年轻人怎样成长》，《科技导报》2013年第2期。
[2] 杨家福：《年轻人怎样成长》，《科技导报》2013年第2期。

"文明历程"为主题，汇聚东西方文化的精华，通过艺术符号把几千年的文明历程浓缩、凝练成富有内涵的"文化墙"，就很有创意很有特色。校园"文化墙"的设计大大提升了校园物质文化品位，为广大师生员工提供了精神文化阵地。湖北经济学院是一所以经济管理类学科为主的一般院校，但是其所打造的经济学家雕塑长廊等校园文化生态品牌，给人以感悟和启迪。华中科技大学的名人苑、醉晚亭等人文景观设计得也不错。中山大学校园里面有许多建筑，在里面走一圈，可能一栋建筑的名称也记不住，但是中山大学校园里孙中山、梁启超、康有为、林则徐等一些或出生或曾在广州学习生活过的名人雕像，却很久也不会从记忆中消失。这就是人文的意义和作用之所在。当然有的人也许会担忧，把一些传统的历史的东西在校园里彰显得太多，是不是会显得保守了？其实，大学与生俱来就具有保守性，也可以说保守性是大学的遗传特征之一。英国著名高等教育学家阿什比（Eric Ashby）曾经说过："任何大学都是遗传和环境的产物。大学的重要使命就是储存、传递和创造人类文明。大学的这一使命赋予了大学保守的文化品格。"[1]过度的保守就等于落后，肯定不行。但是从某种意义上说，大学有了一定的保守性，"才会使得大学在稳定中发展。认识大学的保守文化，小心呵护它，才会按规律办事，才会对大学的变革发展持以正确合理的期待"[2]。

三是建设文化设施生态齐全、先进的校园。校园文化生态氛围不能凭空产生，它必须有生长它的土壤，必须借助一定的物质载体来营

---

[1]张培:《论牛津大学的保守性》,《文教资料》2007年第4期。
[2]张培:《论牛津大学的保守性》,《文教资料》2007年第4期。

造和传播，而作为校园文化信息的物质载体——校园文化设施配备的齐全与先进程度，将直接影响校园所接受信息的数量和质量。过去，由于受经济发展水平的限制，大学校园文化设施欠账很多，现在国家经济情况好转，学校应该加大这方面的投入，这样才能保证大学教育文化设施齐全、先进，也才能保证高校校园文化生态建设各项工作能够顺利开展。作为现代大学不仅应该有教学楼，而且更应该有图书馆、大学生活动中心等大学生文艺、体育、科技活动场所。美国经济发达，对各大学的投入自然比较多，在高校校园文化设施建设方面取得了很大的成绩，为高校校园文化发展奠定了厚实的物质基础。为方便大学生学习和生活，美国大学大部分学生宿舍都附设有电视房、健身房、棋类室等学习、文体、生活方面的设施，有的还建有大型的自助餐厅或者小超市。宾夕法尼亚大学较大规模的学生宿舍均建有自修室、计算机房、电视房、图书资料室、小健身房等学习和生活所需要的场所和设施，一些档次较高的宿舍楼还建有小教室，方便教师和学生一起讨论。奥斯博格大学，学生不过两三千人，但文化体育设施却非常多，比如室内橄榄球馆、篮球馆、冰球馆、摔跤馆等各种体育场所一应俱全，让人感叹不已。美国各大学还十分重视图书馆建设。哈佛大学经过300多年的发展，其图书馆的藏书量已经超过了1000多万册，里面内设100多个分馆。这些分馆下设在各个学院，而且还建有各类专业性图书馆。哈佛大学分馆大部分设在校园内，有的也设在校园外，比如有的设在美国首都华盛顿市，甚至在意大利佛罗伦萨也有哈佛大学分馆。其中魏德勒图书馆是哈佛大学藏书最多的社会科学和人文科学的研究图书馆，其馆藏文献丰富，仅图书资料就有345万册之多。整个魏德勒图书馆共藏了600多万卷书,而且每年图书资料增加的速度很快。拉蒙特图书馆是世界上第一个本科生专用图书馆,其馆藏的缩微型珍藏很有特色,包括英美早期图书和戏剧脚本、政党文件、总统文件、报纸缩微品以及期刊缩微品等。燕京图书馆是哈佛大学用来专门收藏东亚文献的专门图书馆,其图书藏量仅次于美国国会图书馆内的东亚文献馆藏。到1982年时,燕京图书馆已有日文方面的图书16万余册,其他东亚文字和与东亚有关的西文图书9万余册,其中汉语藏书也非常丰富,现有中国古籍图书4673种、44993册,有中国地方志4000种、丛书1500多种,尤其值得一提的是"所藏《永乐大典》2册、《四库全书》2册、宋版书16种、元版书38种、明版本1275种为中国以外的孤本"[1]。此外,美国一些大学在文化设施建设上还注意与当地社会文化相结合,整合社会文化资源,用以充实和发展大学校园文化。苏必利尔大学的水族馆因规模庞大且设施先进而成为面向全国开放的科教基地和人们休闲观光的旅游景点。显然,这些校园文化建设经验,很值得我们学习。

---

[1]哈佛大学图书馆[EB/OL], http://baike.baidu.com/view/478364.htm, 访问日期: 2012年1月22日。

第四章　校园图书馆

"图书馆"英文为"Library",源于拉丁文"Liber"(图书)一词,乃藏书之所,与我国"藏书楼"同义,在我国最早使用"图书馆"一词是1904年建立的湖北省图书馆和湖南省图书馆。[1]图书馆是学校最重要的文化设施,尤其是以书本和电子数据库为主所包含的文化信息,及其所形成的文化氛围,在一定程度上代表了一所学校校园文化的水平和品位,是学校校园文化的典型形态之一。正如有专家所言:"无论到哪一所大学,最引人注目的往往是教学实验大楼、科技大楼和图书馆。可以说,这三种大楼就是高等学校风貌的标志,少了其中之一就不成其为大学。其中,图书馆则是最具有综合性、跨学科影响力的构成,是校园文化的有机组成部分。"[2]四川大学校长李言荣说得更到位:"大学图书馆是营造良好校风学风和校园文化氛围的神圣殿堂。图书馆不仅体现了整个校园的文化品位,更凝聚着一

---

[1] 胡风娥:《高校图书馆与和谐校园文化建设研究》,江西高校出版社,2010,第13—14页。
[2] 曹廷华:《高校图书馆与校园文化》,人民教育出版社,2002,第63页。

所大学追求卓越的学术氛围。比如，我们常说在牛津大学、耶鲁大学的图书馆里经常能够看到凌晨仍然灯火通明、座无虚席，同学们都在认真地查阅资料、专注学习。其实这时弥漫在整个图书馆里的那种人人都追求卓越的氛围、精益求精做好每件事的标准，以及所体现出来的文化人的修养和气质，都集中诠释了一所大学的文化和精神。我觉得图书馆是最能体现一所大学校风和学风的地方，因为在图书馆里你听不到喧嚣的尘世，只听得到翻书的声音；你看不见匆匆的路人，只看得到读者的身影。"[1]北京大学校长郝平也对图书馆在大学中的地位和作用做了充分肯定："图书馆是一所大学的知识宝库，也是校园文化的重要殿堂。在北大百余年的发展历程中，图书馆具有不可或缺的重要作用，一代代北大人在这里驻足研读、激活思想、濡染文化。可以说，图书馆是北大人心中的一块圣地。当前，北大正处在'双一流'建设的关键时期，图书馆应当发挥更加突出的作用，有力服务师生的学习和科研需要，更好地推动学校高质量发展。"[2]因此，研究校园文化的构成要素，不能不研究图书馆文化。图书馆是图书馆文化的物质载体，是学校校园文化的代表。

一、校园图书馆的职能

要了解图书馆的基本职能，首先要对什么是职能有一个基本了解。《现代汉语词典》对"职能"的解释是：人、事物、机构应有的

---

[1] 李言荣：《图书馆是大学"四馆"的核心——四川大学图书馆馆长党跃武教授采访校长李言荣院士访谈录》，《大学图书馆学报》2021年第3期。
[2] 郝平：《图书馆是大学的心脏——北京大学陈建龙馆长采访郝平校长访谈录》，《大学图书馆学报》2021年第1期。

作用。图书馆是学术性机构。那么，图书馆的职能就是指图书馆这一学术机构应有的作用。对图书馆应有的作用，从不同角度出发有不同的解读，下面将从基本职能、校内职能和社会职能三个方面进行阐释。

（一）校园图书馆的基本职能

校园图书馆的基本职能是将人类所创造的知识以纸质或电子文献的形式进行保存和传递。也就是说，保存和传递构成了图书馆基本职能的不可分割的两个方面。所谓保存，就是指对文献信息资料的搜集、整理、加工、收藏和组织管理等；传递是指内阅、外借、复制、检索咨询等对文献的利用。这两个方面互相依存，共同发展，形成了图书馆工作的有机整体。从古代的图书馆，到现代的图书情报中心，尽管图书馆在规模、形态等诸多方面发生了很大变化，但保存和传递依旧是图书馆最基本的两大职能。只不过，古代的图书馆有"重藏轻用"的特点。不仅是古代以保存档案为主要职能的最原始的图书馆，就是"在封建社会很长一段时间内，图书馆的主要职能还是藏校、保管图书，以满足统治者政治、军事和文化上的需要"[1]。如由明代嘉靖年间兵部右侍郎范钦创办的宁波天一阁，"在《四库全书》中，有96种是直接依据天一阁进呈本抄录的，其中经部12种，史部28种，子部39种，集部17种。此96种底本中，不乏精本、善本"[2]。

---

[1] 傅威：《图书馆职能的基本概念及其规范化》，《四川图书馆学报》1996年第1期。

[2] 崔富章：《天一阁与〈四库全书〉——论天一阁进呈本之文献价值》，《浙江大学学报》（人文社会科学版）2008年第1期。

天一阁有如此大的藏书量，但"自范钦殁后，封闭甚严。阁中之书，'明时无人过而问者'"[1]。相传天一阁的创办人范钦和他的继承人给家族制定了严格的家规："子孙非合各房不能登楼，不许将书下阁阶，不许私领亲戚友人入琅嬛福地，门禁之严，等于中秘。故明清之交数十年，楼下蛛网尘封，几绝人迹，徒动学者羡慕窥测之劳。"[2]但天一阁却有一条可以向真正的大学者开放的规矩。不过，这规矩的执行还是十分苛刻的，在清代浙东大儒黄宗羲叩开天一阁以后的200多年的时间里，获准登楼的大学者也仅有万斯同、全祖望、朱彝尊、袁枚、钱大昕、阮元、姚元之、薛福成、刘喜海、麟庆、冯登府、钱维乔等10余名，他们的名字都是响当当的，是上得了中国文化史的。当然，不能因此就说藏书楼不具备传递职能，就是像天一阁那样严禁借阅的藏书楼，黄宗羲等著名学者也曾经登阁披阅过，能够登阁的虽然很少，但天一阁毕竟也在履行传递职能。所以，藏书楼也还是具有传递职能的，只不过相对于现在的图书馆来说，当时图书文献的传递利用作用不大罢了，但如果用辩证的眼光来看，各种类型的丰富的文化典籍能够从古代保存到今天，这本身就是图书馆纵向传递职能的具体表现。现代图书馆强调向社会开放，从搜集整理到借阅服务，逐步形成了一套科学的方法，使保存和传递同时受到重视。到了当代，由于科学技术的发展，尤其是光学记录技术和声像技术、电子计算机和现代通信等信息技术的应用，大大改善了文献资料的保存手段和保存条件，加快了传递速度，扩大了传递范围，以致有

---

[1]董桂琴：《天一阁藏书流布及文化影响研究》，《图书馆》2007年第2期。
[2]来新夏：《纵论天一阁的历史地位》，《学术界》2006年第11期。

学者认为："为了适应社会发展对信息的需求，现代意义上的图书馆职能必须进一步扩展和深化，'信息职能'当然地落到了图书馆的肩上。"[1]还有学者甚至认为："当今图书馆的基本价值取向不是收集保存文献，而是通过为所有的读者提供最好的服务，有效满足读者对文献信息资源的需求，承担传播知识的社会责任，进而实现对人类发展的人文关怀精神，让读者从图书馆感受知识的力量和人类的文明。"[2]尽管如此，保存和传递始终都是图书馆固有的基本职能，图书馆所有工作的开展都是围绕这两大基本职能而展开的。

（二）校园图书馆的校内职能

在学校里，图书馆是基本的教育设施，是学生经常出入的一块重要领地，因而具有教育职能。它的教育职能主要体现在三个方面：一是对师生员工进行政治思想品德教育、培养和发展学生专业能力。校园图书馆通过图书报刊介绍、图书报刊展览、录音录像、读书报告、书评活动等方式向广大师生员工宣传党和国家的方针、政策和模范人物的先进事迹，尤其是为学生"提供健康丰富的阅读材料，对学生进行世界观、人生观和社会知识教育，使学生在满足课外阅读的需要中受到多方面的教育"[3]。因此，"图书馆作为学校教育教学的重要阵地，在学生人文素质教育中与思想政治教育、课堂教学相比具

---

[1]傅威：《图书馆职能的基本概念及其规范化》，《四川图书馆学报》1996年第1期。

[2]卢笑明：《论高校图书馆与校园文化建设》，《大学图书情报学刊》2006年第3期。

[3]王素琴：《浅析高校图书馆两个职能的基本特征》，《图书馆学研究》1991年第3期。

有不可替代的特殊的作用"[1]。同时，图书馆又是学生自学的主要场所。除课堂学习外，理工科学生，有相当部分时间从实验室和图书馆中获得知识；文科学生，除社会实践外，大部分时间就是利用文献资料来加深对课堂教学内容的理解和弥补课堂教学的不足，从而获得各种新知识。因此，图书馆"为本校各专业学生提供直接配合学习的教学参考书、资料书或其他读物，帮助学生消化、理解、巩固所学知识，是图书馆最基本的教育任务和职能"[2]。关于图书馆的教育职能，有的学者还将其提到了与课堂同样重要的地位："高校图书馆，可以说是图书馆教育的一支突击队，它既是国家图书馆事业的重要组成部分，又是高等教育事业和科研事业的重要组成部分。它也是培养全面发展的四化建设者的重要课堂，对于社会主义物质文明建设和精神文明建设起着十分重要的作用。"[3]二是为提高教师教学水平、学术水平提供条件。提高教学水平、学术水平是每个教师努力的方向。而要提高其教学水平、学术水平，就必须努力学习、扩充知识，调整自己的知识结构。现代科学技术发展极为迅速，人类知识总量急剧增加，出现了"知识爆炸"的现象。1962年，科技史学家戴维·普赖斯（David Price）首次在他的名著《巴比伦以来的科学》一书中指出："科学期刊自1665年问世以来数量不断增长，1750年为10种，

---

[1] 郁丽玲：《构建图书馆文化的思考》，《武汉船舶职业技术学院学报》2012年第5期。

[2] 王素琴：《浅析高校图书馆两个职能的基本特征》，《图书馆学研究》1991年第3期。

[3] 袁建清：《图书馆教育漫议——兼论图书馆职能认识问题》，《贵州高教》1990年第3期。

1800年为100种，1850年为1000种，1900年为10000万种，在200多年的时间里，其数量几乎是每50年增长10倍。"[1]从书刊数量的增长来看，有人估计：目前世界上有三千万种名称不同的书，每年增加约二十万种；图书馆的藏书量大约十二年要增长一倍。据英国科技预测学家詹姆士·马丁（James Martin）的预测："人类知识总量19世纪要50年翻一番，20世纪中叶10年翻一番，20世纪70年代5年翻一番，20世纪80年代3年翻一番，预测50年后人类知识总量将是现在的32倍。"[2]面对知识迅猛增长的趋势，教师除担任教学任务外，要不断进行学习，开展科学研究，以此提高自己的教学能力和学术水平。而图书馆学习是其最好的选择。这就要求图书馆必须为教师开发和提供有关的文献资料，进行文献检索工作，以满足教师充实教学内容和从事科学研究的需要。三是培养师生的文献检索利用能力。面对浩如烟海的图书文献资料，教师和学生要想精、准、全、快地查到所需资料，就必须掌握利用各种文献和检索工具知识。随着信息技术的突飞猛进，图书馆现代化程度也在迅速提高，传统的手工检索工具已经不再是获取文献信息的唯一手段，比如联机检索数据库、光盘数据库以及网络信息等已经逐渐成为主要获取文献信息的渠道。这些新的文献信息检索手段的掌握，并非易事，需要图书馆专业人员指导。有的高校图书馆已开设"文献检索与利用"课或讲座，这对于培养学生和教师的自学能力，繁荣学术文化，起了重要的作用。

---

[1] 费业昆：《文献增长与知识爆炸》，《情报理论与实践》1990年第5期。
[2] 费业昆：《文献增长与知识爆炸》，《情报理论与实践》1990年第5期。

第四章　校园图书馆

（三）校园图书馆的社会职能

校园图书馆的职能除基本职能和校内必须履行的职能外，还有一个职能，那就是社会职能。社会职能并非今天才有，而是"从图书馆产生以来，图书馆社会职能都一直客观地存在着，它或是现实地存在着，或是潜在地存在着；或被人们所认识，或未被人们所揭示。这是人类社会的需要和图书馆的社会性质所决定的，是不以人们的意志为转移的"[1]。学校图书馆也是图书馆，同样要履行图书馆的社会职能，所谓社会职能就是指图书馆对学校周围及其相关社区的影响和作用。这一职能实际上是图书馆基本职能的延伸。图书馆以自己长期积聚的藏书资源和所积累的文献信息作用于社会，为社会提供信息咨询与服务，对推动社会的进步与发展，无疑是具有十分重要的意义的。列宁在谈及苏维埃政权对工人和劳动农民的自修和深造给以全面的帮助时就明确提出应该建设图书馆——"苏维埃政权从各方面帮助工人和劳动农民自学自修（建立图书馆、成人学校、人民大学、讲习所、电影院、艺术工作室等）。"[2]可见在列宁看来，图书馆对于劳动农民的自学自修是十分重要的。我给铜仁学院图书馆提出了三个理念："一是全天开放，即24小时开放；二是全年开放，即包括平时和假期都要开放；三是向全市人民开放。"其中"向全市人民开放"的办馆理念，就是学校图书馆社会职能的具体体现。高校的图书馆往往是当地最好藏书最多的图书馆，不向社会开放，实在是很可惜的，更何况还会影响新时代校园文化的建设，正如许嘉璐所说："从这个意

---

[1] 潘仁彬：《图书馆社会职能探讨》，《图书馆建设》1995年第3期。
[2] 列宁：《列宁专题文集》，人民出版社，2009，第196页。

义上说，目前学校图书馆限于本校师生使用、各种讲座报告外人谢绝入内的状况对建设新时代的校园文化是不利的，其弊病不仅仅是学校资源不能被充分利用这一点。"[1]校园图书馆的社会职能，又可以划分为向社会征集、收藏社会文献资料的职能和向社会传递文献信息的职能两个方面。

二、学校图书馆文化

所谓图书馆文化，其实质就是以图书馆为依托，以各种文化资料所包含的文化信息为内容的一种独特的文化形式及其文化氛围，它是整个图书馆的灵魂和精华。图书馆文化是校园文化的有机组成部分，它对校园文化整体的繁荣、发展有着不可忽视的作用。

（一）图书馆是学校重要的文化设施

图书馆是书的世界，是人们吸收文化信息的主要聚集场所。图书馆提供的书籍报刊资料，就是源源不断的知识信息，具有研究利用、赏析的广阔天地和长远价值。图书馆丰富的藏书，可以满足不同兴趣爱好、不同层次、不同文化背景的群体的需要。伟人的著作、名人名言名画、优秀的文艺作品、科技文献的无声无形的力量，能对校园人产生心理影响和潜移默化的熏陶作用。不少校园人把图书馆视为求知的良师、精神的向导和陶冶情操的场所。因此，"图书馆是一种文化现象、科学现象，是文化和科学发展到一定阶段的产物"[2]，尤其是"高校图书馆并不是与校园文化无所关联的单纯性的学术机构，而

---

[1] 许嘉璐：《高校校园文化建设漫议》，《求是》2004年第18期。
[2] 傅正：《现代图书馆学》，安徽大学出版社，2005，第36页。

是在校园文化中起着重要作用的文化教育设施。它本身既是校园文化的一部分，同时又支持着校园文化丰富多样的开展"[1]。

（二）图书馆是校园文化活动的重要场所

图书馆作为学校最重要的文化设施，是校园文化信息的储存中心，是一个知识库和知识喷泉，借书、还书、查阅书刊，构成了一道独特的文化风景线，正如2002年版《普通高等学校图书馆规程》明确指出的："高等学校图书馆是学校的文献情报中心，是为教学和科学研究服务的学术性机构，它的工作是学校教学和科学研究工作的重要组成部分。"许多大学的图书馆都是建在学校的中心位置，因此，"在大学校园中，高校图书馆不仅是文献资源中心，也是文化中心。因为图书馆不仅收藏普通文献资源，而且收藏有丰富的影音资料，设有展览厅、报告厅等硬件设施，成为校园丰富多彩文化的重要组织者和倡导者"[2]。学校开展校园文化活动的地方很多，比如运动场、体育馆、教室和学生宿舍等，但是由于"图书馆是学校的文献信息中心，是学校各学科的链接和集成，收藏了各学科的书籍，拥有多层次、全方位的文献信息资源，因而是学校最大的公共服务场所"[3]，尤其是开展有关学术性文化活动最便利的地方。加上近几年来，各高校纷纷加大投入，将图书馆建设成学校文化设施最齐全的地方，不仅有各种阅览室，还有学术报告厅、研讨室、放映室等，以

---

[1] 曹廷华：《高校图书馆与校园文化》，人民教育出版社，2002，第1页。
[2] 巩梅：《浅谈高校图书馆在校园文化建设中的作用》，《大学图书馆学报》2002年第5期。
[3] 陈梦晖、吴艳阁：《图书馆文化在高校校园文化中的地位与作用》，《科技情报开发与经济》2009年第3期。

及许多听力、计算机等设备供人使用，同时许多高校还优化环境，不仅安装中央空调，使其冬暖夏凉，而且还引入少量的饮食服务，使学生、教师和职工有比较舒适的学习和开展活动的环境。正因为如此，学校图书馆还是莘莘学子的精神家园，每当回忆母校时最容易使他们想起在图书馆度过的美好时光。著名历史学家邓广铭在《我与北大图书馆的关系》一文中回忆道："北大图书馆的藏书既极丰富，一些年老的工作人员也富有版本目录知识，因而，走进了北大的新图书馆，随时都使我感觉到得心应手、左右逢源的效应，受益是非常大的。"[1]总之，现代大学的图书馆往往成为学生和教师最喜欢去的地方，学生和教师最喜欢去的地方自然也就成了校园文化活动最重要的场所。为此，2015年，教育部在2002年规定的基础上印发的《普通高等学校图书馆规程》就明确指出：高校图书馆不仅是学校的文献信息资源中心和为人才培养、科学研究服务的学术性机构，还是"校园文化和社会文化建设的重要基地"[2]。

（三）图书馆馆员是图书馆文化的主体

依托图书馆而产生的文化，就是图书馆文化。参与学校图书馆文化建设的虽然也有学生和教师，但是主要的还是图书管理员。因此，图书馆文化的主体，主要还是图书馆馆员。他们的精神风貌、业务素质、服务质量，以及工作热情等，都会对图书馆文化的繁荣、发展起

---

[1]巩梅：《浅谈高校图书馆在校园文化建设中的作用》，《大学图书馆学报》2002年第5期。
[2]《教育部关于印发〈普通高等学校图书馆规程〉的通知》[EB/OL], http://www.scal.edu.cn/gczn/sygc, 访问日期：2018年8月9日。

着重要的推动作用，并且由于他们工作的特殊性，即整天都是在和学生、教师、职工打交道，还会直接或间接地影响学生文化、教师文化和其他职工文化。因此，图书馆馆员只有满腔热情地对待每一位教师、每一位学生和每一位职工，不断提高自身的文化修养，重视服务质量，变被动为主动，从我做起，如热心帮助读者挑选书刊、指导他们进行阅读和理解，包括组织力量根据学校教师教学、科研的需要编写文献索引或专题文献索引等，方便教师对文献的查找和研究，才能"在开展校园文化活动中发挥着积极的重要作用"[1]。开办读者咨询服务部及时帮助他们解决学习上的困难，才能赢得读者，才能使到图书馆来借阅学习的师生感到这是一个充满生机、温馨、和谐的大集体，充分发挥团体文化的优势。因此，也可以说，图书馆馆员既是图书馆文化的主体，也是校园文化的播种者、耕耘者，即校园文化的建设者和营造者。可见，"高校图书馆员不仅在教育大学生方面起到重要作用，从而对校园文化建设做出贡献，更重要的是可以通过积极的行动直接参与校园文化建设，对校园文化产生积极的影响"[2]。良好的图书馆文化一旦形成，又有利于推动图书馆管理水平的提高和服务能力的提升，因为"图书馆文化将图书馆组织的管理与控制，深入到图书馆人员的思想深处而产生'内控'机制，形成图书馆人员的共同思想观念和图书馆行为准则，指导图书馆人员齐心一致地做好图书

---

[1] 郁丽玲：《构建图书馆文化的思考》，《武汉船舶职业技术学院学报》2012年第5期。
[2] 巩梅：《浅谈高校图书馆在校园文化建设中的作用》，《大学图书馆学报》2002年第5期。

馆工作"[1]。

三、加强图书馆文化建设

大家都知道，文化设施是任何文化都不可缺少的因素，是文化传播的物质载体。学校图书馆、藏书楼、阅览厅、教学楼、演讲厅、学术馆及其思想、文艺论坛等活动场所都是文化设施。学校凭借种种文化设施，分渠道、高频率、大容量地传播文化信息，与中外学者交流，发展自己，增长才干，提高思想素质和文化素质，为国家为社会服务。而图书馆又是校园文化设施中最为重要的部分，它拥有丰富的藏书，是校园文化信息的储存中心，它是一个知识库，又是一个知识喷泉，借书、还书、查阅书刊，构成了独特的文化风景，在学校的文化建设中占有十分重要的地位。可能也有人会说，图书馆确实重要，是学校重要的文化设施，但并不是文化本身。确确实实，图书馆不能与文化完全画等号，"但图书馆却意味着就是文化。从这个意义上说，图书馆是由多学科整合而成的真正的大百科全书，是古往今来文化场景、文化成果的大融会。因此，加强图书馆自身的校园文化建设是图书馆存在和发展的动力和活力之一"[2]。

（一）重视图书馆环境文化建设

中小学的图书馆建设普遍不如大学的图书馆，其原因是多方面的，可能主要的原因还是我国的应试教育使得学生没有时间去图书

---

[1] 陈梦晖、吴艳阁：《图书馆文化在高校校园文化中的地位与作用》，《科技情报开发与经济》2009年第3期。
[2] 曹廷华：《高校图书馆与校园文化》，人民教育出版社，2002，第63页。

查阅资料或借阅图书资料学习，图书馆建设得再好也没有更多的读者，长此以往，图书馆建设在学校管理者心目中的地位就自然下降，而大学则不同，学校倡导去图书馆，学生也有很多的时间可以去图书馆。据有关资料统计，"除了教室、实验室之外，一个学生的大学校园生活，约有三分之一至二分之一的时间是在图书馆或与图书有关的读书活动中度过的"[1]。正因为如此，大学校长都比较重视图书馆的建设。比如李言荣在接受采访时就这样说道："我一直认为学校图书馆工作很重要，尤其是一所一流大学应该有一流的'四个馆'，也就是一个好的图书馆、一个好的校史馆、一个好的体育馆和一个好的博物馆，这四馆是一流大学的'地标'，其中图书馆是核心。"[2]随着我国经济发展水平的提升，许多高校新建或扩建了图书馆，新建高校的图书馆更是放在头等重要的位置进行建设，近几十年来，我国高校的图书馆硬件建设应该说没有多大问题，并且不少高校的图书馆不仅宽敞明亮，而且有特色、上档次，但是不少图书馆对环境文化建设重视不够，有的就只有图书资料和电脑、复印机，以及书架、桌椅等设施，看不到图书馆文化，更感受不到文化氛围。图书馆环境文化与图书馆中所藏图书资料等体现的文化是两回事。图书馆的墙壁、书架、桌椅，乃至于走道等所有空间都是很好的环境文化展示的平台。这些环境如果利用得好，能够收到意想不到的效果——"良好的图书馆环境文化，既能诱导读者的学习欲望，使之获得知识上的满足，

---

[1] 吴凡：《图书馆文化与大学校园文化的互动建设》，《图书馆》2006年第5期。
[2] 李言荣：《图书馆是大学"四馆"的核心——四川大学图书馆馆长党跃武教授采访校长李言荣院士访谈录》，《大学图书馆学报》2021年第3期。

又能陶冶读者的心灵,让他们享受到情感上的愉悦。"[1]要达到这样的效果,对图书馆的环境文化建设必须精心设计,"苏联列宁图书馆的大理石方柱和圆形彩灯围成的长廊,阅览室的墙上装饰、壁画都相当精美,随处都有历史伟人或科学家的雕像,他们或坐、或立,或沉思默想,或凝眸远眺,营造着一种富有诗意的文化氛围。任何人,只要在这里小坐片刻,就可以超脱于城市的喧嚣而得到知识艺术的熏陶。"[2]但是,图书馆环境文化到底如何建设,需要制定标准和要求,然后按照一定的标准和要求进行。有学者认为,图书馆环境氛围的内涵要求是静、雅和美。应该说,这种观点代表了我国图书馆内部环境文化建设的传统观念,不雅不美肯定不行,但是世界上一些高校对图书馆开始有新的诠释,认为图书馆不仅仅是借书看书的地方,也是学生教师交流休息的地方,所以,在图书馆里设学术报告厅、讨论室、影视展播室等,已经成为一种发展趋势,有的图书馆还开设有一些简餐点方便读者使用。比如红色给人以火热的感觉,我国图书馆里一般不使用,但是国外图书馆里使用红色的地方很多,沙发是红的,桌子是红的,甚至水杯也是红的。

图书馆环境文化建设还包括馆舍外的环境文化氛围的营造,比如馆址的选择、馆舍外在空间环境的美化及其文化氛围的创造等,都不可忽视。

---

[1] 曹廷华:《高校图书馆与校园文化》,人民教育出版社,2002,第70页。
[2] 张根叶:《论高校图书馆人文环境建设》,《图书馆工作与研究》2004年第3期。

(二)加强图书馆馆员队伍建设

图书馆馆员队伍的素质关乎图书馆文化建设的质量和水平。学生和教师是校园文化建设的主体,图书馆馆员也是校园文化建设的主体,只不过,他们是校园图书馆文化建设的主体。遗憾的是,当前有的学校只把学生和教师当成校园文化建设的主体,而没有给予一般职工包括校园图书馆馆员校园文化建设主体地位。没有给予主体地位,自然在资金、项目等方面的支持力度就会减弱,就会被边缘化。事实上,有的学校就已经把图书馆馆员队伍建设边缘化了,比如在人事安排方面,把一些不好安排的人员大多都是往图书馆里面放,图书馆几乎成了学校多余人员的"收容所",更不要说引进高层次人才了,长此以往,图书馆馆员队伍的整体素质怎么会提高?所以,要加强校园图书馆馆员队伍建设首先是要还图书馆馆员以校园文化建设的主体地位,他们不仅仅是校园文化活动的参与者,而且是校园文化建设的主体,是校园图书馆文化建设的主体,没有他们就没有校园图书馆文化,没有校园图书馆文化,学校校园文化就是残缺的,残缺的校园文化难以发挥校园文化的整体育人功能。明确了校园文化建设主体地位,就要杜绝把不好安排的人员往图书馆放的想法,尽可能引进图书馆学方面的专业人才以及各相关学科方面的专家,才能打好图书馆馆员队伍建设的"底色"。在此基础上,加强对图书馆馆员的培训。这种培训包括两方面的内容:一是提高文化科学素养。因为"文化科学素养是图书馆人员搞好学术性服务工作的保障和基础……图书馆工作的性质和任务,决定了图书馆工作人员既是图书馆工作的管理者和组织者,又是群众阅读的服务者和咨询者;既是人类知识的守护者和传播者，又是文献信息的提供者和开发者。"[1]因此，图书馆馆员不能只是守着书山的"管家"，而应该是具有广博知识、熟悉多学科多领域的学者。二是提升图书馆业务能力。图书馆管理本身也是一项专业性很强的工作，比如文献的收藏、整理、分类、传递、查找、借阅、归架等技能，亦即图书馆通常所说的"采、编、流、参"等流程，特别是计算机采购编目技术、计算机检索咨询技术、计算机文献制作技术等，都需要花时间学习和掌握。同时，图书馆行政后勤管理等，也与一般的行政后勤管理不一样，也需要专门学习。此外，图书馆是学术性机构，其科学研究也是图书馆馆员的重要工作之一，尤其是要加强对图书馆和校园文化贯通交融的研究，比如图书馆如何利用其资源彰显校园文化和营造校园文化氛围，图书馆如何借用校园文化的平台提升图书馆的管理水平，图书馆如何服务学生的学习文化和教师的学术文化建设，等等。把这些问题想清楚了，研究透了，就会在研究中提升其队伍的素质，就会把图书馆文化建设得更好。要对图书馆馆员队伍进行培训，不能仅仅是在馆内培训，还要派出去，到国内外高校图书馆去学习和交流。这就需要在经费方面给予支持，要像培训教师一样舍得花钱。图书馆是学术机构，他们也是专业人员。他们的素质不高，再好的图书馆文化建设方案都难以实施。

（三）强化图书馆制度文化建设

任何文化建设都不能离开制度建设。图书馆文化建设一样，要想上水平、出特色、有品位，就必须要逐步建立一套切实可行的制度。建制度的目的是建机制，机制是制度的灵魂，只有良好的机制建

---

[1]曹廷华：《高校图书馆与校园文化》，人民教育出版社，2002，第126—127页。

好了，才能长期管用，否则再多的制度也只是废纸一张。图书馆需要建立的制度很多，主要包括两个方面：一是在行政方面有行政事务、人事管理、设备资产、财务管理、会议管理等方面的制度；二是在业务方面有文献管理、参考咨询、阅览流通、文献典藏、新技术手段服务、统计、文检教育等方面的实施细则。这些制度的建立和健全，就某一所学校的图书馆而言，不是一蹴而就的，需要比较长的时间才能逐步完成，并且制度的完善还是与时俱进的，时代发展了，制度要跟上，良好的制度应该是沿着这样一条路径发展——旧的制度经过时间的大浪淘沙沉淀在图书馆馆员的心里，尤其是一些好的制度和机制逐步转化成图书馆的传统和文化，适应时代发展需要的新的制度和机制不断诞生，推动图书馆文化顺利健康发展。由新制度到旧制度再到成为文化，被一代代图书馆人继承并发扬光大，这是图书馆制度良性发展的一般轨迹，但如果所制定的制度合理的机制少、创新的成分少，必然导致转化为文化的东西少，被继承的东西也就不会多，构建成熟的图书馆制度体系的时间就会拉长，几代甚至几十代图书馆人的努力都难以达到预期的效果。所以，在制定图书馆制度时，要尽可能追求制度的创新点，力求通过制度创新推动图书馆文化的发展。图书馆制度建设除了要努力创新外，还要考虑制度的体系化问题。我们知道，"规章制度体系的形成是一项系统工程，是一个复杂的有机统一体，必须具有内在的逻辑关联，对同一事物的规范要前后衔接、相互支持，要完整系统地体现出科学性、合理性和创新性。若体系零乱、平衡失调，将严重影响规章制度的可信性和权威性，削弱其规范的有效性"[1]。我国高等教育与世界一流大学比，其差异不在硬件方面而在软件方面，尤其在人才培养的体系建构方面。学校图书馆制度体系就是人才培养体系中的组成部分。所以，完善高校人才培养体系，当然也包括完善图书馆制度体系。与此同时，还要考虑图书馆制度体系的个性特征。每一所高校都有自己独特的品质和特征，学校图书馆也不能例外，也应该有自己独特之处。只有建立了独特的制度和机制，才有可能孕育独特的文化。按照共性与个性既对立又统一的要求，图书馆的"规章制度建设既要有共性，即国家或地方当前的法令、政策、规范等，这是规章制度中共有的，并在规章制度建设中起着导向作用。同时，又要有个性，由于每个图书馆都有其不同的特色和特点，因而规章制度建设就要针对各馆的具体情况体现出其个性。可以说，有个性才有针对性，有针对性才有明确的目的性。不然，规章制度建设就会流于形式，从而降低或失去制度效益，使规章制度成为'空壳'而毫无意义"[2]。因此，要加强图书馆制度文化建设，就应该在追求制度创新点的同时，兼顾制度体系建设和个性化方案的设计，只有这样图书馆制度文化建设才可能步入良性发展的轨道，逐步走向成熟。

---

[1] 董泗利、王日江、亓高生：《创新高校图书馆规章制度的实践与探索》，《图书情报知识》2003年第4期。

[2] 董泗利、王日江、亓高生：《创新高校图书馆规章制度的实践与探索》，《图书情报知识》2003年第4期。

第五章　校园文化活动

校园文化活动作为学校最具活力的文化现象，是校园文化主体尤其是学生广泛参与并在其中获得多方面收益、得到多方面发展的文化形态。如果说校园物质环境、图书馆等文化形态更多的属于静态的文化现象，那么，校园文化活动更多的属于动态的文化现象。校园文化的本质在于促进学生的发展，校园文化活动的本质也在于促进学生的发展。校园文化活动尤其是"大学校园文化活动是高校精神文明建设的重要组成部分，是高校校园文化建设的载体，是校园生活多样化的一种表现形式，是展示高校办学活力和效果的重要方面，也是增强和提高师生运用思想、知识、能力的重要实践，它既体现着高校精神，也体现着教育品位"[1]。所以，讨论校园文化形态不能不讨论校园文化活动。

---

[1] 侯丹丹：《浅析高校校园文化活动》，《思想教育研究》2009年增刊1期。

一、校园文化活动的类型和特征

（一）校园文化活动的类型

校园文化活动，居于校园文化表层，是人们可感可触的显性文化现象。校园文化活动也有广义与狭义两种：广义的校园文化活动是指发生在校园内的一切文化活动，狭义的则要除去课堂教学活动。我们平时所说的一般是指这种除去课堂教学活动的狭义校园文化活动，严格地说，也主要是指众多的社团和各种文化活动，如书法、绘画、摄影、音乐、集邮、咨询、演讲、写作等协会、学习活动，天文地理、理工农医、文史哲等方面的兴趣小组活动，不同规模的文娱体育活动等等。

校园文化样式很多，并且在不断地翻新，但归纳起来，还是可以分为知识和娱乐两大类。一般说来，知识系统侧重于通过某种活动，使学生了解某一方面或某几方面的知识，从中受到思想道德教育，比较有目的性；娱乐系统偏重以美育的途径进行教育。当然，二者不能绝对分开，两者都是糅合在一起的——知识系统中有娱乐成分，娱乐系统也具有知识性。

1.知识系统。在这个系统中，最具有普遍性的是各种各样的社团、兴趣小组以及竞赛活动。如原铜仁师专当年先后成立的星星文艺社、蓓蕾书画社、起步棋艺社、党章学习小组、影评小组、品书小组、热点讨论小组等。这些社团或小组都从各自具体特点出发，展开活动，使学生既掌握了各方面的知识，拓宽了视野，又培养了他们忠于职守、敢于自我牺牲的精神品质。在这里需要特别提到的是铜仁学院的晨光文学社,已经成立发展了四十余年,培养了一大批作家、诗人和文艺理论家,比如马轼怀、喻子涵、芦苇岸、文叶飞、李传典、孙向阳等,尤其是使更多的学生在写作及其文学艺术欣赏等方面得到了比较大的提升,为他们从事相关工作打下了坚实的基础。我曾经在《从〈晨光〉说起》一文中说过:"如今再回想起晨光的那些激情岁月,感慨良多。我觉得文学对一个人的成长至关重要。写作是基础,你没有这个写作基础去搞研究,肯定是不行的……我受益于文学的很多,除了表达能力,还有逻辑思维能力。这些都与此前文学的学习、写作的锻炼有着密切的关联。"[1]其次,是举办各种专题讲座。讲座和课堂教学既有相同之处,又有不同之点,它比课堂教学更活跃,更宽广,更深刻。

2.娱乐系统。它主要指各种文娱体育活动。如学校经常举办的各种晚会、舞会以及校运会、"青春杯"足球赛等,通过这些活动,在学校表现美、发展美、创造美的同时,提高了他们的审美能力和审美情趣,使他们变得高尚、纯洁,成为全面发展的社会主义新人。这一点,国外比我们起步得早,一些国家投资兴建了现代化的娱乐场所,如美国俄亥俄大学的一个"学生活动中心"建筑面积一万多平方米,有现代化的演讲厅,有许多小会议室,有电影放映室,有电子俱乐部,有供应食品、饮料、书籍、文具的小商店,等等,使活动既有娱乐性质,又有德育内容,寓教于乐。娱乐本是一种艺术表现形式,一种情感表达的启发性活动,本无可厚非,但是目前高校校园文化活动

---

[1]孙向阳:《晨光照耀——铜仁学院晨光文学口述史》,贵州人民出版社,2020,第3—4页。

"泛娱乐化"趋向,需要引起人们的重视,否则,会弱化思想政治教育效果、钝化学生理性思考能力、侵蚀学生主流价值观念。[1]

(二)校园文化活动的特征

1.参加活动的普遍性。现在的学生,无论是中小学生,还是青年大学生,也无论是人文社会科学专业的学生,还是自然科学专业的学生,参与校园文化活动的积极性都比较高,即参与活动的普遍性特征比较明显。据集宁师范学院校园文化活动现状调查结果显示:在"学生的参与度等方面。82.9%的学生偶尔参加,14.2%的学生经常参加,2.8%的学生从不参加"[2]。

2.活动内容的广泛性。中小学由于受应试教育的影响,学生迫于学业的压力,想参加而没有时间参加活动,学校也不敢用更多的时间来开展文化活动,总体而言,中小学的课余文化体育活动不是很多,但是高校就不一样,仅学生社团,每所高校都有很多,我国部分"高校的社团数量都在100个左右,数量最多的当属北京大学,它的一个社团大约包含112人"[3]。美国大学学生社团更多,其中"美国伯克利大学的学生社团最多,哥伦比亚大学的学生社团与在校生数量的比例高达1:7,大多数高校在校生与学生社团数量比例都在50以内。同时,美国高校多数在校生既是社团成员,也是社团创办者。

---

[1]黄永斌、张志泉:《高校校园文化活动的"泛娱乐化"趋向及其对策》,《高校辅导员》2018年第4期。

[2]王璇、张利平:《高校校园文化活动学生满意度的调查和对策研究——以集宁师范学院为例》,《集宁师范学院学报》2018年第4期。

[3]管琳菲、孙养学:《我国高校学生社团的建设与管理研究》,《教育理论与实践》2018年第15期。

从数量上可以看出：一是美国高校学生人数越多，学生社团组织规模越大；二是排名靠前的高校学生社团数量相对较多；三是与理工科大学相比，文史哲类高校的学生社团相对较为活跃，前者的在校学生社团数量较少；四是全球排名靠前的高校学生社团数量比在校生数量还多"[1]。牛津大学的学生社团也不少，"有两百多个俱乐部等各种社团组织，又有宗教、辩论、沙龙等学术方面的社团组织"[2]。不同性质的社团，其活动内容各不相同，社团越多，活动的内容就越丰富越广泛。

3.活动形式的多样性。随着校园文化活动内容越来越丰富，校园文化活动的形式也在不断翻新，而且越来越引起社会的广泛关注，比如周末沙龙、社会实践周、科技服务、电子游艺等。邓小平指出："我国历史悠久，地域辽阔，人口众多，不同民族、不同职业、不同年龄、不同经历和不同教育程度的人们，有多样的生活习俗、文化传统和艺术爱好。雄伟和细腻，严肃和诙谐，抒情和哲理，只要能够使人们得到教育和启发，得到娱乐和美的享受，都应当在我们的文艺园里占有自己的位置。"[3]因此，要注重校园文化活动的多样性。校园文化活动形式还在不断创新，尤其是当历史的车轮进入新时期以后，"高等学校校园文化活动更加注重追求活动形式和组织方式的创新，借鉴、融入社会流行元素和时尚文化，充分利用现代科学技术，

---

[1]管琳菲、孙养学：《我国高校学生社团的建设与管理研究》，《教育理论与实践》2018年第15期。
[2]侯长林：《高校校园文化基本理论研究》，人民出版社，2014，第79页。
[3]邓小平：《邓小平文选》（第2卷），人民出版社，1994，第210页。

拓展和设计一些新颖的活动,吸引广大学生参与其中"[1]。

4.活动组织的网络化。各种社团的发展,打破了学校过去比较单一的纵向联系和封闭体系,形成了学生与学生之间、学生与教师之间、社团与社团之间、社团与社会之间纵横交错的联系网络。许多学校在团委、学生会领导下建立了许多社团、协会中心。为使这些组织健康发展,许多学校成立了社团文化活动指导委员会,团委也成立了相应的组织。这些组织就像纵横交错的网络,将各种社团文化活动联系起来。这种网络组织加快了信息传递的速度和学科间的渗透,促进了校园文化活动的制度化和深入开展。

二、校园文化活动的作用

校园文化活动是具有综合效益的实践活动。它对学生的发展,有着极为重要的作用,能满足他们成才的需要,促进他们个性的全面发展。

(一)满足学生成长成才的需要

学生尤其是青年学生有着强烈的成才意识,课堂教学已不能满足他们的需要,他们要走向运动场、图书馆,要选择社团,参加各种各样的课外校园文化活动,校园文化活动因此更加活跃。

1.学生热心于校园文化活动是其成长成才意识的外化

不少学生,尤其是刚进校的大学生,他们风华正茂、意气风发,急于求成是大多数人的心理状态,因而参加社团就比较积极,有的甚

---

[1]姜平波:《校园文化活动的形式创新与内涵深化》,《黑河学院学报》2016年第6期。

至一个人同时参加几个社团。他们希望在校期间就能有所作为，拿出成果，展示自己，为今后的成长与发展奠定基础。还有一些学生，由于在校、系、班等正式群体中担任不了重要角色，于是便通过组织或参与社团来锻炼自己，展露自己的才华，实现自己梦想和人生的价值。比如铜仁学院晨光文学社社员李传典曾坦言："通过文学社，我接触面更广了，视野也更开阔了，也有幸认识了校外的一些大咖名家，如吴恩泽、罗福强、喻子涵、薛强等校外前辈和老师。我后来想，依照我较为内向的性格要不是在文学社里，能够认识到这么多'写而优'的人士吗？"[1]可见，这些社团对于其成员的成长成才是多么重要！

2.学生热心于校园文化活动是其实践意识的强化

现在进入大学学习的青年学生，大多年龄较小，从校门到校门，没有社会阅历，对社会了解太少，实践动手能力弱，加之学校教育中的实践环节薄弱，必然造成理论与实际相脱节。对此，青年大学生有比较清醒的认识，因而组织、参加校园文化活动也就成了他们自然的选择。

（二）促进学生的人格健全

校园文化活动对于大学生精神人格的提升具有十分重要的作用。有学者认为："集知识性、科学性、艺术性、创新性于一体的高校校园文化在塑造灵魂、培养情操、潜移品性等方面具有相当大的影响

---

[1]孙向阳：《晨光照耀——铜仁学院晨光文学口述史》，贵州人民出版社，2020，第48页。

力、渗透力和导向力。"[1]学生的生活大致可以分为三种空间：第一空间是课堂；第二空间是宿舍；第三空间就是第一和第二空间之外的其他社会场所。无论是第二空间或第三空间，都可以被校园文化活动占领，成为弥补第一空间不足的重要场所。

大学生阶段是人生中相对独立的阶段，是心理上的一个重要转折期，常常会产生"前不着村，后不挨店"的尴尬和迷茫，尤其是双休日，感到无所事事者居多。有人将这种现象称为"周末综合征"。这是一个比较普遍的校园问题，如果处理不好，很有可能向两个方向发展：一是向内可能对个体造成伤害，形成不好的习惯，甚至情绪消沉，发生心理上的抑郁症；二是向外可能因寻求某种刺激，转化为对社会的不满，甚至产生对社会的冲撞与干扰。解决这个问题的关键，是要在周末让这些青年学生有事干，有活动参加，让他们在参加活动中释放一周学习的压力，调适自己的心理，然后开始新的学习和生活。

学生参加校园文化活动的好处很多，从积极的角度看，参加校园文化活动还是一种积极的休息。现代心理学研究表明：每个人的生理活动都有一定的节律性。正是这种节律性，能够使各器官系统保持正常工作而不至于发生过度疲劳。在一般状态下，人脑对血液的需要量比较大，每分钟为700~800毫升，约占心脏每分钟输出血液总量的1／6，比一般肌肉细胞工作时耗血量高出15~25倍。这个差别是比较大的，即在这个方面，脑力劳动和体力劳动的差别是比较大的。人

---

[1] 范亚菲：《以人为本：校园文化育人功能研究》，《黑龙江高教研究》2006年第10期。

在从事脑力劳动时，会增加大脑负担，其神经能量消耗也会相应增加。如果一个人连续用脑时间过长，吸氧量及心脏血液输出量则均会有所减少。吸氧量及心脏血液输出量减少，就会使人产生疲劳，神经活动的协调性会降低，视听觉的感受性和记忆力也会下降，反应变得比较迟钝，思维能力也会受到一定的影响。青年学生的学习活动是一种紧张的用脑工作，其紧张缘于学习内容的复杂性。一个青年学生要真正完成大学学业并不是一件轻松的事，尤其是2018年6月教育部在四川成都召开新时代全国高等学校本科教育工作会议后，各高校纷纷出台严格教学管理、严格学生管理的规定，可以预见，全国高校都会按照原陈宝生部长提出的给大学生合理增负的要求，增加大学生的学习任务，所以大学生学习的任务不仅不会减轻反而会越来越重，学校对大学生的要求会越来越严，大学生的压力会越来越大。因此，引导青年大学生利用休息或改变活动的内容和形式来进行调节就显得更加重要。休息有静止性休息和积极性休息两种。如果能够妥善利用好课余时间包括周末等节假日，劳逸结合，张弛有度，有节律地穿插一些文化娱乐体育活动，如音乐欣赏会、羽毛球比赛等，就能有效地使其保持情绪稳定、身心健康，从而提高学习效率，更好地促进其全面进步与发展。可见，学校"充分利用校园文化活动对心理调适的辅助作用就显得尤为必要。校园文化活动为大学生提供了抚慰心理、宣泄情感、释放心理能量、平衡心态的途径，帮助大学生进行心理的自我调适"[1]。

---

[1] 杜丽娜：《高职院校校园文化活动渗透心理健康教育的作用及途径》，《河南农业》2018年第5期（下）。

此外，校园文化活动的调节作用，还可以促进肌体的生长和心理发展。从生理的角度看，青年大学生的身体仍处于生长发育阶段，肌肉和骨骼都还没有最终定型，还在继续增长。良好的校园文化活动的开展，有利于青年大学生的肌肉和骨骼朝着成人的方向发展；从心理角度看，大学生的心理尚未完全成熟，其世界观、人生观和价值观也还未定型。校园文化活动并不是单纯的娱乐体育活动，在增强体质的同时有培养良好心理品质、维护心身健康的积极作用，尤其是"通过校园文化活动的交流及得失的反思，有助于大学生在磨炼中健全人格、塑造完美个性品质，达到高校全面育人的目的"[1]。对个性发展的追求，已成为大学生时髦的话题。从所掌握的知识来看，大学生处在青年的较高层次，他们对个性的理解比中小学生更深刻一些，对发展个性的要求也更强烈。应该相信，大学生中的绝大多数在追求个性发展的过程中，能够找到符合自身特点的发展方向，能够把握自己。作为非正式群体的社团及其活动，非常有利于学生特长的发挥，有利于其个性的展示，因而，也可以说，加强社团文化建设是青年学生完善个性的需要。总之，"校园文化活动是大学生不可或缺的生活环境，在大学生人格培育中具有重要地位。校园文化活动常常潜移默化地在思想道德、政治观念、心理素质、行为方式、价值取向等方面对大学生产生影响"[2]。

---

[1] 李磊:《高校校园文化作用、存在问题及建设刍议》，《黑龙江教育》（高教研究与评估）2009年第5期。

[2] 杜丽娜:《高职院校校园文化活动渗透心理健康教育的作用及途径》，《河南农业》2018年第5期（下）。

（三）完善学生的知识结构

世界科学技术发展的趋势之一，就是学科的高度分化与高度综合。其学科分化的具体表现是，随着科学技术的发展，学科越分越细，越分越多。比如在自然科学领域里，物理学已经发展成为拥有经典力学、热力学、相对论、电磁学、量子力学等众多分支学科庞大的学科体系，化学已经形成由无机化学、有机化学、生物化学、物理化学、分析化学等若干分支学科组成的学科群；在人文社科领域，教育学已经发展成为由高等教育学、职业教育学、学前教育学、学科教育学等组成的教育学学科体系，心理学衍生出了教育心理学、发展心理学、认知心理学、社会心理学、实验心理学等分支学科。在普通教育学科体系之外，还诞生了职业学科体系，即职业学科体系，比如职业哲学、职业法学、职业经济学、职业文学、职业农学、职业医学、职业军事学、职业管理学、职业艺术学、职业交叉学科等。到目前为止，在学科的百花园里可谓学科林立，学科门类已多达2000多门。在学科高度分化的同时，又出现了学科的互相渗透和高度综合的发展趋势。所谓学科的综合就是把"本来具有各种联系可能性但目前联系不强甚至没有联系的知识、技术，在它们自然而然的发展过程中，或者是通过人的自觉的认识和实践，使它们形成既相互区别，又相互联系和促进的整体知识、技术系统"[1]。尤其是一些边缘学科、新兴学科、综合学科、交叉学科、横向学科的产生，使科学技术知识纵横交错呈网络状发展。这就要求青年学生应该具有一个综合的知识结构，不能只是专才，而应该是在"通才"基础上的"专才"。当前，许多

---

[1] 郝文武：《学科和课程分化与综合的辩证法》，《教育学报》2006年第6期。

高校特别强调通识教育、博雅教育或人文教育，就是受这种思想认识的影响，关于通才教育的作用，耶鲁大学校长理查德·莱文（Richard Charles Levin）曾经说过一段非常有名的话："如果一个学生从耶鲁大学毕业后，居然拥有了某种很专业的知识和技能，这是耶鲁教育最大的失败。"[1]按照一般的理解，我们的教育不就是传授给学生知识和技能吗？怎么就是失败，而且是最大的失败呢？原来耶鲁大学的理念是"专业的知识和技能，是学生们根据自己的意愿，在大学毕业后才需要去学习和掌握的东西，那不是耶鲁大学教育的任务"[2]。那么，大学教育的任务是什么呢？在理查德·莱文校长看来，"本科教育的核心是通识，是培养学生批判性独立思考的能力，并为终身学习打下基础"[3]。

当今世界科学技术发展的第二个趋势就是学科知识的增长越来越快，亦即出现了"知识爆炸"的现象。早在20世纪60年代，美国的Donald J.Hart就出版了一本名叫《The Explosion of Knowledge》的书，翻译到中国的书名就叫《知识爆炸》。到20世纪80年代，"知识爆炸"一词已经在我国被炒得火热，是当时使用频率最高的词汇之一。据1987年的一份资料介绍："从本世纪开始，科学知识在短时间内发生了急剧的增长。国际上把这种情况形象地称为知识爆炸……当今世界平均每天发表1万余篇论文，平均35秒有一篇问世。各种书籍每年增加25万种……1976年的大学毕业生到1980年已有50%的知识

---

[1] 徐中林：《读〈夜间攀爬者〉想到大学的灵魂》，《博览群书》2021年第12期。
[2] 徐中林：《读〈夜间攀爬者〉想到大学的灵魂》，《博览群书》2021年第12期。
[3] 徐中林：《读〈夜间攀爬者〉想到大学的灵魂》，《博览群书》2021年第12期。

陈旧了。"[1]还有资料显示:"以公元一世纪知识基数为1,那么到1750年才能增长1倍;1750年至1900年,150年增长1倍;1900年至1950年,增长1倍需要50年;20世纪50年代至20世纪60年代,每增长1倍需要10年;20世纪70年代至20世纪80年代,每增长1倍需要7年;从1993年至2003年,人类知识总量较过去翻一番;2004年至2010年的7年内,将出现爆炸性的知识大突破;2011年至2020年内,知识将比现在增长3~4倍;从现在到未来的30年内,世界的科技发明将超过2000年的总和。"[2]在科技方面,美国《2016—2045年新兴科技趋势报告》通过对近700项科技趋势的综合比对分析,预测到2045年,物联网、数据分析以及人工智能这三大技术之间的合作将会在世界上创造出一个巨大的智能机器网络,机器人和自动化系统将无处不在,全世界65%~70%的人口将会居住在城市里,很有可能制造出一款有实用意义的量子计算机,科技将带领人类突破人类潜力的极限甚至生物的极限,社交科技将会给人们带来可以创造出各自微型文化圈的力量等。随着知识及技术发明的急剧增长,在全世界范围内引发了"学习革命"。因为"在一个知识爆炸的世界里,只有进行一场有关学习的革命,包括学习的观念、学习的理论、学习的内容、学习的方法和对学习的评价等,才能加快学习的速度,学习到新的、有用的知识,并且学会驾驭知识爆炸的浪潮"[3]。这就要求青年学生不仅要学好本专业的知识,有一定的专业能力,更主要的还要具有寻找知识和创

---

[1]于鸣镝:《图书馆是什么》,《图书馆理论与实践》1987年第2期。
[2]刘道玉:《知识爆炸与学习的革命》,《黄河科技大学学报》1999年第1期。
[3]刘道玉:《知识爆炸与学习的革命》,《黄河科技大学学报》1999年第1期。

造知识的本领。只有这样，才能适应知识剧增的新的时代的要求，在未来的职场中发挥作用。然而，传统教学体制中灌输式教育造成的高分低能、选修课少造成的知识面狭窄，以及忽视美育造成艺术修养不足等问题，很难适应新的发展形势的要求。而校园文化活动的蓬勃开展，尤其是校园文化活动所具有的开放、立体、多渠道的特点，正好可以打破单一的、平面的、封闭的教学方式，弥补这些不足。

校园文化活动是一个综合性的项目，既有思想教育的价值，也对完善学生的知识结构，有着十分重要的作用和意义，具体表现在：

1.丰富和发展课堂的知识。一本好的教材的撰写，一般需两至三年的时间才能完成，撰写完成到出版又需要三五个月的时间才能送到学生的手中，更何况有的教材是几年前出版的，因此，教材有一定的滞后性。因此，我以为先进的教材编写和使用理念应该是编出的教材是拿给别人使用的，而不是自己用来教学生的，自己使用的应该是时时更新的讲义；讲义成熟了变成教材，然后再编新的讲义，如此螺旋式上升，才可能编出精品的教材，也才可能出现优秀的讲义。尽管如此，教材、讲义所包含的知识就学生发展需求而言始终是有限的。同时，规定的专业课的狭窄性也会在一定程度上影响学生的发展。高校里相当多的社团等活动就是紧密围绕课堂包括专业课的学习而开展的，这些活动正好可以弥补教材、讲义所包含的知识的有限性和专业课的狭窄性。

2.跨越学科，完善知识结构。根据抽样调查可以得知，从参加社团文化活动的学生看，选择本专业以外活动的人反而较多，约占2/3。就学生的成长和发展来说，能够跳出专业学习的狭小圈子，到学科专业的广阔领域中学习提升，是非常明智的选择。这种选择涉及跨学科问题。"跨学科"（Interdisciplinary）一词早在1926年就已经由美国哥伦比亚大学心理学家伍德沃斯（Woodworth）提了出来。在20世纪80年代，美国大学中的跨学科研究中心、跨学科研究项目、跨学科院系等新型组织或机构开始出现并快速增加，吸引了很多学者的研究兴趣，逐步形成了跨学科热。近几十年来，我国对跨学科的讨论也越来越多，人们对跨学科的认识越来越到位。高校对跨学科的科研和跨学科培养人才的重视，促使许多大学产生了不少跨学科、综合性的学生社团，有的社团几乎囊括了全校所有的院、系、科、专业，覆盖面很大，如"马克思主义与社会改革研究会""社会发展研究会""科学文化社""文化学研究会""社会学研究会""人文研究会""历史地理学研究会"等。当前，尤其值得一提的是理工科学生对文体活动表现出异乎寻常的热情，相当多的理工科学校都有文艺、体育社团。在铜仁学院有一个学园林专业的学生名叫杨声广，他居然当上晨光文学社的副社长，并发表了许多诗歌，他在《晨光回忆录》中说道："要说晨光文学社给了什么？一个幼时的梦、一段值得品味的回忆、一程靓丽山水？都不足以概括，它成全了一个少年，从此以后，亦将成全无数的少年。"[1]校园文化活动类型的多样性和活动内容的丰富性，加快了各专业学生的互动和信息的交流，开阔了视野和思路，扩大了学生的知识面，使原有知识得以综合并产生了新的飞跃，形成综合的能力和素养，为适应今后更广泛的社会需要，打下了

---

[1]孙向阳：《晨光照耀——铜仁学院晨光文学口述史》，贵州人民出版社，2020，第192页。

一定的基础。

3.锻炼和发展各种能力。校园文化活动，既是认识社会的实践活动，又是加速学生社会化的"催化剂"，更是培养学生组织能力、管理能力以及学术科研能力等多方面能力的重要阵地。尤其是那些学生干部，由于有在课余从事学生工作及其文化活动的机会，比那些没有这些机会的同学较多地接触社会环境中的各种情况和人际关系，因而对社会规范体验更深，其应变能力和组织管理能力，以及各相关专业能力更强。学生干部与在学校没有担任过学生干部的一般学生相比，在毕业后的发展有比较大的优势。据有关调查表明："学生干部毕业时的落实（指就业、出国留学、升学）率达94.6%，而非学生干部的落实率则只有85.7%，前者较后者落实率高出将近一成"[1]，并且"学生干部与非学生干部在就业时工作单位的性质上有着显著性差异（Asymp.sig.=0.033），这一差异主要表现在进党政机关工作的学生全都具有学生干部身份。这就说明了学生干部在党政机关中工作是占有绝对优势的"[2]。进党政机关的学生干部较多，发展成管理骨干和领导干部的可能性就会更大。

（四）培养学生正确的审美观

文化艺术教育对学生的成长成才有着十分重要的作用，"不仅可以使大学生对事物的鉴赏能力提高，而且还可以让学生内心的情感

---

[1] 文书锋、唐颖：《学生干部毕业选择的优势分析》，《中国青年研究》2005年第5期。

[2] 文书锋、唐颖：《学生干部毕业选择的优势分析》，《中国青年研究》2005年第5期。

得以抒发，激励大学生追求真善美，把思想觉悟及高尚情操表现到艺术教育中去，用艺术美引导学生做一个心地善良、对社会有爱心以及对事业有信心的高尚情操的人"[1]。法国社会学家J-M.费里曾说："生态学以及与之有关的一切，预示着一种受美学理论支配的现代化新浪潮的出现。这些都是有关未来环境整体化的一种设想，而未来环境整体化不能靠应用科学或政治知识来实现，只能靠应用美学知识来实现。"[2]这里虽然不是直接谈美学知识对人才培养的作用，但是既然美学知识对未来环境整体化的作用如此之大，对人才培养的作用也不会小。因为环境整体化的目的还是为了人，为了人的进步与发展。习近平在2018年8月30日给中央美术学院老教授的回信中明确指出："美术教育是美育的重要组成部分，对塑造美好心灵具有重要作用。你们提出加强美育工作，很有必要。做好美育工作，要坚持立德树人，扎根时代生活，遵循美育特点，弘扬中华美育精神，让祖国青年一代身心都健康成长。"[3]所以，在校园文化活动中要重视将美术教育融入其中，使崇尚美、欣赏美、展现美成为校园的一种风尚，成为人们的价值追求，并促进青年学生正确审美观的形成。但是由于我国物质文化水平的限制和长期对美育的重要作用认识不足等原因，造成许多大学生的艺术修养缺失，不识曲谱，不懂绘画，甚至不会唱歌者大有人在。据调查，"有近一大半的大学生在进入大学之前几乎

---

[1]王飞：《艺术修养的缺失对当代大学生成长的影响》，《民族音乐》2017年第5期。
[2][法]J-M.费里：《现代化与协商一致》，江小平译，《文艺研究》2000年第5期。
[3]习近平：《做好美育工作 弘扬中华美育精神 让祖国青年一代身心都健康成长》，《人民日报》2018年8月31日。

没有参加过任何艺术培训及教育；虽然100%的学生表示喜欢音乐，但是能够识谱的不足1%，能够掌握一门乐器的不足0.2%；其他艺术形式也基本类似"[1]。难怪近年来出国的一些留学生在国外不怕语言和考试，而是怕导师和师兄师姐师弟师妹们让他唱歌或交流世界音乐、绘画等方面的问题。这也许正是我国当前各种艺术性文化活动颇受欢迎的一个重要的原因。青年大学生的这种选择，并非仅仅出于个人喜好，而是在他们心里，作为大学生应当是爱好广泛、情趣高雅、能歌善舞、多才多艺的人。

在校园文化艺术活动中，音乐占有极为重要的位置。正如有学者所言："一所学校假如没有音乐教育，就像一个人没有眼睛，是残缺的。"[2]音乐教育在校园文化中的作用，"是潜移默化的，是一种无形的影响，主要是通过听觉上去促进学生和老师等自我认知的同化"[3]。音乐具有强烈的感染力，它能够穿透人的心灵，尤其是在人的情感陶冶方面有着巨大的作用。柏拉图曾经提出"音乐以音调陶冶精神，以韵律培养优雅的气质，以故事的语言培养与之相近的品质"[4]等观点，他甚至认为音乐教育"不是为了城邦任何一个阶级的特殊幸福，而是为了造就全国作为一个整体的幸福"[5]。也许正

---

[1] 王飞：《艺术修养的缺失对当代大学生成长的影响》，《民族音乐》2017年第5期。

[2] 王志春：《论音乐教育在校园文化建设中的作用》，《黄河之声》2016年第10期。

[3] 刘雨燕：《音乐教育在校园文化中的重要作用》，《明日风尚》2018年第9期。

[4] [古希腊]柏拉图：《理想国》，庄丽译，时事出版社，2014，第280页。

[5] [古希腊]柏拉图：《理想国》，庄丽译，时事出版社，2014，第180页。

因为如此，音乐评论家谢洛夫才这样说："音乐是人们倾诉心灵衷曲的唯一方法。"[1]

造型艺术方面的校园文化活动，也对学生的成长与发展有着十分重要的作用和意义，尤其对发展学生的直观形象思维和创造力的作用与意义更大。为此，大多数学校都比较重视在校园里建造雕塑等造型艺术方面景观的同时，成立相应的社团组织，并举办雕塑、绘画、写生、摄影、书法等讲座，开展相关活动。

大自然是对学生进行教育的取之不尽用之不竭的大课堂，尤其是自然美对学生情操的陶冶有着十分重要的意义。康德对大自然的作用有过精彩的论述，他说，大自然"如此丰富地施予美和魅力，因此，我们才能够热爱大自然，而且能因为它的无限广大而以敬重来看待它并在这种观赏中自己也能感到自己高尚起来，就像自然界本来就完全是在这种意图中来搭建并装饰自己壮丽的舞台一样"[2]。所以，不能将春游、夏令营、秋游、冬天踏雪赏梅等活动，以及对各种自然景物、人物风情的考察活动等看作可有可无的事，要对这些活动的开展进行精心设计，使学生在这些活动的组织或参与中学会认识与欣赏自然美，培养学生对祖国的热爱，增强民族自豪感。

总之，校园文化活动在学生的整个美育体系中占有重要地位，它"通过营造一种共同的精神环境和文化氛围，在创造性的群体活动中，使大学生们人格上得到升华，情感上得到塑造，知识上得到丰富，潜能上得到发挥，行为举止上得到修正。正是校园文化的这

---

[1] 李昆丽：《试论〈月儿高〉的艺术魅力》，《人民音乐》1995年第6期。
[2] [德]康德：《判断力批判》，邓晓芒译，人民出版社，2002，第231页。

种凝聚功能,使大学生们形成高尚的情操、崇高的价值取向和人生理想"[1]。

(五)提高学生人际交往的能力

校园文化活动对培养和发展学生人际交往能力的作用更明显,只要组织或参与校园文化活动,就要与老师、同学打交道,校园文化活动就是一个很好的学生交流的平台。所谓学生的人际交往就是指在各种各样的活动中交流思想、表达情感、传递信息、相互联系、相互作用,从而实现相互了解和相互沟通。有人估计,在一天中人们除了睡眠以外,其余50%以上的时间,都在进行人际交流与沟通。学生需要人际交往,而校园文化活动正好为他们的人际交往提供了更多的机会和平台。

1.人际交往的功能。人际交往有多方面的功能和作用,比如有学者认为人际交往主要有促进个性形成、满足各种需要、交流信息、形成人际关系四个方面的功能,但主要有协调功能和情感交流功能。[2]学生通过人际交往可以将信息传递给其他成员,使学生增进相互间的了解与团结,从而促进其行为相互协调并保持一致。这就是人际交往协调功能的表现。同时,学生通过交往可以增进成员的思想情感的交流,增强信任感和亲密感,形成人际关系和谐友爱的团体。健康的人际交往能促进成员在工作上的相互支持与合作,甚至达到心灵上的默契。

---

[1]胡云斗、张冠杰、仲广荣:《浅谈大学校园文化在大学生中的作用》,《山东省青年管理干部学院学报》2005年第4期。
[2]林存吉:《人际交往功能刍议》,《福建论坛》(经济社会版)1987年第11期。

2.校园文化活动为人际交往创造了条件。校园文化活动内容丰富，形式多样，并且有校际和校内，包括校内又有校级、院级、系级等不同层次之分。不同类型、不同层次和不同规模的校园文化活动对发展学生人际交往技能的提升非常有利，因为校园文化活动使学生能够在更多的场所和更多的组织形式中接触到更多的交往对象、更丰富的交往内容。这就为学生的人际交往向更宽广的领域和更深入的方向发展创造了有利条件。他们既学习与自己的同龄人交往，也学习与社会地位不同的人交往；他们学习与社团群体交往；他们学习与同性交往，也学习与异性交往；他们不仅学习与校内教师和同学交往，也学习与各行各业的人交往，学会与不同职业和不同个性特点的人交往。他们在与众多不同对象进行交谈、交往中，在获取、利用和处理信息的过程中，逐步树立自我意识，掌握人际交往的方法和技能，懂得在当今时代与人合作的重要性，从而不断地完善自我，提高自我。人的自我修养的提高与完善，就是在这样的过程中逐步完成的。人际交往除了自身的内涵外，最重要的工具就是语言。因此，作为学生必须掌握一定的语言艺术，努力做到听、说、读、写全面发展，尤其是要能够以精练的语言准确地表达思想感情、有效地传递信息。

3.学生自身在人际交往中的作用。作为校园文化主体之一的学生，在人际交往的过程中，自身也具有一定的影响力和吸引力。学生的影响力和吸引力，主要来自本人的修养及学养，比如思想道德水平和科学文化水平以及能力与特长等。学生在人际交往的过程中，最易于暴露自己的优缺点。学生为了在人际交往中更好地展现自己的优点和长处，避免自己的不足与缺陷，就会对自己提出严格要求，自觉地加强学习，不断地提高自己、发展自己和丰富自己，使自己逐步成为一个有文化、有知识、有修养的人。这样，学生在人际交往中的作用才能得到充分发挥。

此外，校园文化活动对社会有没有影响和作用呢？回答是肯定的，并且有一定的社会效益——校园文化活动的主要内容虽然在校内，但随着大学社会服务职能的强化，不少校园文化活动开始延伸到校外，尤其是一些与社会经济发展联系紧密的社团与外部保持着千丝万缕的联系，其活动自然会影响社会。另外，还有一些以专业实践为主的校园文化活动及其社团，它们的活动空间往往由校内扩展到校外，把触角伸向了街道社区、企业行列和田间地头，一方面了解、学习社会，一方面用自己的专业理论知识直接为社会服务，因此，也会产生一定的社会效益，引起社会的关注和重视。

三、校园社团

校园社团是学校校园文化活动的重要组织形式。因社团组织而形成的"社团文化是多层次的群体文化，是不同气质、兴趣爱好不同的人为了提高自身、愉悦自我集结而成的团体，是校园文化中最多姿多彩的部分"[1]。自从1978年以来，在北京大学、武汉大学、复旦大学、同济大学、中国科技大学、西北大学、贵州大学等高校相继出现了诗社、写作研究会、法学研究会、马列主义研究会、近代史研究会、书画协会、摄影协会等社团以后，社团活动方兴未艾。如果说校

---

[1] 王任：《关于高校校园文化活动建设的思考》，《皖西学院学报》2006年第6期。

园是一方沃土，那么学生社团就是这方沃土上开出的一朵朵鲜花。社团具有很强的生命力，全国各地的高校社团还在不断发展。这些社团，在促进学生身心健康、完善知识结构、陶冶高尚情操、学会人际交往的技能等方面有着十分重要的作用，是校园文化繁荣不可缺少的重要因素。

（一）社团的类型

社团属于非正式群体，这种群体成员或因利益和观点相一致，或因价值观和爱好相一致，或因经历和背景相一致聚在一起而形成。从我国学校社团发展的情况来看，社团的类型大致有以下几种：

第一，文体娱乐型。文体娱乐型社团主要包括一些非专业性的文学、艺术、新闻、体育等社团，如各种文学社、诗社、剧社、记者团、通讯社、文工团、艺术团、足球俱乐部，书画、摄影、音乐、武术、棋类、集邮、桥牌等协会，以及社交会、恳谈会等。这类社团活动的目的就是丰富课余生活，陶冶性情，增进友谊，开阔视野，学习一些文体活动的基本技能，提高文化艺术素养和身体素质。

第二，学术研究型。学术研究型社团主要包括一些与学科专业相近，并有一定的理论性或学术性的社团，如经济、教育、智力开发等各种研究会，文学、美学、法学、社会学、历史学、建筑学、英语等各种学社，管理、教育研究、演讲、朗诵等各种协会。这类社团的目的是开展各种学科专业兴趣活动，从事各种学术研究，消化、巩固学科专业理论，尤其是增强运用学科专业理论的能力，培养科学精神，为未来从事科学研究打下坚实的基础。

第三，实践服务型。实践服务型社团是在各种形式的咨询、服务活动深入开展的基础上逐渐形成的。随着经济改革的发展和人们观念的更新，这类社团不断扩大，出现了体力服务、智力服务、综合服务等多种形式。其中，有的与所学专业有一定联系，如科技咨询服务、智力开发中心、无线电技术小组等社团；有的是面向学校和社会的勤工助学性质的社团，如勤工助学服务公司、勤工助学社、图书流通社、洗衣社、理发店等。这类社团以智力或体力为社会、为校内师生员工服务为宗旨，往往带有有偿服务的特点。

（二）社团管理

1.社团文化活动的指导思想和发展方向。在组织社团文化活动的过程中，要引导学生社团组织注意处理好以下两个关系：一是学生社团与党团组织及学生会的关系。学生社团虽然是以自愿的原则组织起来的，但不能脱离党团组织的指导和学生会的支持与帮助。从全国各高校学生社团组织的管理情况看，有的是党委宣传部在管，有的是学生处在管，有的是团委在管。我以为放在哪个部门都可以，但不能多个部门都管也都不管，最好的管理模式应该是宣传部做宏观指导，团委具体指导。学生处与团委在工作职责方面有交叉，处理不好，常常产生矛盾。团委更多的是通过指导学生开展活动的方式对学生进行引导；学生处更多的是通过拟定制度对学生进行管理，更多的是告诉学生哪些不能做，做了要挨批评、受处分，简言之，团委是引导，学生处是管理。在对学生社团的指导过程中，一方面要调动学生社团组织的积极性，尊重他们的独立性，充分发挥学生的主动性和创造性，让他们按照章程独立地开展工作；另一方面，又不能使其处于自然状态，对其不管不问，而要给予关心和引导，帮助他们协调解决社团活动开展过程遇到的实际困难，使他们的工作能顺利开展。总之，对学生社团的管理或指导，既不能太死，太死了，会束缚学生社团发展的自主性，"使学生社团失去了本质特征，限制了他们在更大程度上发挥校园文化活动生力军活力的积极性和创造性"[1]，也不能太宽，太宽了，会使学生社团迷失发展的方向，"导致部分学生社团日常管理无章可循、活动中无指导、无法保证活动质量，对整个校园文化活动的发展带来负面影响。同时，由于主管部门在认识上的偏差，对整个学生社团的发展没有一个明确的定位，导致学生社团的发展没有明确的方向和定位"[2]。二是学生社团与学生成才实际需要的关系。学生社团能满足学生成长成才的需要，这是比较清楚的事情，在这里需要进一步指出的是，学生社团组织虽是学生从不同的志趣和爱好出发组织起来的，但是不能偏离人才培养的中心，不能为社团而社团。当然，一味强调以专业学习为主，围绕专业开展社团活动也不对，因为只强调专业学习，学习的面太窄，难以培养学生宏大的视野和开阔的眼光，还会丧失后发的优势和适应新形势的迁移能力。所以，开展社团活动，要坚持"三个面向"（面向现代化、面向世界、面向未来），满足学生全面成才的需要，力求做到知识性、趣味性和思想性的有机统一。

2.强化社团的组织管理。组织上的巩固及组织管理形式的完善，

---

[1] 张洪春、苑帅民、赵庚：《探析当今高校学生社团管理模式及其创新性——以高校团委管理学生社团模式为例》，《文教资料》2008年3月下旬刊。
[2] 张洪春、苑帅民、赵庚：《探析当今高校学生社团管理模式及其创新性——以高校团委管理学生社团模式为例》，《文教资料》2008年3月下旬刊。

是学生社团蓬勃发展的基础和前提。在学生社团的组织管理方面，主要讨论三个问题：

第一，学生社团的管理模式。我国高校学生社团管理体制有多种模式，主要有以下几种：一是学生会管理模式。这种模式是在学生会中设置社团部，社团整体属于学生会管理，其活动开展和社团发展都是在学生会的指导下进行的。二是团委管理模式。这种管理模式是在团委机构中设置社团管理中心，社团整体属于团委直接管理，社团工作由团委派专人负责，具有强烈的"校方"性质。三是成立全校学生社团联合会。学生社团联合会的主要任务是对学校的社团发展进行总体设计和规划，协调、研究和决定全校性学生社团活动的重要问题；具体负责发展、调整、巩固学生社团组织；指导各社团的活动开展，协调各学生社团组织之间的关系，包括帮助校内学生社团组织与校外学生社团组织之间的信息交流与沟通，不断开辟学生社团活动的新领域。学生社团联合会的成立对于充分发挥学生社团组织的自我设计和自我管理作用，实现党团组织对其管理或引导的系统化、规范化，在组织上落到了实处。这三种社团管理模式在我国高校中都有存在，据调查："北京高校中由学校团委社团部门直接管理学生社团的有29所，约占北京高校总数的46.78%；由学生社团联合组织管理学生社团的有22所，约占总数的35.48%；由学生会管理学生社团的院校有4所，约占总数的6.45%。"[1]但是对浙江省高校学生社团管理体制进行调查，得出的结论是："浙江省的本科类院校中有80%左右采用

---

[1] 王永胜：《高校学生社团联合会体制初探》，《辽宁行政学院学报》2008年第5期。

社团联合会的体制。"[1]关于这种管理体制，2005年1月13日发布的《共青团中央、教育部关于加强和改进大学生社团工作的意见》（中青联发〔2005〕5号）中有明确要求："学校团委要设社团部或指派专人负责社团工作，社团数量较多的高校可成立社团联合会，作为学生社团自我管理、自我服务的载体，由校团委负责指导。"

第二，实行两级管理。从目前的情况看，我国高校的学生社团组织一般都实行校级和院（系）级两个层次。校级的学生社团由校团委或学生会指导管理，由校团委直接管理的在校团委设社团管理机构，校团委派专人负责，由校学生会指导管理的在校学生会设社团部，负责对学生社团的发展进行指导；院（系）级由院（系）团委或学生会指导管理。在对学生社团的组织管理上，要注意抓住两个具体环节：一是在学生社团组织的筹备过程中，要帮助和指导社团成员选举社团负责人，搭好班子，制定和修改其章程；二是在学生社团组织成立后，指导其制定社团发展规划，帮助其设计活动方案，解决实际困难，使活动纳入学校校园文化活动的总体规划之中。

第三，制定学生社团活动管理条例。要使学生社团健康发展，就必须加强制度建设。没有制度，不成方圆；没有制度，也难以持久。学校管理或指导部门要根据教育部或共青团组织的有关精神，以及学校学生社团组织发展的状况，制定《关于开展学生社团组织活动的有关条例》。通过《条例》要求每个学生社团组织都要有健全的机构和完备的章程；在章程中要对其社团的性质、任务、会员的权利和义

---

[1] 王永胜：《高校学生社团联合会体制初探》，《辽宁行政学院学报》2008年第5期。

务、组织原则和组织机构等有清楚的说明和详尽的规定。《条例》还要就学生社团开展各项活动的原则、社团发展方向、经费分配使用等方面的问题做出明确规定。这些问题不能含糊。有了《关于开展学生社团组织活动的有关条例》和学生社团的章程，就使学生社团组织开展活动有章可循，有法可依。此外，还要注意建立必要的表彰制度，发挥顾问教师的指导作用，等等。

3.社团活动管理的原则。不同类型和不同层级的学校，其社团活动管理的原则，有一定的差异，但总体的原则是：第一，沟通的原则。何谓"沟通"？所谓"沟通"是指人与人之间交流信息和情感、传达思想和观念的过程。社团活动管理中的沟通主要是指社团管理者与社团参与者之间，以及社团成员之间通过相互了解、相通信息，使社团成员在思想观念以及活动设计与开展等方面达到协调一致的过程。学生社团由于是在一定的党团组织的领导和指导下开展工作，因而，学生社团管理中沟通原则的实施，也是一种正式的组织沟通而不是非组织的沟通。在沟通的过程中，要特别注意的是，管理者要放下架子，以平等的态度与学生交流，尊重学生的人格，积极采纳学生的意见，努力解决社团运行过程中遇到的人力、物力、财力等方面的困难和各种各样的障碍与阻力，同时，还要理智地对待学生中的情绪化状态，宽容其失误，并积极创造条件，提供更多的机会，让学生参与社团管理的决策，使他们有自尊感、自豪感、成就感，尤其是要使其认识到他们是学生社团的主人，增强其主人翁意识。管理者决不能包办代替，其实也包办代替不了。只有学生的主人翁意识增强了，积极性高了，学生社团才有可能真正发展好。此外，还应注意社团与社团之间及社团成员之间的沟通。社团之间的沟通是指每个社团根据自身的特点,加强与其他社团的联系,建立社团之间定期沟通的机制,以及信息网络,有助于社团活动的开展和协调。社团内部的沟通,则应使成员之间坦诚相待,形成一种畅所欲言的传统,使大家都能用社团的共同目标来约束和激励自己,从而增强社团的向心力和凝聚力。第二,疏导的原则。学生社团在运行的过程难免会遇到这样那样的困难和问题,如果长期得不到解决,就会形成肠梗阻。形成肠梗阻,就需要疏导。社团管理的疏导,顾名思义,就是运用疏通的管理方法,对学生社团进行引导的过程。疏导是社团管理的重要原则之一,也是社团健康发展的有效保证。在社团疏导的过程中要注意的是,社团管理中的疏导是一门教育管理艺术,而不是强制手段的滥用,要讲究方法。方法不当,就会失去应有的作用。疏导不是迎合学生的偏激心理和其他错误的思想观念,而是要对社团组织和活动进行主动的协调和积极的引导,使学生社团始终沿着健康的道路顺利发展。此外,社团管理也不是封闭和僵化的代名词,它要在主导文化与校园文化的相互吸收和影响中,找到一条以社团的繁荣促进主导文化发展的道路。从管理的角度看,疏导的具体化就是在社团管理中,构建符合学校社团发展的制度体系。有了制度,疏导才有章可循,活动开展才有方向。但是要真正把疏导的作用发挥好,还要充分发挥教师的作用,利用好教师对社团活动的指导和影响力。这就需要选派一批德才兼备的教师担任各学生社团的指导教师,通过他们的言传身教来影响学生,促进和推动学生社团的发展。第三,调整的原则。学生社团一旦出现影响其发展的重大问题或失误,就需要及时调整。社团活动管理的调整是指为了达到社团发展的目标,对社团行为进行规范化的过程。调整原则是对疏导原则的补充。当学生社团运行出现不和谐的问题,在疏导不力的情况下,就需要社团管理者进行协调,妥善处理。对学生社团的成立、社团的性质及其创办的刊物、举办的讲座等,都要进行指导,该把关的要把关,不合要求的要及时整顿和调整,尤其是要通过选拔合适的社长、主编、主讲人等来加强对有关社团活动的指导和管理。但调整只是社团管理的手段,是不得已而采取的办法,不是社团管理的目的。因此,管理者要充分尊重学生的意愿,保护其积极性和主动性,尽可能少用甚至不用这种手段。在社团活动的开展中,要统筹规划,要做到校内活动与校外活动相结合,课内与课外活动相结合,大型活动与小型活动相结合,短期与长期相结合,计划性与应时性相结合,使社团活动稳定、持久、健康地开展,以免出现忽冷忽热和中途夭折的现象。第四,自律的原则。学生社团毕竟是学生自己的事,要大力倡导自己的事自己管理、自己负责的原则,即自律原则。所谓社团管理中的自律原则就是指学生在社团运行过程中的自我管理、自我约束的原则。自律是指主持或参与社团活动的学生能够自觉地遵守社团管理的规范,调整自己与社团成员之间的关系,使社团活动实现预期目标的过程。自律是建立在反复沟通、疏导和调整基础上的一种方式和办法。社团的自律是一种较高的要求和期望,要充分利用各种形式把先进的管理理念和丰富的科学知识渗透到社团活动中去,提高社团成员的素质,建设高雅的社团文化。只有具有丰富的科学文化知识,才能使学生最大限度地挖掘潜力,增强其主动性和自觉性,才能在更高层次上发挥其自我管理的能力,从而使他们"在理想、道德、常识、人品和高尚的审美价值追求方面获得真正的现代水准与要求"[1]。

四、校园文化活动开展应注意的问题

校园文化活动开展是一项系统工程，要注意的问题不少。我想从以下五个方面进行讨论。

（一）两个"坚持"

两个"坚持"是指校园文化建设必须坚持中国特色社会主义方向和坚持中国共产党的领导。

在组织开展任何一项校园文化活动的时候，该项活动的管理者首先要关心使这一活动能最好地为共产主义教育目的和任务服务，要与中国特色社会主义方向相符合。学生根据自己的选择并在主动性的基础上来参加的那种活动，通常就会引起他们的兴趣，使他们得到愉快的情感的体验。显然，这种活动的教育作用就更大。因此，就要求活动的管理者在计划活动的时候，要详细考虑它的主题，不要一味地去迎合学生的口味，而忘了起码的原则。比如原铜仁师专的品书小组之所以受到学生的欢迎，除了其他因素之外，就因它有一个鲜明的主题，无论是座谈或是出墙报，都把向同学们介绍当代最优秀的作品或文章作为己任，用作品或文章中所蕴含的强大的教育力量来形成青年的理想，并鼓励他们积极参加建设社会主义的创造性的工作。这就要求"校园文化活动必须唱响主旋律，要大力弘扬爱国主义、集体主义和社会主义思想，各种文化活动的开展都要有利于培养'有理想、有

---

[1]周之良：《建设校园文化，优化成才环境》，《新华文摘》1991年第6期。

道德、有文化、有纪律'的社会主义现代化建设事业的建设者和接班人"[1]。所以，任何社团或小组的活动都必须坚持共产主义思想这个大方向，坚持中国特色社会主义这个大方向，我们的工作才有活力，才有生命力，否则，我们就要出漏洞，出偏差。

开展校园文化活动的另一个"坚持"就是中国共产党的领导。列宁指出："我们要运用全部国家机构，使学校、社会教育、实际训练都在共产党员领导之下为无产者、为工人、为劳动人民服务。"[2]党的十三大明确指出：在社会主义初级阶段，我们党的基本路线是坚持"一个中心，两个基本点"。对此，当时的大学生是赞成和接受的。他们迫切地希望打破沉闷的局面，将改革开放引向深入，立志为"四化"服务。但是基本路线在他们头脑中未扎下根，特别是对四项基本原则，遇见不良文化思潮的冲击，容易产生怀疑、动摇。但他们可塑性大，也容易接受教育，能与公开反对基本路线的人保持距离，划清界限。针对这种现状，当时的校园文化活动组织者有意识、有目的地安排一些座谈或讲座等活动来加深学生对党的基本路线的理解与认识，使其入心入脑，这是非常有必要的。这对于保持安定团结、维护教学秩序有着十分重要的意义。当前，历史的车轮已经进入新时代。新时代有新的责任和使命，因此，习近平在党的十九大报告中指出：我们必须"坚持党对一切工作的领导。党政军民学，东西南北中，党是领导一切的。必须增强政治意识、大局意识、核心意识、

---

[1]朱曼、廉永杰：《校园文化活动是思想政治教育有效性的载体》，《沧州师范专科学校学报》2005年第4期。

[2]列宁：《列宁选集》（第4卷），人民出版社，1995，第125页。

看齐意识，自觉维护党中央权威和集中统一领导，自觉在思想上政治上行动上同党中央保持高度一致，完善坚持党的领导的体制机制，坚持稳中求进工作总基调，统筹推进'五位一体'总体布局，协调推进'四个全面'战略布局，提高党把方向、谋大局、定政策、促改革的能力和定力，确保党始终总揽全局、协调各方"[1]。总之，校园文化活动开展既要坚持中国特色社会主义方向，也要坚持中国共产党的领导，这是我国校园文化活动开展的首要问题，也是校园文化活动开展的根本问题和原则问题。

（二）两个"结合"

两个"结合"是指校园文化活动开展必须结合学生的心理特点和专业特点。

青年大学生有较强的自尊心和自信心，可塑性大，依附性由强减弱，逐渐趋于自立，自我意识在迅速地发展。他们已经具备一定的思维能力，开始冷静反思，通过反思能逐渐认识自己的不足，因而他们更多地注重自身的完善和发展，重视探索"自我价值"与社会需要有机的最佳结合点。他们的感情丰富多变，是一个最美妙、最复杂的世界。他们生活在大学这个社会群体中，少年时期产生的合群要求发展成为群体感，希望自己归属于一定的生活群体中，成为一个集体的成员。我们在开展校园文化活动的时候，应充分考虑青年大学生的这些心理因素，多层次、多渠道地开展德智体美劳等方面的活动，全方位地开展校园文化活动。这样，才能提起他们的兴趣，引起他们的重

---

[1] 习近平：《习近平在中国共产党第十九次全国代表大会上的报告》，《人民日报》2017年10月28日。

视,把他们吸进校园文化的圈层之中,使得他们能够充分地施展才华,从而也就实现了他们的价值,满足了他们的需要,使他们过盛的精力得到了转移,并升华到一定的高度。

不管哪所大学,都是一些小型的专科学校,都是多专业的集合体。每一个专业的学生各有其知识结构的特殊性,因而,我们各专业学生开展的活动也应有所不同。以前,我们往往忽视了这个问题,只注意大学生的共性,按校团委统一的模式进行活动,整个学校工作出现"一体化"倾向,看不出各个专业学生的特点。学生课余活动是学生成长和发展的重要平台,而专业水平的提升是学生成长和发展的关键,因此各高校理应围绕学科专业开展活动,尤其是组建专业性社团,即以学科专业为依托组建各种学生社团,开展社团活动。这就需要明确以"专业性"为导向的社团发展等学生活动开展的理念。

(三)两个"抓住"

两个"抓住"是指校园文化活动开展必须抓住社团活动和学生会各部门开展活动这两条线索。

社团一般是一些兴趣爱好相同的人的组合,有着很大的共振能量,有很大的组织社会活动的优势。目前,学生社团活动正在高校蓬勃兴起,并具有旺盛的生命力,呈现出百花齐放的局面。许多社团活动吸引了大批学生,为活跃校园文化作出了一定的贡献,对培养学生全面成才起了一定的促进作用,在改革开放的新形势下,伴随着许多新观念的渗入,大学生的思想状况有了很大的变化。这就意味着学生工作的深度和高度都要相应加强,要向高层次迈进。这样艰巨的工作,仅靠团委、学生会几个干部是不能胜任的,这就要求进一步挖掘社团工作的潜力，充分发挥学生社团的作用，所以，必须牢牢地抓住各种社团，进行整顿，加强领导，制定出一系列配套的工作制度，尽可能地为他们创造条件，使活动的质量提高。这样，社团活动的作用将会更大。

学生会是青年学生自己的群众组织，其职能除团结带领广大学生刻苦学习，促进学生德智体美劳等方面发展，发挥桥梁和纽带作用，代表学生参与学校的民主管理，反映学生的意见和要求，表达和维护学生的正当权益以外，还必须主动、扎实地为广大学生的学习、生活、就业等方面提供服务，开展健康有益的文体活动，丰富学生的文化生活。学生会活动，一般以各部为中心，使活动交替出现，并且呈放射状展开：通俗歌曲演唱会、迪斯科表演赛、"三书"（钢笔、毛笔、粉笔）比赛、冬季长跑……这样，既能充分发挥各部的主观能动性，又可避免活动的"一体化"。

如果把社团活动与学生会各部开展的活动协调起来，交叉进行，就会形成一个校园文化活动网，使每一个学生都成为活动网上的纽结。

（四）两个"发挥"

两个"发挥"是指发挥教师的指导作用和学生的主动作用。教师的根本任务是遵照党的教育方针，为国家培养高素质人才。要完成这一光荣而艰巨的任务，要求教师无论是在课堂上，还是在课下，都应该成为学生的楷模和表率，负有教育和指导他们的义务。大学生虽然能够自立，但他们由于年龄、生理、心理等因素的影响，难免出现这样那样的差错。现代心理学研究表明：当代大学生思想上具有积极与消极集于一身的两重性特点，既是社会现实对他们的影响，又是自身思想尚不成熟的表现。校园文化活动开展比之于课堂要松散得多，因而学生身上消极面就更容易表露出来。所以，迫切地需要教师指导和关心，把好关口。遗憾的是，随着高等教育整体办学水平的不断提升，高校教师科学研究和课堂教学的任务越来越重，能够用于指导校园文化活动的精力和时间越来越少。这就需要更新教育观念，指导学生开展校园文化活动也是教师培养人才的重要工作，只不过指导校园文化活动属于活动课程。活动课程也是课程，既然也是课程，教师就有指导的责任和义务。当然，学校应该相应地将指导校园文化活动列为教学任务。

校园文化活动开展不比课堂，课堂是教师唱主角，而校园文化活动开展应当充分发挥学生的主观能动性，让学生唱主角。这样才能调动他们的积极性，发挥他们的聪明才智，使其才华得到最大限度的施展。况且大学生已经初具一定的能力，应该相信他们，否则，管得太宽、太细，反而会束缚他们的手脚，扼杀他们的创造力，这对于开拓型人才的培养是极为不利的。总之，开展校园文化活动既不能横加限制，又不能放任自流。

（五）两个"引入"

两个"引入"是指校园文化活动开展在经济社会快速发展的今天，必须引入经济观念和竞争机制。自从改革开放以来，商品经济的发展出现了一个全新的局面，引起了社会各方面的关注。这对当代大学生无疑是一个极大的冲击，使得大学生出现了新的走向，即对自己的具体利益给予了更多的关注。所以，现实的社会大背景已使"经济观念"引入校园文化成为历史的必然。虽然不能搞教育产业化，但是在校园文化活动中引入"经济观念"是应该而且是可行的。各高校能够用于开展校园文化活动的经费始终有限，如果能够"以活动养活动"，那是再好不过的事。"经济观念"的引入，不仅仅是指在开展校园文化活动时要充分考虑经费的投入，更重要的是要考虑校园文化活动开展对于青年学生经济观念的培养及其所产生的社会效益。

既然"经济现象"进入了校园，当然也应该引入"竞争机制"。因为竞争是商品经济的伴侣，离开了竞争，商品经济就没有活力，没有动力。当代大学生的竞争意识很强，他们十分欣赏"时间就是金钱，效率就是生命"的格言。他们乐于参加竞争意识性强的活动，有不甘落后，奋发向上的精神。"竞争机制"的引入可以刺激活动本身质量的提高。长期以来，在校园文化活动开展中，往往是平均使力，没有明显的褒贬。这样一来，使组织活动的学生认为干好干坏一个样，抱着完成"任务"的态度，没有充分发挥他们的主观能动性。但如果引入"竞争机制"，搞不好的社团或活动就如同企业的不合格产品一样，不符合社会的需要，在校园文化活动的竞争中必然被淘汰，失去生存的能力。这就会引起承办者或组织者的高度重视，迫使他们开动脑筋，展开竞争。在竞争中，活动的质量就会自然地提高，从而也就加强了校园文化建设。早在1993年，我在《高校校园文化建设与市场经济》一文中就曾经谈到在校园文化建设中引入市场机制的问题："整个社会大背景都在建立市场经济，这就必然辐射到校园围墙之内，形成校园小市场。在校园文化管理中引进市场机制，是十分必然也是十分必要的，其意义有：一是引进市场机制，能促进文化管理……二是引进市场机制,能培养学生的经济意识,锻炼学生适应未来参加经济建设的能力。"[1]

综上所述,校园文化活动开展有着丰富的内涵,是一项艰苦而复杂的工作。因此,决不能忽视它,应时时保持清醒的头脑,对它进行全方位的思考,使其始终沿着健康的道路发展。

---

[1]侯长林:《高校校园文化建设与市场经济》,《贵州高教》1993年第1—2合期。

第六章 校　风

　　校风是校园精神文化的核心内容，建设有时代特色的优良的校风是校园精神文化建设极为重要的方面。袁振国认为："在校园文化研究中，校风属于校园精神文化层次，被看作是塑造组织成员行为和专业学习环境的完整的、强制性的力量，最核心之处是一种习得的无意识（或半意识）的思想模式概念，反映在人们的行为中并得到加强，默默但有力地影响一个人的行为。"[1]北京市育英学校校长于会祥也认为："校风非常重要，它反映学校的办学价值取向，是学校文化的内核。而优良的校风既是学校教育的重要成果，又是一种学校精神和优良传统的行为表征；既是学校办学指导思想和培养目标的集中体现，又是培育优良学风、教风的根本保证。"[2]因此，对校风进行研究，既是时代、社会的需要，也是校园文化自身发展的要求。

　　什么是校风？至今还没有统一的定义。美国国家校风委员会

---

[1]范丰慧、史慧颖：《校风研究述评》，《外国教育研究》2003年第9期。
[2]于会祥：《校风的理性思考与感性表达》，《北京教育》（普教版）2019年第7期。

（National School Climate Council）将学校校风定义为"学校生活的品质与特性"。[1]但我国教育理论界一般认为，从我国教育的实践看，校风是一种有教育理论意义的教育实践，是在共同目标指引下，经过所有校园人长期努力，在人才培养、科学研究、社会服务、文化传承等一系列活动中，逐步形成的一种突出的行为风尚，是所有校园人共同形成的一种比较稳定的心理倾向，是一所学校精神和灵魂的象征。它是学校办学的指导思想、培养目标、教育教学效果和管理水平等的集中反映，是学校的学风以及其他作风等一系列习惯的总和，"是一所学校教育力量的综合的外在表现，是指学风、教风和工作作风"[2]。

校训、校歌、校史、校徽是校风的表现形式。校训是将学校办学理念、教学要求、工作风格，以及生活态度等所做的警示格言式的规定；校歌是将校训的内容用音乐和歌唱的形式表达出来，使之形象化、艺术化；校史是对一所学校历史发展的记录和反映；校徽是将办学理念融入其中的一种空间的艺术造型。可见，"校风之魂并非是缥缈的虚无，它是一种实在"[3]。

一、校风的特点

校风，乃治校之风。它作为一种文化现象，既有个性又有共性。

---

[1]郑智超、李凯：《学校校风的革新：内涵、起点与关键》，《教育科学论坛》2017年第8期。
[2]王东平：《校园文化建设初探》，《武汉交通政治管理干部学院学报》1989年第1期。
[3]曾山金：《校风——大学之魂》，《高等教育研究》2005年第11期。

由众多的个体学风、考风以及其他作风所集合而成的校风，基本特征是：

（一）时代性和倾向性

时代性。校风虽然产生于学校，但它是一种社会文化现象。而任何社会文化现象都是时代的产物，必然受其所处历史时期政治、经济的影响，即必然打上时代的烙印，反映时代的特征。这是从政治、经济和文化的关系看，但如果从社会风气与校风的关系看，校风既是社会风气的一部分，也是社会风气的缩影，必然要受社会风气的影响，同时，校风也必然会自觉地反映时代的风貌。我们说学校，尤其是大学是社会的晴雨表，讲的也是这个道理。总之，校风建设必须与时俱进，才有生命力。

倾向性。"风"的原意是指空气水平流动的现象。有风就会有向，有向则必然有倾，也就是说，有风就会有倾，即有倾向性。中国高校校风的倾向性就是"要有利于帮助师生树立为人民服务、为中国共产党治国理政服务、为巩固和发展中国特色社会主义制度服务、为改革开放和社会主义现代化建设服务的思想，必须坚持正确政治方向，坚持不懈培育优良校风和学风，使高校治理有方、管理到位、风清气正"[1]。这是中国高校校风所应共同遵守的大方向，在此基础上，各高校可以根据自身的特点选择或培育自己独有的倾向性。校风作为一种社会现象，是一种意识的观念形态。一种校风一旦形成，就会对生活在其中的校园人产生潜移默化的倾向性作用，并使之朝着这种观念形态所提倡的倾向性的方向发展。

[1] 铁铮：《校风，风往哪儿吹？》，《北京教育》（高教版）2017年第3期。

(二)一致性和多样性

凡是学校,无论是小学、中学还是大学都要遵循学校教育的一般规律,并受一般教育规律所支配,因而各种学校校风的内容和构成校风的各要素基本上是一致的。美学家朱光潜曾说过:"各校所悬的理想尽管不同,而优良校风成立的条件则是一致的,那就是全校师生必定先成为一个坚固的健全的有机的团体,这就是说,必定成为一个完整的社会。一盘散沙或一堆乱草决不能表现一个共同的风格,因为它没有一个共同的生命和共同的意思。"[1]但由于各个学校所处时代不同,所处区域不同,发展历史路径不同,学校的学科专业不同,等等,又会使其校风具有多种选择或多个发展方向,从而具有多样性。

(三)继承性和发展性

文化的一个重要特征就是既继承又发展。没有哪一种文化是凭空产生的,都是在原有文化的基础上发展而来的,并且其形成是渐进的,是在历史的风雨中逐步积累而来的。社会主义文化正是继承了全人类优秀的文化成果,才有今天的大发展。从发展的角度看,"文化传统表现为继承性,即表现了不同发展时期或发展阶段之间的联系,这种联系的实质在于:在整个发展系统发生变化时,保留整个发展或个别发展方面的这些或那些因素"[2]。校风的继承性十分明显,一所学校优良的校风一旦形成,就会代代相传。如清华的"严谨、勤奋、求实、创新"之风;天津大学的"实事求是"之风;浙江大学的"求是"之风;南开大学的"勤奋刻苦、严谨治学、实事求是、勇于

---

[1]朱光潜:《说校风》,《国立武汉大学周刊》1940年第321期。
[2]冯利、覃光广:《当代国外文化学研究》,中央民族学院出版社,1986,第33页。

创新"之风；厦门大学的"艰苦朴素、勤奋好学"之风；等等。这些优良的风气一直保持到今天。但是校风并不是一成不变的，而是随着人类认识自然、改造自然能力的提升和社会的不断发展与进步，也会在继承优良传统的基础上不断丰富和发展。如在我党的历史上，毛泽东曾为"抗大"题写了"团结、紧张、严肃、活泼"八个大字。"抗大"的校风不断发扬光大，以致后来成为全军的传统作风。

二、校风的内在结构

从不同的角度来看，可以将校风划分为不同的子系统，但是从学校各项不同门类的工作来划分，校风的内在结构包括学生的学风、教师的教风和管理干部的工作作风三个主要方面。

（一）学风

学风包括治学风气和研习风尚。学风既有教师之学风，也有学生之学风。我这里所要讨论的仅是学生的学风问题。学风"是学生在学校教育、培养下养成的心理和生理品质，是学生成长状态的内在和外在的表现，通过学风能够充分反映一所学校的人才培养质量的高低"[1]。学生的学风表现在学生的学习动机、学习志向、学习目的、学习热情、学习态度和学习方法等方面。其中，学习目的是决定学风好坏的关键。当前学生中确实存在着许多令人忧虑的问题，尤其是当代大学生学习的自觉性不高，学习动力不足，学习态度不端正，学习纪律松懈，考试作弊现象严重等。美籍华人、哈佛大学终身

---

[1]郝雅翰：《再论校风、教风、学风建设》，《黑龙江教育》（高教研究与评估）2009年第7—8期。

教授丘成桐认为，这些年中国大学的基础教育存在很多问题，"以目前的本科教育模式，国内不可能培养出一流的人才，大学生的基础水平，尤其是修养和学风在下降。哈佛毕业生的论文水平比国内有些院士的文章好，如果不重视学风建设，中国科技至少后退20年"[1]。这些问题的存在，固然原因是多方面的，但学习目的不够明确是重要原因之一。因此，要使学生有良好的学风，必须针对存在问题首先抓好学习目的教育。这是一项十分紧迫的任务。学风不好，对学校影响很大，其"作用是无形的，但却是巨大和深远的，优良的学风能使学生之间相互激励、奋发向上、取长补短、你追我赶、致力成才。这种无形而强大的精神力量，直接影响和决定一所学校的人才培养整体质量"[2]。

（二）教风

教风是指教师的教学态度和工作作风。它涉及教师的政治态度、思想观念、精神风貌、教育理念、治学能力、教学能力、科研能力和教学方法等。能否从严执教，是教风优劣的重要标志。从严执教有两方面的含义：一是教师要从严要求自己，二是教师要严格要求学生。人们常说"严师出高徒"。这就是说只有从严要求，才能培养出高质量的人才。因此，一所学校的教风好不好，关键还是在教师。所以，"教风建设主要是建设一支政治坚定、思想过硬、知识渊博、品质高

---

[1] 权麟春：《实施"教育文明"之思考》，《黑龙江教育学院学报》2013年第7期。

[2] 金文斌：《加强教风学风建设 提高人才培养质量》，《中国高等教育》2013年第11期。

尚、精于教书、勤于育人的教师队伍，他们承担着培养高素质合格人才的艰巨任务"[1]。

（三）工作作风

所谓工作作风就是指学校领导、行政职能部门和二级学院等负责人及其管理人员在实施管理过程中所表现出来的办学理念、思维方式、工作态度和生活作风等。学校领导干部的工作作风如何是能否形成优良校风的关键。因为"工作作风在校风内部系统中居于关键地位，而领导班子的作风又是关键中的关键"[2]。目前，干部作风要注意解决两个问题：一是力戒浮在上面，要真正确立一切工作为教学科研服务的指导思想，深入基层，研究新情况，解决新问题；二是要注意学习和研究管理科学，逐步由经验管理向科学管理和文化管理过渡。

（四）学风、教风和工作作风的相互关系

学风、教风和工作作风共同构成校风的内在结构，它们之间的相互关系十分紧密，既相互区别，又相互影响。从推动学校总体发展的角度看，工作作风是学校党政领导思想意志的表现，对一所学校校风的形成与发展起着关键作用。但是对校风影响最大的是学风，因为学风的好坏将直接影响校风。没有好的学风，优良的校风便无从谈起。而学风与教风又是紧密相联的：在学风与教风之间，教风又起主导作用，只有教风好，才可能有学风正；但是学风是教风的基础，因为

---

[1]郝雅翰：《再论校风、教风、学风建设》，《黑龙江教育》（高教研究与评估）2009年第7—8期。

[2]侯怀银、杨辉：《校风解读》，《教育科学研究》2007年第10期。

"学风不仅是学生学习态度和教师治学风气的综合反映,涵盖了学校领导、管理队伍和教职工学习的意识和习惯,而且也是一所学校的治学精神、治学态度和治学方法的综合反映"[1]。总之,学风、教风和工作作风三者之间的关系是:学风决定校风,教风决定学风,工作作风决定教风。如果说学风是良好校风形成的基础,教风是良好校风形成的主导,那么工作作风就是良好校风形成的关键。学风的基础作用、教风的主导作用和工作作风的关键作用三者缺一不可,共同构成学校的校风,并推动优良校风的形成。

三、校风的重要作用

（一）校风的历史渊源

校风作为一种校园文化形态,并非今天才有,它的历史与校园发展史一样久远。在英文中"校风"一词为"school climate",国内也有人译作"学校风气"。在英文中相近的词包括相近的研究还有"school environment""school culture""school ethos""school spirit""school organizational climate""school life"等。[2]自古以来,中华民族就提倡勤奋刻苦、严谨治学的校风和学风。早在春秋时期,孔子在这方面就有过比较系统的阐释。比如他提出的"学而不厌,诲人不倦"（《论语·述而》）和"不愤不启,不悱不发。举一隅不以三隅反,则不复也"（《论语·述而》）等,对后世良好校风的形成产生了深远的影响。而且他不仅这样说,也这样做,用他自己

---

[1]侯怀银、杨辉:《校风解读》,《教育科学研究》2007年第10期。
[2]范丰慧、史慧颖:《校风研究述评》,《外国教育研究》2003年第9期。

第六章 校 风

的话说，就是"发愤忘食，乐以忘忧，不知老之将至"（《论语·述而》），即学习非常用功，不仅连吃饭都忘了，而且快乐得把一切忧虑都忘了，以致连自己快要老了都不知道。后世教育家不断对孔子的这些思想进行丰富和完善，逐渐形成了一整套办校治学的规范、要求和标准。清末民初，随着西方文化的进入，我国开始学习西方，陆续兴办了一些具有欧美色彩的新学校。这些新学校几乎都提出自己学校的校训，并以此为标榜，一时之间，蔚然成风。天津大学的前身北洋大学的校训是"实事求是"；南开学校的校训是"面必净，发必理，衣必整，头容正，肩容宽，背容直。气象：勿傲、勿暴、勿怠。颜色：宜和、宜静、宜庄"；清华大学的校训是"厚德载物，自强不息"。在抗日战争和解放战争时期，我党兴办的许多学校也十分重视校风建设。如抗大的校训是"团结、紧张、严肃、活泼"、陕北公学的校训是"忠诚、团结、紧张、活泼"。但是校风这个概念的出现则比较晚，最早出现在20世纪30年代有关组织风气的研究中，默里、培斯与斯特恩（Murray、Pace & Stem）的论著[1]中也开始使用校风这个概念。

20世纪50年代至20世纪60年代，我国各高校根据党的教育方针，也都比较重视校风建设，普遍提出了各具特色的校训。董必武堪称艰苦朴素、清正廉洁的典范，他以"民主在勤，勤则不匮，性习于俭，俭以养廉"作为自己的座右铭，并题写了这16个字送给中国农学院作为校训。1958年6月，中国科学院院长郭沫若主持召开会议，决定成立"中国科学技术大学"，并将中国科学技术大学的校训概括为"勤

---

[1] 范丰慧、史慧颖：《校风研究述评》，《外国教育研究》2003年第9期。

俭办学，艰苦朴素，红专并进，团结互助"。这些校训的提出，对于高校贯彻党的教育方针，明确办学方向，找准办学定位，凝聚人心，调动各类人员的积极性和创造性都起到了很好的促进作用。"文化大革命"期间，高校的学术权威被打倒，良好的校风受到了严重破坏。"文化大革命"后，拨乱反正，高校校风建设又重新引起人们的普遍重视。

改革开放以来，我国的校风建设总体是好的，但是我们对高校校风建设的重要性也经历了一段曲折的再认识过程。在改革开放初期，由于人们的思想一时还没有完全适应新的形势，加之宣传工作上的偏差，在一段时期内高校出现了一些思想混乱，校风建设受到了一定的冲击和影响。不过，人们很快认识到，面对改革开放的新形势，对大学生的思想政治工作不能有丝毫的松懈和麻痹，不能削弱，只能大力改进和加强。否则，所寄予厚望并着力培养的大学生，其中的一部分甚至有可能走向我们的对立面，这样的后果是难以料想的。在这样的背景下，高校加强和改进思想政治工作，抓好校风建设就被重新提上了重要议事日程。1985年5月，中共中央、国务院转发的《国家教委关于加强高等院校思想政治工作的决定》和1987年5月发出的《中共中央关于改革和加强高等院校思想政治工作的决定》中，都强调了校风建设的重要性。1994年8月的《中共中央关于进一步加强和改进学校德育工作的意见》，以及近年来中央领导有关高校工作的讲话也多次谈到校风建设问题。尤其是习近平在2016年12月7日召开的全国高校思想政治工作会议上的讲话中对校风建设有一段精辟的论述："一所高校的校风和学风，犹如阳光和空气决定万物生长一样，直接影响

第六章 校 风

着学生学习成长。好的校风和学风,能够为学生学习成长营造好气候,创造好生态,思想政治工作就能润物无声给学生以人生启迪、智慧光芒、精神力量"[1],并要求"每所高校都要有自己的校训。校训要落到实处、起到作用,就要贯穿高校治理各方面,营造校训所指向的校风和学风"[2]。

随着新时代的到来,树立良好的校风,又开始在多数高校中形成了新的热潮。我国的高等教育要由大国走向强国,没有良好的校风和学风作保证,是不可能实现的。纵观世界一流大学,没有哪一所大学不是通过倾力打造良好的校风走向世界的。比如,哈佛大学以良好的学风闻名全世界。有资料显示:哈佛大学对学生的要求"非常严苛。每一门课老师都布置学生阅读至少十本的图书。学生们需老老实实把书借来,认真阅读,否则就跟不上课程,在讨论课上,插不上嘴,也难以完成课程论文的撰写。读书对所有哈佛学生来说,都是很'辛苦'的一件事。在图书馆里读书到通宵,是不少学生都曾有的经历"[3]。不过,哈佛大学也不仅仅强调勤奋,也提倡讲究学习方法,有学者介绍:"在哈佛,大家公认的学习定律就是'W=X+Y+Z'(成功=勤奋学习+正确的方法+少说废话),而勤奋

---

[1] 习近平:《习近平在全国思想政治工作会议上的讲话》,《中办通报》2016年第31期。

[2] 习近平:《习近平在全国思想政治工作会议上的讲话》,《中办通报》2016年第31期。

[3] 刘守英:《哈佛大学何以世界一流?——半年访学的观察与思考》[EB/OL],http://www.360doc.com/content/17/1114/17/30363711_703788556.shtml,访问日期:2018年10月2日。

则是第一位的。当他们经过苦读顺利地走出哈佛以后，就会产生一种感触：他们已经不再惧怕任何困难，因为他们在哈佛的苦读中已经经受了炼狱般的煎熬。"[1]哈佛大学的学生何以优秀？是在其严格的校风和学风中熏陶、磨练出来的，不是玩出来的。我国高校实行的是严进宽出的政策，造成相当一部分大学生在大学的几年是在"玩"中度过的。人民日报、共青团中央等微信在2017年7月分别刊发《沉睡中的大学生：你不失业，天理难容》的文章，引起人们的忧虑："很多学生上了大学后，开始虚度光阴，放飞自我，甚至将自己之前一路走过来的辛苦历程忘得一干二净，也忘了自己考上大学的初心，在充满美好的大学里甚至开始逃课、不上自习、沉迷于游戏等，体验自己之前从未享受过的生活。这让很多家长和老师痛心不已！也不禁让很多社会人士反思，如今的教育，究竟是怎么了？"[2]还好教育部已经看到了这种问题的严重性，于2018年6月21日在四川成都召开的新时代全国高等学校本科教育工作会议上，陈宝生指出：高教大计，本科是根本，本科不牢固，就会地动山摇，并提出"要围绕学生刻苦读书来办教育，引导学生求真学问、练真本领。对大学生要合理'增负'，提升大学生的学业挑战度，激发学生的学习动力和专业志趣，改变轻轻松松就能毕业的情况，真正把内涵建设、质量提升体现在每

---

[1]《哈佛教授：比勤奋更重要的是学习力》[EB/OL]，https：//baijiahao.baidu.com/s？id=1591890406092684138&wfr=spider & for=pc，访问日期：2018年10月2日。

[2]《人民日报批沉睡的大学生：你不失业，天理难容！大学生：我也不想 》[EB/OL]，https：//www.sohu.com/a/205301527_242536，访问日期：2018年10月2日。

一个学生的学习成果上"[1]。没有严格的要求，不可能有良好的校风和学风，相信在不久的将来，随着对大学生的合理"增负"，我国高校的校风和学风一定会普遍好起来。社会有这种期待，高校管理者有这个信心！

（二）校风的教育作用

良好的校风是一种积极的文化形态，具有教育功能和价值，是将离散型校园文化转变成统合型校园文化的重要因素，它对充分发挥学校的人才培养职能，促进学生的德智体美劳全面发展有着极为重要的作用，在某种程度上，甚至可以说有什么样的校风和学风，就会培养出什么样的人才。因此，校风建设历来为中外教育家所重视和推崇，也是世界一流大学普遍重视的工作。世界一流的大学基本上都有一流的校训。比如美国哈佛大学的校训是"Veritas（拉丁文）"，中文可译为"让真理与你为友"；美国耶鲁大学的校训是"Truth and Light"，中文可译为"真理和光明"；美国斯坦佛大学的校训是"The wind of freedom blows"，中文可译为"愿学术自由之风劲吹"；英国剑桥大学的校训是"From here we receive light and sacred draughts"，中文可译为"此地乃启蒙之所，知识之源"；日本京都大学的校训是"Self-reliant Learning"，中文可译为"自主学习"；日本早稻田大学的校训是"In dependence of Learning, to Promote the Practical Utilization of Knowledge, and to Create Good Citizenship"，中文可译为"独立学习，提倡学以致用，培养模范国民"；日本北海

---

[1]《新时代全国高等学校本科教育工作会议召开》[EB/OL]，http://www.gov.cn/xinwen/2018-06/22/content_5300334.htm，访问日期：2018年10月2日。

道大学的校训是"Boys, be ambitious!"中文可译为"胸怀大志,开拓进取";加拿大多伦多大学的校训是"Unto a Full-grown Man, As a Tree With the Passage of Time",中文可译为"岁月流逝,此树渐长";澳大利亚悉尼大学的校训是"A Though the constellations change, the mind is universal",中文可译为"繁星纵变、智慧永恒";荷兰莱顿大学的校训是"Bastion of Liberty",中文可译为"自由堡垒"。这些校训均特色鲜明,且意味深长,对学生都有巨大的感染和影响力。说到这里,可能会产生这样的疑问:校训和校风是一回事吗?如果不是一回事,讨论校风的教育作用,怎么老用校训来举例呢?校训与校风意思相近,但不完全相同。校训是将学校的办学理念等用警句格言的形式所作的简洁规定。校训一旦通过学校发布确定下来,就要求师生员工遵守校训的规定,具有一定的强制性,"成为全体师生行为的无声命令和自动规约,久而久之,便养成风气"[1]。这种养成的风气就是校风,即"校风一般是在校训基础上去确定的"[2],或者说,是在校训的基础上发展而来的。就一般情况来说,由于校风是在校训的基础上发展而来的,所以,许多学校的校风也就沿用校训的表述不变,这就容易使人产生误会,认为校训就是校风。其实,校训和校风还是有差异的。

校风的教育作用主要有以下几点:

1.精神鼓舞作用。有学者认为:"良好的作风具有内聚力,把集体中每个成员的力量凝聚在一起,从而产生一种强人的力量。一个校

---

[1]侯怀银、杨辉:《校风解读》,《教育科学研究》2007年第10期。
[2]侯怀银、杨辉:《校风解读》,《教育科学研究》2007年第10期。

风好的学校,校风就是无声的命令,能随时随地把师生集合在自己的旗帜下,团结战斗,出色地完成教育、教学以及学校其他各项任务。"[1]可见,一所学校一旦形成了优良的校风,就能给生活在其中的校园人以巨大的精神力量。比如当年的西南联合大学校舍简陋、设备不全,但是其师生员工在"刚毅坚昭,自强不息"校风的影响和鼓舞下,走出了许多优秀的学子,成为世界教育史上的奇迹!"这所只存在了8年的'最穷大学',却被誉为'中国教育史上的珠穆朗玛峰'。8年时间,西南联大虽然只毕业了3882名学生,但走出了2位诺贝尔奖获得者、4位国家最高科学技术奖获得者、8位'两弹一星'功勋奖章获得者、171位两院院士及100多位人文大师。"[2]一所学校优良的校风一旦形成,就像湖泊中的涟漪会向四周蔓延,即能使少数人的榜样行为和精神风貌逐步扩大到大部分人,以致成为全体师生员工的自觉习惯与行为风尚。

2.感染熏陶作用。陶行知说:"熏染和督促两种力量比较起来,尤其是熏染最为重要。"[3]一所学校形成了优良的校风,能对校园人的心理和行为起到"随风潜入夜,润物细无声"的熏陶和感染作用。战国时期荀子所说的"蓬生麻中,不扶而直;白沙在涅,与之俱黑。兰槐之根是为芷,其渐之滫,君子不近,庶人不服。其质非不美也,所渐者然也。故君子居必择乡,游必就士,所以防邪辟而近

---

[1] 徐保均:《论校风的作用、要素及其培养》,《教育科学》1989年第4期。
[2]《这所只存在8年的大学,何以成为中国教育史上的珠穆朗玛峰》[EB/OL],http://www.360doc.com/content/16/0922/15/9150839_592787766.shtml,访问日期:2018年10月2日。
[3] 徐保均:《论校风的作用:要素及其培养》,《教育科学》1989年第4期。

中正也"。(《荀子·劝学》)这里的意思是,蓬草生长在麻地里,不用扶持也能够挺立得住,白沙如果混进了黑土里,就再也不能变白,兰槐的根名叫香艾,一旦浸入臭水里,君子不愿意靠近,下人也不愿意穿戴,这不是香艾本身不香,它的香依旧存在,而是被臭水浸泡臭了,所以君子要选择好的环境居住,要选择有道德的人交朋结友,这样才能够防微杜渐保持中庸正直的本色。这是环境和氛围对人产生感染熏陶作用的很好的阐释和解读。这种感染熏陶作用,有积极的,也有消极的。积极的作用是:优良的校风可以在学校和院系形成一种强烈而感人的氛围,鼓舞人心,引人向上,令人振作。在这种环境和氛围中,正气能够受到鼓励和肯定,并得到进一步发扬;邪气难以找到生存的空间,时时处处遭到质疑或谴责,就会逐渐失去市场。师生员工中良好的工作风气、学习风气,以及生活习惯、道德品质、思想情趣等会像风一样互相感染和熏陶。消极的作用是:不良的校风和学风,比如坏的风气会腐蚀人的意志,使人精神颓废,思想消沉,甚至失去理智。这种不良的精神状态和思想情绪也会互相影响和相互感染,甚至形成风气。值得注意的是,这种感染熏陶作用不是大张旗鼓而是在悄无声息的过程中进行的。人们往往是在毫无意识和准备,在不自觉的状况下受到好的或坏的风气的感染和熏陶,就像温水煮青蛙,是一个不易让人感觉到的过程。我们应当看到当代大学生有很多优势,比如他们思想活跃、反应敏捷,兴趣广泛、模仿性强,易于接受新的信息和观念,但阅历不广、生活经验不足,辨别良莠的能力不强。总之,"校风对学校成员的心理和行为就起着深刻的同化感染作用,这对心理品质不断发展、思想意识尚未定型、行为习惯不够稳定、可塑性大的学生尤其具有重要的作用"[1]。这种可塑性的特点，既是进行良好品德教育和优良学风建设的有利条件，也是可能受坏风气影响的潜在原因。因而，学校管理者必须充分认识校风在感染、熏陶方面的积极作用，尽可能采取措施，尤其是要制定有利于形成弘扬正气、抵消和排除不良风气的制度与机制。

3.推动促进作用。优良校风的精神鼓舞作用和熏陶感染作用，对所有的校园人都会产生深刻的影响，使大家在一种安定和谐、蓬勃向上、互相支持、互相帮助的环境中，追求知识，追求真理，成长成才，尤其是当一所学校良好风气已经形成，"生活在这种集体情绪协调，人际关系融洽，成员心理相容，团结互助，扶正祛邪的良好环境里的师生员工必然身心愉快，精神焕发，他们的生理和心理就会时常处于积极活跃的状态，他们的工作、学习和生活必然表现为主动的、积极的、富有创造性和充满乐趣的"[2]。师生员工身心愉快，必将大大推动人才培养、科研水平和社会服务质量的提高。正如有学者所言："优良的校风将对教育教学质量的提高和塑造健康的人格有重大影响，使大学生时刻受到心灵的感染、情操的陶冶、哲理的启示。莘莘学子在良好校风的沐浴、熏陶和激励下，对健全人格、丰富学识、创造未来都有着终身的影响。"[3]此外，良好的校风不仅对学校自身有很大的推动促进作用，而且还可以通过校际交流等方式，影响其

---

[1]朱明：《优良校风的作用》，《煤炭高等教育》1988年第2期。
[2]朱明：《优良校风的作用》，《煤炭高等教育》1988年第2期。
[3]祖国华、陈明宏：《谈校训、校歌、校标和校风等校本文化元素对大学生成长成才的作用——以吉林师范大学为例》，《现代教育科学》2009年第2期。

他学校的发展。每一所学校都与社会紧密相连,其校风必然越过校园围墙,与社会风气发生联系,优良的校风对社会风气的好转也必然产生推动和促进作用。社会大气候肯定会对学校产生影响,如果只看到这一点,而看不到优良校风在树立良好社会风气中的推动和促进作用,是有失偏颇的。每一个区域中的高校往往是其文化知识最高的人聚集最多的地方,其领风气之先,带动所处区域的进步与发展是很正常的事,也是其应尽的职责和不可推卸的责任与社会担当。

4.调节约束作用。良好的校风一旦形成,就会成为人们的行为习惯和行为处事的一种隐性规范。这种隐性规范对身处其中的人的错误思想和行为,具有很大的抵御力量,甚至能够排除其侵蚀和干扰,从而促进人的身心健康发展,尤其是优良校风形成后,就是一种无声的命令,对一些具有不良思想倾向和行为的人,会产生一种强大的无形的压力,并强制规范其言行,使其首先从外表上顺从,按照优良校风的要求行为处事,与学校优良校风、学风和工作作风保持一致,进而在情感上接受并融入其中,最后从信念上自觉地与学校集体气氛所倡导的价值取向和有关要求保持一致。否则,将很难在这样的组织氛围中生存和发展。总之,"良好的校风一经形成,就会成为人们长期稳定的行为习惯。该怎么做,不该怎么做,都有一定的规范和要求,大家自觉维护,共同遵守,使自己的言行适应它的要求,自觉地抑制和调节不符合规范的言行"[1],使正确的得到肯定,错误的找不到市场,没有人支持。

---

[1]朱明:《优良校风的作用》,《煤炭高等教育》1988年第2期。

四、校园风尚文化建设的基本原则和途径

（一）校风建设的基本原则

校风建设是一项社会的系统工程，具有长期性、阶段性、针对性的特点。校风建设需要坚持的原则有五条：

1.坚持政治与业务统一的原则。学校教育必须坚持社会主义方向，其培养的人才才能更好地为社会主义经济建设服务，社会主义经济的发展离不开学校教育，并且必须依靠学校教育。校风作为校园文化的重要形态和学校教育的重要形式，理所当然必须坚持社会主义方向。因此，面向现代化、面向世界、面向未来是校园文化建设和学校教育的出发点，也是校风建设的出发点，而培养社会主义建设的专门人才，并能适应社会主义经济发展需要，是校风建设的着眼点和最终归宿。校风建设应遵循教育和文化运行规律，努力做到"治校""治学"和"做人"的有机结合，既讲政治又强调业务，促进政治与业务的辩证统一。

2.坚持理论和实际相结合的原则。校风建设是一项系统工程，一种具有教育理论意义的教育实践，只注重理论或只注重实践都是不行的。任何一所学校要想把校风建设好，建出水平，建出特色，真正地发挥作用，就一定要注重理论联系实际，脱离实际的治校之风不是好的校风。脱离实际的治学之风不是好的学风。联系实际不是空的，首先要联系学校的实际，不同学校的发展阶段和具体情况不一样，简单地移植和模仿是建不好校风的，正如《晏子春秋·杂下之十》所言："橘生淮南则为橘，生于淮北则为枳，叶徒相似，其实味不同。所以

然者何？水土异也。"即橘树生长在淮河以南的地方就是橘树，如果生长在淮河以北的地方就是枳树，橘树和枳树只是叶相像罢了，果实的味道是不同的。为什么会这样呢？是因为水土条件不相同所造成的。因此，良好的校风一定是在自己学校的土壤中生长起来的，而绝不是从其他学校借鉴来的。其次，校风建设要联系学校所处区域的经济社会发展的情况。任何一所学校都是一定区域中的学校，不可能脱离其所处区域经济社会发展的影响。再次，校风建设还要联系时代背景。不同的时代有不同的要求。现在我们的国家已经进入了中国特色社会主义新时代，其校风建设必须考虑新时代对学校的要求，包括对校园文化建设的要求。不考虑这些要求，校风建设就无法融入当今的时代，就不能与时俱进，就要成为时代的落伍者。

3.坚持继承和创新的原则。任何事物都有一个继承与创新的问题，校风建设也不能例外，并且校风建设还具有渐进性和长期性的特点。因为良好的校风不可能一朝一夕就形成，它需要几年、十几年甚至几十年的努力；不良校风的产生同样如此，也需要一个过程。不过，相比之下，良好校风的形成需要的时间更长，需要长期付出努力，而不良校风的出现虽然也需要一个过程，但形成的过程相对较短，如不及时发现问题，抓紧时间治理，失去警惕，校风很容易滑坡甚至变坏。所以，加强校风建设，要遵守循序渐进的规律，不能急于求成，要精心设计，做到环环相扣，在继承前人治校优良传统的基础上，按照新时代的要求，加强调查研究，解放思想，发扬民主，改革创新。在这里，还想特别说的是：目前，许多高校的校训没有特色，"团结、勤奋、求实、创新"等词语的思想性很强，内涵很好，但是都用其作为校训,就过于同质化了。鲁迅在其著作《朝花夕拾》中曾说过:第一个把女人比作鲜花的是天才,第二个是庸才,第三个是蠢材。我们虽然不能用鲁迅的话进行简单类比,但是第二个、第三个,以及更多的学校跟着使用别人已经使用过的词汇表达自己学校的校风目标,还是不太适合的。我们不能崇洋媚外,但是国外做得好的,就应该学习。比如加利福尼亚大学伯克利分校的"愿知识之光普照"、澳大利亚国立大学的"最重要的是了解事物的本质"、康奈尔大学的"我愿创立一所大学,让任何人都能学到想学的科目"、麻省理工学院的"既会动脑,也会动手"等校训,既朴实无华,又内涵丰富、特色鲜明。当今社会已经进入了一个高质量发展的时代,要高质量发展,就必须有创新的意识,否则,很难跟上时代的步伐。高质量发展在学校的体现,就是要推动内涵发展,而内涵建设的原动力就源自创新。学校内涵建设体现在学校的方方面面,自然也包括校风建设。校风好了,学风好了,工作作风好了,一定是内涵的问题。而怎么才能在新的时代,达到好的标准和水平,校风建设必须有时时创新的意识,尤其是要建立鼓励创新的机制,只有这样才能永葆创新的活力。

4.坚持教育和管理相结合的原则。良好的校风形成关键是要重视人的因素。人的因素解决了,良好的校风就自然形成了。而要解决人的问题,无论是个体还是群体,一种好的风气的养成,除了正面教育和引导之外,还需要有制度和机制保证,所以必要的规章制度和纪律约束是个体、群众的心理和行为规范化的不可缺少的条件,即教育和管理就像车之两轮、鸟之两翼,两者互相促进、相互补充,缺一不可。因此,在校风建设过程中,既要加强教育和引导,也要加强有关校风的制度建设，这是不容忽视的。

5.坚持教育影响相一致性的原则。校风建设牵涉的面比较宽，涉及的教育环境因素很多，必须考虑教育影响相一致性的问题，才能做到校风建设效益的最大化。校风建设教育影响相一致性问题体现在两个方面：一是社会、家庭、学校教育影响的一致。学校说一套，家庭和社会是另一套，教育影响的正效应就会大打折扣。二是学校内部各种教育力量的一致。学校教育常常出现你做你的、我做我的，不协调不沟通的情况时有发生，如此这般也就难免出现相互抵消和相互冲撞的现象。这就需要在校风建设的过程中做好统筹规划。我国是社会主义国家，学校、家庭和社会的教育影响总体上是一致的，大的方向没有问题，但是社会是复杂的，各个学生的家庭也是千差万别的，教育影响不一致现象的发生也是正常的，因为，影响教育的因素多了必然有不一致的地方，我们要理智地看待。也就是说，不一致是绝对的，因为完全的一致是不存在的，所以一致性是相对的。因此，学校在推进校风建设时要十分注意控制和协调来自社会、家庭的各种影响，尤其是尽量减少不利的影响，并充分利用学校内部各种教育力量，主导校风建设，使不一致的教育影响转化为一致性教育资源，从而推动良好校风的形成。

（二）校风建设的途径

1.调查研究、广泛宣传。没有调查就没有发言权。要做好校风建设的规划和实施方案，必须先厘清学校校风发展的历史沿革，总结优良传统，找出优势，查找薄弱环节，才能对校风的现状做出准确的判断，并在此基础上拟定校风建设的远景和发展思路。同时，还要用调查得来的生动素材以及情况分析，统一全校师生员工的思想，使大家明确校风建设的重要性、必要性和可行性，增强良好校风建设的自信，力求把良好校风建设的美好愿望内化为广大师生员工的自觉行动。

2.制定校风建设规划。校风建设作为一项长远的系统工程，需要拟定发展规划。在发展规划中，应明确校风建设的指导思想、建设目标、推进步骤、采取的方法和措施，以及组织领导等，使校风建设实践更具条理性和计划性。这些工作并非无用功，也不是摆设和做样子给人看，如果规划做得好，便于在具体实施的过程中布置检查、统一步调。校风建设的目标要清晰，要使广大师生员工通过目标的确定对学校校风建设的远景有一个大致的了解。只有这样，目标设定的激励和导向作用才能落到实处。同时，规范的语言表达要凝炼，力求简洁明了，还要体现时代精神和本校的独特风格。校风建设仅有长远目标还不行，还要有阶段性目标，要把长远规划与阶段性目标结合起来。尤其是近期目标一定要明确具体，并且还要选好突破口，例如有的从整顿纪律入手，有的从抓考风入手，有的从抓教风建设入手，有的从抓工作作风入手，等等，没有统一的模式，但是一定要结合学校自己的实际，要有针对性和可操作性。

3.健全领导体制，层层落实。校风建设事关全局和学校工作的方方面面，学校领导要亲自挂帅，整合各方面的力量形成合力，才能把校风建设好。在工作开展的过程中，要特别注意调动两方面的积极性：一是横向上，可将校风划分为机关工作作风、教风、学风等几个模块，分别由相应的职能部门负责统筹。这样做，责任明确，便于管理。二是纵向上，要发挥各分党委（党总支）、党支部的作用，层层落实校风建设责任制。在此基础上,成立校风建设领导小组或明确部门专门负责协调党政各部门、各院系校风建设工作。这样上下联动、相互配合、纵横交错,才能真正形成良好的工作运行机制,把校风建设落到实处。

4.专项整顿机关工作作风、教风和学风。学校机关工作作风,反映了学校领导和行政管理部门工作人员的精神面貌,对教师和学生影响很大,抓好学校机关工作作风,能带动全校风气的好转。整顿机关工作作风,要着重抓好提高工作效率、遵守劳动纪律、深入基层为基层服务、改进服务态度四个重要环节,其中要以提高工作效益为重点。不讲工作效益,难以形成好的工作作风。教师对学生影响很大,教风不正,必然导致学风不纯。因此,要抓学风建设,必须解决教风问题。抓教风就要抓教师的教学态度、教学工作精力投入、课堂教学质量等工作环节,而这些工作环节很难检查和量化。因而人们普遍认为教师的教学工作是"良心活"。但是我以为关键还是没有建立一个好的教师教学考评制度和机制,目前有的只是一些很粗的考评办法,没有形成切实可行的考评体系。国外一些著名大学都非常重视对教师的评价或评估,比如美国各高校都"建立了系统、规范、严格的教师评估制度,同时把评估结果与教师的聘任、晋升、加薪等紧密联系起来,形成了具有美国高校特色的奖惩性评估体系"[1],并且国外高校对教师的评估都有严格的程序,"就剑桥大学和约克大学来说,每次评估工作的开展都必定经过如下步骤:首先,院系负责人要对被评

---

[1]王为民:《中国与英美高校教师绩效评估问题的比较与借鉴——以南昌理工学院为例》,《新疆教育学院学报》2017年第4期。

估者指定评估者……其次,评估者要熟悉被评估者的相关材料,以确定讨论的主要方向,便于推进评估会议的开展。再而,经过评估会议的讨论后,评估者与被评估者双方就评估内容达成共识,在对表格材料进行签字后,评估者将材料递呈至院系负责人。最后,由院系负责人根据材料做出'院系综合报告'"[1]。只有对教师进行严格评估,才能确保教师在良好教风形成过程中充分发挥其主导作用。教师作为教风形成的主体,其存在的问题不能得到很好的解决,良好教风的形成就是一句空话。因而有学者认为:"校风的起点,始于师生间的互动。校长和教师是推动学校校风建设的重要力量,校风最先改变的应该是校长与教师群体。"[2]但是工作作风和教风再好也不能代替学风。学风问题不解决,良好的校风建设也落不到实处。整顿学风可以从以下几个方面入手:一是要加强教学管理,严格各项规章制度。在学风建设中,一方面要以严格的组织纪律和规章制度规范和约束学生。没有规矩不成方圆。学校要有成体系的教学管理制度,尤其是要通过制度建设把良好的教学运行机制建立起来。学校的成熟首先是人才培养体系的成熟,而人才培养体系中最重要的模块就是教学体系。各个学校的情况不一样,其教学体系也会有差异。所以,每所学校都要结合自身的实际进行认真研究,才能逐步建构起自己的教学体系。另一方面,对于违反校规校纪的学生,要区别对待,发扬正气,遏制歪风,从而保证优良学风的形成。二是活跃学术空气,提高校园

---

[1] 王为民:《中国与英美高校教师绩效评估问题的比较与借鉴——以南昌理工学院为例》,《新疆教育学院学报》2017年第4期。
[2] 郑智超、李凯:《学校校风的革新:内涵、起点与关键》,《教育科学论坛》2017年第8期。

文化品位。要多开展学术科研活动，使学生思想活跃、热爱学术，尤其是要鼓励学生积极参与教师的科研项目和独立开展科学研究活动，逐步树立起严谨的治学态度，形成良好的学术风气。三是严格考风。当前，各高校大都存在舞弊现象，有的学校还比较严重，考风不严，良好的学风也就无从谈起。

5.加强思想政治教育。一方面，加强思想政治教育是加强校风建设的根本保障和必要条件，思想政治教育不到位，校风建设的目标很难落实。另一方面，良好校风的形成又对思想政治教育有促进作用。习近平说得好："没有良好的学习风气，就不可能有高质量的思想政治工作。"[1]思想政治教育一般是有形的，比如思想政治课堂教学、党团组织活动、课外文化艺术活动，以及融汇了思想政治教育的管理和服务活动等；而校风一般是无形的，比如能够对师生员工产生制约和熏陶的潜在的心理氛围和行为风尚。在校风建设中，一是要在学校范围内有计划地开展思想政治教育工作，既不能眉毛胡子一把抓，也不能只考虑某一方面的思想政治教育工作。思想政治教育工作是一项系统工程，涉及面很宽很广，要有序推进。二是要通过学校的报纸、广播、电台等媒体，以及报告讲座、讨论座谈、板报墙报、征文比赛等形式，帮助学生了解国情省情，了解社会经济文化，勤奋学习，努力向上。三是要多层次、多渠道地开展职业道德教育，通过职业道德教育活动的开展，培养教师和职工热爱本职工作的职业感情，提高职业道德观念，尤其是要逐步建立各类人员的职业道德规范，明

---

[1]习近平：《习近平在全国思想政治工作会议上的讲话》，《中办通报》2016年第31期。

确职业纪律，使职业道德具体化、规范化，进而形成职业道德教育体系，促进学校良好的职业道德风尚的形成。

6.采取生动活泼的方式，推动校风建设。校风、学风和工作作风涉及的面很宽，可采取的活动形式很多，要有选择地进行，比如有的学校在学风整顿中注重学生自我管理、自我教育，广泛开展了校风、学风演讲比赛；有的学校重视文明教育，开展"文明院系""文明班级""文明寝室"评选活动；有的学校鼓励学生自发创办小报或图书角；有的学校重视发挥榜样的教育作用，开展"先进部门""五好家庭"等评比活动，表扬好人好事，批评不良倾向，使校风建设深入校园各个角落，从而达到改进工作作风，树立良好道德风尚的目的。

7.加强校园环境建设。文明、整洁、幽雅的校园环境是良好校风的底色，对陶冶师生员工的情操十分重要，同时，它也是衡量学校文明道德水平和管理水平的重要标志之一，更为重要的是"一个学校的环境校容也能反映出学校师生员工的精神面貌。一所学校的校风好不好，人们一踏进学校就可以感触到，校园之内是整齐干净，还是杂乱无章，门窗玻璃是完好无损，还是残缺不全，都可以窥见校风的一斑"[1]。因此，校园环境建设必须与社会公德教育同步进行，与文化建设同步进行，要教育全校师生员工，特别是青年学生讲文明、守纪律、讲卫生、爱公物，自觉维护校园秩序，保持环境整洁。可以适当组织绿化、净化、美化校园的义务劳动，逐步树立热爱劳动、文明礼貌、热爱学校的好风气。原铜仁师专在设立"共青团文明监督岗"的基础上，从1994年起开始实行轮班劳动制，从此校园时刻都是干净

---

[1] 徐保均：《论校风的作用、要素及其培养》，《教育科学》1989年第4期。

整洁的，看不到纸屑、烟头等杂物，这对师生良好卫生习惯的养成和学校良好校风的形成都有着十分重要的意义。

8.创作校歌和筹建校风建设展室。校歌是振奋精神、凝聚校园力量的重要表现，也是校风的集中反映，是校风的形象化、艺术化的表现形式。一般具有一定历史和比较成熟的学校都有自己的校歌。因为校歌"不仅是流动的舞姿，还是花朵编成的规约和守则，把校训和校风写进校歌中，唱出的不仅仅是真情，还必定会在真情的歌唱中延续真实的行动"[1]。建立校风建设展室，能直观地展示校风发展的历史，同时也是对校风建设资料的收集、整理和积累，有利于良好校风的形成。其实，不仅校风建设展室是校风建设的重要形式，校史也与校风紧密相连，"如果说校歌是由音符流淌出来的校风，那么校史中深藏的则是校风中绽放的花朵。通过校史的形成留下那些关于校风的记忆，我们会从中领悟到已经被证实了的真谛，并唤起对光荣过去的自豪而继往开来，迈出坚实的新步伐"[2]。

9.要建立长效机制。优良校风的形成，必须弘扬正气，抵制错误，规范行为，自我约束，因而必须建立健全长效机制，具体来说，就是"要制定加强校风建设的切实可行的制度，要在明确管理人员、教师、班主任、辅导员责任的基础上，积极鼓励教师从事教学科研学术研究，将教学科研学术研究与各类考核、职称评定有机结合起来，建立优良校风的长效机制"[3]。通过这些机制的建立，发挥奖惩作用，激励广大师生员工争取先进、帮助后进、共同进步。

---

[1]侯怀银、杨辉：《校风解读》，《教育科学研究》2007年第10期。
[2]侯怀银、杨辉：《校风解读》，《教育科学研究》2007年第10期。
[3]陈灿芬：《试论地方高校校风的科学构建》，《湖南社会科学》2015年第5期。

第七章　校园文化与社会文化

学校是社会进步与发展的产物，校园文化是社会文化的一部分，不过，又不仅是具有相对独立的空间且是具有独特个性的一部分，即文化单元的个性化比较突出。这一部分尽管具有相对的独立性，但毕竟仍然是社会文化的一分子，其与所属的社会文化的大背景有着千丝万缕的联系。总之，校园文化是社会文化百花园中的花朵，属于社会文化中的一部分，因此，与社会文化相互制约、相互影响，共同发展。随着社会的发展与进步，尤其是社会文化大背景的变化包括校园文化的不断演变，它们之间既剧烈地分化又紧密地结合，关系错综复杂。因此，要想建设好校园文化就得厘清其相互之间的关系。

一、校园文化与社会文化关系诸说

学校是社会进步与发展的产物，因此校园文化的发展进程既是自身不断积累积淀、自我更新的过程，也是对社会文化进行选择、整合并内化的过程。校园文化的发展要依附于社会文化并从社会文化中吸取养料，必然受制于社会文化大发展的需要。社会的进步不能排斥教育，社会文化的发展也必然要对校园文化有所寄托，有所推动，在这个意义上，可以说促进校园文化的发展就是社会进步赋予教育活动的一项文化使命。校园文化源于社会文化又高于社会文化，超越社会文化又面向社会文化。这是人们对校园文化与社会关系的一般性看法。比较有代表性的意见是以下几种。[1]

有的学者认为，从系统论的观点来看，校园文化是社会文化大系统中的一个子系统，它所反映出来的任何表现都有社会文化的因子，因此，校园文化建设要想摆脱社会文化大背景的影响和制约，是不可能的，不过，"校园文化虽然是构成社会文化系统的要素之一，但也是一个相对独立、相对稳定的子系统"[2]。

有的学者则从逻辑结构的角度出发，认为校园文化与社会文化的关系是主导与从属的关系，"一般讲，两者的关系，既有部分与整体、局部与全局的性质，又有个别与一般、特殊与普通、个性与共性的性质。综观社会文化与校园文化的联系，社会文化占主导地位，校园文化具有从属性"[3]。但是，从文化建构角度看，校园文化有它独特的作用和内在的规律，并不是社会文化的附庸。校园尤其是大学校园，既然是人才集中、知识密集、思想活跃、具有生生不息的创造性的场所，就必然呈辐射状对社会发生作用。校园文化既可以在人力资源及其知识、技术方面服务社会，又可以在思想文化建设方面引领

---

[1]马千里：《高校校园文化理论研讨会综述》，《教育研究》1992年第2期。
[2]王荃、王莎：《高校校园文化与社会文化互动繁荣的运行机制》，《中国青年政治学院学报》2012年第2期。
[3]汪勇：《社会文化与高校校园文化的关系研究》，《新远见》2010年第5期。

社会文化的发展，成为走在社会文化前列的排头兵。事实上，许多具有时代气息的先进思想、理念及社会潮流都是首先产生于校园，再传入社会，逐步沉淀在社会民众的心里。从这个角度看，积极健康向上的校园文化建设也可以为社会主流文化提供养料和智力支持。

有的学者综合了上述两种看法，既从系统论的角度，也从逻辑的角度，对校园文化与社会文化的关系进行考察，认为校园文化的确是现代社会文化系统中的一个子系统，是社会历史的必然产物，社会的政治、经济、文化、教育的变革与发展都会给校园文化带来巨大的波动和影响，但校园的高层次文化特征与社会文化客观上存在着巨大的差别，表现在青年学生身上，形成一种文化发展的矛盾性。它表现为：一是历史延续性和时代超前性比较明显。任何类型的文化都是在社会文化发展过程中逐步积累积淀起来的，都是历史发展的延续，没有历史的积累和积淀，也就没有今天的文化。校园文化同样如此。但是与乡村文化、企业文化、军营文化、城镇文化等其他文化形态相比，校园文化更为开放，对其外部文化进行分析、选择、吸取的能力更强，常常引领社会潮流，超越时代发展的特征更明显。二是在价值取向方面呈现出多元性和主观浪漫性。现代社会，学校尤其是高校的文化交流非常频繁，"加上青年学生由生理、心理特点所决定的可塑性，使青年学生更易接受外来文化的冲击，导致对社会文化选择的多元性，如果引导不当，就会脱离社会现实，带上主观浪漫的色彩"[1]。三是表现欲强并具有一定的盲动性。学生尤其是青年大学

---

[1] 马千里：《高校校园文化理论研讨会综述》，《教育研究》1992年第2期。

生具有很强的独立意识，表现欲强又难以把握自我，对社会问题十分敏感，但又难以拿出科学的解释，更不要说解决问题的方案，理想与现实的矛盾在其心里越积越深，长期得不到疏导，就有可能产生一些不合情理的举动。所以，校园文化与社会文化之间存在着相互制约和相互促进的关系。

有的学者既不从系统论的角度，也不从逻辑的角度，而是从时代的角度来研究、探讨校园文化与社会文化的关系，提出在当代社会中，由于市场经济体制的逐步确立，学校的功能结构发生了相应的变化，尤其是企业文化对校园文化的冲击和影响越来越大。加强校园文化建设的目的，既要促进良好的育人氛围的形成，也要塑造一种新型的组织文化，还要建设一种更加开放、与社会文化联系更加紧密的校园文化。

在进一步探讨校园文化与社会文化的关系时，有的学者从现实社会的文化现象出发，认为：一是在我们传统文化中，由于优秀的文化遗产与愚昧落后的世俗文化同时存在，相互混杂，造成青年学生在文化选择、吸摄时的困惑。二是物质文化的相对落后与精神文化的过高要求所形成的矛盾，造成青年学生形神分离、理想悬空的双重人格。三是青年学生的心理准备不足与社会期望值过高形成矛盾，青年学生强烈的参与欲与社会提供的机会不够也形成矛盾，这就造成了以青年学生为主体的校园文化与它的背景文化——社会文化发生冲撞与分离。四是校园文化在知识、技术精神、意识等方面的高层次对社会文化形成的势能差，但社会文化深远的历史积淀、浓厚的层面氛围以及庞大的群众载体相对于范围较小的校园文化来说也形成一种势能差。

有势能差就必然有交流与沟通，但两种文化的交流与沟通形式却是不一样的。社会文化对校园文化的交流与沟通往往是比较直接的，校园文化对社会文化的沟通则要通过教育环境，做大量的工作才能实现。这些工作主要有三种形式：第一种是校园人才的输出，第二种是意识形态的灌输渗入，第三种是知识技能的传播、交流。

还有其他一些概括，但主要是以上几种。这些论者的概括，总的说来是经过认真思考而得出的有一定根据的结论，不过，还想用对立统一的观点来对它们二者之间的关系做进一步分析。

二、校园文化与社会文化的对立

马克思主义的对立统一观认为，无论是自然界还是人类社会，一事物和它事物之间都存在着差别和对立，不是绝对同一的，就是每一事物的自身也同样如此，其内部也必然存在差别和对立的方面或因素。同一或统一的前提是差别和对立，没有差别和对立这个前提，就无所谓同一或统一，反之，任何内在的差别和对立又总是与同一或统一相联结的。辩证法的矛盾就是反映事物之间或事物内部不同方面的对立和统一关系的哲学范畴。当然，校园文化与社会文化的关系也是在差别、对立前提下的统一，即对立统一的关系。

（一）校园文化与社会文化的区别

第一，从存在的空间范围看，校园文化与社会文化有明显区别。蔡成效认为：校园文化，一般是以校园物理围墙为界，"主要存在和发展于学校内部，本质上是社会文化领域的一个角落所具有的特殊文化形态"[1]，即主要是指产生、发展于校园物理围墙之内的文化现象，当然，也有超出校园物理围墙的，如家教、家电维修、暑期社会实践、文化下乡等活动，它们是校园文化向社会文化的辐射和延伸，但与校园物理围墙之内的文化现象相比毕竟是少数。因此，校园文化与社会文化的重要区别就在于校园文化孕育于校园，正如湛江师范学院杨泉良所言："它作为一种相对独立的文化形式，主要是因为它产生和运作于最富于文化内涵的校园。"[2]而社会文化的范围则要宽广得多，它广泛地存在和发展于社会各个领域，包括校园，是社会上各个领域的文化现象的总和。从逻辑角度上看，社会文化包含校园文化；从系统论的角度看，校园文化是社会文化的子系统。即使站在校园角度上把社会其他某一领域文化视为社会文化，该文化的范围也与校园文化的范围有比较大的差异，如乡村文化、城镇文化、企业文化、商业文化等与校园文化的范围显然不同。总之，"校园文化表现于学校内部，本质上是社会文化领域中一个局部的特殊文化形态；社会文化是存在于社会各个领域的一般文化"[3]。

第二，从存在的方式看，校园文化与社会文化有比较大的区别。关于文化的定义，其中有一个说法，就是将文化界定为存在方式。在校园文化中，虽然包含着各种各样的文化要素，每一种文化要素都有不同的存在方式，但"教"与"学"是校园中教师文化和学生文化

---

[1] 杜文华、徐新建：《校园文化论》，贵州师范大学编辑部，1989，第18页。
[2] 杨泉良：《社会文化与校园文化的关系》，《江苏教育研究》2010年第8期。
[3] 王荃、王莎：《高校校园文化与社会文化互动繁荣的运行机制》，《中国青年政治学院学报》2012年第2期。

要素所表现出的最具独特性的存在方式，也即是说："在具体的文化建设内容上，校园文化主要是围绕人的培养和发展来形成一种教与学的文化环境与文化氛围。"[1]因为教师是以"教"的方式向学生传授知识和文化并体现其价值，学生是以"学"的方式接受知识和文化并体现自己的存在。在社会文化的其他领域都找不到像学校所拥有的"教"与"学"的存在方式。因此，教与学的方式是学校校园文化所独有的风景；而在社会文化中，则主要是社会生活的本质的、以物质生产实践为基础的、各种各样的实践活动所构成的方式文化。"教与学同各种各样的社会实践相比，无论在行为的主体、客体、目的、手段、过程与结果等方面，都是大不相同的。"[2]从思维方式来看，由于受行为方式的影响，"校园文化侧重于理论型书本化思维，而社会文化则主要表现为理论与实践不同程度地结合的实践化思维"[3]。因此，青年学生往往书生意气，充满幻想；而社会青年则往往比较实际，功利性较强。

第三，从文化产品看，校园文化与社会文化也不一样。大家都知道，任何文化形态，其文化产品都由其存在方式所决定。校园文化产品，同其教学方式、思维方式、组织方式、生活方式等相适应，其产品既有精神的也有物质的，但主要属于精神产品，具体包括学术成果和人才培养。许嘉璐对此有比较详细的解读，他认为："大

---

[1]徐仲伟、陈昭文、周旬：《浅论我国高校校园文化建设》，《重庆师院学报》（哲学社会科学版）1990年第3期。
[2]杜文华、徐新建：《校园文化论》，贵州师范大学编辑部，1989，第18页。
[3]杜文华、徐新建：《校园文化论》，贵州师范大学编辑部，1989，第18页。

学的产品主要是两类：学术成果和人才。学术成果应该包括学术方法的演进和自由探索的气氛，这将由大学扩散至全社会，推动社会的进步；大学所培养的人，一批批地走到社会的各个角落，他们所带去的除了所学得的科学技术，还有所受到的文化熏陶。"[1]校园文化与社会文化的区别，主要是因为它的"对象是具有相当的知识水平，充满着精神活力的青年学生，这是校园文化与其他文化现象最为鲜明的区别"[2]。而社会文化产品也是既有精神的也有物质的，但主要属于物质产品。因为"由于其活动方式主要是实践方式，又必然地以生产实践为基础，因而，其产品既包括精神产品，也包括物质产品，并且，从文化的广义上讲，物质产品是社会文化的主要的和基本的产品。即使就狭义的社会文化而言，其产品尽管也主要表现为精神产品，而它也有不同于校园文化所创造的精神产品"[3]。其精神产品的不同之处在于，"从文化活动的产品来看，校园文化主要是通过教与学等产生知识性的精神产品，而社会文化却是通过其他的活动形式产生各种满足人们社会生活需要的物质产品和精神产品"[4]。即校园文化与社会文化产生精神产品的方式是不一样的。

第四，从主从关系看，校园文化与社会文化所处的位置不同。社会文化是一个国家或一个民族文化的总体，包括一个国家或民族文化的方方面面，像一张无形的大网布满山山水水、村村寨寨，布满每

---

[1] 许嘉璐：《高校校园文化建设漫议》，《求是》2004年第18期。
[2] 杨泉良：《社会文化与校园文化的关系》，《江苏教育研究》2010年第8期。
[3] 杜文华、徐新建：《校园文化论》，贵州师范大学编辑部，1989，第18页。
[4] 徐仲伟、陈昭文、周旬：《浅论我国高校校园文化建设》，《重庆师院学报》(哲学社会科学版)1990年第3期。

一个角落，虽然其中不同的文化要素也有不同的发展选择或特色发展方向，但是一个国家或民族的文化是一个整体，是一盘棋，既然是整体和一盘棋，那就有整体和一盘棋的总体导向和总的要求，有大家都遵循的主张和共同的价值导向，而整体中的部分和一盘棋中的棋子都必须服从共同的价值选择和一盘棋总的布局与安排。校园文化与社会文化比，显然只是整体中的部分和一盘棋中的棋子，如果说社会文化处于主导地位，那么，校园文化就处于从属地位。对此，学界的认识比较清楚："社会总文化的性质决定了大学校园文化的性质。一个时代、一个社会，总是有色彩缤纷、层次多样的文化现象，但是在错综复杂的文化现象中，必定会有一种处于主导地位、决定整个社会文化走向的主流文化，而主流文化的性质又是由特定社会形态中上层建筑的性质决定的。"[1]因而完全可以说："校园文化与社会文化两者的关系，既有部分与整体、局部与全局的性质，又有个别与一般、特殊与普通、个性与共性的性质。综观社会文化与校园文化的联系，社会文化占主导地位，校园文化具有从属性。无论何种文化形态，就其产生、发展和消亡的趋势而言，总由其社会文化决定其从属文化。"[2]尤其是社会先进文化对校园文化的主导作用比较明显，如社会主义先进文化在推动校园文化的发展中发挥着十分重要的作用，具体表现在：一是社会主义先进文化可以为校园文化的发展指明正确方向；二是社会主义先进文化可以为校园文化的提升与发展提供精神

---

[1]刘彬：《从校园文化与社会文化的互动关系谈校园文化建设》，《吉林教育科学》（高教研究）1999年第6期。
[2]汪勇：《社会文化与高校校园文化的关系研究》，《新远见》2010年第5期。

源泉。虽然社会文化决定校园文化，但是校园文化相对社会文化而言具有很强的独立性，"校园文化又不是无能为力的，它对社会文化具有反作用，它通过自己培养的人才对社会文化产生积极的影响，不但加固着原有的社会文化，而且推动并影响社会文化的发展，提高社会文化的水平"[1]。

校园文化对社会文化的作用主要是通过其"向外辐射，输出在校园文化环境中培养出的人才对社会文化的参与和影响来实现的。校园是知识和智力的密集区，是文化的集中体现地，也是新文化的聚集和发散地，校园文化的传播和扩散直接面向社会，对社会文化发生影响"[2]。校园文化尽管受制于社会文化，在总体上必须顺应社会文化发展的大趋势，但是，校园文化的独立性较强，"大学校园文化超前于社会总文化"[3]，尤其是高校校园文化的创造性特征比较明显，也是校园文化有别于社会文化的重要特征。有学者认为，校园文化与社会文化相区别的特点在于："它既是一种结构庞杂、选择余地大，变化最迅速的社区文化，又比其他社区文化有较大的创造性。"[4]我国高校是科技创新的主力军。有资料显示：近年来，我国高校的科技投入不管在人力还是物力方面都有显著增长。以2003年至2013年为例，在人力资本方面，我国高校2013年投入的教学与科研人员数量已经达到890798人，与2003年的645177人比，提高了

---

[1] 仲波：《大学校园文化浅论》，《教育评论》1987年第4期。
[2] 汪勇：《社会文化与高校校园文化的关系研究》，《新远见》2010年第5期。
[3] 刘彬：《从校园文化与社会文化的互动关系谈校园文化建设》，《吉林教育科学》（高教研究）1999年第6期。
[4] 黄禧侦：《高校校园文化研究综述》，《高教探索》1991年12期。

27.6%；在物质资本投入方面，我国高校2013年科技经费投入已接近1022.9亿元，与2003年的222.7亿元比，提高了近359.3%。经费投入的增加，其对应的高校科技产出也相应发生了很大变化，增幅比较明显：科技专著、学术论文、专利申请数、技术转让合同金额等几个典型代表且可量化指标中除了科技专著之外，其他几个指标都有较好的增长，比如学术论文发表数2013年达到808666篇，与2003年的387290篇比，增长了近108.8%；专利申请数2013年达到129034个，与2003年的10770个比，增加了近109.8%；科技转让合同金额2013年达到39.8亿元，与2003年的23.7亿元比，增长了近67.9%。[1]这里列举的还不包括高校产出的大量人文社会科学的创新成果。总之，创新性是学校校园文化尤其是高校校园文化区别于一般社会文化的重要特征。

第五，从所处的文化层次看，校园文化与社会文化也不尽相同。校园文化依附于学校，而学校是知识的汇聚之所，尤其是大学校园更是众多高层次人才集中工作、学习和生活的地方，就是青年学生也比一般社会青年的文化程度高。大学"成功的校园文化，自身就代表了这个大学，乃至于代表了一种国家的精神，如牛津之于英国，哈佛之于美国。所以，大学校园文化不同于带有明显功利性的企业文化，也不同于以接受和继承现有知识为目的的中小学文化"[2]。社会文化中的乡村文化、社区文化、企业文化等相对于校园文化而言，其文化

---

[1]王辉、常阳、朱健：《我国高校科技创新的效率评价与时空分异研究》，《南华大学学报》（社会科学版）2017年第6期。
[2]刘彬：《从校园文化与社会文化的互动关系谈校园文化建设》，《吉林教育科学》（高教研究）1999年第6期。

层次总体偏低,所以,就一般情况而言,校园文化与其他社会文化处在不同的文化层面。

第六,从与经济的关系看,校园文化与社会文化所受经济决定的方式和程度也不一样。马克思、恩格斯在《共产党宣言》中指出:"难道你们的教育不是由社会决定的吗?不是由你们借以进行教育的那种社会关系决定的吗?不是由社会通过学校等进行的直接的或间接的干涉决定的吗?"[1]也即是说,经济决定文化,有什么样的经济状况,就会产生什么样的文化形态,一定的文化是一定社会的经济的表现和反映。社会文化包括校园文化都受制于经济并最终决定于经济的发展,就一般情况而言,有什么样水平的经济,就有什么样品质的文化,文化的发展是需要经济作基础的,但是,社会文化作为社会大系统中的子系统,与经济系统、政治系统处在同一个逻辑层面,它们之间关系比校园文化系统与经济系统的关系更为紧密,相互影响更为直接,没有经济系统的支撑,文化系统将举步维艰,经济基础决定上层建筑讲的也是这个道理;而校园文化作为社会文化大系统中的子系统,"作为社会文化领域中一个角落里的文化形态,则较为直接地取决于文化的内部状况,较为间接地接受社会经济对它的决定"[2]。因此,在我国经济体制的变革中,首先发生变化的是社会文化大背景,然后才是校园文化的变化,即校园文化是在社会文化大背景发生变革的基础上,才逐步发生变化的。

---

[1]马克思、恩格斯:《马克思恩格斯全集》(第4卷),人民出版社,1958,第486页。

[2]杜文华、徐新建:《校园文化论》,贵州师范大学编辑部,1989,第18页。

第七章　校园文化与社会文化

此外，从规范的程度看，社会文化比较随意，而校园文化则比较规范。讲纪律、讲要求、讲标准、讲规范是校园文化的重要特点。

（二）校园文化与社会文化的矛盾冲突

校园文化与社会文化之间的矛盾冲突，主要表现在两个方面：第一，反映在校园文化与社会文化所拥有的知识内容的不同步上，其原因是"校园文化起主要作用是在校大学生在校园内长期共同生活形成了他们的共同价值观念、思维习惯和行为方式。经过知识的积淀自然对社会文化及'成人文化'反映出一些不满和怀疑，进而加之青年具有喜欢标新立异，敢作敢为的年龄特征，就使得校园文化很快地超出于社会文化，甚至有时产生消极文化现象"[1]。这种不同步又有两种不同的表现：一种是当校园文化所拥有的思想观念明显超前于相应领域的社会文化时，校园文化就要求对落后的社会文化进行变革，以适应已经超前发展的校园文化的需要；另一种是校园文化所拥有的观念、知识、技术等落后于相应领域的社会文化时，社会文化就会对校园文化提出变革的要求，如果校园文化满足不了社会文化的需要，校园文化就对社会文化形成了阻碍。现实中"这两种文化在知识内容方面的不同步发展，必然使它们在发展变化中呈现出互相否定、互相阻碍和互相冲突的趋势"[2]。第二，反映在思维方式的冲突上。校园文化思维方式主要以理性反思为主，"常常采取演绎、综合的形式和运用抽象、概括的逻辑方法，习惯于从一般向个别推演的思维程序，

---

[1] 王一兵、杨德华：《校园文化与社会文化的冲突和融合》，《沈阳医学学报》1996年第2期。
[2] 杜文华、徐新建：《校园文化论》，贵州师范大学编辑部，1989，第20页。

侧重于理论型的思维,其思维活动通常以收敛、单一、纵向、静态和反馈为主要特征"[1]。而社会文化的思维方式主要以经验运用为主,"更多地采用归纳、分析的形式和运用比较、总结等方法,习惯于从个别到一般的思维程序,侧重于经验型的思维,其思维活动通常以发散、多样、横向、动态为主要特征"[2]。

三、校园文化与社会文化的统一

按马克思主义唯物辩证法的观点,校园文化与社会文化有对立,有区别,有排斥,那就必然有同一或统一。因为"校园文化同社会文化的融合是文化现象发展的必然"[3]。两者的统一方面,主要表现在:

(一)校园文化与社会文化相互联系,共同构成文化的统一体

校园文化与社会文化本来就是一个文化的统一体,之所以这样划分,是缘于认识和研究的需要。关于校园文化与社会文化相互依存的关系,主要表现在以下几个方面:第一,校园文化离不开社会文化,社会文化也离不开校园文化;第二,校园文化与社会文化的互相联结;第三,校园文化与社会文化的相互促进;第四,校园文化与社会文化的相互渗透;第五,校园文化与社会文化的相互贯通。[4]校园文化与社会文化要想共同发展,也必须相互依存,结成一个文化的整

---

[1] 杜文华、徐新建:《校园文化论》,贵州师范大学编辑部,1989,第20页。
[2] 杜文华、徐新建:《校园文化论》,贵州师范大学编辑部,1989,第21页。
[3] 王一兵、杨德华:《校园文化与社会文化的冲突和融合》,《沈阳医学学报》1996年第2期。
[4] 杜文华、徐新建:《校园文化论》,贵州师范大学编辑部,1989,第22—27页。

体，才能相得益彰，共同发展。

（二）校园文化发展与社会文化发展的总体趋势是一致的

尽管校园文化与社会文化在其发展的过程中，有各自的独立性，也存在这样那样的问题，但是从总的发展趋势看是一致的，具体体现在：第一，社会文化的性质决定了校园文化的性质，即有什么样的社会文化，就会有什么样的校园文化。我国是中国特色社会主义国家，其社会文化的性质自然就是中国特色社会主义文化，作为社会文化一部分的校园文化当然也就是中国特色社会主义的校园文化，而绝不会是其他性质的校园文化。所以，在文化性质上是一致的，其发展也都必须坚持中国特色社会主义方向。第二，校园文化与社会文化是同步发展的。校园文化与社会文化是部分与整体的关系，虽然存在超前或落后的现象，但是超前或落后的距离不会很大，整体看仍然是同步的。因为"社会文化发展至某一阶段，总是通过一定的物质环境和精神氛围，使生活在其中的每个个体有意无意地在思想观念、心理素质、行为方式、价值取向等诸方面发生认同，从而实现对精神、心灵、性格的塑造"[1]，带动内部各文化要素的共同发展。

（三）校园文化与社会文化的主体都是人

校园文化的主体包括教师、学生和职工，社会文化的主体因为各构成文化要素的不同而有所不同，比如企业文化的主体是经理、员工，乡村文化的主体是农民，军营文化的主体是军人，等等，但无论是校园文化的教师、学生和职工，还是林林总总的社会各文化要素的

---

[1] 刘彬：《从校园文化与社会力文化互动关系谈校园文化建设》，《江南学院学报》1999年第1期。

主体，比如经理、员工、农民、军人等，都是人。是人创造了社会文化包括校园文化，同时，社会文化包括校园文化一旦被人创造出来，都会反作用于人——校园文化促进校园人的成长与发展，社会文化促进社会人的成长与发展。这就是校园文化和社会文化的意义所在，本质所在！

此外，校园文化与社会文化的统一性还表现在文化渊源及基本倾向的同一、文化基本功能的同一、文化变迁规律及作用因素的同一等诸多方面，[1]不再一一赘述。

四、校园文化与人的社会化

要讨论校园文化与社会文化的关系问题，就得讨论校园文化与人的社会化，因为校园文化问题主要还是人的问题，只有真正把校园文化与人的社会化关系基本理清了，才可能真正理解校园文化与社会文化的关系问题。

我们知道，教育的最终目的就在于实现人的社会化，而文化与教育又是紧密相联的，它们是同一事物的两个方面，所以，我们绝不能忽视校园文化在人的社会化中的作用。

（一）校园文化是青年大学生社会化的"中介"

人有两种属性：自然属性和社会属性，即每个人都是这两种属性的有机统一。一个人首先是一个生命有机体，是一个自然的存在物，但是人之所以为人，却不在于其自然属性，而在于其社会属性，是社

---

[1] 董敏志：《同一·相异·互动——对校园文化与社会主文化关系的阐释》，《当代青年研究》1992年第4期。

会属性决定人的本质。正如马克思所说："人的本质并不是单个人所固有的抽象物。在其现实性上，它是一切社会关系的总和。"[1]人一旦离开母体，就要受到社会文化的熏陶、感染与影响。这种熏陶、感染与影响的过程就是人的社会化。

社会化的内容虽然纷繁复杂，但归纳起来，一般可以划分为四个方面：一是教导社会生活基本技能。社会生活基本技能包括生活自理能力和谋生能力。因为生活自理能力的获得是人的社会化的基本内容，谋生能力是一个人能否参与社会生活的基本条件，因此从小就要对儿童走路、吃饭、穿衣等生活自理能力进行训练，要培养其长大以后走向社会所需的谋生能力——职业技能。二是教导社会规范。社会规范指的是社会成员必须履行的行为准则，包括法律规范和道德规范两种。三是确立正确的人生观。所谓人生观就是要解决"人为什么活着""什么样的人生才是有意义的"等问题。四是培养社会角色。社会角色就是指社会群体对处于某一特定地位上的个体所规定的一套理想的行为模式。在人所能承担的各种社会角色中，最主要的是职业角色。但社会化的内容并不是一成不变的，它既会随着人们所处的社会文化环境的变化而有所不同，也会随着人所处的发展阶段的变化而有所不同。比如少年有少年的社会化内容，青年有青年的社会化内容，老年有老年的社会化内容。大学阶段是人的社会化的关键时期，因为"大学生充满激情，情绪从不稳定趋向于稳定，人生观与世界观从不成熟趋向于成熟。他们的学习、生活和工作都有着特殊的要求和方式，所以在大学阶段重视大学生的社会化教育，对加速其社会化进程

---

[1] 马克思、恩格斯：《马克思恩格斯全集》（第3卷），人民出版社，1960，第5页。

至关重要"[1]。美国学者哈维格斯持（R.J.Havinghurst）在1953年提出了青年期的十个"发展课题"，基本上概括了青年期个体所能接触的所有领域。他的十个"发展课题"是：（1）学习与同龄男女的新的交际；（2）学习男性与女性的社会角色；（3）认识自己的生理结构，有效地保护自己的机体；（4）从父母及其他成人那里独立体验情绪；（5）有信心实现经济独立；（6）准备选择职业；（7）做结婚与组织家庭的准备；（8）发展作为一个市民的必要的知识和态度；（9）追求有社会性质的行为，而且实现它；（10）学习作为行为指针的价值与伦理体系。青年大学生称得上是青年群体的典型代表，因此，这十个"发展课题"也基本包含了社会对大学生的要求。

校园文化是校园物质文化与校园精神文化的总和。社会对大学生的要求，就主要是通过校园文化来实现的。校园文化是社会文化的亚文化。作为一定社会的政治和经济在观念形态上反映的社会文化和文化氛围深刻地制约、影响着人的活动方式，"培养社会的属性和联系的人，因而具有尽可能广泛需要的人生产出来——把它作为尽可能完整的和全面的社会产品生产出来"[2]。但是，社会文化对人的个性的形成和发展的作用，则是通过一个个具体文化的"折射"表现出来，如社会文化对企业中的工人和干部的影响是通过企业文化发挥作用的。从这个意义上说，校园文化就是社会文化作用于青年大学生的

---

[1] 郑洁、税伟：《论大学生社会化的发展阶段及主要内容》，《重庆邮电学院学报》（社会科学版）2004年第1期。
[2] 马克思、恩格斯：《马克思恩格斯全集》（第40卷·上），人民出版社，1982，第392页。

"中介"。这种"中介"作用，主要在于它把社会对青年学生的要求、社会的观念、行为准则和道德规范等体现在自己的文化结构中，以外显的或内隐的行为模式，潜在地影响学生的精神世界、价值观念和行为方式，从而培养出社会所期望的建设者和接班人。

（二）加强校园文化建设，促进青年大学生的社会化

校园文化既然是青年大学生社会化的"中介"，当然就是实现社会化的关键所在，要使社会化顺利进行，尽可能地避免"非完全社会化"现象的产生，就必须加强校园文化建设，使其"中介"作用能够得到充分地发挥。

1.重视校园文化总体建设

重视校园文化总体建设，可以将离散型转变为统合型，发挥文化的多功能作用。从团体心理特征上看，校园文化可以分为离散型与统合型。所谓离散型校园文化，是指校内大多数成员分散占有几种不同类型的文化，其中任何一种文化都不具备统合型的能力，都不占主导地位，"群龙无首"，类似"散兵游勇"，给良好的校风形成带来巨大的文化形态上的困难。这种离散型校园文化有许多不良的作用，如基本成员由于价值观念不同，因而行为体系产生派系斗争、闹不团结，校园出现较大的内耗，严重地影响文化功能的发挥。而统合型校园文化则不同，它是指学校大多数成员共同占有的某种文化，处于主导地位，集中反映学校的主流，表现为一种良好的校风。这种统合型文化特征：一是具有独特风气，使校园文化高度集中于一种作风，体现在学校工作的各个方面；二是具有普遍性，可以左右学校生活。这种统合过程一般认为，前期表现为舆论、教育，发挥规章制度、组织

纪律在行为规范上的约束作用；中期是一种文化向它以外的其余人提出统合，统合部分不断增多，表现为统合中的小幅度多频率；最后阶段是多数统合在一起，形成一种良好的校风。校风是学校办学的指导思想和培养目标的集中反映，是学校的学风以及其他作风等一系列行为习惯的总和，它依靠群体规范、舆论、内聚力等对集体成员产生强有力的约束作用。所以，领导必须想方设法，将离散型转变为统合型，充分发挥文化的多功能作用，促进青年大学生的社会化。

要实现从离散型到统合型的转变，其途径在于抓校风建设，只要良好的校风一旦形成，离散型也就自然转成了统合型。

2.加强校园文化主体的自我教育

校园文化的主体包括教师、学生和职工，由于学生占绝大多数，所以，加强校园文化主体的自我教育，实际上主要是指加强青年学生的自我教育。

自我教育是自我意识的形式之一，它是指最大限度地体现大学生主体作用的思想教育活动。加强自我教育是青年大学生"个性发展"（社会化）的有效途径。有学者认为："自我教育指个体（群体）根据社会规范和自身发展的需要，在自我意识的基础上，把自身作为发展对象，通过自我认识、自我体验、自我控制而影响其身心发展的社会活动。"[1]其中的"社会规范"就是社会对青年大学生的要求，也就是社会化目标。从心理学的角度来说，青年大学生社会化的心理基础在于接受社会化所灌输的规范而满足其得到别人赞许的需要，在自我教育的社会过程中逐步地接受理智的控制。

---

[1]冯春芳：《自我教育的概念界定及特征分析》，《前沿》2004年第3期。

加强自我教育的形式和方法一般有：

第一，重视社会实践活动。社会实践活动是青年大学生进行自我教育的好形式，它能把"知"与"行"统一起来，一方面加深对社会的认知，了解国情、省情、乡情，明确国家、社会对自己政治思想、遵纪守法及自力更生、艰苦奋斗等要求，使他们在实践中产生实现这些要求进行自我教育的愿望和动机，从而使他们获得勤奋学习、刻苦钻研、锐意进取的动力；另一方面，参加社会实践活动有助于个人找到正确的参照物对自我进行认知，发现自己的长处与短处、优点与缺点。

第二，开展校园文化活动，要求大学生拟定个人的自我教育计划。学校应尽可能开展丰富多彩的校园文化活动，使每一个学生都加入到活动中去，并要求学生在活动中拟订自我教育计划，使之成为自我分析监督的有效形式，同时，要培养学生的自我控制能力，不要随意产生冲动，学会自我激励，使自己的心理更加健全起来。

3.强化校园文化外显模式

从校园文化结构来看，可以分为外显和内隐两种模式。外显模式大致包括：哲学、政治、法律、历史、艺术、风俗、社会制度、行为规范、语言体系等，都有明确的外壳形式，并以文字等符号系统或人的具体行为作为载体。内隐模式则较为简括，它主要包括价值观念、情感系统、思维方式等。外显模式与内隐模式的显著区别在于是否具有具体形态，是否为人的感官所直接接受。它们二者共同构成一个文化整合。

每个社会都有它的一套行为模式，社会文化对每个成员都要以它自己的模式对其施加影响，同时，必须给社会成员提供能适应社会文化发展需要的价值观与伦理观，提供生活目标与行为准则，以鼓励其去实现社会期望，调节人际关系，规范人的行为，使之成为合格的社会人。由此可见，社会化的核心内容就是将社会规范传授给社会成员，而社会规范则是文化外显模式的重要内容。所以，要使青年大学生尽快掌握社会规范，成为社会所需要的合格人才，就得不断调整校园文化的内部结构，强化其外显模式。

总而言之，校园文化与青年大学生的社会化有着十分紧密的联系，校园文化是青年大学生社会化的"中介"，在青年大学生的社会化过程中起着十分重要的作用。为此，应加强校园文化建设，尤其要加强校风建设，以便促进青年大学生的社会化。

第八章　当代校园文化与传统文化

中华民族在几千年的漫长历史中以自己的聪明智慧创造了独特的极其丰富灿烂、绚丽夺目的文化，同时，传统文化又养育了中华民族，当然，也滋润了生长在其大地上的校园文化。不过，有一段时期，尤其是在改革开放初期，高校校园文化中崇尚西方文化的倾向比较明显，什么都是西方的好，甚至连西方的月亮都比中国的圆。季羡林曾直言道："从19世纪末以来，我们就走了西化的道路……我们西化的程度日趋深入。到了今天，我们的衣、食、住、行，从头到脚，从里到外，试问哪一件能离开西方现代的东西？中国固有的东西究竟还留下了多少？我看，除了我们的一部分思想感情之外，我们在物质生活方面真可以说有相当多的成分是'西化'。"[1]我们不能闭关自守，要向西方学习，没有错，但是中国高校校园文化是在中国传统文化的沃土中开出的花朵，其根扎向的是中国传统文化，主要吮吸的还是中国传统文化的营养。所以，不能忘了是从哪里来，也不能忘了

---

[1] 中华书局：《中华书局成立八十周年纪念论文集》，中华书局，1992，第2页。

中国传统文化。

一、传统文化

（一）传统文化的含义

由于"文化"概念的多义性，我国学术界对"传统文化"的概念也有不同的理解。

一些学者提出，"传统文化"不仅表现在各种程式化了的理论形态方面，而且更广泛地表现在人们的风俗习惯、生活方式、心理特征、审美情趣、价值观念等非理论形态方面。[1]一些学者对此做了进一步的分析，认为文化形态是由语言和文字、物质生产与物质生活、精神生产与精神生活、各种层次的社会组织与社会关系这样一些子系统构成的大系统。它是历史发展的综合成果，是社会的整体性产物。它一经形成，必然要陶冶每个社会成员，使他们的思想、观念、心理与生活实践自然地符合它的要求与准则，因而它具有普遍性、整体性的品格。同时，文化形态又具有直观性、丰富性、多样性、具体性的品格。

有的学者认为，中国的传统文化当然包括封建时代的文化，但并不仅仅是封建文化。[2]近百年来，中国的传统文化发生了很大的变化，它既包含封建文化，又包含了近代文化、"五四"以后的新文化等。有的学者认为，中国传统文化从根源上讲不是一源分流，而是殊途同归，是各种文化的大融合。从哲学上讲，它是各种思想的互相影

---

[1] 张智彦：《"传统文化研究"述评》，《哲学研究》1986年第6期。
[2] 张智彦：《"传统文化研究"述评》，《哲学研究》1986年第6期。

第八章　当代校园文化与传统文化

响和渗透。

有的学者认为，传统文化是在过去的历史进程中形成和发展起来的，是指周秦至清中叶这三千多年历史中形成并发展起来的文化。[1]另一种观点认为，传统文化是指从过去一直发展到现在的东西，传统文化是现在文化的反映。还有一种观点认为，传统文化是指植根于自己民族土壤中的稳定的东西，但又包含有动态的东西，是过去与现在交融的过程，渗入了各个时代的思想、血液。

有的学者认为，所谓中国传统文化，就是古代思想家、理论家所提炼出的理论化和非理论化的、并具有稳定结构的共同精神、思维方式、心理状态和价值取向等精神成果的总和。[2]

综上所述，可谓仁者见仁、智者见智，众说纷纭。上述观点，虽各有千秋，难以统一，但毕竟从各个方面和各个角度对中国传统文化的内涵做了有益探索，很有启发性。我比较赞成将传统文化理解为从过去一直发展到现在并流向未来的文化的看法。因为，"传统"不是一成不变的，它是发展的、变化的，或者说是流动的，而"文化"虽既包括物质的东西，也包括精神的东西，但根本的是精神的东西，是人化的精神印记，即观念体系、价值体系和知识体系。因此，所谓中国传统文化，实际上是指中华民族在历史上存在过的并流动于过去、现在、未来这整个时间中的一切观念体系、价值体系和知识体系。这些观念体系、价值体系和知识体系离不开一定的物质载体，但物质载体本身并不是文化，只是文化的附着物。文化永远都只可能是精神

---

[1] 张智彦：《"传统文化研究"述评》，《哲学研究》1986年第6期。
[2] 李宗桂：《中国文化概论》，中山大学出版社，1989，第10页。

的，传统文化同样如此，是传统的文化的精神印记。

（二）传统文化的内容

张岱年认为："中国文化的优秀传统有丰富的内容，其中最主要的是两个基本思想观点：一是人际和谐，二是天人协调。"[1]他还认为："中国古典哲学中的优良传统有四项：（1）唯物主义和无神论的传统；（2）辩证思维传统；（3）人本思想传统；（4）坚持民族独立的爱国传统。"[2]

钱逊认为，"传统中的仁爱精神、自强不息精神；富贵不淫、贫贱不移、威武不屈的独立人格精神；忧国忧民、竭诚尽忠的爱国精神；'慎独'的高度自觉的道德精神以及敬老爱幼、尊师重道、温、良、恭、俭、让等传统美德，与马克思主义又是可以相容、相通的"[3]，是可以继承和发展的。

李宗桂将中国文化精神和中华民族精神做了区分，认为中国文化精神是中性词，而中华民族精神是褒义词，尤其是中国文化精神和中华民族精神的内涵不一样，中华民族精神是中国文化精神的核心内容，是中华民族集体智慧的结晶。具体来说，中国文化精神的主要内容是指"自强不息、正道直行、贵和持中、民为邦本、平均平等、求是务实、豁达乐观、以道制欲、重整体倡协同、崇古重老、重道轻器"等；中华民族精神的主要内容是指"爱国主义的民族情怀、团结

---

[1]张岱年：《传统文化的发展与转变》，《光明日报》1996年5月4日。
[2]张岱年：《中国古典哲学中的优良传统》，《高校理论战线》1993年第1期。
[3]钱逊：《关于马克思主义与传统文化关系的几点想法》，《学术月刊》1996年第5期。

统一的价值取向、贵和持中的思维模式、勤劳勇敢的优良品质、自强不息的进取意识、厚德载物的博大胸襟、崇德重义的高尚情操、科学民主的现代精神"[1]。

总之，传统文化的内容博大精深、丰富多彩，没有统一的定论。并且传统文化的内容是不断发展变化的，只要地球在转动，时间在推移，今天就会成为昨天，现实就会变成传统，也就是说，传统是流变的，我们不能用静止的眼光看待它，要看到它的变化与发展。

二、当代校园文化与传统文化的关系

当代校园文化和传统文化的关系问题，一直是近几十年来引人注目的问题，它关系到传统文化的延续与发展，同时，也关系到当代校园文化的发展。

传统文化是当代校园文化的本源，而当代校园文化则是"流"，是对传统文化的继承和发展，即传统文化与当代校园文化是"源"与"流"的关系。用"源"与"流"来表述传统文化与当代校园文化的关系是比较准确的。此外，认为传统文化是当代校园文化的历史母体，任何人包括校园人都生活在本民族的传统文化氛围之中等观点，也颇有新意，因为"作为从属于社会文化的校园文化，它的发生和发展都不能离开母体，深受其影响"[2]。总之，校园文化只有牢牢扎根于传统文化的土壤之中，汲取传统文化的乳汁和精华，继承传统文

---

[1]李宗桂：《中国文化精神与中华民族精神的若干问题》，《社会科学战线》2006年第1期。

[2]潘正云：《传统文化与校园文化》，《学校思想教育》1992年第3期。

化的优良传统,才有创新和发展的可能,否则像断线的风筝,不可能飞得高飞得远。黑格尔曾说过:"我们在现世界所具有的自觉理性,并不是一下子得来的,也不只是从现在的基础上生长起来的,而是本质上原来就有的一种遗产。确切点说,乃是一种工作的成果——人类所有过去各时代工作的成果。"[1]黑格尔想告诉我们的不仅仅是他的研究成果,包括世界上所有自觉理性的成果,不是凭空产生的,都是在原来基础上发展而来,甚至是原来就有的一种遗产。马克思指出:"人们自己创造自己的历史,但是他们并不是随心所欲地创造,并不是在他们自己选定的条件下创造,而是在直接碰到的、既定的、从过去继承下来的条件下创造。"[2]马克思强调的是人们对历史的创造,是在对过去继承下来的历史条件下的创造,是在继承前提下的创造。毛泽东指出:"中国现时的新政治新经济是从古代的旧政治旧经济发展而来的,中国现时的新文化也是从古代发展而来,因此,我们必须尊重自己的历史,决不能割断历史。"[3]确确实实,历史是我们文化发展的根脉,割断了历史也就割断了我们文化的根脉。没有了根脉,我们的文化还谈什么发展?就像断线的风筝,最终不知会飘向哪里。更何况中国的传统文化并不会在历史的烟云中失去其生命的价值,反而会随着历史的发展日益凸显其应有的光辉。习近平指出:"中华民族有着深厚文化传统,形成了富有特色的思想体系,体现了

---

[1] [德]黑格尔:《哲学史讲演录》,商务印书馆,1959,第8页。
[2] 马克思、恩格斯:《马克思恩格斯全集》(第8卷),人民出版社,1961,第121页。
[3] 毛泽东:《毛泽东选集》,人民出版社,1967,第708页。

中国人几千年来积累的知识智慧和理性思辨。这是我国的独特优势。中华文明延续着我们国家和民族的精神血脉,既需要薪火相传、代代守护,也需要与时俱进、推陈出新。"[1]2017年,由中共中央办公厅、国务院办公厅印发的《关于实施中华优秀传统文化传承发展工程的意见》指出:"中华文化源远流长、灿烂辉煌。在5000多年文明发展中孕育的中华优秀传统文化,积淀着中华民族最深沉的精神追求,代表着中华民族独特的精神标识,是中华民族生生不息、发展壮大的丰厚滋养,是中国特色社会主义植根的文化沃土,是当代中国发展的突出优势,对延续和发展中华文明、促进人类文明进步,发挥着重要作用。"校园文化是在传统文化土壤中开出的花朵,必须继承和发扬优秀传统文化,才能丰富其精神内核并具有持续发展的动力。当然,对中国传统文化的继承是继承其精华而非糟粕,这就需要对中国传统文化进行系统整理和研究,把真正的优秀的传统文化成果挖掘出来,用于提升当代校园文化的层次和水平。当然,从传统文化的发展来看,也只有承传给当代校园文化,才有新生的希望。因为,任何文化都不可能像校园文化尤其是高校校园文化那样准确、完整地保留、传播传统文化。所以,在某种意义上,它们是相互交融的统一体。不过,它们又是相对独立的,各自具有其特殊性,因而,又不能把它们混为一谈。

大家都知道,爱国主义教育是校园文化的主旋律,而中国传统优秀文化教育则在这个主旋律教育中占有十分重要的地位。中共中央宣

---

[1]习近平:《在哲学社会科学工作座谈会上的讲话》,《人民日报》2016年5月19日。

传部拟定并颁发的《爱国主义教育实施纲要》就明确规定把进行中华民族优秀传统文化教育作为主要内容之一。由此可以说，当代校园文化要想走出迷惘，要想进一步发展，上新的台阶，就必须弘扬中华民族优秀传统文化，并抓好抓落实。

三、当代校园文化对待传统文化的基本原则

如何对待传统文化是一个值得研究与思考的问题，既不能全盘否定，当然也不能全盘肯定，那么，到底应该怎样对待传统文化呢？让我们先来看看恩格斯曾说过的一段话："仅仅宣布一种哲学是错误的，还制服不了这种哲学。像对民族的发展有过如此巨大影响的黑格尔哲学这样的伟大创作，是不能用干脆置之不理的办法加以消除的。必须从它的本来意义上'扬弃'它，就是说，要批判地消灭它的形式，但是要救出通过这个形式获得的新内容。"[1]恩格斯在这里具体谈论的虽然是如何看待黑格尔哲学遗产的问题，但在方法论上，其实就是在讨论如何对待民族文化遗产的一般原则问题，当然也是校园文化对待传统文化的一般原则，所以，当代校园文化对待传统文化的基本原则应该是采取分析、辩证的态度，不能全盘端来，也不能全盘否定。

从这一原则出发来审视中华民族的文化传统，就会发现中华民族是一个敢于创新、富于创造力的民族，在长达几千年的历史中，无论是文哲史以至各个艺术领域，还是在科学技术方面都创造了光辉的成

---

[1] 马克思、恩格斯：《马克思恩格斯全集》（第21卷），人民出版社，1965，第314页。

第八章 当代校园文化与传统文化

就,为世界所瞩目。但是我们也应该清醒地看到,我国传统文化中确实有很多糟粕,有很多陈旧的落后的东西,曾经严重地阻碍着我国的发展,对此不仅要敢于批判,更重要的是要在批判中不断自我更新。比如"中华传统文化中固有的等级差别、官本位思想、礼教杀人、八股取士、文字狱、缠足等封建专制主义文化在一定程度上仍然影响着中国民主政治发展和建设,严重地阻碍着中国的现代化进程,必须坚决摒弃"[1]。

一个国家、民族及其文化包括校园文化的发展与进步,根本上在于自己长期形成的民族的创造精神。没有创造精神,难以有大的创新与发展。在长期的发展中,中华民族创造了光辉灿烂的文化。那么,如何从马克思主义的立场和原则出发对中华民族优秀传统文化进行审视?运用马克思主义的原则批判地继承民族的文化遗产,有着十分重要的现实意义。首先,中国优秀的传统文化是世界公认的文化瑰宝之一,是中华民族宝贵的精神财富,是祖先留给我们的最大的文化资源。1938年10月,毛泽东在党的六届六中全会上指出:"我们这个民族有数千年的历史,有它的特点,有它的许多珍贵品……我们不应当割断历史,从孔夫子到孙中山,我们应当给以总结,继承这一份珍贵的遗产。"[2]当代校园文化作为社会文化苑中的高层次文化,有义务也有责任在对传统文化进行科学审视、筛选和去粗取精的研究中发挥积极作用,为把这份遗产贡献给人类的文化宝库作出贡献。为此,

---

[1]王铭霞:《中华优秀传统文化的当代价值》,《山东干部函授大学学报》(理论学习)2019年第2期。

[2]毛泽东:《毛泽东选集》(第2卷),人民出版社,1991,第533—534页。

习近平指出：我们"要加强对中华优秀传统文化的挖掘和阐发，使中华民族最基本的文化基因与当代文化相适应、与现代社会相协调，让跨越时空、超越国界、富有永恒魅力、具有当代价值的文化精神弘扬起来"[1]。其次，历史是从昨天走过来的，新的是从旧的发展来的，没有旧的就没有新的，没有昨天就没有今天，没有今天也就不可能有未来。要建设社会主义新型的校园文化，提升其品位，就离不开对于传统文化的继承和改造。正如列宁所说："马克思主义这一革命无产阶级的思想体系赢得了世界历史性的意义，是因为它并没有抛弃资产阶级时代最宝贵的成就，相反却吸收和改造了两千多年来人类思想文化发展中一切有价值的东西。"[2] 钱逊也曾经谈到："马克思主义是在继承、吸取人类全部文明成果的基础上产生的，它也必须在不断吸取人类文明新成果的基础上发展。真正的马克思主义者决不会拒绝接受人类文明发展中的任何新成果，当然这也包括中国传统文化的优秀成果，这项工作当然要靠中国的马克思主义者来做。"[3] 总之，马克思主义包括新型的校园文化的建设都是离不开对传统文化中优秀文化的吸收与继承的，没有传统文化养料的滋补，也就不会有新的创造，这是马克思主义和人类社会科学发展所证明了的科学道理。

---

[1] 习近平：《在哲学社会科学工作座谈会上的讲话》，《人民日报》2016年5月19日。
[2] 列宁：《列宁选集》（第4卷），人民出版社，1996，第362页。
[3] 钱逊：《关于马克思主义与传统文化关系的几点想法》，《学术月刊》1996年第5期。

第九章　中国校园文化与外来文化

国际教育已经成为教育发展的大趋势。自20世纪80年代开始，西方发达国家就已积极推行教育国际化，美国还将教育国际化列为政府的一项重要政策组织实施。近几年来，世界各国的留学生数都在迅速提升。据美国国际教育协会Institute of International Education发布的《2016年门户开放报告》显示，2015—2016年在美留学的国际生最新数据再创新高，达到了1043839人，首次突破一百万。[1]除美国大量招收国际生外，法国、德国、英国、日本、澳大利亚、加拿大也非常重视留学生的招生工作。可见，国际教育已经是一种世界潮流，"教育国际化已不是愿不愿意的事，也不是可以等上一百年的事，而是必须立即行动"[2]。教育国际化早启动早见成效。在教育国际化的过程中，高等教育自然应该先行。我以为"没有国际教育的大学在当今

---

[1]美国国际教育协会：《2015/2016美国留学报告发布：在美留学生首次破100万》[EB/OL], http: // www.suibi8. com/essay/8102bf-8454847.html, 访问日期：2018年6月2日。

[2]侯长林：《我生命中的十年》，巴蜀书社，2015，第211页。

高度开放的时代很难立足，甚至算不上真正的大学"[1]。早在2012年9月18日"中国—东盟职业教育论坛"上，我就曾经以《国际化教育是高职院校可持续发展的必然选择》为题做过主旨演讲，当时我讲过三个"需要"：第一，高职教育国际化是"全球经济一体化"发展的需要；第二，高职教育国际化是多元文化交流的需要；第三，高职教育国际化是提升人才培养质量的需要。现在看来，我讲的这三个"需要"也适合应用本科，适合铜仁学院的发展。在这里，我还要说的是，国际教育也是地方新建本科院校应用转型、发展战略选择和应对未来生源危机的需要。地方新建本科院校应用转型，就是要调整办学定位，主动服务并引领其所处区域经济社会发展。从目前情况看，我国地方新建本科院校基本上都是建在省会城市或地级城市，建在县级地区的很少。而市州所在城市大都确立了开放的理念，并且相当一部分已经明确提出了国际化发展的战略和思路。要服务并引领其所处区域的国际化，大学本身不做国际教育怎么履行其职责和使命？因此，做国际教育就自然成了新建本科院校发展的现实选择。地方新建本科院校由于办学时间短，竞争力弱，要想追赶老牌大学，国际教育是很好的战略选择。因为，老牌大学办学历史悠久，在一些老牌学科专业方面，新建本科院校在短时间内要想超越难度很大，但是由于我国改革开放时间不长，国际教育起步都比较晚，实力都不强，这就给新建本科院校追赶和超越提供了机会。当年铜仁职业技术学院的国际教育能够几次在贵州省全省教育工作大会上得到贵州省教育厅霍健康

---

[1] 侯长林：《没有国际教育的大学算不上真正的大学》，《铜仁学院学报》2017年第1期。

厅长的表扬和肯定，就是把大家的弱项当成重点做。到铜仁学院工作后，我也明确提出要做国际教育。通过努力，截至2019年，铜仁学院留学生的规模已经达到了689名，占全省留学生总数的19%，他们分别来自埃及、泰国、老挝、哈萨克斯坦、叙利亚、巴基斯坦等国家。铜仁学院的国际教育是不是也会成为铜仁学院的亮点，成为贵州省的亮点，还需要时间检验。不过，铜仁学院曾提出留学生达到1000人的目标，如果这个目标能够实现，不说亮点也是亮点。当然，我们做国际教育不仅仅是为亮点而亮点，而是为了人才培养质量的提升，为了学校影响力的扩大，为国家的发展作贡献。2022年末，我国人口比上年末减少85万人，人口自然增长率为-0.60‰。人口负增长，会推动"0"分读大学时代的到来。未来生源最先受到冲击和影响的会是处于高等教育底端的高职专科院校和新建本科院校，所以，开展国际教育拓展生源市场，也是未雨绸缪，抢占制高点的需要。我想，如果看不到这一点，今后一定会遗憾的。

  随着改革开放的不断深入，中国文化与外来文化的交流将日益频繁，不仅是高等教育，就是中等教育和基础教育也呈开放之势，可以说国际教育已经实实在在地到来了，这种大的发展潮流势不可挡。伴随着国际教育潮流的到来，国际交流必然增多，其校园文化与外来文化发生碰撞与交融的机会也必然增多。因此如何对待外来文化，如同如何对待传统文化一样，是一个值得认真研究和思考的问题。

一、文化全球化与中华民族文化的发展[1]

（一）文化全球化

"全球化"（Globalization）一词，自20世纪80年代由西方学术界提出并开始研究以来，日益成为世界范围内政治理论界关注的焦点，也成为我国理论界讨论的热门话题。对"全球化"的讨论与认识有诸多不同的意见和看法，比如有人认为，全球化是说整个世界的联系日益紧密，各国之间、各地区之间相互依存。也有人认为，全球化可分为广义与狭义两层：狭义的"全球化"是指从孤立的地域国家走向国际社会的进程；而广义的"全球化"则是指在全球经济、文化交流日益发展的情况下，世界各国之间的影响、合作、互动愈益加强，使得具有共性的文化样式逐渐普及推广成为全球通行标准的状态或趋势。还有人认为，全球化是当代世界各种要素流动、融合并构成超国家的全球体系的过程。纵观人们对"全球化"的研究与认识，尽管仁者见仁、智者见智，但有一点认识是大家基本认同的，那就是全球化不仅仅是经济全球化，也是政治和文化的全球化。也就是说，全球化不仅在经济领域进行，它还渗透到政治、文化等领域，并改变着人类的生活和地球的面貌。全球化表明人类社会正在进入全球社会时代，全球社会呈现出相互依存、共同发展的局面，"全球人""地球村""地球文化"等词语就是对这一现象的具体描述。

文化全球化与经济全球化、政治全球化相比更贴近大众，从而自然更为大众所感知与认同。文化全球化就是指不同生活方式、消费

---

[1] 本节曾单独刊发在《社科与经济信息》2002年第2期上。

模式、观念意识的相互渗透、相互吸收和相互转化，从而在文化发展方面呈现出某种同一化趋势。文化全球化在当代的主要表现是：第一，随着科学技术的发展，尤其是信息技术的发展，文化比过去任何时候都更为活跃，影响也更大。由于微电子技术和现代通信技术的发展，不仅从根本上变革了通信工具和交流手段，给文化插上了腾飞的翅膀，开辟了文化传播与文化交流的新时代，同时，它也丰富了文化的内涵，因为信息本身就是文化。借助于文化的快速传播与广泛交流，出现了全球文化景观，如世界流行音乐、流行服装、流行食品、流行话语，等等。第二，全球文化观念的培育与发展。任何一个民族的文化，由于独特的历史和独特的地域环境，在文化观念和文化心理方面都有封闭狭隘的一面，对异域文化都有一种天然的排他性，如佛教文化在中国的传播受到了中国本土文化的抵制和改造就是很好的例证。而文化的全球化对中华文化而言，就意味着异域文化的中国化和中华民族文化的国际化。这就告诉我们：在当今时代，认识和思考问题，不能仅仅从本民族的角度出发，而应该立足本民族，把眼光投向世界，开始用大角度、大视野从人类整体进行思考，承认人类文化的某些共同性。从文化哲学的角度来看也是这样，文化既有个性也有共性。过去，在比较传统和比较封闭的时代里，由于视野的局限，人们谈论得更多的是人类各民族文化的个性，而忽视了人类文化的整体性，即忽视了人类文化的共性。显然，全球化时代的到来，已使全球联结成一个紧密联系、彼此依存和相互联动的信息整体，这就在文化上催生和培育了人们的整体观念、全球意识，即出现了以人类整体为认识对象的文化观。因文化全球化而逐渐出现的全球观念和全球意识，为人类以博大的胸怀和宽广的眼界审视自身、发展自己并创造更有价值的人类新生活开辟了光辉灿烂的前景。

但是，随着全球化进程的加快，尤其是文化共性的进一步张扬，是不是文化的个性会逐步被文化的共性所取代呢？这是许多人都深深忧虑的问题。从世界文化的现状来看，世界文化是多元构成的。在世界文化发展史上，各种文化既相互区别，又相互沟通，同时保持自身的特点，即保持文化的个性，由此推动世界文化的不断发展。对世界文化的多元格局，英国的汤因比和美国的亨廷顿都做过概括和描述。汤因比认为，从人类文明史来看，可以把人类的文明分为26种，其中最重要的是西方的基督教文明、东欧和俄罗斯的东正教文明、北非和中东等地的伊斯兰教文明、印度次大陆的印度教文明、中国和东亚的儒教文明。[1]亨廷顿认为，当代的文明主要有中华文明、日本文明、印度文明、伊斯兰文明、西方文明、东正教文明、拉丁美洲文明，以及可能出现的非洲文明等。这些文明或文化之所以能够比较清楚地区分开来，就说明它们具有各自独特的个性。这些文明或文化的个性在短时期内是绝不可能消失的，而且"在可预见的时间里，各民族、各国家在发展经济的同时一定会发展其自身文化，因而经济全球化将会使文化走向多元化。从今后的发展看，将会出现一个世界文化新的多元化格局，大体上会形成以西方文化为中心的欧美文化区、以中国文化为中心的东亚文化区、以印度文化为中心的南亚文化区和以

---

[1]赵秋梧：《汤因比与亨廷顿文明观之比较》，《南京政治学院学报》2001年第1期。

伊斯兰文化为中心的中东与北非文化区"[1]。

（二）中华民族文化发展应该注意的问题

既然文化的个性在短期内不会消失，而且还有可能形成以中国文化为中心的东亚文化区，那么，面对文化全球化发展的大趋势，中华民族文化的发展是不是可以高枕无忧了呢？问题也并不那么简单。中华民族的文化虽然有五千多年的根基，有丰富的文化内容和独特的文化体系，具有很强的自我生成、自我发展的能力，但是与西方文化相比，我们有优势，也有劣势。就其文化所产生的影响而言，由于西方文化借助强大的经济和先进的信息技术手段对中华民族文化产生了强大的冲击，这种影响，用北京大学吴国盛的话说，实在"太强大了，强大到容易把我们吞并的地步"[2]。吴国盛的话绝不是危言耸听。且看这样几组数据：美国控制了全球75%的电视节目的生产和制作，使不少第三世界国家的电视台成了美国电视的转播站；当今传播于世界各地的新闻，90%以上由美国和西方国家垄断；美国电影产量占全球电影总量的7%，却占据了全球电影总放映时间的一半以上；全球互联网中中文信息不足万分之一，而不受西方控制的英文信息也不足万分之一。中国现有报纸2000多种、期刊8000多家、出版社500多家、电视台400多家，但没有一家能和已成为历史的时代华纳在美国传媒界的地位相比。总之，西方文化在为中华民族文化提供发展机遇的同时，已对中华民族文化的发展形成了巨大的压力。西方文化的传

---

[1]汤一介：《在经济全球化形势下的中华文化定位》，《中国文化研究》2000年（冬之卷3）。

[2]章敬平：《文化：失落的身份证》，《秘书之友》2000年第2期。

播、扩散，尤其是西方文化霸权已开始侵蚀着我们的民族文化，潜移默化地影响着中华民族的生活方式、消费方式、生产方式以及人们的社会心理。西方文化霸权实际上就是"西方中心主义"的膨胀，表现在文化领域就是要求世界都遵循西方的价值观念、理论、生活方式。美国多次就"人权"问题对我国进行干预，就是文化霸权的具体表现。西方文化霸权的第二种表现方式就是通过控制国际机构，推行他们的价值观念。在全球化的进程中，目前，很多重要的国际组织都是以西方文明的特性建立的，并处在西方国家的控制之中。西方文化霸权的第三种表现方式就是利用市场经济进行文化渗透。在当今时代，以美国为首的西方国家的文化战略重点是，充分利用市场力量来传播其自由民主思想和价值观念。他们十分注重文化产品的配套生产和广泛输出，力求使之成为加强接触、灌输思想、移植观念的主要渠道。因而，西方国家文化产品的输出异常活跃。为了达到输出自由民主思想和价值观念的目的，他们大力加强和发展意识形态方面的产业，如电影、电视、广播以及激光唱盘、传真机、互联网等产业，并以尽可能优越的条件和先进的手段提高产品竞争力及市场占有率。尤其是卫星技术的发展，使西方文化无孔不入。在这样的情况下，维系我们民族文化的纽带也就异常脆弱，因而可以说，西方的文化产业对我们处于弱势的国家和民族而言，其所强行的"市场准入"是我们民族文化安定的最大威胁。在文化全球化的今天，中华民族文化要想求得生存与发展，有几点应特别引起人们的注意：

1.调整文化心态，坚持文化的民族性。面对文化全球化浪潮的冲击，人们的心态十分复杂：有的认为西方文化大量涌入，将给中华民族文化注入生机与活力,从此中华民族文化将进入新的繁荣时期,因而欢欣鼓舞;有的则认为中华民族文化将被外来文化所同化,从此将逐步走向衰落,因而悲叹不已。这两种心态,应该说都带有情绪化的偏见,是我们应该克服的,我们要用理智的、客观的眼光来看待文化全球化条件下我们民族文化的发展。健康的文化心态,应该是全面、开放、发展、平等、互相尊重的。仅有健康的心态还不够,我们还必须清醒地意识到,在任何时候都必须坚持文化的民族性,即坚持文化的个性。因为,一方面,越是民族的才越是世界的,另一方面,丧失了文化的民族性,也就丧失了民族文化存在和发展的根本。但是,对民族性也要有正确的认识和理解,既不能取消中华民族原有的民族界限,也不能固守狭隘的民族主义。文化全球化,实际上就是一个将世界文化民族化和把民族文化世界化的双向并进的过程。

2.开展文明对话,反对西方文化霸权。有学者认为,21世纪是一个文明冲突的时代。当然,世界文化丰富多彩,各有积极因素和消极成分,不同文化的广泛交流必然产生摩擦与碰撞,必然发生文明与文明之间的冲突,而且有的冲突可能还是异常激烈的。因而有的西方国家就认为,他们国家领导人的主要责任就是保护和促进他们共同拥有珍贵而又独特的文明中的利益、价值观和文化等。美国的亨廷顿就曾建议,把"北约组织"的基本目标定为"保卫和维护西方文明"。战争与经济制约,固然能使有些处于弱势的文明暂时屈服,但要真正消除文明与文明之间的隔阂,最好的办法还是沟通。要沟通,就必须开展文明对话。在开展文明对话的过程中,一方面,我们可以大胆地学习借鉴西方一切优秀的文明成果,另一方面,通过文明对话,可以将中华民族文化推向世界。比如，我们博大精深的儒学，可不可以在文化全球化的进程中因此而走向世界？因为中华民族文化具有为人类所共同接受的内在特质，它完全可以超越我们民族的范畴和地域界限，以它包容百川的恢宏气度走向世界。与此同时，我们要坚决反对西方文化霸权。随着文化全球化步伐的加快，中华民族文化面临的挑战，主要就是文化霸权，确切地说就是"西方中心主义"的文化霸权。以美国为首的西方国家的文化扩张已广泛地渗透到世界的各个领域，积极抢占其他国家尤其是发展中国家的文化市场和信息空间。美国的文化扩张不仅引起许多发展中国家的忧虑，也遭到法国、日本、加拿大等发达国家的抵制。他们把美国的文化扩张行为称为"文化霸权主义""文化帝国主义""文化殖民主义"等。美国文化霸权的实质，就是想在世界文化的格局中建立以它为首的单极的文化世界。事实上，世界上有两百多个国家，有几千个民族，有不同的文明和文化，不能只有一种文化模式、文化要求和文化声音。国际政治格局是多极的，世界文化格局也应是多极的、多元的。我们坚决反对想建立单极文化世界的文化霸权。

3.继承文明传统，提倡文化创新精神。中华民族具有悠久的历史，创造了灿烂的文明。中华文明内容丰富、博大精深，基本精神主要有：自强不息、正道直行、贵和持中、求是务实、豁达乐观等。这些基本精神，是我们中华民族文化繁衍生息的根基。一个抛弃了自己文明传统的民族，很难对外来文化哪怕是先进的外来文化做出正确的判断和实事求是的诠释，当然，更谈不上推动自身文化的发展，反而会无所适从。任何一个有影响的民族，如果抛弃了自己的文明传统，不在发扬自己民族优秀文化传统的基础上学习、吸收和借鉴其他民族文化的优点和长处，其结果只有一个，那就是本民族文化的衰落、灭亡，以致整个民族的毁灭。因此，中华民族在文化全球化的今天，要求得自己的生存和发展，就必须固守和发扬自己的文化传统。同时，由于文化全球化是一把"双刃剑"，既有机遇也有挑战，中华民族要维系自己的文化，就必须在继承的基础上不断创新，不断地发展自己，这样才能适应时代发展的需要；否则，我们就无法在这场前所未有的文化竞争中掌握主动权。从这个意义上说，文化的兴衰，全在于创新与否。当然，文化创新是很艰巨的任务，不是每一个人都能取得文化创新的成果，但作为中华民族的一员，都应提倡文化创新的精神，都应为之努力，为之奋斗！

二、中国校园文化与外来文化的关系

（一）外来文化的含义

对外来文化的理解，也有广义与狭义两种。但不管是广义还是狭义，都是就地域文化的角度而言的。所谓广义的外来文化，就是指中国这块疆域以外的文化，既包括欧美文化，也包括除中国以外的东方文化，如朝鲜文化、韩国文化、日本文化、菲律宾文化及东南亚的马来西亚文化、新加坡文化、柬埔寨文化、老挝文化和南亚的印度文化等。而狭义的外来文化则主要是指西方文化。由于中国文化与日本文化、新加坡文化、马来西亚文化等尽管各呈风采，但却不乏相通之处，中国和日本文化属于东亚文化，新加坡文化、马来西亚文化和印尼文化则属于东南亚文化。不过，如果从较大的范围来看，它们又同属于东方文化的范畴。尽管如此，这些文化相对中国而言，也是外来文化。过去，我和许多人一样，在自己的心里，认为外来文化主要是指西方文化，即持狭义的外来文化观，但是通过这么多年的观察与思考，我以为对于外来文化的定义还是应该持广义的外来文化观。

（二）校园文化的排外性

中国校园文化与外来文化的关系，也仍然是对立统一的关系，二者之间也存在着互相排斥和交融的情况。当然，这种排斥和交融不可能绝对分开，往往是排斥中有交融，交融中有排斥，只是主次不同罢了。

任何文化都具有一种排外性，中国文化尤其如此，当年的佛教文化、基督教文化等传入中国的时候，就遭到猛烈冲击。作为在长期封闭的中国传统文化土壤中生长起来的当代校园文化，无疑也具有同样的排外性。如果从校园人的角度来看，则主要表现在教师方面，尤其是中老年教师，因为他们是典型的校园传统文化的传播者。校园传统文化已深入他们的心理，可谓根深蒂固，对外来文化就自然地有一种排外性。当我们的国门刚刚打开的时候，这种排外现象表现得更为明显，许多中老年教师对纷纷涌来的外来文化，程度不同地怀有抵触情绪。这种抵触情绪，就是排外性的一种表现。

（三）中国校园文化与外来文化的统一性

不过，我们中国校园文化与外来文化又有统一的一面，即二者相互依存、共同作用的一面。当代校园文化是外来义化最主要的集散地，许多国外的新思想、新理论大都是首先传到校园，然后再由校园传入社会的。不断吸收、引进外来文化发展中一切积极合理的因素和有价值的成果，并结合我国的国情，加以批判继承、吸收消化，这对于建设中国特色社会主义校园文化有着极为重要的意义，尤其是西方发达国家的校园文化建设有一些成功的经验可以借鉴、可以学习。西方不少国家，在发现学校教育和社会文化建设出现偏差以后，及时采取加强对本国青少年进行思想品德及道德教育等措施。比如美国高校重视帮助学生成为一个合格公民的教育，日本的学校教育非常注意对学生进行如何做人的教育等。

由于"文化迁移"现象的存在，随着国际交流日益频繁，学校尤其是高校教师和学生接触外来文化的机会越来越多，受到的冲击和影响较大。据有关"调查结果表明，在外来文化的冲击下，绝大多数大学生能充分肯定中国传统文化，但仍有少数大学生盲目崇洋媚外。这一事实告诉我们，在世纪之交的世界文明体系和民族关系中，西方不良思潮的侵入具有一定的逻辑可能性"[1]。这就给我国高校学生思想政治工作提出了挑战。外来文化的大量涌来，不仅会影响我国教育基本观念的更新，而且会制约教育内容和方式的选择。因此，一方面，如果我们不能借鉴在经济上已步入现代化的西方发达国家的文化成果，不能吸取这些国家的教训，不能把握校园文化发展的大趋势，就会陷入极大的被动，当然，也就难以取得比较好的效果；另一方面，如果我们不能坚持以中国特色社会主义文化建设实践及其建设目标为校正系数对西方文化进行选择，就不能正确地对待西方文化包括外来文化。

---

[1]张莉、陆亚玲、沈新华、杨呈胜：《外来文化对大学生的影响及其应对措施》，《长江大学学报》（社会科学版）2017年第3期。

三、对待外来文化的原则

在校园文化领域如何坚持对外开放？怎样对待外来文化？这是一个十分重要的问题。外来文化并不可怕，问题是如何对待、怎样对待。在改革开放之初，有的人主张"全盘西化"，外来的东西都是好的，都是美的，而视中国文化为落后的陈旧的东西，企图以西方文化取代中国文化或以西方文化模式来改造中国文化，这条路已被社会实践证明是行不通的。一些人则视西方文化为洪水猛兽，拒其于国门之外、校门之外，一概排斥也是不现实的。因为，随着国门的打开，尤其是"一带一路"倡议开始实施以后，中国文化包括校园文化与外来文化的交流与融合正在日益加强，并成为一种趋势和潮流，同时，这种趋势和潮流也是中国特色社会主义文化进一步发展的内在需求和必然选择。正如邓小平所指出的：任何一个民族、一个国家，都需要学习别的民族、别的国家的长处，学习人家的先进科学技术。习近平也明确指出："中华民族是一个兼收并蓄、海纳百川的民族。对各国人民创造的优秀文明成果，我们当然要学习借鉴，不断汲取各种养分。"[1]由此可见，向别人学习是何等的重要，我们决不能故步自封，井底之蛙是没有出路的，我们一定要登高望远，要吐故纳新，要有包容百川的气度和胸怀。那么，到底应该怎样对待外来文化？对待外来文化的原则如何呢？邓小平的回答是：在坚持社会主义根本制度的前提下，"我们要向资本主义发达国家学习先进的科学、技术、

---

[1]中共中央宣传部：《习近平总书记系列重要讲话读本》，人民出版社，2014，第100页。

经营管理方法以及其他一切对我们有益的知识和文化,闭关自守,故步自封是愚蠢的。但是,属于文化领域的东西,一定要用马克思主义对它们的思想内容和表现方法进行分析、鉴别和批判"[1]。江泽民在十五大报告中进一步指出:"我国文化的发展,不能离开人类文明的共同成果。要坚持以我为主、为我所用的原则,开展多种形式的对外文化交流,博采各国文化之长,向世界展示中国文化建设的成就。坚决抵制各种腐朽思想文化的侵蚀。"[2]对待外来文化,应从我国的现实国情、从现代化建设的需要、从校园文化的建设实践出发,用马克思主义的观点和方法加以筛选,去芜存精,择其有用者而用之。不过,人们已逐渐认识到,中国文化和西方文化是完全不同的两种类型的文化。而日本文化则是以东方文化为主的东西方文化的综合产物。大家都知道,日本文化的渊源在中国,又糅合了西方文化。日本文化在它的经济发展中起了重要作用。然而日本有日本的国情,中国有中国的国情,只能借鉴,不能照搬。就拿儒学来说,中国的儒家以"仁"为核心,日本的儒教虽源于中国,但根据他们的民族传统进行了改造,以"忠"为核心。所以,我们只能从自己的国情出发,寻求有中国特色的校园文化建设模式。总之,对待外来文化,要有开放包容的胸怀,但同时要有辩证取舍的态度,坚持自主性、平等性、中国化、渐进性等原则。

---

[1]邓小平:《邓小平文选》(第3卷),人民出版社,1993,第44页。
[2]江泽民:《高举邓小平理论伟大旗帜,把建设中国特色社会主义事业全面推向二十一世纪——在中国共产党第十五次全国代表大会上的报告》,《求是》1997年第18期。

第十章　校园文化与人的非智力因素的培养[1]

非智力因素对教学、政治思想教育、教育管理工作以及培养人才等方面都有着极为重要的作用，对它的培养问题进行研究和思考是十分必要的。

一、非智力因素的概念

非智力因素，又称非认知因素。最早是美国心理学家亚历山大（W.P.Alexander）于1935年在其论文《智力：具体与抽象》中提出的。我国则在1983年以后才开始在公开刊物上出现，但发展很快，不仅在理论上予以了深化，而且在实践上也取得了明显的教育效果。不过，直到目前为止，关于非智力因素的定义尚无统一看法，对非智力因素所包含的基本成分也是仁者见仁、智者见智。一般认为，非智力因素也有广义与狭义之分。从广义看，凡是智力因素以外的一切心理因素都可以总称为非智力因素；从狭义看，非智力因素主要由动机、兴趣、情感、意志、性格等五种基本因素组成。

---

[1]本章曾刊发在《贵州高教》1990年第3期。

二、校园文化对非智力因素的培养起主要作用

影响非智力因素培养的要素，虽然纷繁复杂，但如果从空间来划分，也无非是家庭、社会和学校。一个人从小时主要受家庭的影响，随着年龄的增长，进入学校之后，学校的影响就逐渐上升为主要地位，与家庭的连接键就会相应减弱，尤其是进入大学之后，一般都远离家庭，家庭的影响只有通过平常的信件和假期短暂的逗留来实现，显然与长期生活的校园相比是十分微弱的。社会的影响虽有上升的趋势，但和学校也是不能相比的。小学时不大懂事，中学时虽具有了一定的领悟能力，但繁忙的功课使他们无暇顾及社会，只有进入大学之后，才有时间和精力，但由于社会是个内涵丰富的复合体，加上各种条件的限制，他们对社会的了解也只能是表面的、肤浅的。

学校可以分为课堂教学和课外校园文化活动两部分，课堂教学任务决定了它所进行的活动主要是智力活动。从信息交流的回路看，课堂上主要是师生间的交流，师生间的信息交流包括两条回路：知识性信息交流回路和情感性信息交流回路，其中，主要是前一条，情感性信息交流是依附于知识性信息交流而存在的。但课外校园文化生活就完全不同，无论是师生还是同学间，其交流回路一般都是畅通的。而情感信息的流通量明显增大，如交朋结友、谈情说爱等基本上都是在这一时间内进行的。此外，非智力因素的动机、兴趣、情感、意志、性格等的培养，也不是简单的课堂灌输所能完成的，它需要一种文化氛围的熏陶、感染和潜移默化的影响。课外校园文化由于内容的丰富性、活动范围的广阔性、活动方式的多样性与生动性等，恰好能满足

它多方面的需求。

所以，课外校园文化对非智力因素的培养起主要作用。当然，非智力因素的发展和提高，又会反过来促进课外校园文化的繁荣，如具有高尚道德情操的大学生会主动地为他人为集体着想。这对良好文化氛围的形成有着极为重要的意义。

三、校园文化对非智力因素培养的途径和方法

如果校园文化对非智力因素培养起主要作用的命题已经成立，那么，就应该研究怎样培养的问题，我认为，其途径和方法大致可以归纳为如下几个方面。

（一）强化校园文化思想机制，培养正确的人生观

我们是社会主义国家，培养的大学生要为社会主义服务，所以，必须坚持社会主义方向，用先进的思想文化占领校园文化这块阵地，强化思想机制，其形式多种多样，如开讲座、做报告、树先进等，但在进行任何一项活动时，该项活动的领导首先要关心如何使这一活动能最好地为共产主义服务，让马克思主义渗透到校园文化的各个环节、各个层面，从而加强思想政治教育。这样，校园文化的思想因素也就会直接或间接地渗透于大学生的认知系统，内化为大学生的文化观念，帮助其确立共产主义的人生观。这不仅是社会主义精神文明建设的重要任务，而且也是社会主义大学生成才的迫切需要，尤其对非智力因素的培养作用更为明显。具有正确人生观的人，容易产生强烈的求知欲和深厚的学习兴趣，一般都怀着积极乐观的情感，如责任感、荣誉感等，对现实抱有一种实事求是的态度，而具有错误人生观

的人，总是愈来愈悲观，因为他们的需要与社会发展背道而驰，终将陷入可悲的境地。人的性格和意志，归根到底也受人生观的制约与调节。一个大学生有了坚定的人生目标与生活信念，其性格自然会受到熏陶，表现出乐观、坦荡、自信等良好的性格特征和刚毅、勇敢、顽强等意志品质，但如果失去了人生的目标与生活的勇气，性格就会变得孤僻，甚至形成变态心理。

（二）筑牢校园文化精神支柱，形成良好的校风

任何一个民族要立足于世界，跻身于世界民族之林，必须要有强大的精神支柱，当然，校园文化要想蓬勃发展，发挥其应有的功能和作用，也应有它的精神支柱，才能形成一种强大的凝聚力。校园精神文化是校园文化的灵魂，是一所学校形成特定风格的内在根据。它是在校园文化生活中，由学校精英层积极倡导、逐渐形成的、学校全体师生的一种群体主导意识。这种群体意识在形式上表现为一般的行为模式，是学校的学风以及其他作风等一系列行为习惯的总和。由于学校的特殊性，每所学校校园文化精神支柱有所不同，但一般包括勤奋精神、严谨求实精神、进取创新精神和团结精神等。

现代心理学研究表明，群体中每个人的心理环境存在着一致性。由于这种一致性的存在，加强校园文化精神支柱的建设就会逐渐形成良好的校风，成为影响整个群体生活的一种规范力量。这种规范力量对非智力因素的培养有着潜移默化的影响。马卡连柯指出："有很高的威信和值得敬爱的学校集体的舆论的监督，能够锻炼学生的性格，培养学生的意志，能就学生个人的行为培养起有利于整体的习惯，能培养学生因为学校、因为自己是这个光荣集体的成员而自豪的精

神。"[1]因此,我们要通过生动有力的思想政治工作,通过严格的科学管理,努力铸成勤奋、严谨求实、进取创新和团结的精神,创造一个具有浓厚学习风气的环境,使学生受到良好的文化氛围的熏陶,从而促进非智力因素的发展。其中尤其要重视班集体对非智力因素的作用。班集体是学生生活的直接环境,既有教育作用,又有管理作用,往往通过改变学生个体意识和制约学生的行为与习惯,对学生的非智力因素发生影响。如在具有良好班风的集体里生活,执行着良好的纪律。学会严守纪律,坚决不做违反纪律的事,这本身就是最好的意志锻炼。

(三)丰富校园文化生活,满足学生多方面的需要

校园文化活动具有普遍性、广泛性和多样性的特点,一般可以分为知识和娱乐两大类。知识系统包括各种各样的社团、兴趣小组以及知识竞赛活动。校园文化活动是一项具有综合效益的实践活动。那么,培养非智力因素同样需要实践,无论是培养兴趣、磨炼意志,还是陶冶情操、发展性格都离不开实践。从心理学来看,各种活动不仅可以增强学生的体质,改善和提高中枢神经系统功能及神经活动的平衡性和灵活性,提高大脑皮层的分析与综合能力,而且也能促进学生健康情绪和个人品质(如勇敢、果断、自制、坚韧等)的形成和发展。大学生由于个人的经历、智力、成长环境不同,从而形成了相互间的差异。由于这种个别差异的存在,就产生了多方面的需求,如有的喜欢参加文娱体育活动,有的喜欢参加学术研究活动,等等。这就

---

[1] [苏]马卡连柯:《论共产主义教育》,刘长松、杨慕之译,人民教育出版社,1979,第353页。

必须丰富校园文化生活，改变单调、乏味的生活模式，才能满足他们的需求，实现他们的愿望。显然，在满足他们需求的过程中，就自觉或不自觉地培养了他们的非智力因素，如原师范院校每学期都要开展的"三笔"（钢笔、毛笔、粉笔）训练，不仅使学生掌握了钢笔、毛笔、粉笔等教师具备的基本技能，而且扩大了学生的兴趣，激发了学生奋发学习的欲望和热爱教师职业的情感。所以，我们要尽可能地开展各种活动，使校园文化生活丰富多彩。但由于大学生的动机是由两个方面的需要组成，即发展中的求知需要和尊重需要中的自尊需要，大学生活动的兴趣也主要来自这两方面的需要。因此，在开展校园文化活动时，首先，应考虑满足他们的求知需要和自尊的需要。其次，活动要有明确的目标，因为一旦达成了目标，就会产生一种成功的喜悦。这种"成功的欢乐是一种巨大的情绪力量"[1]，将成为进一步开展活动的动力。再次，各种活动要有具体、充实的内容，生动活泼的形式，发展变化的新颖性和吸引力。达不到这些要求，学生可能就会感到兴味索然，甚至看成是一种负担，那就收不到移情、冶性、增知的效果。

（四）引导校园文化主体进行自我教育、发挥学生的主观能动性

从校园文化的载体来看，有教师、职工和学生，而学生占绝大多数，可以说校园文化的主体主要就是由青年学生构成。现代青年大学生年龄一般都在18~22岁之间，身体发育已基本成熟，进入了心理相对平静的稳定期，是自我意识发展和完善时期。他们的自我评价和自

---

[1][苏]苏霍姆林斯基：《给教师的建议》，杜殿坤译，教育科学出版社，1980，第39页。

我调节能力都比较强，可塑性也大，只要引导得好，就会充分调动他们的积极性。这是非智力因素发展的有利条件。

要搞好校园文化主体的自我教育，就必须重视学生自我意识能力的发展。因为，自我意识能力的发展是大学生自我教育的基础。所谓自我意识，就是人对自己以及自己与周围关系的一种认识和态度。根据这种认识和态度来控制、调节自己的行为，使个体与环境保持动态平衡的能力，就是自我意识的能力。这种自我意识的能力表现在认识上就是认识自己、评价自己，表现在情感上是自尊、自信、自豪感、责任感和义务感，表现在意志上是自我监督、自我调节与控制。因此，自我意识不是个别的心理机能，而是一种完整的心理结构，人的非智力因素都受到它的制约和影响。所以，我们要引导学生进行非智力因素自我评价，明确自己非智力因素的优缺点，然后，再制订出有关计划和措施，付诸实践。在实践的过程中，还要引导学生定期对照计划和措施，督促自己加强自我教育。

（五）开设校园文化"诊所"，对学生进行心理咨询

大学时期是大学生自我意识和独立人格逐渐形成与发展的重要阶段。他们自身尚未完善和成熟，容易产生心理断乳危机，常常出现心理不健康的症状，如情感障碍和意志障碍等。心理不健康如果进一步恶化，就会导致心理疾病。在大学生中比较常见的心理疾病有神经衰弱、癔病、躁狂抑郁型精神病等，这些疾病大都与非智力因素有关。神经衰弱一般表现为精神萎靡、情绪烦躁不安、易冲动、好发怒等，主要由焦虑、苦恼和一些强烈刺激引起。癔病，又称歇斯底里症，主要是由心理创伤导致大脑机能失调，是各种不同的变态心理症状。此

病与性格有直接关系，多见于心胸狭窄而任性的人。躁狂抑郁型精神病是一种以情感障碍为主的精神病，又称情感性精神病，主要表现为情感的高涨或低沉，有时两种状态交替进行。显然，要医疗和防止这些疾病的产生，就必须在校园内设立一个特殊诊所，对学生进行经常性的心理咨询，解除他们心理的疙瘩，才能为培养良好的非智力因素扫清障碍。国外对此比较重视，如加拿大麦克麻斯特大学将咨询服务作为学生工作的核心内容之一。在学生事务所下设的学生咨询服务处，主要为学生提供三个方面的帮助：个人问题、学习问题及职业选择问题。其中，个人问题实际上主要指个人心理方面的问题。目前，我国有的大学已设立专门的大学生心理咨询机构，但为数不多，刚刚起步，有条件的学校也应尽快建立起来，没有条件或条件不具备的也应有咨询意识，发动广大教职工对学生进行心理咨询。这样，才能保证非智力因素不受损伤，顺利发展。

总而言之，校园文化对非智力因素的培养起着十分重要的作用，其培养的途径和方法也是多种多样的。

» 主要参考文献

一、主要参考著作

[1][美]伯顿·克拉克：《高等教育系统——学术组织的跨国研究》，王承绪，徐辉，殷企平，蒋恒，译，杭州大学出版社，1994。

[2][古希腊]柏拉图：《理想国》，庄丽，译，北京：时事出版社2014年版。

[3]程斯辉：《中国近代教育管理史》，武汉工业大学出版社，1989。

[4]蔡元培：《蔡元培教育文选》，人民教育出版社，1980。

[5]曹廷华：《高校图书馆与校园文化》，人民教育出版社，2002。

[6]杜文华，徐新建：《校园文化论》，贵州师范大学编辑部，1989。

[7][英]戴维·英格利斯：《文化与日常生活》，周书亚，译，中央编译出版社，1910。

[8][美]露丝·本尼迪克特：《文化模式》，何锡章，黄欢，译，华夏出版社，1987。

[9]高占祥：《文化力》，北京大学出版社，2007。

[10][美]克莱德·克鲁克洪：《文化与个人》，高佳，何红，何维凌，译，浙江人民出版社，1986。

[11]戴问天：《格廷根大学》，湖南教育出版社，1986。

[12][德]康德：《判断力批判》，邓晓芒，译，人民出版社，2002。

[13]吴克礼：《文化学教程》，上海外语教育出版社，2002。

[14][苏]麦丁斯基：《世界教育史》（增订本），叶文雄，译，五十年代出版社，1950。

[15]刘献君：《大学之思与大学之治》，华中科技大学出版社，2000。

[16]李宗桂：《中国文化概论》，中山大学出版社，1989。

[17][苏]苏霍姆林斯基：《给教师的建议》，杜殿坤，译，教育科学出版社，1980。

[18][苏]苏霍姆林斯基：《帕夫雷什中学》，赵玮，王义高，蔡兴文，纪强，译，教育科学出版社，1983。

[19][德]黑格尔：《哲学史讲演录》，贺麟，王太庆，译，商务印书馆，1959。

[20]冯利，覃光广：《当代国外文化学研究》，中央民族学院出版社，1986。

[21]侯长林：《高校校园文化基本理论研究》，人民出版社，

2014。

[22]侯长林：《侯长林文集·大学精神与高职院校跨越发展》，北京理工大学出版社，2012。

[23]侯长林：《侯长林文集·文化探索》，北京理工大学出版社，2012。

[24]毛礼锐：《中国教育史简编》，教育科学出版社，1984。

[25]陶行知：《陶行知文集》，江苏人民出版社，1981。

[26][苏]马卡连柯：《论共产主义教育》，刘长松，杨慕之，译，人民教育出版社，1979。

[27]衣俊卿：《文化哲学十五讲》，北京大学出版社，2004。

[28]杨心恒，宗力：《社会学概论》，群众出版社，1986。

[29]章柳泉：《中国书院史话》，教育科学出版社，1981。

[30]周蕴石：《筑波大学》，湖南教育出版社，1986。

[31]张楚廷：《张楚廷教育文集》，湖南教育出版社，2007。

[32]郑金洲：《教育文化学》，人民教育出版社，2000。

[33]中共中央党校科学社会主义教研室：《文化和文明》，求实出版社，1982。

[34]周复昌，吴端阳，周启明，蔡清江，廖兴森：《高等师范专科教育概论》，浙江大学出版社，1988。

[35]庄青：《世界·中国·大学生——当代大学生自我修养》，中国和平出版社，1988。

[36]钟叔河，朱纯：《过去的学校》，湖南教育出版社，1982。

二、主要参考论文

[1]毕进杰，彭虹斌：《学校群体文化：内涵、构成及其和谐发展》，《广东广播电视大学学报》2010年第6期。

[2]曾山金：《校风——大学之魂》，《高等教育研究》2005年第11期。

[3]曾小华：《关于文化定义》，《学习时报》2004年2月23日。

[4]陈奎彦：《关于校园文化的思考》，《教育研究》1992年第2期。

[5]陈灿芬：《试论地方高校校风的科学构建》，《湖南社会科学》2015年第5期。

[6]陈梦晖，吴艳阁：《图书馆文化在高校校园文化中的地位与作用》，《科技情报开发与经济》2009年第3期。

[7]杜丽娜：《高职院校校园文化活动渗透心理健康教育的作用及途径》，《河南农业》2018年第5期（下）。

[8]杜维明：《儒学的理论体系与发展前景》，《中华文化论坛》1999年第1期。

[9]董敏志：《同一·相异·互动——对校园文化与社会主文化关系的阐释》，《当代青年研究》1992年第4期。

[10]董泗利，王日江，亓高生：《创新高校图书馆规章制度的实践与探索》，《图书情报知识》2003年第4期。

[11]冯春芳：《自我教育的概念界定及特征分析》，《前沿》2004年第3期。

[12]费业昆：《文献增长与知识爆炸》，《情报理论与实践》1990年第5期。

[13]傅定涛：《大学教师文化的基本特征及教育学意义》，《当代教育论坛》2006年第11期。

[14]傅道春：《论高校管理中的文化因素——校园文化再探讨》，《齐齐哈尔师范学院学报》1989年第6期。

[15]傅威：《图书馆职能的基本概念及其规范化》，《四川图书馆学报》1996年第1期。

[16]范丰慧，史慧颖：《校风研究述评》，《外国教育研究》2003年第9期。

[17]范先佐：《教育如何去行政化》，《人民日报》2013年12月5日。

[18]巩梅：《浅谈高校图书馆在校园文化建设中的作用》，《大学图书馆学报》2002年第5期。

[19]管琳菲，孙养学：《我国高校学生社团的建设与管理研究》，《教育理论与实践》2018年第15期。

[20]高长江：《校园文化建设初探》，《宁夏教育学院学报》1983年第2期。

[21]郭孝文，吴玲：《论大学校园文化的内涵、机制与特征》，《吉林教育科学》（高教研究）1992年第1期。

[22]葛金国，石中英：《论校园文化的内涵、特征和功能》，《高等教育研究》1990年第3期。

[23]贾乐芳：《大学文化的学理难题》，《青岛农业大学学报》

2007年第12期。

[24]侯怀银，杨辉：《校风解读》，《教育科学研究》2007年第10期。

[25]侯长林：《高校校园文化建设与市场经济》，《贵州高教》1993年第1—2合期。

[26]侯长林：《校园文化漫议》，《绵阳师专学报》1996年第4期。

[27]侯长林：《文化全球化与中华民族文化的发展》，《社科与经济信息》2002年第2期。

[28]侯长林：《校园文化与非智力因素的培养》，《贵州高教》1990年第3期。

[29]侯长林：《没有国际教育的大学算不上真正的大学》，《铜仁学院学报》2017年第1期。

[30]侯长林：《谈谈高校校园文化建设》，《贵州高师教育研究》1989年第1期。

[31]贺宏志：《大学校园文化的结构与功能》，《高等教育研究》1993年第3期。

[32]黄禧侦：《高校校园文化研究综述》，《高教探索》1991年12期。

[33]胡云斗，张冠杰，仲广荣：《浅谈大学校园文化在大学生中的作用》，《山东省青年管理干部学院学报》2005年第4期。

[34]郝雅翰：《再论校风、教风、学风建设》，《黑龙江教育》（高教研究与评估）2009年第7—8期。

[35]郝文武：《学科和课程分化与综合的辩证法》，《教育学报》2006年第6期。

[36]何德宽：《教育小环境与社会大气候》，《贵州高师教育研究》1989年第1期。

[37]蒋孔阳：《谈谈审美教育》，《红旗》1984年第22期。

[38]蒋宏，李强：《"校园文化"再探》，《当代青年研究》1989年第6期。

[39]金文斌：《加强教风学风建设提高人才培养质量》，《中国高等教育》2013年第11期。

[40]姜平波：《校园文化活动的形式创新与内涵深化》，《黑河学院学报》2016年第6期。

[41]林存吉：《人际交往功能刍议》，《福建论坛》（经济社会版）1987年第11期。

[42]林柱育：《教育史上学校起源问题的商榷》，《学术研究》1990年第3期。

[43]梁建忠：《新时期我国高校校园文化建设的现状及对策研究》，东北师范大学硕士学位论文，2005。

[44]李桂生：《公安校园文化略论》，《公安部管理干部学院山西分院学报》2000年第1期。

[45]李磊：《高校校园文化作用、存在问题及建设刍议》，《黑龙江教育》（高教研究与评估）2009年第5期。

[46]李宗桂：《中国文化精神与中华民族精神的若干问题》，《社会科学战线》2006年第1期。

[47]李立国：《大学治理的基本框架分析——兼论大学制度和大学治理的关系》，《大学教育科学》2018年第3期。

[48]敏泽：《正确对待民族文化》，《光明日报》1990年1月9日。

[49]马千里，吉强：《校园文化建设评述》，《高教文摘》1991年第7期。

[50]马立新：《高等院校校园文化建设初探》，天津大学硕士学位论文，2008。

[51]刘铭，孟海帆，于喜春：《加强校园文化建设的研究与实践》，《黑龙江交通高等专科学校学报》2000年第14期。

[52]刘敏中：《文化模式论》，《学习与探索》1989年第4—5期。

[53]刘华杰：《自然科学的人文层面：两种文化》，《社会科学管理与评论》2001年第2期。

[54]刘小强，沈文明：《两种人：大学群体文化的分裂与跨越》，《中国高教研究》2013年第11期。

[55]刘彬：《从校园文化与社会力文化互动关系谈校园文化建设》，《江南学院学报》1999年第1期。

[56]刘道玉：《知识爆炸与学习的革命》，《黄河科技大学学报》1999年第1期。

[57]刘雨燕：《音乐教育在校园文化中的重要作用》，《明日风尚》2018年第9期。

[58]刘育奇：《现代大学校长的角色定位》，《湖南广播电视大

学学报》2007年第4期。

[59]饶祖天：《大学校园文化与思想教育》，《上饶师专学报》1989年第3期。

[60]欧阳康：《大学校园文化建设的价值取向》，《高等教育研究》2008年第8期。

[61]潘懋元，罗丹：《高校教师发展简论》，《中国大学教学》2007年第1期。

[62]潘仁彬：《图书馆社会职能探讨》，《图书馆建设》1995年第3期。

[63]潘正云：《传统文化与校园文化》，《学校思想教育》1992年第3期。

[64]秦冬晨：《从校园文化走进班级文化：落实德育三效的关键》，《中国校外教育》2018年第7期。

[65]钱逊：《关于马克思主义与传统文化关系的几点想法》，《学术月刊》1996年第5期。

[66]任友群：《高校校园文化与人的培养》，《高等师范教育研究》1997年第5期。

[67]史洁，冀伦文，朱先奇：《校园文化的内涵和结构》，《中国高教研究》2005年第5期。

[68]史文山：《古代书院的地位与价值》，《晋图学刊》1986年第12期。

[69]史继忠：《世界五大文化圈的互动》，《贵州民族研究》2002年第4期。

[70]孙显元：《"物质文化"概念辨析》，《人文杂志》2006年第3期。

[71]孙铜花：《试析语言、文字与文化的关系》，《俄罗斯文艺》2003年第10期。

[72]汤飞：《浅谈语言表达和文化之间的联系》，《双语学习》2007年第4期。

[73]汤一介：《在经济全球化形势下的中华文化定位》，《中国文化研究》2000年（冬之卷3）。

[74]吴为民：《谈班风建设》，《思想政治教育》1989年第1期。

[75]王干：《略论校园文化模式》，《学校党建与思想教育》1994年第4期。

[76]王洪才：《大学教师文化：特色·困惑·趋势》，《大学》2007年第2期。

[77]王志春：《论音乐教育在校园文化建设中的作用》，《黄河之声》2016年第10期。

[78]王永胜：《高校学生社团联合会体制初探》，《辽宁行政学院学报》2008年第5期。

[79]王东平：《校园文化建设初探》，《武汉交通政治管理干部学院学报》1989年第1期。

[80]王为民：《中国与英美高校教师绩效评估问题的比较与借鉴——以南昌理工学院为例》，《新疆教育学院学报》2017年第4期。

[81]王荃,王莎:《高校校园文化与社会文化互动繁荣的运行机制》,《中国青年政治学院学报》2012年第2期。

[82]王辉,常阳,朱健:《我国高校科技创新的效率评价与时空分异研究》,《南华大学学报》(社会科学版)2017年第6期。

[83]王素琴:《浅析高校图书馆两个职能的基本特征》,《图书馆学研究》1991年第3期。

[84]文书锋,唐颖:《学生干部毕业选择的优势分析》,《中国青年研究》2005年第5期。

[85]汪勇:《社会文化与高校校园文化的关系研究》,《新远见》2010年第5期。

[86]萧声:《文化概念考》,《湖南社会科学》1989年第5期。

[87]徐保均:《论校风的作用、要素及其培养》,《教育科学》1989年第4期。

[88]徐仲伟,陈昭文,周旬:《浅论我国高校校园文化建设》,《重庆师院学报》(哲学社会科学版)1990年第3期。

[89]谢万新:《用好软文化成就名学校》,《学周刊》2016年第35期。

[90]徐志宏:《论创新与文化的辩证关系》,《科学管理研究》2002年第2期。

[91]许嘉璐:《高校校园文化建设漫议》,《求是》2004年第18期。

[92]宣世臻,张先进:《高校应坚定地把德育放在首位》,《贵州高教》1990年第1期。

[93]袁建清：《先秦语文教育文献摭谈》，《铜仁师专学报》1991年第1期。

[94]姚小泉：《加强校园文化建设，促进学生健康成长》《贵州高师教育研究》1990年第1期。

[95]杨叔子：《校园文化与时代精神》，《中国高教研究》2007年第3期。

[96]杨益民：《关于校园文化建设的双向思考》，《江西高教》1990年第1期。

[97]杨海文：《文化类型与文化模式简论》，《中州学刊》1996年第2期。

[98]杨泉良：《社会文化与校园文化的关系》，《江苏教育研究》2010年第8期。

[99]郁丽玲：《构建图书馆文化的思考》，《武汉船舶职业技术学院学报》2012年第5期。

[100]于鸣镝：《图书馆是什么》，《图书馆理论与实践》1987年第2期。

[101]应金萍：《大学生文化与成人文化的冲突给学校教育带来的启示》，《浙江工商职业技术学院学报》2005年第1期。

[102]袁建清：《图书馆教育漫议——兼论图书馆职能认识问题》，《贵州高教》1990年第3期。

[103]袁小云：《文化模式视野下的文化本质——读本尼迪克特的〈文化模式〉》，《未来与发展》2011年第5期。

[104]袁维新：《学生质疑精神的缺失与重建》，《中国教育学

刊》2012年第10期。

[105]延凤宇：《高校校园文化的特质与构建》，《河北学刊》2006年第3期。

[106]张智彦《"传统文化研究"述评》，《哲学研究》1986年第6期。

[107]张岱年：《传统文化的发展与转变》，《光明日报》1996年5月4日。

[108]张岱年：《中国古典哲学中的优良传统》，《高校理论战线》1993年第1期。

[109]张悦莹：《文学与文化》，《商周刊》2015年第12期。

[110]张莉：《外来文化对大学生的影响及其应对措施》，《长江大学学报》（社会科学版）2017年第3期。

[111]张洪春，苑帅民，赵庚：《探析当今高校学生社团管理模式及其创新性——以高校团委管理学生社团模式为例》，《文教资料》2008年3月号下旬刊。

[112]张晓瑜：《试析大学生文化的本质特点》，《温州师范学院学报》1999年第4期。

[113]张培：《论牛津大学的保守性》，《文教资料》，2007年第4期。

[114]张根叶：《论高校图书馆人文环境建设》，《图书馆工作与研究》2004年第3期。

[115]张德：《高校校风建设的心理机制》，《教育研究》1988年第4期。

[116]赵健：《不可忽视的社会主义精神文明阵地——首次全国校园文化理论研讨会综述》，《高等教育学报》1990年第2期。

[117]赵虹，石鸥飞：《汉字的文化表征》，《思想战线》1991年第4期。

[118]赵秋梧：《汤因比与亨廷顿文明观之比较》，《南京政治学院学报》2001年第1期。

[119]祖国华，陈明宏：《谈校训、校歌、校标和校风等校本文化元素对大学生成长成才的作用——以吉林师范大学为例》，《现代教育科学》2009年第2期。

[120]战燕：《论我国高校校园文化建设》，哈尔滨工程大学硕士学位论文，2005。

[121]周洪宇，程启灏，俞怀宁，熊建华：《关于文化学研究的几个问题》，《华东师范大学学报》1987年第6期。

[122]周之良：《建设校园文化，优化成才环境》，《新华文摘》1991年第6期。

[123]周霁野，郭宇燕：《我国大学行政文化刍议》，《淮北煤炭师范学院学报》2008年第1期。

[124]仲波：《大学校园物质文化建设散论》，《淮阴教育学院学报》1988年第4期。

[125]朱明：《优良校风的作用》，《煤炭高等教育》1988年第2期。

[126]郑智超，李凯：《学校校风的革新：内涵、起点与关键》，《教育科学论坛》2017年第8期。

[127]郑洁，税伟：《论大学生社会化的发展阶段及主要内容》，《重庆邮电学院学报》（社会科学版）2004年第1期。

[128]章敬平：《文化：失落的身份证》，《秘书之友》2000年第2期。

» 附 录

《校园文化略论》评介[1]

袁建清

□校园文化是一个特殊的文化社区

□一部校园史实质上就是一部校园文化史

□校园文化是校园物质文化和精神文化的总和,是社会主义文化的一部分

□欧美不少"专家治国"论者坚定地认为:校园是社会的未来,掌握了学校,便掌握了人类的命运……

这里辑录的是即将由贵州教育出版社出版的铜仁师专中文系教师侯长林的学术专著《校园文化略论》中的部分命题。它提出了一个个为许多有识之士所关心,涉及文化、教育和政治等诸多学科领域里的问题,颇令人瞩目。

鉴于该书稿是国内校园文化研究领域中的先出之作,今年元月,

---

[1] 该文曾经刊发在《贵州文化》1991年第7期。

文化部副部长、中国文化学会理事长高占祥同志欣然同意将他在全国校园文化理论研讨会上题为《繁荣校园文化，培育四有新人》的讲话（摘要）作为该书的《代序》。

众所周知，校园，尤其是大学校园是青年学生成才的摇篮，其"教育模式"与"校园人"息息相关；同时，校园作为现代文化生活中的"特殊社区"，透过物质和精神的多棱镜所折射出来的"文化色彩"自然要引起"文化人"的密切注视。历史发展到今天，"校园文化"已不仅仅是教育界和文化界的"行业意识"了，它不仅成了市井百姓谈论的平常话题（虽然他们不一定都用这个术语），还成了政治思想工作者研习的重要课题，因为"校园文化"蕴含着高能量的"校园效应"，它要采取各种方式和通过各种渠道直接或间接地作用于"社会文化"或"大文化"。难怪西方学者要感叹"校园是社会的未来"，宣称"掌握了学校，便掌握了人类的命运"。从这个意义上说，繁荣社会主义校园文化，促进社会主义物质文明建设和精神文明建设，不也正是我们的政治生活思想领域应关注的大事吗？《校园文化略论》就是在这种社会历史背景下应运而生的，这也是作者的著述宗旨以及该书所探讨的校园文化理论的学术意义之所在。

我国对现代校园文化理论的研究工作起步较晚，目前尚处于探索阶段。除了散载于部分文化、教育报刊上的文章之外，一些地区性和全国性的专业工作会议或学术研讨会议也征集选编了不少论文，但都是仅供内部交流的专题性多人论文集。《校园文化略论》的作者认真总结了自己的研究成果（其中的几个章节已在几家刊物上发表），并参阅了上百种文献资料，博采众议，各抒己见，深层次地揭示了校园文化的性质、功能和主要特点，多角度地论述了校园的现状、模式和演变趋势，不仅对校园文化的总体理论做了全面介绍和评述，而且对校园文化的基本要素做了恰当的条分缕析，并将校园文化放在整个人类文化的大背景中进行全方位地考察，为我们在"校园文化"这个"古老而年轻的话题"方面设计了一副理论框架。所以，作者在该书的《后记》中说他是矢志"为校园文化的研究补白"不是没有道理的。事实上，《校园文化略论》确系校园文化理论研究领域中的一部"补白书"。

《校园文化略论》全书有十几万字，正文分为三大部分：首先，从整体上介绍"校园文化"，为概说（第一章）；接着，对校园人、校园物质环境、校园图书馆、校园文化活动、校风等构成校园文化的五大要素逐一阐述，为分论（第二章至第六章），也是全书的主体；最后，将校园文化与社会文化、传统文化、外来文化以及非智力因素等进行类比分析，为总结（第七章至第十章）。作者立足于高校教育环境，着眼于大学生文化氛围，视线自始至终落在校园的社会主义物质文化建设和精神文明建设这两个基本点上。可以说，字里行间渗透着"繁荣校园文化，培育四有新人"的学术指导思想，篇章前后突出了"校园人是社会文化的主体，校园环境是校园文化的静态表现，校园图书馆是校园文化信息的储存中心，校园文化活动是校园文化的动态表现，校风是校园精神文化的核心内容"理论主干。这是这部书稿选题立论的基本特色。

《校园文化略论》主要论述的是高校校园文化，然而并非见树不见林。作为文化中的"校园文化"，它隶属于包罗"一切人为的与人类生活有关的物质与非物质要素"的人类文化。在形态上，它有别于社会文化；在时间上，它有别于传统文化；在空间上，它有别于外来文化。它有自己固有的本质特征和独特的表现形式。另一方面，校园文化产生、发展、演变于学校之中，它具有特殊的育才功能。它是学校教育的孪生姐妹。从某种意义上说，它是文化与教育的交汇与融合。高占祥同志曾精辟地说："校园文化是以学生为主体，以外来文化活动为主要内容，以校园为主要空间，以校园精神为主要特征的一种群体文化。"面对校园方方面面的许多研究成果，我们不妨做这样一种假说：随着校园文化理论研究的日臻成熟，其理论构架逐渐成形，它是否会发展成为文化学或教育学的具有一定学科体系的分支学科或边缘学科呢？不难看出，《校园文化略论》的作者及其他研究者似乎正在奋力建造这样一座知识的学宫。细心的读者会发现，《校园文化略论》在论证方法上是双管齐下的。作者调用了比较研究的方法，竭力从"史"（校园文化的历史源流）和"实"（校园文化的现实状态）两个方面来展示校园文化的内涵和论述校园文化的特性，在基本理论的表述方式上采用了经纬交织的手法。这是这部书稿在行文体例上的重要特色。

当前，校园文化理论研究方兴未艾。研究者或从文化视角、氛围视角、活动视角和校园视角，乃至社会控制角度，对"校园文化"的内涵做界定；或按"校园文化"的价值取向、程控状态和功能表现，以及内核存在成分，对"校园文化模式"做分类。有的依据"主文化"的一般规律，或从"亚文化"的具体表现来论证校园文化的功能与特点；有的按照对"教育"的普遍认识，或从"高等学府"的特殊地位来评述校园文化的现状及其演变趋势。而《校园文化略论》的作者则一方面集各家之所言，将以上涉及校园文化的各种研究成果进行科学分析、归纳和整序；一方面抒自己之见解，对校园文化研究和校园文化建设中的一些理论问题做了深层次的揭示和符合实际的表述。笔者认为，《校园文化略论》在以下两个主要方面是有独到之处的：

其一，在分析阐述校园文化的构成成分时，作者在介绍了"两大层面"（物质和精神）、"两种部件"（硬件部分和软件部分）和"两类群体"（自然物质化的和社会精神化的）等一般看法之后，明确提出了"校园文化五要素"的新观点。我们知道，校园文化渗透着社会文化和民族文化，它承续了中华文化的优秀传统，具有认识功能；它体现了党和政府的教育方针，具有育才功能；它有调剂青少年精神使之乐观向上的作用，具有康乐功能；它负有净化校园环境和优化文化模式的使命，具有导向功能。但校园文化不是围墙里的文化，它受社会文化的制约并影响社会文化。正如《校园文化略论》所转述的那样，在改革开放的今天，校园文化"将从以政治目标为导向的文化转向以经济目标为导向的文化，将从单维度文化转向多维度文化，将从单渊源文化转向多渊源文化，将从衍生文化转向创造性文化"，因而具有主体性、批判性、开放性、超前性、创造性、可塑性和突变性等明显特征。因此，我们在研究校园文化的构成成分时，一定要看到"校园是一个特殊文化社区"，充分考虑到学校特别是高等学校校园的基本模式，尽量把校园文化理论的研究与现代高校管理的研究协调起来；同时，不可忽略"校园文化是社会主义物质文化和精神文化的总和"这个基本观点，要紧紧把握它的"以学生为主体，以课外文化活动为主要内容,以校园为主要空间,以校园精神为主要特征"等这样一些基本内涵,把"物质的和精神的""硬体和软体的""自然的和社会的"文化要素有机地统一起来,这样不仅可以自始至终从本质属性上去界定整个校园文化和划分校园文化的各个组成部分,而且也有利于校园文化基础理论和应用理论两个方面的研究。鉴此,我们说,《校园文化略论》关于"校园文化一般包括校园人、校园物质环境、校园图书馆、校园文化活动和校风等基本要素"的立论是顺理成章的。正是从这个角度分析,作者便有理有据地分别阐述了作为校园文化主体的"校园人",作为校园精神文化核心内容的"校风",作为校园文化信息储存中心的"校园图书馆",以及作为物化形态之静态表现的"校园物质环境"和物化形态之动态表现的"校园文化活动"等有关高校校园文化的五个主要方面。在谈及校园物质环境时纵论精神文明建设,讲到学风教风管理作风时畅谈物质文明建设,强调了校园图书馆在校园文化建设中的教育情报职能,突出了校园文化活动的社会主义方向和大学生文化心态的个性与共性特征。

其二,《校园文化略论》的作者把校园文化同社会文化、传统文化和外来文化进行了纵向和横向的比较分析之后,特别增补了《校园文化与非智力因素的培养》一题,因为"校园文化对非智力因素的培养具有十分重要的作用",而"非智力因素的发展和提高又会反过来促进校园文化的繁荣"!大学生们的动机、兴趣、情感、意志和性格状态的美丑善恶,真伪优劣,直接影响到校园文化层次的高低、内涵的深浅,甚至左右其发展方向。因此,作者指出:要强化校园文化思想机制,以培养学生正确的人生观;筑牢校园文化精神支柱,以形成良好的校风；丰富校园生活，以满足学生多方面的需求；引导"校园人"进行自我教育，发挥学生的主观能动性；开设"校园文化诊所"，对学生进行心理咨询。毋庸置疑，这些都是在校园文化活动中培养非智力因素的行之有效的途径和方法，也是加强校园文化应用理论研究的具有实践意义的思路和对策，对当前的校园文化建设十分有益。

诚然，同任何学科领域的先出之作一样，《校园文化略论》也还有着"围垦"的痕迹，比如有关校园文化的历史沿革、校园文化五要素的理论基础和大学生校园文化活动的组织领导等问题，还未能展开来论述，有的章节语止而意未尽。不过，"垦荒者贵在开拓"，《校园文化略论》实可堪称为校园文化学术园地中一朵初绽的奇葩。

（作者袁建清系原铜仁师专图书馆馆长、副研究员）

神圣没有失落

——青年学者侯长林和他的"校园文化"研究[1]

喻 健

作为一个新闻工作者,多年以来一直注视着一个人,而至今才得以正式下笔去写他。此人就是贵州省铜仁师专青年讲师、"校园文化"研究者侯长林。

那份朴实与荣耀

侯长林被铜仁地委、行署授予"科技拔尖人才"称号,在受表彰的人中,他最年轻,才32岁。当他在地直知识分子迎新茶话会上代表全区知识分子上台发言时,那份朴实与执着,那份欣喜与荣耀,那种对人文精神的崇敬之情,那种不懈追求人生神圣价值的永恒的渴望与冲动,给在场的领导、专家和学者留下了深刻印象。

1987年,侯长林中文系毕业后留校在铜仁师专工作,之后他便搞起学术研究。从毕业后的第二年发表第一篇论文起,短短六七年时

---

[1] 该文曾刊发在《当代贵州》1996年11月。

间，不仅撰写了《校园文化略论》一书公开出版，而且在国家、省、地级10多家学术刊物上先后发表论文18篇，其中不少论文或被评奖，或被引用，或被转载，或被收录，或被评述，在全国高教界引起了反响。原华东工学院马千里、吉强在评述我国校园文化理论研究时，首先评述了他的学术观点；人民出版社出版的《论学习》一书，全文转收了他的关于学习科学研究的论文；1992年参加贵州省高校思想政治教育研究会的交流论文发表后，被《高教文摘》全文转载；《高校校园文化的社会控制》一文还刊发在《南开教育论丛》上，他的科研成果被《贵州日报》、省广播电台、《贵州文化》杂志进行了报道和专题评价。

神圣没有失落

用他自己的话说，他成才的切身感受有三：一是离不开党的政策、领导的关心、师长的指导、朋友的支持；二是把握住时代的需要；三是不倦地追求，大胆地探索。当然这些感受是真实的，但我觉得，在他的灵魂深处，还有对人类、对社会、对祖国的良知和责任感。在有些人信仰失落、价值失范的时候，他没有选择钱财这个目标去奋斗，而是平静、执着、清苦地从事人文科研工作，维系一线血脉，担当起建设精神家园的重职，使神圣不至于失落，这恐怕才是他成才的内驱力。正因为如此让人感动，首都师范大学著名演讲家李燕杰教授亲自题写了"春风大雅能容物，秋水文章不染尘"的条幅赠予他，对他的品格和精神给予了褒扬和肯定。

再说"校园文化"

所谓"校园文化",按文化部副部长高占祥在为他的《校园文化略论》作的代序中下的定义说,是以学生为主体,以课外文化活动为主要内容,以校园为主要空间,以校园精神为主要特征的一种群体文化。在我国,"校园文化"这个概念于1984年在上海高教界出现,而真正重视"校园文化"研究,则是1989年,随着对社会主义办学方向的强调和须用马列主义、毛泽东思想占领校园的重申才正式开始的。所以,"校园文化"研究一开始就具有鲜明的政治目的和很强的教育使命。

这样,侯长林研究"校园文化"就不是一个简单的话题和轻松的工作。据统计,目前我国各级学校的在校生人数达2亿多人,这2亿多人的成长与成才,学校是要承担起重任的。对科学的人生观、价值观的认识和培养,对真、善、美的疏导和涵育,以及对各种能力的锻炼和形成等,校园文化就具有社会主义教育的战略性意义。侯长林很有远见地以教育学、文化学和伦理学为基础,把"校园文化"当作一门学科来进行研究,得到有关专家和机构的认可。1991年,他的《校园文化略论》出版以后,被学术界认定为我国最早系统研究校园文化理论的两部专著之一;第二年,获得贵州省第二届哲学社会科学优秀成果三等奖,受省政府颁证表彰;随后,被确定为全国校园文化建设研讨班培训教材,同时华南师范大学等高等院校把该书作为党政干部培训教材使用。

他本身就是"校园文化"的实践者

侯长林研究的"校园文化",不是围墙里的文化、闭门造车的文化,他本身就是"校园文化"的实践者。1984年,他进入师专以前,曾是一名出色的小学校长;进入大学读书期间,从班长当到校学生会主席,既是"三好学生"又是"优秀学生干部";从大学毕业留校后担任中文系团总支书记、学校专职团委书记,被评为地直优秀共产党员、十佳青年教师,是全省"优秀共青团干部"。十几年来,他没有离开教学和行政工作,一直与学生打交道,逐渐形成他的一套学生工作理论,为他的"校园文化"研究打下了坚实的基础。

为了弥补理论知识的不足,他还认真自学了行为学、社会学、文化学等学科以及大量的哲学著作,做了十几万字的读书卡片。同时在大学课堂里还开设了《人生哲学》《马克思主义哲学原理》等课程,不断在教学与管理的实践活动中分析、总结"校园文化"的种种现象与形成的原因,使"校园文化"理论得到丰富和完善。

学无止境天地宽

侯长林是个闲不住而又恪守正道的人。他出生在农村,幼时家境贫寒,但从没动摇对学术研究的忠诚。在打开"校园文化"研究局面后,他顿悟般地发现,"校园文化"研究的领域天宽地阔。他已经从对校园文化的一般现象的研究跨越到系统地对校园文化史、校园文化基本理论、校园文化应用理论的研究。去年,他应聘为天津大学出版社《德育百科全书》巨型辞典的分科主编,在撰写完3万多字95个词条之后，现又着手进行校园文化学科建设的研究，目前已发表4篇这方面的学术论文。

人需要朝气，人生更需要探索和追求，在当今社会，像侯长林这种选准自己人生坐标，然后毫不动摇地让生命在有意义的坐标点上闪闪发光的青年人，的确值得称道。

（作者喻健系贵州民族大学教授、贵州省作家协会副主席）

| 附 录 |

《校园文化略论》原版后记

校园文化是社会主义文化的一部分。它是一个古老而年轻的话题。说它古老，是因为校园文化作为一种客观存在的文化现象，依附于校园，和校园同时产生，有着悠久的历史，可以上溯到夏、商、周的"庠""序""校"及"瞽宗""辟雍""泮宫"时代。一部校园史实质上就是一部校园文化史。说它年轻，是因为直到20世纪80年代，人们才逐渐认识到这种文化的社会价值。近几年的社会现实使人们清醒地认识到：要培育和建设社会主义校园文化，就必须坚持社会主义办学方向，必须用马列主义、毛泽东思想来占领校园这块阵地。只有这样，才能保证校园文化沿着正确的道路健康发展，当然，也才能更好地培育出"四有"新人，完成培养共产主义接班人的任务。1990年4月，在北京召开了全国校园文化理论研讨会，表明了党和国家对校园文化建设的高度重视。这次研讨会，对校园文化研究具有里程碑的作用，它标志着我国对校园文化的认识由自发走向自觉，并为校园文化的发展和研究指明了方向。

由于"文化"是一个十分宽泛而又模糊的概念，作为文化概念的校园文化,也同样难以把握和定义,直到目前为止,仍没有统一的看法。在诸多不同视角的表述中,有的从文化视角,有的从社会控制视角,有的从氛围视角,有的从活动视角对校园文化进行定义,显然,其定义的表述各有不同,甚至有的是彼此相悖的。不过,一般认为校园文化就是指校园物质文化与校园精神文化的总和,它具有满足、教育等功能和开放、超前、创造等特点。关于校园文化的构成,有物质和精神两大层面、硬体部分和软体部分、自然的物质化的和社会的精神化的等三类看法,但不管怎样,我认为作为一个完整的校园文化必须具备校园人、校园物质环境、校园图书馆、校园文化活动、校风等基本要素,校园人是校园文化的主体,校园物质环境是物化形态校园文化的静态表现,校园图书馆是校园文化信息的储存中心,校园文化活动是物化形态校园文化的动态表现,校风是校园精神的核心内容。因而,这些要素缺一不可,否则,将是不完整或有缺陷的校园文化。当然,校园文化作为一个独立的整体,必然要和其他文化发生这样或那样的联系。所以,这部书稿主要由四部分组成:第一部分为概说,即从整体上把握,力求给人一个总体的印象,包括第一章校园文化概说;第二部分为内部构成要素分述,即对校园文化构成的基本要素分别加以阐述,在深度上下功夫,包括第二章校园人、第三章校园物质环境、第四章校园图书馆、第五章校园文化活动、第六章校风;第三部分为外部关系阐释,即校园文化与其他文化的关系,欲从对比中来看校园文化,包括第七章校园文化与社会文化、第八章当代校园文化与传统文化、第九章校园文化与外来文化;第四部分为余论,即从校园文化对人的非智力因素培养的角度,考察校园文化对人的发展的价值和意义，包括第十章校园文化与人的非智力因素的培养。这就是这部书稿的基本构想或框架。

　　书稿在撰写的过程中吸收了专家、学者有关校园文化研究的一些成果，由于参考资料较多，不能一一列举，谨在此表示衷心的感谢！并对关心这部书稿的文化部高占祥副部长、贵州教育出版社全体同志、省文化厅《贵州文化》编辑部侯天佑副主编、铜仁师专陈朝纲校长、铜仁报社马轼怀等领导和朋友致以诚挚的谢意！

　　本来打算对校园文化进行全面深入地论述，为校园文化研究补白，但由于才疏学浅，研究不深，远未达到应有的高度，所以，只能是略论而已。文中缺点和疏漏在所难免，恳请赐教！

侯长林
1990年10月10日于铜仁师专

《校园文化略论》第一次修订版后记

难得有一个国庆长假。在这个国庆长假即将结束的时候，如期完成了对这部28年前出版的旧稿的修订。28年前，我那时还不足28岁，正是所谓风华正茂之时，但转眼间，早已跨过知天命的门槛，正走向耳顺之年。真的是时光荏苒，岁月无情啊！不过，好在对这部旧稿的修订还比较顺利，虽然重新修订旧稿并不比新写作一部书稿容易，既需要重新回忆当时的写作情景，又要关照时代的发展，增添新的材料与观点，但是毕竟是自己曾经深思熟虑的东西，一旦静下心来，几十年前的思绪与想法还是能够比较快地被拉回到今天的现实之中，让我对这部书稿所涉及的内容有新的认识和感悟。如此这般的状态，尽管老之将至，尽管花去了我两个多月的时间和精力，但是既让我有机会纠正了一直想纠正而没有来得及纠正的过去的偏颇与失误，又让我对这些曾经熟悉的问题进行重新审思，并有新的收获。当我在电脑上敲下最后一个文字，站起身，静静地立于窗前，看着右前方碧波荡漾的明德湖水、湖岸边稀疏的青青垂柳和垂柳下的萋萋芳草，闻着不远处飘来的淡淡的桂子花香，心里的那份惬意又禁不住使我产生了"老夫聊发少年狂，左牵黄，右擎苍，锦帽貂裘，千骑卷平冈"的勇气和信心！过去不时出现的自己最美的文字和最好的作品还没有写出的感觉似乎又倏地回到了我的心头，遥望那青黛色的笔架山，以及鱼鳞般云层间或漏下的斑驳光点，让我对大自然赋予夕阳的灿烂与绚丽产生了无限的遐想！

我对这部书稿修订的原则是只做局部的调整、修补或增删，尽可能保持原貌，所以，修订后的书稿仍然为十章，并且每一章的名称也不变，只是增加了《〈校园文化略论〉评介》和《神圣没有失落——青年学者侯长林和他的"校园文化"研究》两个附件，以期读者对我的学术研究，以及我对校园文化的整体思考等，有一个大致的了解，便于批评和指导。

我在这里还想说的是，我的关于校园文化的两部书稿是在几十年中的不同阶段完成的，即这一部书稿首次出版时间是1991年，第二部《校园文化学导论》首次出版时间是2000年。对这两部书稿的撰写，开始的时候并没有规划，只是觉得这个问题该写，也就写了。比较好的是，现在看来，这两部书稿正好各有侧重，同时，又构成了一个围绕重点（即这部书稿主要讨论校园文化构成的基本要素或典型形态、《校园文化学导论》一书讨论校园文化学科建设），关照校园文化的面（内容涉及大中小学及幼儿园的校园文化），相互融通和相互支撑的校园文化研究的整体。我不敢说我的关于校园文化的研究已经形成了自己的理论体系，但是我希望我的研究能够促进校园文化理论体系的形成。每一门学科的具体内容和细节都很多，但最关键的还是学科理论体系的构建，只有学科理论体系的成熟，才谈得上学科的成熟。

文化的海洋实在太辽阔太深邃，没有人能够穷尽真理，就是校园文化这方小小的天地，我在里面行走了几十年，蓦然回首，仍然如坠五里雾中，我能够呼吸到校园文化清新的空气，能够感受得到校园文化脉搏的跳动，但是好像自己始终没有抓住校园文化的神韵。所以，有时想到自己的人生，想到自己走过的学问的路，不禁怅然若失，悲从心来。不过，后来慢慢地想通了——这不正好说明学问深似海吗？这不正是学问的魅力之所在吗？

　　我们都知道，每一个人的生命都是有限的，如何在有限中追求无限，这是哲学命题，也是现实问题。随着年龄的增长，我常常对生命进行反思，追问生命的价值和意义，渐渐地也就明白了——既然大自然给我以生命，并让我阴差阳错闯进了学术的领地，那就要在有限的生命历程中尽可能对无限的学问多一份敬畏，多一份追求，才不枉来人世走一趟，才对得起生我养我的土地！

侯长林
2018年10月6日于铜仁学院行政办公楼

第二部

校园文化学导论

《校园文化学导论》原版前言

"校园文化"一词自1984年上海交通大学提出以后,短短十几年时间,就得到了社会各界的认可,并被写进了党的十四大报告。1996年10月召开的党的十四届六中全会通过的《中共中央关于加强社会主义精神文明建设若干重要问题的决议》又把校园文化建设作为精神文明建设的重要方面提了出来。党的十五大对文化十分重视,将中国特色社会主义文化作为报告的十大部分之一进行了专题论述。1999年6月召开的全国教育工作会通过了《中共中央 国务院关于深化教育改革全面推进素质教育的决定》。而校园文化建设则是实施和推进素质教育的重要途径。作为文化尤其是校园文化理论研究者与实践者,既感到欣喜,又感到肩上担子的沉重。

这是我的第二部关于校园文化理论研究的书稿。第一部名叫《校园文化略论》,是全国最早的研究校园文化的理论专著之一,主要分析校园文化的典型形态与成因。这部书稿则主要从学科建设的角度,以文化学、教育学、哲学等为理论基础,对校园文化进行了系统、深入的探讨与论述,基本把握住了校园文化的内涵、特征、功能、作用和一般运行规律,为校园文化建设提供了理论和工作依据。从学科建设的角度来研究校园文化,即校园文化学。这部书稿部分内容的写作,最早开始于1993年发表的《建立"校园文化学"刍议》一文,后相继发表了《校园文化是一门亟待研究的新兴学科》《关于校园文化学科建设的探讨》等文章。因此,如果说我的第一部书是在学术准备不足的情况下为适应形势的需要仓促完成的话,那么,这部书稿则是在有充分准备,按计划,经过长期学术积累与深入研究及思考后完成的。当然,尽管如此,由于自身水平有限,书稿中的差错与谬误在所难免,诚望领导、专家和同志们批评指正。

侯长林

1999年7月26日

绪 论

近几十年，校园文化发展很快，无论是理论研究还是实践探索都得到了长足发展，取得了丰硕的成果。随着社会文化大背景的发展变化，校园文化更加活跃、更加开放、更加民主，我们有理由相信，在新的历史时期，我国的校园文化一定会以新的面貌呈现在人们的面前。而校园文化理论则朝着学科建设的方向演进发展。因此，对校园文化理论进行思考，尤其是对校园文化理论体系的构建与建设对策的研究，既是推进校园文化建设实践的需要，也是构建校园文化学科体系的需要。我国自觉建设校园文化的时间不长，校园文化作为一门学科进行理论构建的时间更短。也就是说，校园文化建设实践的经验积累不多，我的《校园文化学导论》这本书也只是对校园文化学体系的一次初步探讨。

| 绪 论 |

一、校园文化学研究的对象和任务

（一）校园文化学研究的对象[1]

任何一门科学的独立存在，首先取决于它自己具有的特定的研究领域，并且其研究对象不与任何其他学科的研究对象相重叠。毛泽东对此也有相关论述，他曾经指出："科学研究的区分，就是根据科学对象所具有的特殊的矛盾性。因此，对于某一种矛盾的研究，就构成某一门科学的对象……如果不研究矛盾的特殊性，就无从确定一事物不同于他事物的本质，就无从发现事物运动发展的特殊的原因，或特殊的根据，也就无从辨别事物，无从区分科学研究的领域。"[2]所以，从学科建构的标准来看，只有当一门学科所特有的研究对象能够清楚地分解出来并得到具体说明的时候，才能形成该门学科。因为，唯有确信研究对象是一种特殊的、独立的客观存在，才具备学科存在的前提和客观依据。

在我国，校园文化理论研究工作起步较晚，不过，虽只走过短短的十几年的历程，但对校园文化已展开了全方位的研究，初步构建了校园文化理论体系，推动了各层次、各类型校园文化建设模式的形成，使校园文化日益清晰地呈现在人们面前，越来越多的人开始认识到校园文化建设的重要性，并且"校园文化"一词早在党的十四大召开的时候就已得到了党和政府的认可，被写进了报告之中。当前，加强校园文化建设已成为教育界尤其是高教界的共识，但如何加强校园

---

[1] 侯长林：《校园文化是一门亟待建立的新兴学科》，《铜仁师专学报》1994年第2期。
[2] 毛泽东：《毛泽东选集》（第1卷），人民出版社，1991，第309页。

文化建设仍是一个众说纷纭的话题，也是校园文化研究者和建设者们正在探讨的问题。

那么，什么是校园文化学呢？顾名思义，它就是以校园文化内部结构、运行规律及其外部关系为研究对象的一门学科。这门学科能历史地反映校园文化建设实践及其理论研究活动的发展进程，并揭示其规律。校园文化学是教育学和文化学高度发展的产物，是一门新兴的交叉学科。

校园文化学依据研究对象的自身特点，它的理论体系结构可分为共时态和历时态两大部分：

第一，就校园文化系统整体的共时性分析而言，校园文化学要研究校园文化的本质、结构、功能、特点等问题及其外部关系等。

校园文化的本质是校园文化学理论大厦的基点。就像人学首先需要回答的是人的本质问题一样。因为人的本质是人学的基点，没有这些基点，就不可能有这些学科大厦的构建。所以，校园文化学首先需要对校园文化本质做规范性的阐释。对校园文化本质的分析研究，可以为人们正确地理解多姿多彩的校园文化现象和校园文化系统内部结构层次差异提供认识框架。校园文化结构是校园文化系统建构的骨架与校园物质文化和校园精神文化等系统要素的关系形式，它能表明不同校园文化子系统之间的有机关联与转承机制。研究校园文化结构可以使人们将视线由文化的抽象思辨转到具象认识的状态。校园文化功能是校园文化本身所具有的功效能力。这种功效能力是由校园文化本质所决定的。可以说，有什么样的校园文化本质就有什么样的校园文化功能。校园文化功能既是校园文化结构外部作用发挥的表现，也是校园文化的价值问题。校园文化的物质形态、精神形态等子系统各自具有特定的价值效用，同时，在校园文化的总体上又有一般的价值规定和价值表现。校园文化学理论要揭示校园文化价值体系的每一成分，判明它们对人的全面发展的意义。研究校园文化的价值功能能够引起人们对校园文化理论和建设实践的重视。校园文化特点（特征）是指它与乡村文化、企业文化等相比较而显示出的独特的个性特征。研究校园文化的特点，能帮助人们更好地认识和把握校园文化的本质。

此外，校园文化学还要研究校园文化的外部关系。把握社会文化大背景下的校园文化，可以帮助人们正确地反思传统文化，认识外来文化。

第二，就校园文化系统整体的历时性分析而言，校园文化学要研究校园文化的起源、变迁和发展的一般动因和规律。

校园文化起源于何时，当时的校园文化情况怎样，其内容如何，以及校园文化所发生的相关因素有哪些，等等，都是校园文化学需要认真研究的。对这些进行研究，可以揭示校园文化起源的内在动力。校园文化的变迁、发展，同其他任何事物一样存在着一定的外因和内因，是内外因共同作用的结果，并且呈现为某种规律性。我国的校园文化历史悠久，其源头可以上溯到夏、商、周的"庠""序""校"及"瞽宗""辟雍""泮宫"时代。一部校园史实质上就是一部校园文化史。为此，天津的王寒松等早在1991年就曾指出："中国的校园文化拥有很长的历史，沧桑演变，内容丰富，可以作为独立于文化研究领域之中的一门学科,加以系统研究。"[1]因此,必须认真研究校园文化史,揭示校园文化的运行规律,以便有利于校园文化的顺利发展。

从校园文化系统整体的共时态与历时态分析表明,校园文化学研究的特有对象不仅客观存在,而且经过校园文化研究者的努力,已能比较清楚地分解出来。另外,校园文化的概念虽不够规范,有的还比较粗糙,但毕竟在其他学科之外初步形成了它自己的概念系统。每一门学科概念系统的规范和完善都是一项伴随着学科逐步成熟的长期的艰苦的过程,不是一下子可以办到的。因而,可以说校园文化学已是一门独立的新兴学科。

(二)校园文化学研究的任务

明确了校园文化学的研究对象之后,让我们再来看看校园文化学研究的任务。由于校园文化学研究对象的特殊性,其研究的任务也有别于其他学科,主要表现在:科学地论证和概括适应社会发展需要的校园文化理论体系(即理论建设任务);深入地调查和研究当代校园文化建设过程中的情况(即实践指导任务)。而其根本目的则在于提高校园文化建设品位,促进校园人尤其是学生的全面发展。

1.理论建设任务

科学地论证和概括适应社会发展需要的校园文化理论体系。校园文化现象虽然出现较早,几乎和校园同时产生,但直到20世纪80年代,人们才逐渐认识到这种文化的社会价值。近几年的社会现实使人们清醒地认识到要培育和建设中国特色社会主义文化,就必须搞好

---

[1]王寒松:《校园文化:现状、理论、对策》,《南开教育论丛》1991年第2期。

校园文化建设，坚持社会主义办学方向，用先进的文化思想来占领校园这块阵地。只有这样，才能保证校园文化不偏离社会主义方向，当然，也才能更好地培育出"四有"新人，完成培养社会主义和共产主义接班人的任务。1990年4月，在北京召开的全国校园文化理论研讨会对校园文化研究具有里程碑的作用，它标志着我国对校园文化的认识由自发走向自觉，并为校园文化的发展和研究指明了方向。尔后，校园文化理论研究发展迅速，取得了很多的成果，尤其是除在各种学术刊物上发表有关校园文化的理论研究文章以外，还有多部系统研究校园文化理论专著的出现。这些论文的发表和专著的出版，初步掌握了校园文化的运行机制和内在规律，对校园文化有了比较深入的认识和了解，但是，尽管已"初步构筑了校园文化的理论体系"[1]，有了比较坚实的基础，但离严密的逻辑体系与结构的建立还相去甚远，用孙中山的话说，"革命尚未成功，同志仍须努力"。一门严密学科体系的构建是一项非常艰巨的事业，并且在短期内不可能完成，有的需要几代甚至十几代、几十代人的前仆后继，才能建构起来。所以理论体系的论证仍是校园文化学在当前乃至今后一个时期的极为重要的任务。

2.实践指导任务

深入地调查和研究当代校园文化建设过程中的情况，指导校园文化健康发展。校园文化既包括学生文化，也包括教师文化和职工文化。校园文化建设实践涉及校园的方方面面，是一项十分繁杂的系统工程。加上校园文化尤其是高校校园文化是社会的"晴雨表"，它会

---

[1] 袁建清：《〈校园文化略论〉评介》，《贵州文化》1991年第7期。

随着社会文化大背景的变化而或迟或早地发生变化。因此，必须深入地调查和研究当代校园文化建设过程中的具体情况，以便于综合协调、概括指导，提出切实可行的建设方案或对策，保证各级各类学校校园文化不偏离社会主义方向，始终沿着正确的道路顺利发展。

（三）校园文化学亟待研究的课题

校园文化学作为一门新兴学科，由于诞生较晚，许多问题还没有搞清楚，需要研究，需要思考，但在目前，亟待研究的是以下十个方面的问题。

1.校园文化史的研究

校园文化的产生晚于教育，因为有人类就有教育，比如家庭教育、长辈对晚辈的教育等，但校园文化与学校同时产生，有校园就有校园文化。我国对教育史的研究比较重视，出了不少成果，但对学校史和校园文化史的研究不够，尤其是对校园文化史的研究更少，几乎还是空白。关于校园文化史，主要包括两点：第一，是对作为客观存在的校园文化现象史的研究。我国的校园文化有悠久的历史，有丰富的内容，值得认真研究。第二，是对校园文化研究史的研究。大家都知道，只要是一门学科，都有它产生、发展和完善的过程。当然，校园文化学也不例外，它必须研究该学科形成的社会背景，以及该学科在各个发展阶段所表现出来的特点，还有该学科与教育学和文化学等学科是怎样实现交融的。

2.校园文化领域内核心概念规范化研究

概念规范化程度是衡量学科科学化水平的重要标准之一。成熟的学科，首先是概念的成熟，而概念成熟的表现就是规范化。当前，校园文化领域内的概念亟待规范化。虽然所有概念在短期内难以达到规范要求，但其核心概念一定要规范化。只有这样，理论研究者才能在统一或较为规范化的概念下开展学术研究。如对"校园文化"这个概念，至今众说纷纭，有的从文化视角，有的从氛围视角，有的从文化活动视角，有的从校园视角进行定义，界说不一，有的甚至相去甚远——出现了名同实异的现象。这样，显然不利于校园文化理论研究的提高，甚而可能给校园文化理论研究带来混乱，产生一些无意义的讨论、争鸣，造成人力、财力的浪费。当然，由于文化的多元性及其内涵的广博性，要想统一"校园文化"的定义是很困难的，不过，应该加强研究，认真思考，力求提出一个或几个大家公认的有代表性的看法，做到大致统一。

3.校园文化结构或内部因素的研究

由于校园文化研究起步较晚，其体系或内部结构还没有完全搞清楚。目前，一般有三类看法：物质和精神两大层面、硬体部分和软体部分、自然的物质化和社会的精神化等。在此基础上，原华东工学院的马千里、吉强提出了构成校园文化内容的八大体系：一是信仰、观念体系；二是知识、技术体系；三是思维、表达体系；四是价值、规范体系；五是行为、作用体系；六是精神、态度体系；七是意识、角色体系；八是物质、环境体系。[1]贵州师范大学的吴乃域认为校园文化的系统构成主要包括：一是学校成员的内在精神系统；二是语言、符号系统；三是行为、活动系统；四是集体气氛和行为方式系统；五是组织制度系统；六是科学、技术、社会意识系统；七是物质

---

[1]马千里、吉强：《校园文化建设评述》，《高教文摘》1991年第7期。

技术设备和校园设施系统。[1]我在《校园文化略论》一书中也对校园文化的五种典型形态进行了思考，提出了构成校园文化的五种典型形态：第一，校园人；第二，校园物质环境；第三，校园图书馆；第四，校园文化活动；第五，校风。研究者们虽然已对校园文化的体系和结构做了初步的探讨，但到底应怎样概括才更准确、更完善，校园文化的内容和要素是不是就只是上面那些，都是需要进一步研究和思考的。

4.校园文化功能和特点的研究

校园文化的功能和特点有哪些，现在也没有统一的看法。一般认为，它有满足功能、认识功能、改造功能、协调功能、组织功能、向心功能等，但最基本的功能是教育功能，即培养各种具有现代科学文化素质的专门人才；它有开放性、超前性、创造性、主体性、批判性、可塑性、突变性等特点。对校园文化功能和特点的研究有助于人们对校园文化本质及校园文化理论研究活动重要性的认识，从而增强校园文化的自信，进而促进校园文化发展。

5.校园文化与其他文化的关系的研究

校园文化是亚文化，但不是孤岛文化，它与其他文化有着千丝万缕的联系，比如校园文化与社会文化的关系、当代校园文化与传统文化的关系、中国校园文化与外来文化的关系等，都是校园文化学应该而且必须回答的问题。只有搞清楚这些问题，才能更加准确地认识和把握校园文化。

---

[1]杜文华、徐新建：《校园文化论》，贵州师范大学编辑部，1989，第50—52页。

6.校园文化方法论的研究

科学研究是认识客观世界、探索客观真理的活动。这种活动是有意识、有目的、有计划、有系统地进行并采用严密方法的活动。因此，任何一门学科的科学研究都应该有它自己独特的科学的方法论。所以，我们不仅要继承已有的教育学、文化学、社会学的研究方法，如文献法、历史法、案例分析法、观察法、实证研究法、调查法等，还应研究怎样从哲学、经济学、政治学、人类学、系统科学、语言学、学习科学等众多学科领域中吸收新的研究方法，建立自己独特的学科方法论体系。

7.校园文化现状的研究和前景的展望

改革开放以后，我国校园文化已发生了很大的变化。那么，校园文化的现状怎样？其演变和发展的趋势如何？明天校园文化的图景如何？校园文化领域内在当前有哪些还未解决、亟待解决，以及在今后不长时间内可能解决的问题有哪些？这样一些问题都能激发校园文化研究者的想象力和创造力，给他们提供十分广阔的思想天地。研究校园文化的现状和对未来美好前景的展望，一方面，可以掌握大量的第一手资料，丰富和发展校园文化理论；另一方面，由于心中有数，对校园文化的现状和发展前景有比较清楚的了解，就可以有的放矢，更好地指导校园文化建设，并对校园文化的发展充满信心。

8.校园文化建设管理的研究

校园文化建设实践表明，加强党政对校园文化建设的领导，是繁荣校园文化的关键。但是，如何关心、领导与管理校园文化，在具体实施管理的过程中应注意哪些问题等，都应该深入进行研究。

9.校园文化建设对策的研究

校园文化学是一门应用性很强的学问，关于校园文化建设的研究，就是其应用性的具体表现。高占祥在1990年4月全国校园文化理论研讨会上指出："当前，校园文化要着力搞好应用理论的研究，在这个基础上进一步把握校园文化的一般规律……对此，我们要认真加以研究，并把它应用到校园文化的实践中去，指导和推动校园文化向横宽纵深的方面发展。"因此，每一个校园文化研究者都有责任和义务对校园文化建设的思路或对策进行思考，提出切实可行的方案。这既是校园文化学这门学科自身建设的需要，也是校园文化建设实践的客观要求。

10.校园文化学科建设的研究

校园文化学科建设才刚刚起步，需要研究的问题很多，任务十分艰巨，如校园文化学的理论体系怎样构建？校园文化学的基本理论怎样？校园文化学应研究哪些问题？都需要进一步加以研究，都需要搞清楚。

二、校园文化学研究的政治方向

为了使校园文化学这门新兴学科的研究少走弯路、顺利发展，必须重视其研究的政治方向。

校园文化学属于哲学社会科学的范畴，它的科学内容本身就有鲜明的阶级性和政治性。我国的校园文化就是中国特色社会主义文化的一部分。校园文化里的校园政治文化就是一种特殊的亚政治文化，包括校园的政治传统、政治意识、政治心理、个人价值观，以及校园公众舆论等，它是校园文化主体——校园人关于政治问题的态度、信念、情绪和价值的总的倾向,尤其是青年学生的政治态度、政治感情和价值观的综合反映。关于政治文化的研究,最早可以追溯到古希腊时期,比如亚里士多德对政治革命和政治变迁中心理素质的研究,就属于政治文化的范畴。不过,"政治文化"一词的出现则要晚得多,直到1956年,美国政治学家G.A.阿尔蒙德(G. A. Almond)才首次提出,但发展很快,20世纪60年代后,政治文化已成为西方尤其是美国政治学研究的热点问题之一。校园文化中的政治文化如何,与社会文化中的政治文化有没有差异,如果有差异,其差异表现在哪些方面,校园政治文化与校园文化中的其他文化的关系如何等,需要校园文化建设者高度重视并认真研究,通过加强校园文化建设,引领校园文化整体健康发展。

(一)研究校园文化学的目的

办任何事情都应有比较明确的目的,研究校园文化学也应如此。那么,什么是研究校园文化学的目的呢?研究校园文化学的目的,有两点:一是为了更好地认识和把握校园文化运行规律。要加强校园文化建设,繁荣中国特色社会主义文化,培育"四有"新人,提高青年学生的素质,推动文化教育事业的发展,更好地为社会主义经济建设服务,就必须充分认识和把握校园文化运行规律。只有充分认识和把握了校园文化运行规律,才能更好地建设校园文化,解决校园文化建设实践中的问题。二是丰富校园文化理论,构建校园文化学科体系。任何一门学科从建立到走向成熟,都是一个漫长的过程。教育学发展到今天,还有学者认为是一门不成熟的学科。在1997年,由约翰·杜威(John Dewey)在芝加哥大学创建的教育系,经历了一百多年风雨，因认为教育学不符合社会科学的标准而被关闭。法国的教育学与社会学家E·涂尔干（Émile Durkheim）认为："教育学往往是一种乌托邦式的文献。"[1]高等教育学在我国已经设立了多个博士点，培养博士研究生，但是仍然有学者认为它只是一个研究领域，还没有发展成为一门真正的学科，当然"高等教育学制度化建设的三十多年来，关于它是一门学科还是一个领域的争论从未断绝"[2]。应该说，我国高等教育学的发展是比较顺利的，而"在美国，高等教育研究界自20世纪50年代起就希望通过若干年的努力，把高等教育研究变成一个独立学科，但它至今仍作为一个研究领域委身于社会学、管理学之下"[3]。所以，校园文化学的建立，也需要广大理论工作者的长期努力。

（二）研究校园文化学的指导思想

任何社会科学的研究都需要有正确的指导思想，并且要与时俱进。校园文化学也不例外。马克思主义的生命力就在于它是不断发展变化的。我国的校园文化是中国特色社会主义的校园文化；校园文化学涉及教育学、文化学、哲学等学科，涉及多种理论和思想，且处于草创时期，许多理论还很不成熟，有的甚至相当稚嫩，所以，研究者必须自觉地从马克思主义的基本立场出发，运用辩证唯物主义观点和

---

[1] [法]加斯东·米亚拉雷、让·维亚尔：《世界教育史》（1945年至今），张人杰译，上海译文出版社，1991，第496页。

[2] 刘小强：《学科还是领域：一个似是而非的争论——从学科评判标准看高等教育学的学科合法性》，《北京大学教育评论》2011年第4期。

[3] 刘小强：《学科还是领域：一个似是而非的争论——从学科评判标准看高等教育学的学科合法性》，《北京大学教育评论》2011年第4期。

方法来进行研究。

（三）研究校园文化学应把德育放在首位

把德育放在首位，是由社会主义国家和社会主义学校的性质决定的。其实，"任何社会的学校无不重视对受教育者进行思想政治和道德方面的教育。这是社会分工赋予学校的基本职能，也是学校在社会实践活动中的特殊地位和作用决定的……因为任何一个合格的社会成员，不管他从事什么社会工作，都应具备德智体美劳等基本素质。各不同的基本素质在其成长中都有不可代替的功能，而德育在众多素质中有着特殊的重要作用"[1]。研究校园文化学，把德育放在首位，也是理所当然。校园文化的触角伸向了校园的各个方面，它对校园人有着潜移默化的影响。研究者在构建校园文化学科体系时，应重视德育与校园文化的关系，加强对青年世界观、人生观形成与校园文化的关系等课题的研究。

（四）研究校园文化学应有优良的学风

研究校园文化学必须有一个马克思主义优良学风。学风包括学习、治学的风气，是一个与学校的学术活动直接相关的话题。这里谈的学风是指治学的风气。学风是学术的灵魂所在。因此，我们在研究校园文化学的时候，应一切从实际出发，理论联系实际，注重调查研究，坚持"百花齐放，百家争鸣"的方针，提倡勇于探索、不畏艰难的钻研精神，因为"崇尚科研诚信，树立并养成实事求是的学风，既有益于教师科研能力和水平的提高，也有助于严谨的治学态度、求真

---

[1]车广吉：《关于德育首位的全球化问题》，《东北师大学报》（哲学社会科学版）2002年第6期。

求实的道德感和责任感之学术薪火的传承。这种传承，正是大学学风形成并且世代相传的一个基础"[1]。学风正，校园文化学研究才有一个好的开端和起点，并确保校园文化学能够按照学科建设的规律健康发展。

三、建立校园文化学是社会的需要

校园文化发展到今天，提出它的学科建制问题，既是社会发展的客观需要，也是校园文化建设实践发展的内在要求，具有逻辑的历史的必然性，并不是单个人的主观愿望。

（一）建立校园文化学是历史发展的必然趋势

美国心理学家马斯洛（Abraham Maslow）在阐述他的"需要层次理论"时指出：人的一切行为都是由需要引起的。就一门学科而言，能否真正建立起来，关键在于社会有无需要。因为，社会需要是学科建立及其发展的动力和源泉。恩格斯指出："技术在很大程度上依赖于科学状况，那么科学却在更大程度上依赖于技术上的状况和需要。社会一旦有技术的需要，则这种需要就会比十所大学更能把科学推向前进。整个流体静力学（托里拆利等）是由于16和17世纪调节意大利山洪的需要而产生的。"[2]在今天，构建校园文化学理论体系是当代社会迅速发展的内在要求，是中国特色社会主义文化进一步发展的客观需要。

---

[1] 肖跃：《崇尚科研诚信树立优良学风》，《中国高等教育》2010年第9期。
[2] 马克思、恩格斯：《马克思恩格斯全集》（第39卷），人民出版社，1974，第198页。

绪 论

校园文化现象早已产生，源远流长，它的源头一直可以追溯到学校产生之初的先秦时代。古籍中有关夏代学校的记载有"夏后氏之学在上庠"（《礼记·明堂位》），"序，夏后氏之序也"（《礼记·礼仪》），"夏曰校"（《孟子·滕文公上》）等，可见夏朝已有庠、序、校三种学校的传说了。学校是校园文化的载体，有了学校也就有了校园文化。但是，将校园文化作为一门学问来研究，则是随着改革开放的深入发展，在文化研究热的前提下应运而生的。党的十一届三中全会以后，我们的国门开始打开，西方文化如潮水般涌进国门，涌进校园，与我们的传统文化碰撞、交融，再次引起了人们对文化的思考与讨论，形成了继"五四"新文化运动后的又一次"文化热"。20世纪80年代初，人们开始从文化的角度审视校园，研究校园中的各种文化现象。1984年上半年，上海教育界提出"校园文化"一词，跟着上海交通大学举行了首次校园文化研讨会，并编印了《文化·校园·人》校园文化研讨文集，响亮地提出了"建设校园文化"的口号，拉开了校园文化建设和校园文化理论研究的序幕。

校园文化既然是一种客观存在，而且有着十分重要的社会价值，我们决不能忽视它，应该积极研究，促进其不断发展。否则，由于"校园文化的超前性和开放性，都明显地带有一定的盲动因素"[1]，如果不加控制，任其发展，校园文化的超前性和开放性就会偏离社会主义方向，给社会主义文化教育事业带来严重的影响。面对科学技术的快速发展和综合国力的激烈竞争，以及世界范围内各种

---

[1] 侯长林：《从校园文化看学潮产生的原因》，《贵州高教》1990年第1期。

理论、思潮、观念、文化的相互激荡，必然会引起社会文化大背景的冲突与裂变。而这种裂变又必然从各个角度辐射到校园围墙之内，使校园文化出现许多新的情况、新的趋势、新的问题。要保证校园文化健康发展，就必须对这些新情况、新趋势、新问题认真分析、加强研究。因此把校园文化作为一门学科来研究，建立"校园文化学"就是一种历史的必然。

（二）建立校园文化学是有其实际需要的

"校园文化"一词虽然产生较晚，但发展速度很快，尤其是1990年4月全国校园文化理论研讨会在北京召开以后，校园文化建设实践得到了迅速发展，大有"山雨欲来风满楼"之势，短短的几年时间，贵州、山西、广东等省相继出现了校园文化热，如校园文化艺术节、校园文化活动月、校园文化成果展等不断出现。1994年上半年，江西省委宣传部、省文化厅、省教委、共青团省委还联合下发了《关于加强大中专校园文化建设的通知》，进一步推动校园文化的发展。

放眼现代校园，尤其是现代高校，各种文化现象异彩纷呈，十分复杂，客观上迫切地需要有一门学科来指导概括、综合协调，以便进一步揭示校园各种文化的发展规律，促进校园文化的健康发展，更好地发挥校园文化的社会效益。

师范院校已普遍实行新教学方案，而新教学方案六大块中的两块就是文化活动课和实践课的开设。校园文化活动有哪些，如何开展、组织校园文化活动，等等，都是校园文化学要回答和研究的问题。所以，校园文化学也是开设校园文化活动课的需要。

由此可见，建立校园文化学是有其实际需要的。有了这种实际需要，就有了建立校园文化学的动力和源泉。因为，这种实际的需要，也就是心理学上的"实践需要"，它是人的一切活动的出发点，并决定人们在认识世界中的主动性、选择性和计划性。

（三）建立校园文化学是校园文化理论发展到一定阶段的必然选择

校园文化理论在其建设实践的基础上得到了很大的发展。据不完全统计，截至2023年3月，在知网输入"校园文化"一词，可检索到篇名含有"校园文化"一词的期刊论文29399篇，其中最早出现的研究论文是上海交通大学社科系沈辉刊发在《青年研究》1986年第8期的《校园文化浅析》和他刊发在《上海青少年研究》1986年第10期的《校园文化的特征、功能与建设》两篇文章，此后上海七一中学校长吴孟明、上海建平中学校长冯恩洪等也先后发表有校园文化的研究论文。在此期间，我国还先后出版了多本论文集，把校园文化研究推上了一个新的台阶，初步构建了校园文化的理论体系，为"校园文化学"的建立奠定了比较坚实的基础。早在2007年，时任东南大学党委书记郭广银等在《新时期高校校园文化建设的理论与实践》一书中有这样的评述："20世纪90年代是校园文化研究发展较快的时期，出版了几本理论性较强的学术著作。这段时期的代表性著作包括：高占祥主编的论文集《论校园文化》（新华出版社，1990年），侯长林著《校园文化略论》（贵州教育出版社，1991年），史华楠等主编《校园文化学》（北京医科大学、中国协和医院大学联合出版社，1993年）……这些著作从总体上界定了校园文化的内涵、功能、结构，论述了校园文化与经济、政治、其他文化的关系，阐发了校园文化的发展方向与建设途径。"[1]刘清香也认为："这段时期的代表著作包括高占祥著《论校园文化》（新华出版社，1991年），侯长林著《校园文化略论》……"[2]不过，对校园文化的研究尽管取得了很大成绩，提出了许多睿智的有分量的见解，但由于"缺少了一个总体的理论构架，往往使人有断线残珠之感""正确解决一系列文化问题的先决条件是建立科学的文化理论框架"[3]。其实，袁建清早在1991年评价我的《校园文化略论》一书时已经预测："面对校园文化方方面面的许多研究成果，我们不妨做这样的假说：随着校园文化理论研究的日臻成熟，其理论构架逐渐成形，它是否会发展成为文化学或教育学的具有一定学科体系的分支学科或边缘学科呢？"[4]回答应该是肯定的。因为，无论是在实践方面还是在理论方面，都有许多人已经实实在在地在为建造这座学宫添砖加瓦了。我的《建立"校园文化学"刍议》一文在《黔东南师专学报》1993年第2期发表，正式对校园文化学科进行研究和探讨，提出了建立"校园文化学"的构想。1994年5月和1995年6月，我又相继发表了《校园文化是一门亟待建立的新兴学科》和《关于校园文化学科建设的探讨》两篇论文，对校园文化学科建设进行了讨论。2000年，我的《校园文化学导论》一书的原版本正式出版。当年，我以《校园文化学导论》一书为教材

---

[1]郭广银、杨明：《新时期高校校园文化建设的理论与实践》，南京大学出版社，2007，第77页。

[2]刘清香：《对加强校园文化建设的理性思考》，山东大学硕士学位论文，2008，第12页。

[3]萧扬、胡志明：《文化学导论》，河北教育出版社，1989，第1页。

[4]袁建清：《〈校园文化略论〉评论》，《贵州文化》1991年第7期。

在原铜仁师专开设了"校园文化学"选修课,遗憾的是这门选修课后来没有坚持开下去。关于《校园文化学导论》一书,我国著名演讲教育艺术家李燕杰来信称这是他见到的第一部校园文化学专著,并说:"读过之后,受益匪浅。记得在1963年,我向蒋南翔、杨海波等领导汇报高校学生工作时,曾提出大学生正课8小时,由教师负责,剩下的16个小时谁管?怎么管?我提出要占领三个阵地:一个宿舍阵地,一个社团阵地,一个课外阅读阵地。提出后,领导们十分高兴。几十年过去了,没有想到你系统地、全面地对这些阵地进行了认真的研究,并结合实际,进行了深入探讨,在许多方面讲得很深刻,很透辟,而且易于落实。其中一些做法是切实可行,并将行之有效的。我认为这是一部值得一读的好书,应当建议高校、中专等校广大师生阅读,特别是应当向在校负责学生工作的老师推介,请他们也读读这本好书。"[1]任明刚发表文章,认为:"这是一部系统、完整地探讨、论述新兴学科校园文化学基本理论的具有创见性和开拓性的学术专著。"[2]宋伟在其博士学位论文中认为:"进入21世纪以后,侯长林的《校园文化学导论》(中国文联出版社,2000年)、白同平的《高校校园文化论》(中国林业出版社,2000年)等相继出版,形成了比较庞大的校园文化研究阵容。"[3]陈阳阳在其硕士学位论文中认为,关于校园文化理论研究,"影响力较大的著作有侯长林的《校

---

[1]侯长林:《侯长林文集·文化探索》,北京理工大学出版社,2012,第156页。
[2]任明刚:《新学科 新视野——读〈校园文化学导论〉》,《贵州日报》2000年10月18日。
[3]宋伟:《社会主义核心价值观融入高校校园文化建设研究》,郑州大学博士学位论文,2016,第11页。

园文化学导论》（中国文联出版社，2000年）、刘德宇的《高校校园文化发展论》（中国海洋大学出版社，2004年）等"[1]。还有学者认为"《校园文化学导论》，从学科建设的角度，以文化学、教育学等为理论基础，初步构建了校园文化学的理论体系"[2]。《校园文化学导论》还于2002年获得了铜仁地区哲学社会科学优秀成果一等奖。

我国第一本校园文化学著作是1993年9月由杨怀中、龚贻洲主编的《象牙塔之谜：校园文化学概论》一书。也就在同年12月，史华楠等主编的《校园文化学》一书也正式出版，该书对校园文化的特质与功能、形成与发展、与其他文化的关系、内容与范畴、形态举隅与研究、校风、管理方法与系统、中西校园文化的比较与借鉴等进行了比较系统的讨论。杨怀中、龚贻洲主编的《象牙塔之谜：校园文化学概论》和史华南等主编的《校园文化学》一书，才是我国从学科的角度研究校园文化的先出之作。邱小云的《校园文化学简论》虽然出版比较晚，在2011年4月才正式出版，但是他主编的《校园文化学》于2006年被列为"十一五"国家级教材规划，并且早在2001年他就发表了《校园文化课程化建设的理论与实践》一文对其开设校园文化学的情况进行总结，这是难能可贵的。这些论文和著作的相继面世，无疑推动和促进了校园文化学科的发展。随着高校校园文化理论的进一步

---

[1]陈阳阳：《立德树人视阈下高校校园文化建设研究——以西安高校为例》，西安理工大学硕士学位论文，2020，第3页。
[2]田晓乔：《铜仁市村级组织史资料》（1949年11月—2007年12月），铜仁市委党史研究室，2008，第968页。

提升，专门研究高校校园文化理论的新学科，即高校校园文化学，也必将诞生。我在博士学位论文基础上修订而成的《高校校园文化基本理论研究》一书于2014年出版，算是我为高校校园文化学科形成提供的一块砖或一片瓦。我相信作为校园文化学和高等教育学分支学科的高校校园文化学迟早会出现，也必将有其长成参天大树的一天。我们期盼着那一天尽快到来！

因此，校园文化理论发展到今天，已经到了需要反省自身、需要创建适合校园文化本质特征的逻辑体系，需要从理论层面上进一步确立校园文化学科位置的时候了。

此外，建立校园文化学也是教育学和文化学进一步发展的需要。校园文化学以教育学和文化学的理论为基础，不管是从文化的角度看校园还是从校园的角度看文化，都给人提供了一片崭新的天地，为教育学和文化学的发展开辟了新的领域，从而丰富和发展了教育学和文化学的基本理论。

综上所述，校园文化学是一门独立的新兴学科，有特殊的研究对象和丰富的内容，有内在的规律和运行机制。这门学科的建立有其历史的、逻辑的必然性，并不是个人的主观愿望。它既是教育学、文化学在现时代发展的必然产物，也是教育学、文化学进一步发展的客观需要，所以，我们应顺应形势的发展，尽快建立和逐步完善校园文化学的科学体系，使其在社会主义文化教育中发挥更大的作用。

第一章　校园文化本质

揭示校园文化本质是构建校园文化学科体系的基础和前提，正如德国化学家、1909年诺贝尔化学奖获得者奥茨瓦尔德（F·Wilhelm Ostwald）所倡导的"文化学"的建立，关键在于"我们要有一个文化概念，它不仅在其形式方面是事实上被普遍承认的价值的总和，而且就内容而言也是这些价值的系统联系"[1]。从内容上看，能够成为具体的文化形态和价值的系统联系的东西，实际上就是指深藏在纷繁复杂的众多文化现象之中的文化本质，就像矿石隐藏在大山中一样。只有对校园文化本质有一个基本的认识和了解，才能对校园文化的其他问题进行比较深入的研究和思考。因此，校园文化学首先得研究校园文化本质。

一、文化和校园文化

"校园文化"是"文化"的种概念，是亚文化，是文化百花园中

---

[1] [德]李凯尔特：《文化科学和自然科学》，涂纪亮译，商务印书馆，1986，第123页。

的一朵花，但又是当今文化百花园中不可缺失的一朵花。要搞清楚种概念，先得对其所隶属的属概念有一个比较清楚的认识。

（一）文化的内涵

文化通常有广义与狭义之分。广义的文化即人化——人类所创造的一切，它反映的是人类在历史进程中其物质和精神力量所达到的程度及方式，依据领域的不同，可分为物质文化和精神文化。狭义的文化则特指以社会意识形态为主要内容的观念体系，包括政治、哲学、道德、宗教、艺术等学科形态，它们是精神文化的重要构成。

1.马克思以前和非马克思主义的文化理论

初始的"文化"概念，在世界各民族的早期词汇中都有发现。在中国古代，"文化"被理解为统治者的施政言法，它是与"武功""武威"相对立的"文治"和"教化"的总称。如西汉刘向在《说苑·指武》中说："凡武之兴，为不服也；文化不改，然后加诛。"这句话的意思是高明的人治理天下，会先使用文德教化而后再动用武力，但凡只使用武力征服天下者，难以得到国民的信服，如果先用文德治理却不听从的，就可以讨伐了。晋束晳《补亡诗·由仪》称："文化内辑，武功外悠。"梁昭明太子萧统注曰："言以文化辑和于内，用武德加于外远也。"（《昭明文选》卷19）这里的"文化"一词也是指文德教化。与此相关，"文化"即是"礼乐法度"的代名词，内含有"人为"之意。在西方，"文化"一词源于拉丁文"Culture"，意指土地耕种、加工、照料和改善，含有在自然界中通过劳作得到一定收获的意思。法国的启蒙大师伏尔泰为了启迪人们，并对当时法国社会现象做全方位的认识和批判，在他撰写的《论各族的风尚与情操》一文中，专门使用了"文化"一词来概括欧洲的文艺复兴运动。此后，"文化"的所指意义便逐渐引起了各门社会科学的广泛注意，社会学、人类学、历史学、文学，甚至教育学和心理学等学科都将"文化"一词引入其中，"文化"也因此获得了学术性的身价。

1871年，英国人类学家泰勒（Edward Burnett Tylor）在《原始文化》一书中将"文化"定义为："文化……是包括知识、信仰、艺术、道德、法律、风俗以及其他作为社会成员的人所掌握和接受的任何其他的才能和习惯的复合体。"[1]即文化的组成要素包括规范、价值、信仰和表意象征四种。这一定义影响很大，后人称之为经典性的定义。但这一定义偏重于对精神文化的解读，而忽视了对石器、黑陶、建筑、独木舟、犁耙之类的物质文化的阐释，只列举了文化的具体成分和要素，而没有对这些成分与社会组织和个别文化制度及其职能的内在联系进行说明。美国学者博厄斯（Franz Boas）提出的详细研究原始社会的习俗、语言及其他生活特点并对其进行比较的方法，对后世有一定的影响。但是在非马克思主义人类学中产生过重大影响的学者则是美国的人类学家阿尔弗雷德·克洛依伯（Alfred Kroeber）。他由研究文化习俗转向研究"典型文化"。他认为，这些"典型文化"的总和便构成了文化体系。不过，克洛依伯的典型观也仍然有比较大的缺陷——没有说明支持个别典型的原因和动机。在非马克思主义的文化学中，研究文化的其他方法也取得了一定的成

---

[1][英]爱德华·泰勒：《原始文化》，连树声译，广西师范大学出版社，2005，第1页。

绩，有一定的发展。比如，开始在文化人类学范围内出现了一种在社会遗产代代相传的情况下对文化作用进行考察的倾向，在此基础上，认为文化具有沟通思想的特性等观点便得到了发展。克洛依伯和克鲁克洪将众多的文化定义进行分类，认为主要包括描述性的文化、历史性的文化、规范性的文化、心理性的文化、结构性的文化和遗传性的文化六大类，后来克洛依伯还提出了一个影响更为深远的文化定义，即现代意义的文化应该包括五方面的含义：一是行为的模式和指导行为的模式；二是通过后天学习得到这种模式；三是行为模式物化于人工制品中，这些物品也属于文化；四是文化的核心是历史上形成的价值观念；五是文化系统既是限制人类活动方式的原因，又是人类活动的产物和结果。[1]

随着科技的快速发展，以及资本主义国家社会矛盾的日益尖锐，人文知识和技术知识脱节的现象也开始出现。这在英国作家斯诺（Charles Percy Snow C.P.Snow）的"两种文化"的理论中已有一定的反映。斯诺认为，在当时的现实社会生活中，有两个比较极端的集团存在："一极是文学知识分子，另一极是科学家，特别是最有代表性的物理学家。二者之间存在着互不理解的鸿沟——有时（特别是在年轻人中间）还互相憎恨和厌恶，当然大多数是由于缺乏了解。他们都荒谬地歪曲了对方的形象。他们对待问题的态度全然不同，甚至在感情方面也难以找到很多共同的基础。"[2]与此同时，各式各样的文化虚无主义开始活跃起来。文化虚无主义者对文化持的是否定态

---

[1] 施琳：《论文化——民族文化与市场文化》，《民族研究》1995年第1期。
[2] [英]斯诺：《两种文化》，纪树立译，生活·读书·新知三联书店，1994，第4页。

度，认为文化概念只不过是虚假而荒诞的臆造。在这一时期，与占统治地位的资产阶级文化相对立的"反文化"理论也开始出现，并且在具有激进情绪的知识分子和青年中颇受欢迎。

2.马克思主义的文化理论

由于马克思、恩格斯没有专门的著作讨论文化问题，以致西方有学者对马克思主义有没有文化理论提出了质疑。比如美国文化人类学家丹尼尔·贝尔（Daniel Bell）在《资本主义文化矛盾》中认为："马克思主义思想体系的最大弱点在于没有文化理论。"[1]美国德克萨斯大学本·阿格尔（Ben Agger）也说过："马克思主义文化理论注定要失败。"[2]其实，这是一种误解。有没有文化理论的存在，不是看有没有专文论述，而是看在其著作中实实在在的有没有体系化的文化理论存在。这种体系化的文化理论既可能是以外显的形式也可能是以内隐的形式呈现，既可能是以专文的形式也可能是以分散的形式呈现。呈现的形式并不重要，重要的是这种体系化的理论是不是客观存在。据统计，"文化"一词在《马克思恩格斯全集》中共"出现320次，其中29处是马克思和恩格斯'引用'论敌观点的意义上使用的，而且常常是与其他的词连用，如文化修养、文化水平、文化斗争等"[3]，而真正单独使用文化一词的频率确实不高。即马克思主

---

[1] [美]丹尼尔·贝尔：《资本主义文化矛盾》，严蓓雯译，人民出版社，2010，第362页。

[2] [美]本·阿格尔：《作为批评理论的文化研究》，张喜华译，河南大学出版社，2010，第55页。

[3] 胡海波、郭凤志：《马克思恩格斯文化观研究》，中国书籍出版社，2013，第12页。

义文化理论在马克思、恩格斯那里主要是以内隐的分散的形式表现或存在的,这可能是西方有的学者造成误解的根源。应该说,"在马克思、恩格斯那里,虽然没有留下专门研究文化的著述,但是他们在探索人类社会历史发展规律、创立历史唯物主义过程中,不可避免地渗透着对人类社会文化现象的回答,他们也正是在批判唯心主义历史观、创立科学的唯物主义历史观的过程中阐述了马克思主义文化理论的基本原理"[1],即马克思主义文化理论不仅与历史唯物主义基本原理紧密相连,而且是以历史唯物主义基本原理为基础构建的理论体系。恩格斯在《共产党宣言》的1883年德文版序言中指出:"'宣言'中始终贯彻的基本思想,即:每一历史时代的经济生产以及必然由此产生的社会结构,是该时代政治的和智慧的历史的基础。"[2]这里谈到的时代的政治与智慧不就是文化吗?所以,恩格斯的这段论述,实际上也就告诉人们,马克思主义文化理论就是以唯物史观作为其立论基础的。其实,《共产党宣言》中所谈到的文学、教育等都是典型的文化。马克思主义文化理论的另一个基础是人类的劳动实践。马克思在《1844年经济学哲学手稿》中指出,人类在创造世界的同时也创造了自己,这种活动的基本形式就是劳动,因为"整个所谓世界历史不外是人通过人的劳动而诞生的过程"[3]。而人的本质也正是在自由的有意识的劳动实践中体现出来的。"由劳动创造的相对于

---

[1] 李群山:《马克思主义文化理论发展史上的三座里程碑》,《理论学刊》2012年第11期。
[2] 马克思、恩格斯:《马克思恩格斯全集》(第21卷),人民出版社,1965,第3页。
[3] 马克思:《1844年经济学哲学手稿》,人民出版社,2000,第92页。

天然自然的'人化的自然界'，实际上就是人的文化世界，文化是人区别于动物的本质特征。"[1]可见，没有人类的劳动实践，就根本谈不上人类的文化。马克思在《1844年经济学哲学手稿》中虽然没有直接提到"文化"一词，但却是实实在在地在讨论人的文化问题，并且不是讨论文化的一般问题，而是讨论文化的本质问题，即"在劳动实践的基础上科学地揭示了文化的本质，即人的本质力量的对象化，这构成了马克思主义文化理论的坚实基础"[2]。因此，"在这个意义上说，马克思主义就不是有没有文化理论的问题，而是马克思主义本身就是一种文化理论，一种真正彻底而科学的文化理论"[3]。所以，完全可以说马克思的文化思想非常丰富，揭示了文化发展受制于社会的生产实践和文化发展民族性与世界性有机统一等内在规律，并且"主要集中在《博士论文》《关于费尔巴哈的提纲》《1844年经济学哲学手稿》《德意志意识形态》《人类学笔记》《共产党宣言》等著作之中，并隐含于'精神生产''意识形态''思想观念''哲学'等概念之中，经历了萌芽、形成、发展和完善的阶段，马克思主义文化思想并不'缺位'，更不'缺失'"[4]。

马克思和恩格斯的文化理论为马克思主义文化理论的发展奠定

---

[1]范俊玉：《马克思主义的文化理论及其当代价值》，《学术交流》2004年第2期。

[2]范俊玉：《马克思主义的文化理论及其当代价值》，《学术交流》2004年第2期。

[3]张三元：《马克思主义有没有文化理论——丹尼尔·贝尔"马克思主义文化矛盾"批判之一》，《马克思主义研究》2013年第7期。

[4]张莉：《马克思主义文化观"理论逻辑"的时代诠释》，《学术论坛》2015年第8期。

了坚实的基础，尤其是他们从文化问题与人的发展相结合的视角出发，认为物质文化和精神文化是有机统一的理论，为文化问题研究开辟了一条新的道路。此后，沿着这一文化理论，列宁认为人民的风俗习惯等文化心理要素在文化构成中具有重要的地位。关于无产阶级文化，列宁认为："无产阶级文化应当是人类在资本主义社会、地主社会和官僚社会压迫下创造出来的全部知识合乎规律的发展。"[1]如何建设无产阶级文化，他认为："应当明确地认识到，只有确切地了解人类全部发展过程所创造的文化，只有对这种文化加以改造，才能建设无产阶级文化，没有这样的认识，我们就不能完成这项任务。"[2]中国共产党和国家主要领导人都对马克思主义文化理论作出过重大贡献。毛泽东的文化思想非常丰富，尤其是对新民主主义文化做了专门论述，他认为："民族的科学的大众的文化，就是人民大众反帝反封建的文化，就是新民主主义的文化，就是中华民族的新文化。"[3]毛泽东的新民主主义文化观，"是对近代以来长期的中西文化论争的一个科学的总结。他的新民主主义文化的理论与实践，实现了近代以来中国文化道路探索的一个重大转变。"[4]1942年5月，毛泽东发表的《在延安文艺座谈会上的讲话》，全面、系统地阐述了中国共产党的文艺思想，内容涉及文艺与人民的关系、文艺与生活的关系、文艺与革命的关系等一系列重大文艺问题，为文学艺术的发展

---

[1] 列宁：《列宁选集》（第4卷），人民出版社，1995，第285页。
[2] 列宁：《列宁选集》（第4卷），人民出版社，1995，第285页。
[3] 毛泽东：《毛泽东选集》（第4卷），人民出版社，1991，第708—709页。
[4] 杜艳华：《论毛泽东文化思想的重要地位和现实价值》，《思想理论研究》2013年第12期（上）。

指明了方向,从而丰富和发展了马克思主义文艺理论,既"是马克思主义中国化的经典文本,也是指导社会主义文艺繁荣发展的纲领性文件"[1]。邓小平对有中国特色的社会主义文化观进行了阐释。早期,邓小平就曾亲自创办过一张报纸——《红星报》。在新民主主义革命时期和社会主义建设初期,邓小平从实际工作出发,以毛泽东文化思想为指导,对文化问题进行过专门研究。但是邓小平对文化理论的重大贡献是党的十一届三中全会以后,他深感我国文化的落后,因而对文化的研究及文化建设工作特别重视,先后发表了一系列关于文化的看法,内容涉及文化的构成、文化的本质、文化的阶级性、文化创造、文化控制、文化交流等诸多方面,形成了他的有中国特色的社会主义文化观。"邓小平有中国特色的社会主义文化观,是邓小平文化思想的重要组成部分,也是邓小平理论体系的重要内容"[2],更是马克思主义文化理论中国化的重要体现。江泽民《在庆祝中国共产党成立70周年大会上的讲话》中指出:"有中国特色社会主义的文化,必须以马克思列宁主义、毛泽东思想为指导,不能搞指导思想的多元化,必须坚持为人民服务,为社会主义服务的方向和百花齐放、百家争鸣的方针,繁荣和发展社会主义文化,不允许毒害人民、污染社会和反社会主义的东西泛滥;必须继承发扬民族优秀传统文化而又充分体现社会主义时代精神,立足本国而又充分吸收世界文化优秀

---

[1] 王波:《论毛泽东〈在延安文艺座谈会上的讲话〉的经典化》,《聊城大学学报》(社会科学版)2020年第5期。
[2] 侯长林:《邓小平文化观研究》,中国文联出版社,2001,第9页。

成果，不允许搞民族虚无主义和全盘西化。"[1]2000年，江泽民在广东考察工作时郑重提出了"三个代表"重要思想："我们党所以赢得人民的拥护，是因为我们党在革命、建设、改革的各个历史时期，总是代表着中国先进生产力的发展要求，代表着中国先进文化的前进方向，代表着中国最广大人民的根本利益，并通过制定正确的路线方针政策，为实现国家和人民利益而不懈奋斗。"[2]在庆祝中国共产党成立80周年大会上的讲话中，江泽民还进一步指出："我们党要始终代表中国先进文化的前进方向，就是党的理论、路线、纲领、方针、政策的各项工作，必须努力体现发展面向现代化、面向世界、面向未来，民族的科学的大众的社会主义文化的要求，促进全民族思想道德素质和科学文化素质的不断提高，为我国经济发展和社会进步提供精神动力和智力支持。"[3]把"代表中国先进文化的前进方向"作为"三个代表"重要思想内容之一，彰显了文化建设对党的建设的重要价值与意义，是中国特色社会主义文化建设重要的理论创新成果。胡锦涛在中共十七届六中全会第二次全体会议上的讲话中指出："坚持中国特色社会主义文化发展道路，必须坚持以马克思主义为指导，坚持社会主义先进文化前进方向。坚持以马克思主义为指导、以社会主义先进文化为引领，是中国特色社会主义文化最鲜明的特征，也是事关文化改革发展全局的根本问题。只有坚持以马克思主义为指

---

[1]中共中央文献研究室：《十三大以来重要文献选编》（下），人民出版社，1993，第1643页。
[2]江泽民：《论"三个代表"》，中央文献出版社，2001，第2页。
[3]江泽民：《论"三个代表"》，中央文献出版社，2001，第157页。

导、以社会主义先进文化为引领,才能打牢中国特色社会主义文化发展的根基。"[1]面对西方文化思潮的冲击,胡锦涛认为,文化建设"必须坚持为人民服务、为社会主义服务的方向和百花齐放、百家争鸣的方针,正确处理弘扬主旋律和提倡多样化的关系、教育人民和满足人民多样化精神文化需求的关系、把社会效益放在首位和提高经济效益的关系,有效引领社会思潮,有力抵制各种错误和腐朽思想影响,不断巩固和壮大社会主义主流思想文化"[2]。胡锦涛关于"文化建设的战略意义、文化体制改革和加快社会主义文化建设的途径和方法都提出新的理论观点,对于加快建设社会主义先进文化,打造中国特色文化强国具有重要现实意义和历史意义"[3]。习近平在不同场合就中国特色社会主义文化建设与发展等问题发表过许多重要讲话,形成了他的独特的文化理论体系。习近平的文化理论对马克思主义文化理论有多方面的贡献,主要表现在:一是"在世界观上,习近平文化理论坚持了世界的物质性为第一性的原则,认为中国特色社会主义的文化建设和发展必须以经济建设为优先任务"[4];二是"在方法论上,习近平文化理论充分运用了事物普遍联系的原则,将中国特色社会主义的文化建设和发展与中华优秀的传统文化、世界其他文明优秀成果以及中国社会有待发展的其他方面进行了广泛的联结,使得中国特色社会主义文化建设和发展具有更加可靠的精神来源和物质

---

[1]胡锦涛:《胡锦涛文选》(第3卷),人民出版社,2016,第563页。
[2]胡锦涛:《胡锦涛文选》(第3卷),人民出版社,2016,第564页。
[3]孙斌:《论胡锦涛的文化建设思想》,《求实》2012年第4期。
[4]刘红:《习近平文化思想对马克思主义中国化的新发展》,《理论与改革》2016年第6期。

基础"[1]；三是"在精神旨趣上，习近平文化理论始终坚持人民群众作为中国特色社会主义文化建设和发展的第一性原则"[2]。习近平还在党的二十大报告中强调："坚持和发展马克思主义，必须同中华优秀传统文化相结合。"[3]因为中华优秀传统文化是中国特色社会主义理论的基础和文化源泉。习近平的文化理论内容丰富，无论是在世界观、方法论上，还是在精神旨趣上，都对马克思主义文化理论有重大创新和发展。从以上分析可以看出，马克思主义关于文化问题，在研究中已经逐步形成了自己独具特色的文化理论体系。

马克思主义文化理论是由人类改造世界和改造人本身的活动是文化的源泉和基础、人的社会关系的发展是文化发展的标志、文化具有自身相对的独立性等一系列观点组成的理论体系，它们从历史唯物主义的角度揭示了文化的起源、本质、结构、功能及其发展的一般规律。马克思主义文化理论同马克思主义理论一样，是发展的，其强大的生命力也正在于此。

3.文化的特点

文化的内涵并不是空洞的，它通过文化的特点表现出来，形成人类自下而上的具有浓郁的"文化意义"的世界。那么，文化的特点怎样呢？肖前、陈朗两位学者的概括很有代表性，他们认为一般有以下

---

[1]刘红：《习近平文化思想对马克思主义中国化的新发展》，《理论与改革》2016年第6期。

[2]刘红：《习近平文化思想对马克思主义中国化的新发展》，《理论与改革》2016年第6期。

[3]习近平：《高举中国特色社会主义伟大旗帜 为全面建设社会主义现代化国家而团结奋斗》，《人民日报》2022年10月26日。

三点：

第一，人化形式。所谓文化具有人化形式的特点，是指文化之所以具有文化的意义，关键在于其是否打上人的印记，是否体现了人的特点和人的"尺度"。一切属于文化的东西，必须依附于自然物并在自然物的基础上才能产生，但属于文化的东西毕竟已不是单纯的自然物，而是在自然物的基础上叠加了人的因素。人的因素即人的形式才是文化物区别于自然物的标志。也就是说，文化物不仅包含着自然物的内容，而且包含着自然物所没有的内容，比如人的因素。

第二，社会性。所谓文化的社会性，是指文化总是具有在人与人交往中存在的社会性的创造形式。"人化形式"在可能的范围内对于一切人都有意义的时候，才与文化搭界，才具有文化的意蕴。马克思在《哥达纲领批判》中指出："劳动是一切财富和一切文化的源泉"[1]，但是"'劳动只有作为社会的劳动'，或者换个说法，'只有在社会里和通过社会'，'才能成为财富和文化的源泉'"[2]。文化的社会性特点表明，文化当然是由人类作为主体所创立的，但它却具有不依赖于主观愿望的特性，表现在：一是文化依赖于人的活动，文化的社会性是由人类对象性活动的社会性和客观性所决定的；二是文化依赖于人类活动的各种中介形式，如物质工具、语言符号、社会关系等，正是这些中介形式，使文化得以成为某种似

---

[1] 马克思、恩格斯：《马克思恩格斯全集》（第19卷），人民出版社，1963，第15页。
[2] 马克思、恩格斯：《马克思恩格斯全集》（第19卷），人民出版社，1963，第17页。

乎独立的东西，但在本质上它们只是社会性的表现方式；三是文化依赖于人类所创造的物质财富和精神财富。因此，我们必须从社会的更深层运动过程来把握与理解文化的特殊矛盾运动。

第三，多样性。所谓文化的多样性，是指由于地域、民族、社会发展程度不同，世界的各种文化形态呈现出多样性的特点。一般来说，在近代统一的世界文化形成以前，除了大量的各种小文化系统以外，主要存在四大文化系统：一是中国文化系统，即儒教文化系统，包括中国、日本、朝鲜、越南以及东南亚有关地区；二是印度文化系统，即印度佛教文化系统，包括南亚一些地区；三是阿拉伯文化系统，即伊斯兰教文化系统，包括中东阿拉伯半岛、北非等地区；四是希腊罗马文化系统，即基督教文化系统，包括欧洲、美洲、大洋洲等地区。

到底什么是文化？广义而言，就是指物质文化与精神文化的总和；狭义的文化就是指精神文化。文化是对社会的一种特殊的表现和反映，它表明人类进步所达到的历史发展水平。文化的内涵十分丰富，其本身不仅包括机器、技术设备、法规、道德、艺术作品等人类活动的对象性结果，也包括人在其活动中所表现出的自身的精神、气质等本质力量。因此，人们通常根据物质生产方式和精神生产方式的不同，将文化一分为二，即分为物质文化和精神文化。物质文化是指在为了满足人类生存和发展需要所创造的物质产品中所表现出来的文化。精神文化则不同，它是人类在从事物质文化生产的基础上所产生的一种只有人类才具有而其他动物不可能具有的意识形态，是人类各种意识观念形态的汇集和总和，包括哲学、美学、宗教、艺术、神话等。

不过，在这里还需要进一步讨论的是，物质文化到底是精神的还是物质的？对此，目前还有不同看法。比如有的学者就认为"反映人与自然的物质转换关系的物质文化，是由'物化的知识力量'所构成，包括人类对自然加工时创制的各种器具，是可触知的具有物质实体的文化事物，即人们的物质生产活动方式和产品的总和"[1]。这个定义将物质文化界定为"是可触知的具有物质实体的文化事物"，多少还是有些问题，正如孙显元所指出的："这个解释的核心是物质文化是'可触知的具有物质实体'。这就是说，物质文化是可以凭人们的感觉而感知的物质实在。这就肯定了物质文化不是精神的东西，因为精神的东西是不能用感觉感知的。"[2]如果要追问文化是物质的还是精神的，文化肯定是精神的，把文化说成是物质的是站不住脚的，但是文化又是离不开物质的。因而，将物质文化定义为"以物质为载体的文化"[3]，也是有一定的问题，就是将这个定义理解为"在物质文化中，物质载体不是文化，物质载体的负载物是文化"[4]，也没有解决目前公认的精神文化也是有物质载体的问题；如果用是否有物质载体对文化进行判断，也就无所谓精神文化了，因为很难找到完全不需要物质载体的文化。也就是说，文化是精神的，文化需要物质载体，是文化存在的基本要求。因此，我以为对物质文

---

[1] 吴克礼：《文化学教程》，上海外语教育出版社，2002，第65页。
[2] 孙显元：《"物质文化"概念辨析》，《人文杂志》2006年第3期。
[3] 孙显元：《"物质文化"概念辨析》，《人文杂志》2006年第3期。
[4] 孙显元：《"物质文化"概念辨析》，《人文杂志》2006年第3期。

化与精神文化的划分,如果要以物质载体及其负载的文化为标准进行划分,只能根据物质载体和其所负载的文化在物质载体和所负载的文化组成的共同体中所占的比重或分量上的差异来确定,即在物质载体和所负载的文化组成的共同体中,如果物质载体所占的比重或分量大,就是物质文化,精神文化所占的比重或分量大,就是精神文化。总之,文化都是精神的,其所负载的物质载体本身绝不是文化,只是文化这个精神印记的负载物。

那么,到底什么是文化?其实,文化就是指负载到物质载体上的人的精神印记,即人化的精神印记。[1]恩格斯曾经指出:"只有人才给自然界打上自己的印记,因为他们不仅变更了植物和动物的位置,而且也改变了他们所居住的地方的面貌、气候,他们甚至还改变了植物和动物本身,使他们活动的结果只能和地球的普遍死亡一起消失。"[2]既然只有人才能够给自然界打上自己的印记,这种印记就是人所独有的,是人与植物、动物的根本区别之所在。文化是人所独有的,只有人才能够给自然界打上其精神的印记,而植物、动物则没有这种可能。所以,从这个意义上说,文化不是别的,就是人化的精神印记。

总而言之,不管对文化怎样定义,不管人们对文化的理解存在着怎样的差异,但是有一点是共同的,那就是文化是人的文化,是由

---

[1] 侯长林:《侯长林选集·文化与文学的多维研究》(第1卷),贵州人民出版社,2022,第21—22页。
[2] 马克思、恩格斯:《马克思恩格斯全集》(第20卷),人民出版社,1971,第373—374页。

人所创造并为人所特有的东西，凡文化都"必须具有人化形式、社会性和多样性的特点，才构成历史中形成的特定的文化形态，才能成为特定的文化有机体，从而发挥文化在现实社会和人的发展中的作用"[1]。

（二）校园文化的内涵

1.校园文化的种种解说

我国的校园文化理论研究工作起步较晚，其成果是零散的，缺乏系统的，加之文化的多义性、模糊性，因而有关校园文化的定义或内涵，也就有多种界定，真可谓"百花盛开"。在我国校园文化研究中，主要有以下六种类型：一是文化视角。持这种观点的学者认为，主要突出文化"人化"的特征，即文化是人类创造并为人类所特有的东西，它是人类特殊的活动形式，校园文化就是指学校这一组织特有的精神风格和文化氛围等。二是社会控制视角。持这种观点的学者，根据社会控制理论，认为校园文化作为一种文化现象，主要不是什么思想或观念性的东西，而是作为社会人的学生的各种现实的规范体系，主要表现为学生内在和外在的活动的社会控制体系。三是氛围视角。持这种观点的学者认为校园文化是一种注重课外活动，在社会历史发展的要求和制约下，经过校园人的长期努力所形成的一种特定的文化氛围及其精神状态。杨叔子认为："校园文化，就是校园的'环境'，就是校园的'氛围'，就是校园的'生态'，就是校园中弥漫着的文化精神，乃至可以说是学校的灵魂。"[2]涂又光的"泡菜

---

[1]肖前、陈朗：《论文化的实质和人的发展》，《江淮论坛》1992年第4期。
[2]杨叔子：《校园文化与时代精神》，《中国高教研究》2007年第3期。

坛理论"说的也是这个道理:"校园是泡菜坛,文化就是泡菜水,学生就是泡菜;有什么样的泡菜水,就将泡制出什么样的泡菜。"[1]四是活动视角。持这种观点的学者认为,校园文化就是指利用课余时间开展的各种文化、艺术、体育等群体文化活动,比如杨益民就是这样认为的:"校园文化是一种注重课外生活透过特定的文化氛围使置身其间的大学生受到熏陶和启发,从而获得全面发展的文化'形态'。"[2]简而言之,校园文化就是指校园课余文化活动。五是规范视角。这类定义强调校园文化在学校组织管理中的规范作用,认为校园文化是指学校在文化建设实践中逐渐形成并为学校成员认同的以价值观为核心的群体意识和群体行为规范。六是校园视角。持这种观点的人认为,校园文化是校园这个特定的教育环境中对学生起着显性和隐性作用的群体文化。也有广义与狭义之分。广义的校园文化是指校园是全方位的精神文明;狭义的是指校园精神文化环境,包括艺术教育和课外文学艺术活动等。此外,还有学者认为应该通过归纳校园文化特征来定义校园文化概念。比如应该将校园文化定义为"是以学生为主体,以课余文化活动为主要内容,以校园为主要空间,以校园精神为主要特征的群体文化"[3]等。

还有学者将校园文化的定义罗列了12种:校园文化是指知识密集、人才集中的高等学府所具有的特定的精神环境和文化氛围;校园文化是指依附于学校这个载体,并通过学校载体来反映和传播的各种

---

[1] 杨叔子:《校园文化与时代精神》,《中国高教研究》2007年第3期。
[2] 杨益民:《关于校园文化建设的双向思考》,《江西高教》1990年第1期。
[3] 黄禧侦:《高校校园文化研究综述》,《高教探索》1991年12期。

文化现象；校园文化是指除了教学、科研以外的一切文化活动、文化交流、文化设施以及由此而产生的思想文化成果；校园文化就是开展健康的文艺活动和对学生进行文化艺术教育；校园文化是校园内的实践活动；校园文化作为整个社会文化背景中的子系统，它是指学校校园的文化氛围和学生生存的整个环境；校园文化指学校以青年学生特有的思想观念、心理素质、价值取向、思维方式等为核心，以具有校园特色的人际关系、生活方式、行为方式以及由青年学生参与创办的报刊、讲座、社团、沙龙及其他文化活动和各种文化设施为表征的精神环境、文化氛围；校园文化是全体师生员工共同遵循的人生指导原则以及在这些原则指引下形成的以教学和科研为主的运作方式和群体生活风貌；校园文化是以校园为空间，以学生、教师为参与主体，以课外文化活动为载体，以文化的多学科、多领域综合交叉、广泛交流及特有的活动方式为基本形态，具有时代特点的一种群体文化；校园文化是指在学校这个特定的环境中所拥有的价值观的集合，也就是指校园的物质文明和精神文明建设；广义的校园文化是高等学校生活方式的总和；校园文化是一种管理文化，是一种教育文化，是一种微观组织文化。[1]

对校园文化的定义，应当允许有多种表述的存在，因为仅就文化而言，至今都没有一个统一的看法。在这样的前提下，要求校园文化定义确立一个统一的说法几乎是不可能的。何况目前对校园文化定义所做的多角度、多侧重的不同表述，客观上对人们更好地理解和把握

---

[1] 史洁、冀伦文、朱先奇：《校园文化的内涵和结构》，《中国高教研究》2005年第5期。

校园文化的内涵，是十分有益的。

2.校园文化的广义观

对校园文化的界定，尽管仁者见仁、智者见智，但不管怎么界定，都应从大处着眼，将校园文化作为一个整体进行考察，即应持校园文化的广义观。这是因为：

第一，作为研究者，只有持广义的文化观，才能进一步认识和把握校园文化的运行机制及内在规律，丰富和发展校园文化理论。对校园文化的认识，同对其他事物的认识一样，经历了一个由表及里、逐步深化的过程。最初几年，不仅研究者少，而且认识肤浅，视野狭窄，往往持的是狭义的文化观，或把校园文化理解为"课余文化"，或把校园文化与"校园文娱活动"画上等号……我对校园文化的认识也有一个逐步深化的过程，在开始进入校园文化研究领域时，秉持的也是这种狭义的文化观，认为校园文化不就是"蹦蹦跳跳"的一些文化活动吗？直到后来，尤其是随着对文化认识的逐步深入，把对校园文化的界定调整为方式文化，即"校园文化的广义与狭义则以是否包含课堂教学为界，含课堂教学者为广义，除去课堂教学者为狭义。我们平时所说的，一般是指这种除去课堂教学的狭义的校园文化，即校园文化是指除去课堂教学以外的校园文化生活存在方式。"[1] 持这样的校园文化观后，校园文化研究才取得一定的进展，因为方式文化的内涵比校园文化活动要宽泛得多、丰富得多，正如原华东工学院的马千里、吉强著文评述我这一看法时所说："'校园文化生活方式'，既包括精神的，也包括物质的，覆盖面很大，里面包含着许

---

[1] 侯长林：《校园文化与非智力因素的培养》，《贵州高教》1990年第3期。

多潜在的内容。"[1]马千里、吉强担心对校园文化界定过大,不易把握,是有道理的,确实如果校园里的什么东西都可以装进校园文化的箩筐里,那校园文化也就不成其为校园文化了,但校园文化本身所具有的内涵的丰富性,是客观存在的事实。既然是客观存在的事实,既然校园文化实实在在包含着丰富的内容,我们对校园文化的界定也就别无选择,即只能取其广义。并且,后来我以为将课堂文化排斥在校园文化之外也是不对的。所以,我在《校园文化略论》一书中,依据对文化的一般理解,将校园文化进一步定义为"校园物质文化与校园精神文化的总和"[2]。现在看来,可能也只有这样定义,才符合实际情况。师范院校新教学方案出台后,由于实践课、活动课的设置和课程观的改变,再以是否包含课堂教学来界定校园文化,已经不能适应实践发展的需要了,因为实践课、活动课既是课程,也是典型的文化活动,只不过,它们是被列入了教学计划的文化活动而已。从这种大文化观出发进行研究,展现在人们面前的校园文化立时变得十分广阔:从文化层次来看,可以分为校园文化活动层、文化制度层和文化心理层;从文化主体来看,可以分为教师文化、学生文化和职工文化;从文化单元来看,可以分为校园景观文化、服饰文化、饮食文化、课堂文化、娱乐文化、社团文化、社会实践文化、院系文化、宿舍文化、图书馆文化、走廊文化等。丰富的内容是深入研究的前提,否则,还有什么可研究的呢?因此,校园文化研究者只有从广义入手,才能展现校园文化丰富的内容,也才能进行系统的深层次的研究。

---

[1] 马千里、吉强:《校园文化建设述评》,《高教文摘》1991年第7期。
[2] 侯长林:《校园文化略论》,贵州教育出版社,1991,第12页。

第二，作为管理者，只有持广义的文化观才能从宏观上调控校园文化，把握校园文化总的发展趋势和发展方向，从而全面系统地规划和建设好校园文化。学校领导或管理者"是加强校园文化建设，繁荣校园文化的关键"[1]。因此，他们的看法将直接影响校园文化的发展。如果他们持的是狭义的文化观，如把校园文化建设只理解为课堂外的文娱体育活动，就势必会影响校园其他文化的建设，比如校园课堂文化的建设、校园政治文化的建设、校园物质环境文化的建设等。而持广义的文化观，则视野开阔，纵观全局，宏观调控，有利于发挥文化的整合力，正如四川的陈奎彦所说："只有从广义界定校园文化的内涵，重视各种形态校园文化的作用，才有利于全面改善校园气候，以产生良性整体效应。"[2]

因此，关于校园文化的定义，我仍持这样的观点，校园文化是"文化"的种概念，是亚文化，对校园文化的理解，对其内涵的把握，应依据对文化的一般理解进行诠释。如前所说，从广义来看，文化既包括物质文化，也包括精神文化。顺而推之，从广义而言，所谓校园文化，就是指校园物质文化与校园精神文化的总和；狭义的校园文化，即专指校园精神文化。本书所指的校园文化既包括物质文化也包括精神文化，但最终都是指校园精神文化。因为校园物质文化实质上是指物质载体所占比重或分量较大的精神文化，当然，无论何种校园精神文化也都离不开物质载体，只不过物质载体所占比重或分量较小罢了。总之，无论是校园物质文化还是校园精神文化其实都是指校

---

[1]侯长林：《校园文化略论》，贵州教育出版社，1991，第4页。
[2]陈奎彦：《关于校园文化的思考》，《教育研究》1992年第2期。

园人负载到校园物质载体上的精神印记，简而言之，校园文化就是指校园人化的精神印记。

3.校园文化的基本性质

在明确了校园文化的定义以后，让我们来看看校园文化的性质。要研究校园文化的性质，不能离开马克思主义关于文化问题的基本学说。毛泽东早在《新民主主义论》一文中就明确指出："一定的文化是一定社会的政治和经济在观念形态上的反映。"[1]历史发展到今天，随着人们对文化研究的不断深入，新的成果不断涌现，但是，毛泽东关于研究文化问题的基本立场、观点和方法论原则依旧管用，并没有过时。邓小平也曾指出："文艺是不可能脱离政治的。任何进步的、革命的文艺工作者不能不考虑作品的社会影响，不能不考虑人民的利益、国家的利益、党的利益。"[2]因此，从毛泽东和邓小平研究文化问题的基本立场出发，可以得出这样的结论：校园文化作为文化领域中的一种亚文化，也同文化一样是一定社会的政治和经济在观念形态上的反映。我们的校园文化是中国特色社会主义的校园文化，而不是美国、英国等资本主义国家的校园文化。既然是中国特色社会主义的校园文化，就不能不考虑校园文化对中国社会的影响，以及对校园文化所处的特殊地域的影响，就不能不考虑中国人民的利益，包括校园文化所处的特殊地域的人民的利益，就不能不考虑中华人民共和国的利益及其校园文化所属的部门和地方政府的利益，就不能不考虑中国共产党的利益。如果这些影响和利益都不考虑，怎么称得上中

---

[1] 毛泽东：《毛泽东选集》（第2卷），人民出版社，1991，第694页。
[2] 邓小平：《邓小平文选》（第2卷），人民出版社，1994，第25页。

国特色社会主义的校园文化？所以，中国特色社会主义校园文化的基本性质，无疑是社会主义的。因为"这是一个事实判断，它强调的是过去一百多年中国社会和文化变迁的结果……说当代中国的校园文化是社会主义的，也是一个基于事之自然、势之必然基础上的应然判断"[1]。既然校园文化的基本性质是社会主义的，就要坚持社会主义方向，如果在这个问题上出了偏差，就如习近平所指出的："就像一株歪脖子树，无论如何都长不成参天大树。"[2]当然也并不是说所有属于校园文化范畴的东西都具有意识形态性和阶级性，比如天文、地理、生物、化学、电子运用等纯自然科学方面的研究活动，就不具有意识形态性和阶级性。但是不能忽视的是，校园文化活动尤其是一些讲座、报告、论坛、沙龙等都明显地表现出不同的世界观、人生观和价值观之间的对立和斗争。这些校园文化阵地，社会主义不去占领，就有可能被其他思潮浸染甚至占领。所以，加强校园文化建设，"办好我们的高校，必须坚持以马克思主义为指导，全面贯彻党的教育方针"[3]。为什么中国的校园文化不同于美国、英国、日本、法国、德国的校园文化？为什么先秦时期的校园文化不同于唐宋时期的校园文化，而唐宋的校园文化又不同于"五四"时期的校园文化，也不同于中华人民共和国成立以后的校园文化？根本的问题就在

---

[1]宋雪霞、余新华：《谈谈校园文化的性质和核心内容》，《高校理论战线》2009年第10期。
[2]习近平：《习近平同志在全国高校思想政治工作会议上的讲话》，《中办通报》2016年第31期。
[3]习近平：《习近平同志在全国高校思想政治工作会议上的讲话》，《中办通报》2016年第31期。

于不同国家不同时代的校园文化具有不同的性质。因此，社会主义中国的校园文化，就必须是属于社会主义性质的。正因为如此，江泽民在中国共产党第十四次全国代表大会上的报告中明确要求：要"搞好社区文化、村镇文化、企业文化、校园文化建设"[1]。

校园文化的内涵十分丰富，且自成系统，有如校园地理环境、校园建筑、文化设施、实验仪器设备等组成的校园物质文化系统，也有如校风学风、书面文化、艺术文化等组成的校园精神文化系统。那么，隐藏在重重叠叠的校园文化现象之中的校园文化本质怎样呢？

二、校园文化本质

（一）人的本质

按照逻辑推理，要认识校园文化本质，得先了解文化本质，只有把文化本质的内涵理清了，才谈得上解读校园文化本质；要了解文化本质，得先弄清楚人的本质。因为，文化是人的文化，动物无所谓文化，这就使文化与人的本质发生了内在的必然的联系，"文化的本质是人的本质和本质力量的对象化"[2]。德国哲学家恩斯特·卡西尔（Ernst Cassirer）说得好："从事历史创造活动的人，尽管在不同的活动中具体的目标、具体的结果、具体的过程各不相同，但都必然地趋向于一个共同的总的目标、总的结果、总的过程——在创造文化的活动中必然地把人塑造成了'文化的人'！这就是人的真正的本质，

---

[1] 江泽民：《江泽民在中国共产党第十四次全国代表大会上的报告》，《人民日报》2008年7月4日。
[2] 李权时：《论文化本质》，《学术研究》1991年第6期。

这就是人的唯一本性。"[1]可见，文化既是人之为人的最明显的特征和标志，也是人之为人的根本前提和条件。可见，文化与人的本质是紧密相连的。因此，先对人的本质有一个基本的认识，将不难发现文化的本质和校园文化的本质。

1.人类对自身认识的发展过程

人的本质，作为对人的终极追问和人自我意识的最高境界，是一个古老又常新的课题。自人类诞生以来，人们就在认识自然、改造自然的同时，开始关注人自身并不断加深认识。虽然，由于受历史条件的限制，人们对这一问题的探讨开始是比较肤浅甚至比较幼稚的。其实，人们对其他问题的探讨何尝不是如此呢？但总的来说，对人的本质的认识是沿着逐步深化和科学化的道路前进的。人是非常复杂的个体，不仅身体结构，比如大脑结构等很复杂，而且心理结构更复杂，要揭示人体结构之谜和心理结构之谜，实非易事。

我国古代，虽然没有给人的本质下过明确的定义，但对人性问题进行了比较深入的研究，留下了十分丰富的思想材料。早在春秋战国时期，我国就开始探讨人性问题。春秋战国时期的"百家争鸣"就主要是围绕着人和动物也就是人性和动物之性有无区别、何为人性、人性是指其自然属性还是指社会属性，以及如何理解人的自然属性和人的社会属性等问题而展开的。从现有的史料看，有关人性的一些带有根本性的理论问题，当时都已经被提出来了，并且涉及面非常广泛：比如孔子的"性相近，习相远"（《论语·阳货》），即人先天固有的本性相差不大，比较相近，只是由于习惯不同，才使其相差很远；

---

[1] [德]恩斯特·卡西尔：《人论》，甘阳译，上海译文出版社，1985，第9页。

世硕的"人性有善有恶,举人之善性,养而致之则善长;性恶,养而致之则恶长"(《本性篇》),即人的本性中有善和恶的两个方面,取其善良本性,进行培养、引导,善的方面就会生长起来,取其恶的本性,进行培养、引导,恶的方面就会进一步显露;告不害的"性无善无不善"(《孟子·告子上》),即人的本性并没有善良和不善良之说;孟子的"人性本善"(《孟子·告子上》),即人性本来是善的;荀子的"人之性恶,其善者为"(《荀子·性恶篇》),即人性是恶的,有善心者是假装出来的,等等。自然,这些关于人性的见解、观点和看法都带有阶级和历史的局限性,但毕竟提出了很多有价值的思想,给后世以很大的启示,是难得的宝贵的精神财富。

人的问题一直是西方哲学界普遍关注的基本问题。历史发展到文艺复兴时期,随着自然科学的发展和人的自我意识的觉醒,人们开始对西方的宗教和神学的传统提出了质疑和挑战。18世纪法国启蒙思想家、哲学家保尔·昂利·霍尔巴哈(Heinrich Diefrich)在1768年出版的《神圣的瘟疫》一书中开宗明义地写道:"人之所以迷信,只是由于恐惧,人之所以恐惧,只是由于无知。"[1]费尔巴哈(Ludwig Andreas Feuerbach)在《关于哲学改造的临时纲要》(1842年)一书中明确地指出:"神学(Theologie)的秘密是人类学(Anthropologie),而思辨哲学的秘密则是神学,即思辨神学。"[2]费尔巴哈是在笛卡儿、康德、黑格尔之后第一个提出人的本质概念的人。他的关于人的本质的称谓比较多,比较混乱,比

---

[1]葛力:《十八世纪法国哲学》,商务印书馆,1979,第558页。
[2]俞吾金:《当代哲学关于人的问题的新思考》,《人文杂志》2002年第1期。

如"自然本质""抽象本质""最高本质""人的本质""真正本质""绝对本质""类本质""个体本质"等,但人的本质到底是什么?费尔巴哈最终没有明确地概括出来。他曾经把最高层次的"本质属性"——"意识"(其中特别是"爱")看成人与动物的根本区别,即确定为人的最终本质,但是,他又认为:"人之于动物不同,绝不只在于人有思维。人的整体本质是有别于动物的。不思想的人当然不是人;但是这并不是因为思维是人的本质的缘故,而只是因为思维是人的本质的一个必然结果和属性。"[1]可见,他对人的本质的认识是有局限的。不过,他的关于"人的本质"的学说是从对黑格尔唯心主义绝对精神哲学的批判中建立起来的,尤其是他的"人是人的最高本质"[2]的论断影响深远。"人是人的最高本质"的命题,在费尔巴哈眼里的含义是:"这个'人'既可以指人的感性存在,又可以指人的类本质,也可以指人的感性存在与类本质的统一。"[3]费尔巴哈的关于人的本质的学说对唯心主义和宗教神学进行了质疑和评判,在一定程度上巩固和恢复了唯物主义和无神论的地位,这是一个很大的进步,但是他在历史观上仍然没有摆脱唯心主义的牵绊,还处在唯心主义的泥潭之中,就是对人的本质的认识也是不彻底的,比如

---

[1][德]费尔巴哈:《费尔巴哈哲学著作选集》(上卷),荣震华、李金山译,商务印书馆,1984,第182页。

[2]舒永生:《论费尔巴哈"人是人的最高本质"的思想及其意义》,《武汉大学学报》(人文科学版)2001年第1期。

[3]舒永生:《论费尔巴哈"人是人的最高本质"的思想及其意义》,《武汉大学学报》(人文科学版)2001年第1期。

他认为："完全与动植物一样，人也是一个自然本质。"[1]这就把人看成了生物学上的自然人，把抽象的理智、意志和情感等看成了人类的共同本质。卡西尔认为："当代尽管科学昌盛、技术发达，但人的问题不但没有真正解决，相反倒是处在深刻的危机之中。"[2]他还认为："人只有在创造文化的活动中才成为真正意义上的人，也只有在文化活动中，人才能获得真正的'自由'……人并没有什么与生俱来的抽象的本质，也没有什么一成不变的永恒人性；人的本质是永远处在制作之中。因此，人性不是一种实体性的东西，而是人自我塑造的一种过程：真正的人性无非就是人的无限的创造活动。"[3]卡西尔特别强调的就是，人的本质在于创造，在于制作，不创造文化，不进行劳作，人就不能成其为人。

2.马克思主义关于人的本质理论

当人类社会历史发展到马克思所生活的时代，无产阶级和全人类的解放事业已经成为一个重大的问题摆在人们的面前。科学地揭示人的本质，探讨人类解放的道路，已成为人们亟待解决的理论课题和实践课题。马克思从中学毕业时所写的论文《青年在选择职业时的考虑》开始，到标志着其唯物主义思想基本形成的《关于费尔巴哈的提纲》为止，大约有十年的时间都在思考这一问题。

第一，人的本质决定了人的活动同动物的活动的本质区别。动物

---

[1] [德]费尔巴哈：《费尔巴哈著作选集》（上卷），荣震华、李金山译，商务印书馆，1984，第312页。

[2] [德]恩斯特·卡西尔：《人论》，甘阳译，上海译文出版社，1985，第5页。

[3] [德]恩斯特·卡西尔：《人论》，甘阳译，上海译文出版社，1985，第7—8页。

的活动是与其自己的生命活动紧密相连的,直接同一的,不存在自己和自己生命活动的区别;而人的活动则是"自由自觉的活动"[1]。因为"只有人的生命活动是自由的,人才能摆脱动物般对自然的依附关系,人才能彻底地最终脱离动物界;只有人的生命活动是有意识、有目的、有追求的,才能摆脱本能和盲目,真正进入自觉的境界"[2]。这就既把人类同动物区别开来,又确证和凸显了人类的本质。人正是在"自由自觉的活动"中,创造了"人工自然界",构成"第二性的存在",这就是人所创造并为人所独有的具有文化意味的世界。

第二,人的本质是一切社会关系的总和。马克思在《关于费尔巴哈的提纲》中指出:"人的本质不是单个人所固有的抽象物,在其现实性上,它是一切社会关系的总和。"[3]社会关系就像一张网,任何人的社会实践活动都与此紧密相连,没有人能够脱离这张网而存在,可以说"任何时代的人都是社会关系大网上的一个纽结,这些纽结既反映了人与人之间的差别,又是对人的个体的具体定位"[4]。同时,社会关系这张网又是处在不断变化之中的,因而人的本质也是发展的,变化的,是人自我塑造的一种无限发展的过程,当然,作为

---

[1]马克思、恩格斯:《马克思恩格斯全集》(第42卷),人民出版社,2008,第96页。
[2]张奎良:《马克思人的本质思想的全景展示》,《天津社会科学》2014年第1期。
[3]马克思、恩格斯:《马克思恩格斯全集》(第3卷),人民出版社,1960,第5页。
[4]张奎良:《马克思人的本质思想的全景展示》,《天津社会科学》2014年第1期。

人的创造物和人的本质力量对象化的文化,也是流动的、变化的、不断创造和发展的过程。人的本质作为一种社会联系,从时空角度出发,既有历时性,又有共时性。人的本质发展的历时性,为社会文化包括校园文化的历史性和时代性提供了根据和源泉;人的本质发展的共时性,为社会文化包括校园文化的区域性和世界性提供了根据和源泉。因而,人的社会联系越广,其文化的世界性意义就越大。也就是说,人的本质的社会性决定了文化的历史性、时代性、地域性、世界性等社会属性。

(二)文化本质

1.人类是特定的文化存在物[1]

文化的产生、演变和发展是一个社会历史过程。人类的劳动实践,不仅创造了人类本身,而且也按人的需要改造自然并创造了文化本身,甚至可以说,文化的产生与人的产生,以及社会的产生,是同一过程的不同方面。因此,一部人类发展史其实就是一部文化发展史。可见,人类与文化的关系是多么紧密。由于人类是创造文化的主体,因而人类所创造的"人工自然界"是人的对象性的存在,"是一本打开了的关于人的本质力量书,是感性地摆在我们面前的人的心理学"[2]。同时,文化本身又是具有自己独特结构、功能和运行机制的客观存在。这种文化的客观存在,具有有别于生物学的遗传机制。人的社会素质提升就是通过文化的这种独特结构、功能和遗传机

---

[1] 肖前、陈朗:《论文化的实质和人的发展》,《江淮论坛》1992年第4期。
[2] 马克思、恩格斯:《马克思恩格斯全集》(第42卷),人民出版社,2008,第127页。

制才得以实现的,即实现人的社会化靠的是文化。没有文化的这种独特结构、功能和遗传机制,就不可能实现社会知识、经验在代际之间传递,更不可能实现不同国家、不同民族间的交往和传播。人类创造了灿烂的文化,文化的发展又反过来影响人、培育和塑造人,构成人的发展与文化的发展相互融合、相互促进的历史过程。因此,正如司马云杰所言:"文化世界的创造、发展不仅把人从动物中分化出来,成为人的存在、社会的存在,而且文化的进步还把人从社会中分化出来,成为意识到的自我存在。文化与人的交互作用,是人不断接受文化教化的过程,也是人不断发挥潜能并创造文化的过程。"[1]这个历史过程包括两个阶段:即人的需要首先取决于其与自然界的直接交往。在这一阶段,"原始人还没有在自己和自然界之间划出明确的界线,没有把自己跟自然界对立起来"[2]。按刘禹锡的观点,这时的人们对客观事物的认识水平还主要处于"理昧"阶段。刘禹锡认为,人们对客观事物的认识水平分为"理明"和"理昧"两种情况。"理明",就是人们认识和掌握了自然法则,可以利用自然,以"天"为用;相反,"理昧",即人们还没有认识自然法则,对自然不理解,在此情况下,人们必然不能相信自己的力量,而把一切归之于"天"的意志的支配。第二阶段,人类从自然界的外部力量的控制下解救出来,能够根据自然法则办事,利用自然变化来春耕、夏耘、秋收、冬藏,亦即主要处于"理明"阶段,即文化是人类本身的全面发展。

---

[1]司马云杰:《文化价值论》,山东人民出版社,1990,第129页。
[2]肖前、陈朗:《论文化的实质和人的发展》,《江淮论坛》1992年第4期。

2.文化本质在于人的发展

讨论文化的本质，必须要注意这样一个事实——"文化不仅是人们创造的，而且是为了人们而创造的，人既是文化的创造者，又是文化的主要成果。"[1]人类创造的具体的社会财富只是文化存在的可观可感的外部形式，这些外部形式多姿多彩、各种各样，而文化的本质则深藏在这些多姿多彩、各种各样的外部形式之中，在于促进人的进步、发展与提升。马克思指出，"……财富岂不正是在普遍交换中造成的个人的需要、才能、享用、生产力等等的普遍性吗？财富岂不正是人对自然力——既是通常所谓的'自然'力，又是人本身的自然力——统治的充分发展吗？财富岂不正是人的创造天赋的绝对发挥吗？这种发挥，除了先前的历史发展之外没有任何其他前提，而先前的历史发展使这种全面的发展，即不以旧有的尺度来衡量的人类全部力量的全面发展成为目的本身。在这里，人不是在某一种规定性上再生产自己，而是生产出他的全面性；不是力求停留在某种已经变成的东西上，而是处在变易的绝对运动之中"[2]，以及"培养社会的人的一切属性，并且把他作为具有尽可能丰富的属性和联系的人，因而具有尽可能完整的和全面的社会产品生产出来"[3]。马克思的这些论述揭示了文化的本质、意义和社会目的。苏联阿尔诺利多夫等在马克思主义文化理论的指导下，对文化的本质做了比较深入的研究，

---

[1] 冯利、覃光广:《当代国外文化学研究》，中央民族学院出版社，1986，第19页。
[2] 马克思、恩格斯:《马克思恩格斯全集》（第46卷·上），人民出版社，2008，第486页。
[3] 马克思、恩格斯:《马克思恩格斯全集》（第46卷·上），人民出版社，2008，第392页。

他们认为："文化的真正内容则在于人本身的发展，在于人的社会存在的全部多样性和完整性，在于人的全部丰足的各种各样的才能、需要和交往形式等。"[1]文化发展的过程，既是"人化"的过程，也是"化人"的过程，是"人化"和"化人"相统一的过程。李德顺认为："文化是作为人特有的行为模式、生活'样式'而存在和表现出来的，它的本质含义，简言之就是'人化'和'化人'（哺育、教化），即人类改造客观世界，将自然状态加以'人化'；然后再用其经验和成果来'化人'，提升人自己。"[2]徐宗华也认为："'人化'产生的结果是文化，'化人'的结果所体现的就是文化的本质，因为文化的意义与目的是'化人'：即使人的本质得到全面自由的发展，即人的现代化。"[3]肖前、陈朗在论述"人类是特定的文化存在物"的过程中也明确指出："文化不是别的东西，文化的实质和全面内涵，便是人自身的发展，离开了文化，便没有人自身及其自由而全面地发展。"[4]总而言之，文化的本质就在于促进人的进步与发展，在于培养具有尽可能丰富的属性和联系的人。

（三）教育的本质

校园因培养人才成为校园。既然是因培养人才成为校园，就可归入教育的范畴，所以，要厘清校园文化的本质，先得把教育本质搞清楚。什么是教育本质，本来是不成问题的问题，但是现在的学校

---

[1][苏]阿尔诺利多夫：《文化概论》，邱守娟译，中国人民大学出版社，1989，第11页。
[2]李德顺：《关于文化的本质和特征》，《深圳特区报》2003年11月27日。
[3]徐宗华：《文化本质的再探讨》，《平顶山学院学报》2007年第4期。
[4]肖前、陈朗：《论文化的实质和人的发展》，《江淮论坛》1992年第4期。

教育却似乎已经远离了教育本质。当前中学所关心的是升学率，特别是升入重点和名牌学校，把这些当成了学校重要的指标。而大学所关心的是科研，我国大学如此，国外大学也同样如此。比如美国每年的大学排行榜，其主要评价体系中科研成果、论文数量等绝对是主要指标。而关心人才培养质量、学生发展的则不多，"现在的教育关心的更多的是人的知识和技能，而不是有关人的发展的本身，更谈不上以人为本"。[1]难怪中国台湾著名教育家贾馥茗在其新著《教育的本质》一书中指出：现代的教育顶多不过是"就事论事"，"多数讨论'教什么'和'怎么教'，把'为什么教'这个问题视作'理所当然'，反而忽略了"。[2]而教育本质则恰恰在于"为什么教"。因为"教什么"回答的是教育的内容问题，"怎么教"是教育的方法问题。到底什么是教育本质？所谓"教育的本质说到底就是要培养和陶冶人"[3]。但是现在中学和大学主要关心的却不是人。所以，贾聚林、许锡良等学者大声疾呼：回归教育的本质、教育的本质是回归人。为什么说教育本质是回归人呢？因为"教育是一种社会活动，它区别于其他社会事物的本质属性就是人的培养"[4]"教育是有意识的、以影响人的身心发展为直接目标的社会活动"[5]"教育是促使受教育者从原有发展水平向发展目标转化的活动"[6]等观

---

[1] 贾聚林：《回归教育的本质》，《人民教育》2010年第1期。
[2] 贾聚林：《回归教育的本质》，《人民教育》2010年第1期。
[3] 贾聚林：《回归教育的本质》，《人民教育》2010年第1期。
[4] 潘懋元：《高等教育学（上）》，人民教育出版社，1984，第11页。
[5] 叶澜：《新编教育学教程》，华东师范大学出版社，1991，第27页。
[6] 张根：《教育本质探讨中诸方法和结论的商榷》，《教育研究》1992年第7期。

点，尽管表述不尽相同，但都认为教育是关于人的培养和人的发展问题。其实，孔子早就认为"君子不器"（《论语·为政》），即君子不能只懂专业技术，当修君子之道。也就是说，教育的本质就是培养修君子之道的人。当代的汪源认为："教育的本质是学生的发展。"[1]我比较赞同这种观点，因为不管怎么说，一方面，人只有通过教育才能真正成长为人。德国哲学家、教育家康德指出："人只有通过教育才能成为人。除了教育从他身上所造就的东西外，他什么也不是。"[2]另一方面，教育的对象是人，教育是因人而产生和发展的，所以，谈教育的本质离不开人及人的发展。马克思关于人的全面发展的理论主要包括两个层次的含义：一层是唤醒人的机体内蕴藏的素质以及生理、心理等各种潜能素质，并使之得到比较充分的发展；另一层是"人的对象性关系的全面生成和个人社会关系的高度丰富"[3]。人的各种潜能，毕竟只是潜能，而潜能只是"沉睡着"的力量。这些"沉睡着"的力量一旦得到唤醒，便表现为人的思维能力、情感意志和体力等。显然，人的各种潜能的开发和人的"沉睡着"的力量的唤醒需要教育。人的对象性关系的生成和个人社会关系的丰富和发展也需要教育。教育的目的就在于开发人的潜能，形成人的素质，丰富人的社会关系。联合国教科文组织在《学会生存——教育世界的今天和明天》的报告中鲜明地指出："教育的目的在于使人

---

[1]汪源：《教育的本质是学生的发展》，《当代教育论坛》2010年第5期。
[2][德]伊曼努尔·康德：《论教育学》，赵鹏、何兆武译，上海人民出版社，2004，第5页。
[3]蔡文鹏、李丽：《马克思关于人的全面发展的理论逻辑》，《河南师范大学学报》2001年第1期。

成为他自己，'变成他自己'，而这个教育的目的，就它同就业和经济发展的关系而言，不应该培养青年人和成年人从事一种特定的、终身不变的职业，而应培养他们有能力在各种专业中尽可能多地流动并永远刺激他们自我学习和培养自己的欲望。"[1]也就是说，教育的目的在于培养有主体性的人。因此，人的全面发展的主要条件就是教育，没有全面发展的教育就没有全面发展的人。教育本质不可能是其他别的，只能是促进人的全面发展。

（四）校园文化本质

校园文化本质与人的本质、文化的本质和教育的本质紧密相连，认识了人的本质、文化的本质和教育的本质，认识校园文化的本质也就不难了。

从前面的讨论中我们得知，文化的本质在于促进人的全面发展，教育的本质在于促进学生的全面发展，那么，校园文化这个融"教育"与"文化"于一体的概念，其本质是不会游离于"教育"和"文化"这两个要素的本质之外的，也不会是这两个要素本质的简单叠加，而是有其内在的逻辑联系的。这种内在的逻辑联系是什么呢？显然，这种内在的逻辑联系就是都指向人，尤其是指向学生。只不过，文化的本质指向的是整个社会的所有的人，教育的本质指向的则是接受教育的所有的学生，而不仅仅是在学校接受教育的学生。"校园文化"这个概念则是教育与文化的联姻，其本质必然具备这两大联姻主体的基本特性。要具备这两大范畴的基本特性，校园文化的本质就只

---

[1] 联合国教科文组织国际教育发展委员会：《学会生存——教育世界的今天和明天》，教育科学出版社，1996，第16页。

第一章 校园文化本质

能是促进校园人尤其是学生的发展与进步。要认识校园文化本质，除了要认识文化的本质和教育的本质外，还必须对什么是校园文化有一个全面的了解和把握。不管对校园文化如何定义，其实，校园文化"就是指校园物质文化与校园精神文化的总和"[1]，其文化形态多姿多彩、纷繁复杂，校园里的每一件物、每一个人无不归属于校园文化。文化是人类社会特有的现象，没有人就无所谓文化。校园文化是人类文明发展到学校教育后的产物，教师、学生和职工是校园文化的主体，但校园文化本身又具有超越主体的客观形式，具有自己特有的结构和功能，结构有主体结构、思想结构、知识结构、理论结构、组织结构、艺术结构、层次结构等，功能有满足功能、认识功能、改造功能、协调功能、教育功能、向心功能等，它们在校园人的心里打上了特有的烙印并形成特有的遗传机制。校园不同于其他社区的最大特点，就是校园是各种知识和信息的储存室和中转站，集聚并保存着大量的"社会遗传密码"。校园图书馆收藏的大量图书，当然不完全是校园人的成果，它是整个社会共同创造的财富，是人类文明的缩影。大学校园里云集的众多的专家、教授，在学校创建过程中逐渐形成的校园风尚、优良的传统，就是校园所独有的文化成果。校园文化与学校教育是一个事物的两个方面，共同担负着培养、塑造"文化人"的责任和使命。人要发展，要想从混沌无知的自然状态中走出，并愈走愈远，就必须对现实的文化积层（包括政治、思想意识、社会、经济的各种制度等各个方面）有一个清醒的认识。而要有这么一个清醒的认识，一般来说都应走进校园，接受校园文化的熏陶与感染。总之，

---

[1] 侯长林：《校园文化略论》，贵州教育出版社，1991，第12页。

在学校校园围墙之内，无论是教室还是图书馆、运动场，乃至食堂餐厅、学生宿舍等地方，文化像空气一样，无时不有，无处不在，只要置身于校园之中，哪怕是校园的偏僻的角落，时刻都可以感受到浓烈的文化气息，如果说整个社会是一个充满文化意义的大世界，那么，整个校园就是一个充满文化意义的小世界。正是这种充满文化意义的具有独特校园氛围的小世界促进了校园人尤其是学生的成长与全面发展。讨论校园文化的本质，对什么是校园文化这一问题进行讨论固然重要，但是我以为最重要的还是要将校园文化"为什么"的问题，比如为什么产生、为什么存在、为什么消失等，最能够揭示和反映本质的问题搞清楚、弄明白。校园的产生、存在是为了培养人才，校园文化也是因为人才的培养而出现、存在的。可以设想，学校有一天不再培养人才，完全变成了研究机构或社会服务机构，校园文化的本质也就相应发生变化，不再是促进学生的成长与全面发展；如果学校还是学校，其本质就只能和必然是促进学生的成长与全面发展。因此，我现在仍然坚定地认为：校园文化的本质和全部内涵便是促进校园人（尤其是学生）的全面发展，即德智体美劳各个方面都得到提高。

因此，在制定校园文化建设目标、拟定校园文化建设发展规划、推进校园文化建设实践时，要注意以下两点：

第一，把握人才成长的规律，促进学生健康发展。既然校园文化的本质在于促进学生的发展，那么，在建设校园文化时就应该充分考虑学生成长成才的规律。我们知道，一个人的成长与发展是由与人相关的多因素共同作用的结果，主要包括人的内在因素、环境因素和活动因素三个大的方面。如果说人的发展是一个大系统，人的内在因素、环境因素和活动因素则是构成人的发展结构系统的三个子系统。这三个子系统相互影响、相互作用，共同推动着人不断发展，具体表现为：人的内在系统通过与环境系统、活动系统的耦合，及其互动作用，从而使人的自我系统的生理、心理、社会三因素既相互联系，又各自独立，构成了人的生命历程中与人的发展紧密相连的互相缠绕的三条曲线。在人的不同发展阶段，这三条曲线的发展程度是有区别的、不同的，其重心也会随着人的成长不断转移。这三条曲线也是学生成长成才的三条重要的发展曲线。大学阶段是这三条曲线发展的关键期，就一般情况而言，都应该是处于上升的趋势，上升是这一时期的主旋律，并且是以较快的速度逼向波峰的时期。如果不抓住这个关键期，对一个人的成长成才将产生较大的影响。

第二，坚持以促进学生的全面发展为中心，不断创造和优化校园物质文化环境和校园精神文化环境。什么是好的校园文化环境？评价的标准不同会得出不同的结论。从校园文化有利于促进学生发展的角度出发，校园文化环境的打造就应该坚持以学生全面发展为中心。良好的校园文化环境对校园人的影响很大，尤其是校园精神文化环境对学生的影响更大，它具有感染渗透性、内在规范性和广泛持久性等特点。这些特点体现了校园精神文化环境的作用和价值，并且表现出高度的科学性、针对性、高效性和受控性。李忠实曾著文指出："信息与精神是大学生自我系统发展的基础，成才的根本。"[1]所以，坚持以人的发展为中心，在重视校园物质文化环境建设的基础上，要重

---

[1] 李忠实：《略论大学生群体与校园文化》，《高等教育学报》1991年第2期。

视校园精神文化环境建设。我国一些新建的学校往往对校园物质文化环境比较重视，目前国家的经济状况好转了，把校园物质文化环境建得好一点是很好的事，但是不能忽视校园精神文化环境建设。环境育人，不仅仅是指校园物质文化环境，更主要的还是指校园精神文化环境。当然，两方面都是育人的重要因素，两者不可偏废，都要尽可能优化。

第二章 校园文化结构

校园文化是社会文化的亚文化,因而它与社会文化的关系就像孩子和母亲一样有着千丝万缕的联系。但是它又像已经长大的孩子,毕竟是一个相对独立和相对完整的个体,或者说,它是社会文化大系统中的一个相对独立和相对完整的子系统。既然是独立而又完整的系统,那就有它特有的结构形式与结构内容。分析校园文化的结构,有利于进一步把握校园文化的本质、功能与特点,认识校园文化的运行机制和一般规律,从而更好地建设校园文化。

一、校园文化结构的层次和内容

(一)校园文化结构的层次性

任何事物都有其内在的结构和功能,大到宇宙、地球,小到细胞、原子,都有内在的结构和功能。事物的结构和功能组成该事物的完整的系统。那么,何为结构?结构中的"结"乃结合之义,"构"乃构造之义。结构就是指事物内部各要素在时间和空间上的搭配方式或安排顺序,简言之,就是指由组成整体的各部分的搭配和安排。既然世界上的万事万物都存在一定的结构，文化作为人创造的客观存在物，自然也有其内在的结构。校园文化结构是校园文化系统中内部诸要素的搭配方式或安排顺序。

校园文化的内涵十分丰富，结构也颇为复杂，"是一个多维系统结构"[1]，从不同的视角会看出不同的图景，正如北宋苏轼的《题西林壁》一诗所言："横看成岭侧成峰，远近高低各不同"。根据校园文化建设的主体，可分为学生文化、教师文化和管理者文化；根据校园文化组成的要素，可分为校园文化理念、校园文化呈现方式和校园文化创造的产品；根据校园文化自身的心理，可分为校园感性文化和校园理性文化；根据校园文化所占有的领域，可分为校园物质文化和校园精神文化；根据校园文化发展的历史，可分为古代校园文化、近代校园文化、现代校园文化、当代校园文化及未来校园文化，等等。校园文化结构，涉及内部的一切要素在时间、空间等各个方面相互联系、相互作用的搭配方式和顺序安排十分复杂。而这里分析的是其最主要的结构方式，即表层（校园物质文化）和深层（校园精神文化）结构。

1.校园文化的表层结构

文化有"硬文化"与"软文化"之分。"硬文化"主要是指文化中看得见、摸得着的那一部分，处在文化的最表层，是文化的物质外壳，即文化的表层结构。这种"硬文化"，实际上就是我们通常所说的物质文化。当然，校园文化也有"硬""软"之分，它的表层结构

---

[1] 王建军：《论校园文化的多维系统结构》，《吉林教育科学·高教研究》2001年第3期。

也主要是指校园物质文化。

校园物质文化主要表现为两个方面的内容：

第一，校园物质文化环境。学校的"基础硬件设施、校园规划、地理位置、自然环境和校园建筑，以及教学科研设备、文化设施、生活设施以及校园内部硬件等，构成了学校的物质文化形式内容"[1]。这些校园物质文化环境其实就是我们平时所提到的校容校貌，比如校园里的各类建筑、花草树木、园林雕塑，以及路标、路牌等。这些呈现在人们面前的校园物质文化环境，设计和规划得好，往往能展现一个学校的历史传统、时代风貌和办学理念。

第二，校园文化活动。走进校园，首先呈现在人们眼前的是校园物质环境和一系列文化活动。校园物质环境是静态的，而校园文化活动则是动态的。那么，动态的校园文化活动到底包括哪些内容呢？虽然校园文化活动内容十分丰富，但严格地说，也主要是指学校根据学生兴趣及专业特点等成立的众多的社团和其他文化活动，如文史哲、经管、理工农医等方面的兴趣小组活动，以及书法、绘画、摄影、集邮、咨询、演讲、写作等协会、学会活动和不同规模的文娱体育活动，等等。校园文化活动样式很多，并且在不断翻新，但归纳起来，还是可以分为知识和娱乐两大类。一般说来，知识系统的校园文化活动目的性较强，即侧重于通过某种活动，使学生获得某一方面或某几方面的知识，并从中得到启示，受到教育；娱乐系统的校园文化活动则偏重通过美育的途径实施教育。当然，二者不能绝对分开，你中有

---

[1]张西平、赵红文：《高校校园文化构成结构分析》，《湖北函授大学学报》2005年第3期。

我，我中有你，两者是糅合在一起的——知识系统中有娱乐成分，娱乐系统中也具有知识性。

校园文化活动与校园物质环境是校园文化表层的最重要的文化形态或表现形式。表层的文化也就是"可以感觉到的存在，显示着校园文化的外貌，直接满足着大学生的精神需要，具有直观、多变、生动等特点"[1]。

2.校园文化的深层结构

我们到一所学校考察文化生活情况，首先进入视野的是那里所开展的学术文化及文娱体育活动等，如学术讲座、书画展、书评影评、文艺演出……但是这些情况与校园物质环境一样，只是校园文化的表层信息。如果横向进行比较，就会发现学校之间的差异。这种差异是怎样产生的呢？究其原因，当然是多方面的，但主要的是精神文化因素在起作用。这些精神文化因素构成了校园文化的深层结构，即校园精神文化就一般情况而言不是浮现在表层而是隐匿在各种各样显性的校园文化形态之中的文化，并且是"软文化"，它是在"硬文化"物质外壳之下的较深的文化结构。那么，它主要包括哪些内容呢？

精神文化的主要内容有：

一是制度文化。有的学者把制度文化作为物质文化和精神文化之外的一种文化现象进行单列，是没有道理的。如果从物质和精神的角度进行划分，那就只能是物质文化和精神文化两大块，当然，物质文化和精神文化之间确实在现实生活中没有绝对的界线，存在你中有我、我中有你的现象，就像制度文化，既有精神的东西，也有物质的

---

[1]朱正亮：《校园文化层次性刍议》，《学校思想教育》1989年第1期。

东西，比如制度要上墙，那挂在墙上的用来书写制度的纸张、框架及其所依托的墙壁，是不是物质的？当然是物质，但是纸张、框架及其所依托的墙壁等物质的东西是为了表现制度的内容服务的，因而制度文化更多的还是精神的东西。所以，在对文化种类进行归属划分的时候，要看其主要方面，即主要方面是属于物质文化的，就应该将其归入物质文化的范畴之中，主要是属于精神文化的，就应该将其归入精神文化的范畴之中。制度文化主要是精神文化方面的，自然就应该将其归入精神文化的范畴之中，而不是将其单列。严格地说，刚刚制定和颁布的制度还不是文化，"只有当学校制度的内涵被全体教职员工和学生在心理上接受并自觉遵守时，学校的各项制度才能变成员工的自身内在需求，才能变成一种氛围、一种文化"[1]。校园制度文化主要包括两点：第一，有关学校及相关部门制定的丰富多彩的各种制度。比如党和国家以及政府主管部门关于校园文化的方针、政策、法律、规章和各类章程、规则、指示、命令等，学校及教务处、科研处、学生处等行政管理部门和工会、共青团、学生会等群众团体组织关于校园文化的各项具体规定，包括大量有关教学、科研、工作、学习、日常管理等的规章制度。第二，通过制度实施在广大师生员工心里所形成的有关价值观、行为方式和舆论导向方面的文化传统和倾向，包括通过制度的颁布、实施和宣传把外在要求转化为内在需要所形成的良好的制度文化氛围等。学校的文化传统、倾向和氛围是校园文化制度层的重要组成部分，是已经由制度转化成文化的并且可以传

---

[1] 曹勇：《论校园制度文化建设》，《湘潭师范学院学报》（社会科学版）2009年第6期。

承的制度的精髓。制度文化是学校一切工作的保障，它"反映了高校的文化准则，它在发挥规范作用的同时，对学生进行导向、调控和纪律训导"[1]。制度的好坏事关校园文化建设的成败，正如教育家夸美纽斯所说："哪里制度动摇，那里便一切动摇；哪里制度松垮，那里便一切松垮和混乱。"[2]所以，我们要特别重视制度文化建设并长期坚持。

二是书面文化。所谓书面文化，顾名思义，就是指以书面的形式凝固了的精神文化，包括"通过写作而固定下来的各种'文本'，以及与它们血肉相连的特定的'经验—行为方式'"[3]。"文本"，好理解，就是指一定长度的文字乃至一般的符号作品；所谓"经验—行为方式"则是指凝结在文本中的抽象思维和审美经验等。书面文化所包含和反映的内容是一定社会历史时期的哲学、文学、历史、经济、科技、文化、艺术、教育等思想观念及理论体系，可分别归入人文社会科学和自然科学两大类。这种书面文化主要以各种文献典籍、报刊著述的形式呈现，同时也部分地表现为图例、符号等其他形式。在校园里，教师和学生每天接触最多的就是书。书是校园最具特色的风景。因而书面文化是校园精神文化中最为重要的组成部分，有着不可替代的作用和意义。

三是心理文化。所谓心理文化就是指因文化因素直接或间接地

---

[1] 史洁、冀伦文、朱先奇：《校园文化的内涵和结构》，《中国高教研究》2005年第5期。

[2] [捷克]夸美纽斯：《夸美纽斯教育论著选》，任钟印译，人民出版社，1990，第242页。

[3] 祝东力：《书面文化与知识分子理论》，《江淮论坛》1995年第5期。

渗透与影响，在广大师生员工尤其是学生心理形成的文化观念、文化素养及相应的心理素质，即心理文化包括文化观念、文化素养和相应的心理素质三大要素。学校文化观念是指长期学习、工作和生活在学校中的教师、学生和职工，由于受校园文化环境的影响，逐步形成的对自然、社会，以及对人本身的基本态度、思想认识与信念等，主要包括人生观、价值观、道德观、审美观及政治观等；这里提到的文化素养包括教师、学生和职工的思想品德修养、语言文学修养以及文化知识修养等，而不仅仅是指学生的文化素养；相应的心理素质同样如此，也是指教师、学生和职工在校园文化活动中培育出来的坚强的意志、稳重与机智等心理品质。心理文化是一种内隐的无形的深层结构，它既是指个人长期形成的心理习惯，更是指一所学校数代校园人积淀而成的心理习惯。无论是个人的心理习惯，还是群体的心理习惯，一旦形成，就很难改变。因此，心理文化"是整个校园文化结构中最稳定的部分，是校园文化的灵魂，发挥着核心作用"[1]。既然心理文化如此重要，我们就应该努力"通过好的环境来熏陶人、影响人，使校园内外达到一种祥和的气氛，通过潜移默化的影响，完善学生的人格品质，通过一些活动锻炼他们的品质意志，使处在校园环境内的所有人在心理上都能有一个良性的发展"[2]。

（二）校园文化结构的内容

从横向上看，校园文化结构的内容主要包括以下几个方面：

---

[1] 朱正亮：《校园文化层次性刍议》，《学校思想教育》1989年第1期。
[2] 颜丽红、尹海涛：《高校校园心理文化构建研究》，《扬州教育学院学报》2016年第1期。

1.校园文化的主体结构

校园文化结构的主体是什么呢?当然是校园人,是学校的教师、学生和职工。在教师、学生和职工这三大群体中,教师群体的知识水平最高,学生群体的人数最多,职工群体的管理能力最强,总之,作为校园文化结构主体的这三大群体缺一不可,就像一架机器的螺丝钉一样,少了其中任何一颗,都会影响机器的正常运转,甚至发生校园文化结构质或量的变异。可是,有的学校只把学生文化或最多把师生文化看作是校园文化的全部或整体,而往往忽视学校职工队伍建设,其实校园文化的兴衰荣辱也和他们息息相关。不过,最近几年,许多高校开始意识到职工队伍建设的重要性。2009年6月,香港大学校长徐立之给该校校工袁苏妹授予"香港大学荣誉大学院士"称号,就是一个很典型的案例。因此,在校园文化结构中,任何忽视和否认学校师生以外而又在学校工作和生活的人员的主体结构位置,都是不对的,错误的。当然,我们也应看到,在校园文化的主体结构中,师生是这一文化结构主体中的主体,其所占的比重要大得多,文化活动的内容也要丰富得多,形式要活跃得多,表现也更为突出,影响也更大。而在师生文化主体结构中,学生文化又是主要的。因为"学校是为学生而设,没有了学生文化,校园文化就失去了意义"[1]。

2.校园文化的思想结构

任何文化结构都是文化主体思想意识、价值观念和道德品质的体现,不体现文化主体思想意识、价值观念和道德品质的文化结构是不存在的。每一种结构形式与内容的文化都是有其思想指导的,并且

---

[1]王建军:《校园文化的结构探析》,《学校党建与思想教育》2001年第3期。

思想观念贯穿在活动的各个环节，发挥着积极的作用。只不过，不同文化结构中的思想因素所占比例或明显度不一样而已，完全没有思想浸润的文化结构是不存在的。我们的校园文化是中国共产党领导下的社会主义的校园文化，因此，坚持中国共产党的领导和社会主义方向就是校园文化结构的必然选择。因而，我们要保持清醒的头脑，必须充分认识并切实重视政治思想文化的地位、意义与作用，处理好政治思想文化与其他思想文化的关系，占领学校的宣传思想文化阵地，以保证校园文化始终不偏离社会主义办学的大方向。但是强化政治思想文化的地位和作用，要讲究方式方法，正如习近平所说，"加强高校思想政治工作，要注重文化浸润、感染、熏陶，既要重视显性教育，也要重视潜移默化的隐性教育，实现入芝兰之室久而自芳的效果"[1]。

3.校园文化的组织结构

学校是一种组织，校园文化作为学校组织的一个组成部分，自然也有其组织结构，而且校园文化的组织结构比其他社会文化的组织结构更加明显。在校园文化的建设中，任何无视和轻视校园文化的组织结构，把校园文化看作是一种松散的、自发的组织等观点都是不符合实际的。那么，到底什么是校园文化的组织结构？所谓校园文化的组织结构，实际上就是指有关校园文化的组织机构和这些组织机构所形成的管理制度，以及由此而形成的组织文化等。

---

[1]习近平：《习近平同志在全国高校思想政治工作会议上的讲话》，《中办通报》2016年第31期。

4.校园文化的知识结构

学校是传授知识的地方,人文和科学知识的结构是校园文化结构与其他社会文化,如企业文化、乡村文化相比,最明显的特征。因为校园文化结构内容与形式的构建、功能的发挥,都与贮存知识和传播知识紧密相连,开展校园文化活动的目的就是不断地充实校园人尤其是广大学生的人文和科学知识。因此,无论是从校园文化结构的整体考虑,还是从校园文化结构的局部来看,都不能忽视知识的价值和作用,必须让人文和科学知识结构占有较大的比重。同时,要根据办学的目标和学校培养人才规格的具体要求,结合校园人的实际,认真分析,科学地、系统地组织好校园文化的人文和科学知识结构,高了低了、多了少了,都不行,要综合考虑各方面的因素,把握好工作的"度"。"度"不仅仅是哲学问题,也是构建好校园文化知识结构的问题。

5.校园文化的艺术结构

文化艺术活动也是学校的重要特色,尤其是高校几乎都成立有大学生艺术团、文学社、诗社、剧协、美协、集邮协会等学生艺术社团,定期或不定期开展各种文化艺术活动,如音乐会、美展、书展、艺术节等。这些艺术活动在营造校园文化艺术氛围,丰富校园文化生活,提升校园文化品位,尤其是提高校园人的审美情趣,增强校园文化结构的艺术成分与艺术比重,发挥校园文化艺术结构的作用等方面,都具有十分重要的意义。所以,不能忽视校园文化艺术活动的开展,它是学生成长成才的重要平台。因此,要尽可能提高校园文化艺术活动的质量,多开展高雅的文化艺术活动,比如音乐欣赏会、文学欣赏活动等，使校园时刻充满浓郁的高雅的文化艺术氛围。

二、校园文化结构的功能和特点

（一）校园文化结构的功能

有什么样的文化结构，就有什么样的文化功能，因为"文化的结构决定文化的功能。同样，校园文化的自身结构决定它的内在功能"[1]。何谓功能？这个词虽然是人们经常碰到的，但在使用的时候，往往容易与"地位和作用"分不清。其实，它们是有差异的：地位是指事物的相对位置，作用是指事物的效益，而功能则是指事物的功效能力。相对位置、效益和功效能力的内涵显然不一样。下面让我们具体看看校园文化结构的功能：

1.校园文化结构的教育功能

从文化的角度看，"任何文化都或隐或显或多或少地具有教育性。校园文化与其他文化形态在教育性上的区别，主要表现为校园文化的教育性是有意识的，具有明确的目的性"[2]。学校是培养人才的地方，传道、授业、解惑，是学校最基本的功能，毫无疑问，校园文化结构最大的任务也是教育人，其最基本的功能也是教育，即培养和造就为社会主义服务的各种具有现代科学文化素质的专门人才。大学有多种功能，但是"在这多种功能中，教育功能仍然是最为基本的，科学研究和服务社会都是大学的教育功能的拓展与深化，也是

---

[1]杜文华、徐新建：《校园文化论》，贵州师范大学编辑部，1989，第70页。
[2]葛金国、石中英：《论校园文化的内涵、特征和功能》，《高等教育研究》1990年第3期。

为更好地发挥教育功能服务的"[1]。西方的苏格拉底（Socrates）、柏拉图（Plato）、卢梭（Jean-Jacques Rousseau）、裴斯泰洛齐（Johann Heinrich Pestalozzi），中国的荀况、王充、朱熹等人都对文化或学校的教育功能发表过相关看法，只不过，没有使用校园文化结构及其相关概念而已。比如苏联著名教育家苏霍姆林斯基就认为："教育艺术在于，不仅要使人的关系、成人的榜样和语言以及集体里精心保持的种种传统能教育人，而且，也要使器物——物质和精神财富——能起到教育作用。依我们看，用环境，用学生创造的周围情景，用丰富的集体精神生活的一切东西进行教育，这是教育过程中最微妙的领域之一。"[2]校园文化是由多种文化要素组成的，每一种文化要素都有其自身的功能，不过，还需要特别指出的是，不管校园文化结构中有多少文化要素各自的功能存在，教育功能始终是最主要最重要的功能，其他文化要素的功能都是对教育功能的补充或延伸，当然，教育功能也对其他文化要素功能的发挥起支撑作用。因为人的文化素质的提升主要表现在身心两个方面，而这两个方面都离不开教育功能与其他文化要素功能的相互融通和共同作用，是多种文化要素及其多种功能共同作用的结果。[3]教育和人才的培养是很复杂的工作，靠任何单因素都很难完成，需要综合考虑和多因素的介入。在校园文化结构教育功能发挥的过程中，要特别注意教师尤其是名师作用

---

[1]欧阳康：《大学校园文化建设的价值取向》，《高等教育研究》2008年第8期。
[2][苏]苏霍姆林斯基：《帕夫雷什中学》，赵玮、王义高、蔡兴文、纪强译，教育科学出版社，1983，第122页。
[3]杜文华、徐新建：《校园文化论》，贵州师范大学编辑部，1989，第71页。

的发挥，以及良好校风、学风的培育。这是校园文化结构功能发挥的两个重要的因素，要给予特别关注。

2.校园文化结构的陶冶功能

在陶冶人的性情、提高人的审美能力方面，校园文化结构有其不可替代的功能，主要表现在：一是在于校园文化结构创造了一个能够陶冶人心灵的场域，这个场域中的校风、学风、文化传统、价值观念、人际关系等观念形态，对学校的各个方面都有指导性的作用；二是具有浓厚校园氛围的学习、工作和生活环境，对生活于其中的每个校园人都具有陶冶与规范的作用。[1]苏霍姆林斯基曾说过："孩子在他周围——在学校走廊的墙壁上、在教室里、在活动室里——经常看到的一切，对于他的精神面貌的形成具有重大的意义。"[2]我国传统教育理论也强调通过一定的教育情境对生活于其中的人产生潜移默化的影响，从而培养其良好的心理素质及道德情操。因此，我们要重视良好校园生活环境氛围的营造，因为"健康的校园文化活动使学生在紧张的学习之余，消除疲劳，调剂精神，豁达胸怀，保持奋发向上的精神风貌，为大学生创造了一个陶冶心灵和情操的氛围和场所"[3]。

3.校园文化结构的社会化功能

人类社会的每一个人都要经历从呱呱坠地的生物人到成为合格

---

[1]王建军：《校园文化功能新论》，《石油大学学报》（社会科学版）2002年第4期。
[2]颉荣生：《浅议校园环境对学生心理的影响》，《教学研究》1995年第1期。
[3]娄素君：《略论校园文化的功能及特点》，《河南大学学报》（社会科学版）1995年第3期。

的社会人的社会化过程。社会对人的要求主要是通过各种文化的影响来实现的,"社会对大学生的要求,就主要是通过校园文化来实现的"[1]。因此,"大学教育是影响大学生社会化的主导因素"[2]。大学生社会化主要由政治社会化、道德社会化、人生观社会化、劳动社会化、两性角色社会化等内容构成。校园文化结构在个体社会化的过程中所起的"中介"作用,就是以其特有的精神文化气质,使生活于其中的每个校园人有意无意地在思想观念、价值取向、道德风尚、行为举止和情感倾向等方面与其所属社会大文化发生联系,产生认同,实现对人的精神、气质、情感、性格的塑造,从而不断促进其达到社会化的目的。这也是校园文化结构社会化功能的体现。

4.校园文化结构的整合凝聚功能

校园文化结构能够调整人与人、人与社会之间的关系,使社会文化大系统在整体运动中保持相对平衡和稳定。一所学校的教学、科研等固然重要,但是如果人心散了,那才是最大的问题。而校园文化则是学校凝聚力和向心力之所在,其原因是:"一是由于校园文化为学校成员的凝聚提供坚实的基础——目标、价值、理想、信念等;二是校园文化为有效地解决学校内部矛盾与冲突提供了正确的准则和良好的气氛;三是校园文化为学校成员提供了多方面心理满足的条件。"[3]

---

[1]侯长林:《校园文化与青年大学生的社会化》,《贵州高教》1994年第1-2期。
[2]李帆、甘世斌:《校园文化与大学生社会化》,《高等工程教育研究》2002年第3期。
[3]王建军:《校园文化功能新论》,《石油大学学报》(社会科学版)2002年第4期。

除此之外，校园文化结构还有协调功能、娱乐功能等。这里还要说明的是，校园文化结构的功能并不是截然分开、分别发挥作用的，而是多种功能相互融合，综合地、多方面地起作用的。分别列举，只是为了论述的方便。

（二）校园文化结构的特点

校园文化的结构具有一般文化结构的共性，但作为相对独立的文化形态，又有自己明显的个性。

1.校园文化结构的目的性

2015年修订的《教育法》明确规定："教育必须为社会主义现代化建设服务、为人民服务，必须与生产劳动和社会实践相结合，培养德、智、体、美等方面全面发展的社会主义建设者和接班人。"[1] 这是学校办学的目的和任务，也是校园文化结构的目的和任务。因此，校园文化不可能像其他一般的社会文化那样目的性不强，甚至出现明显的随意性和结构形成的自然性，而是应该紧紧围绕党的方针政策和学校办学的目的与任务来确定自己结构优化的目标。葛金国、石中英也曾明确指出："校园文化与其他文化形态在教育性上的区别，主要表现为校园文化的教育性是有意识的，具有明确的目的性。"[2] 事实上，作为学校发展的一个重要方面——校园文化结构的确目的性比较强，并且始终是与学校的办学目的相一致的。根据这

---

[1] 杨兆山、张海波、宋强：《党的教育方针的时代表征与中国表达——基于对习近平同志教育讲话的解读》，《东北师大学报》（哲学社会科学版）2017年第6期。

[2] 葛金国、石中英：《论校园文化的内涵、特征和功能》，《高等教育研究》1990年第3期。

一目的性的要求，校园文化的主体，即校园人，必须坚持社会主义方向，其所建设的校园文化必须是中国特色社会主义的校园文化，尤其是在校园文化建设中要坚持不懈传播马克思主义科学理论，弘扬社会主义核心价值观，培育优良校风和学风，否则，就不利于人才的成长，就达不到办学的目的。因此，在优化校园文化结构的过程中，要充分认识校园文化结构具有明显的目的性这个特点，有计划地组织和构建我国校园文化的结构，从而把我国的校园文化建设好。

2.校园文化结构的规范性

学校是严密的教育机构，与之相适应的是严密的规范要求，比如校园文化结构的目的、内容和形式等都要严格按照学校提出的办学目的与任务制定明确的规范，甚至校园建筑、花草树木的种植与栽培等都要体现学校的办学理念，即"作为优化的文化环境的校园文化，是教育者依据社会的要求，按照既定的教育目的设计和组织起来的，具有相对系统性和完整性，在教育者自觉控制下的形象的、典型的环境，它以一种高度的观念形态，对学校的各个方面起指导性的作用"[1]。在校园文化结构建设过程中，其规范性越明确，尤其是在校园文化建设的方方面面落实得越好，校园文化结构就越成熟，学校也就越成熟。总之，校园文化与乡村文化、城市文化、民俗文化不同，它不是一种自发的、松散的、随意的结构内容与结构形式的文化，而是一种严格的规范的文化。

3.校园文化结构的整体性

尽管校园文化结构的构成要素很多很复杂，并且每一种要素的

---

[1]仲波：《大学校园文化浅论》，《教育评论》1987年第4期。

每一个方面，及其发展的各个环节、层次都有各自的意义、作用和功能，但是各个要素相互作用和相互联系的结果则是共同打造校园文化这个整体，或者说，各个要素的独立都是在校园文化这个大框架下的独立，并且其独立不是孤立的，而是与校园文化中其他方面紧密相连的，即每一个要素都是校园文化这个整体的一分子，其存在都是为校园文化这个整体而存在的。这里还需要说明的是，校园文化各个方面的各种要素，通过有机的联系和相互作用所形成的校园文化结构的有机整体，其所具有的意义、作用和功能往往大于各种要素相加的总和。

4.校园文化结构的稳定性

校园文化结构与乡村文化、企业文化等其他社会文化的结构相比，具有更为明显的稳定性，尤其是大学校园文化的稳定性更明显。美国加州大学前校长克拉克·克尔（Clark Kerr）曾经做过一个统计研究。该研究发现：在1520年以前全世界所建立的各种类型的组织中，一直保留原有名字，仍然以同样的方式做同样内容或事情的组织，到目前为止，已经不多，一共只剩下85个，而其中70个是大学，另外15个是宗教团体。也就是说，大学的寿命是最长的之一。比如牛津大学已经有800多年的历史，全世界历史最悠久的大学是意大利的博洛尼亚大学，虽然其正式身份是由神圣罗马帝国皇帝腓特烈一世于1158年颁布法令才确定的，但是其历史可以追溯到11世纪末出现的世界上第一所法学院。这样算来，博洛尼亚大学已经有一千多年的历史了。影响大学基业长青的因素有哪些？北京大学张维迎认为主要表现在学校具有最为忠诚的客户、具有持续的核心理念、具有一个为这种核心理念的实现而奋斗献身的师资队伍、大学有宗教式的组织文化、大学本身是一个不断反思和创新的组织五个方面。但是大部分企业都是短命的。有人统计过，道·琼斯（Dow-Jones）指数的企业只有四分之一是超过五十年历史的。中国的企业的平均寿命可能更短。有一个统计显示，中国企业的平均寿命只有六七年，民营企业不到三年。在中关村，关于企业的寿命有一个研究显示："企业每年的死亡率都在递增，直到第八年。到第八年的时候，也就是说在八年前进入的那些企业中只有不到30%的企业可以生存下来。"[1]当然，说大学的寿命长，也不等于所有学校的寿命都长，但是学校的寿命总体而言肯定比企业长，其稳定性也自然比企业好。文化所依托的机构或组织都不复存在了，还谈什么稳定性？其实校园文化结构的稳定性还不仅仅是因为其所依托的学校机构的稳定性，而且校园文化活动的内容与形式也具有相对固定的范围和独立的因素，比如一些世界名校的校园文化活动已经以相同的内容与形式开展了几百甚至上千年。牛津大学"数百年不变的、每周至少一次的'高桌晚宴'（包括正式晚餐、名流讲演和导师—学生交流），则用严格的餐桌礼仪培养着学生对师长的尊重；以自由提问的方式培养学生不畏权威、追求真理的精神；通过师生交流增强师生关系，让学生学会交际、学会关注社会和人生"[2]。就是像牛津大学"高桌晚宴"这样一些具有悠久历史的校园文化经典活动也不可避免地要受到社会、经济、政治等方面的冲击

---

[1]张维迎：《大学的逻辑》，北京大学出版社，2004，第116页。
[2]夏人青：《强化人文教育培养时代新人——对国外高等教育改革一大趋势的分析》，《外国教育研究》2002年第4期。

第二章　校园文化结构

和影响，但它能够在一定时间内保持相对的独立和稳定。

5.校园文化结构的开放性

校园文化结构是规范的、稳定的，更是开放的。当今世界已经是开放的时代，国际教育已经成为一种世界潮流，"教育国际化已不是愿不愿意的事，也不是可以等上一百年的事，而是必须立即行动"[1]。我还曾经说过这样一段话："在教育国际化的过程中，高等教育自然应该先行。我以为没有国际教育的大学在当今高度开放的时代很难立足，甚至算不上真正的大学。"[2]学校的开放必然带来与之相伴的校园文化结构的开放。在这个开放的时代，校园的围墙是有形的，但人们思想和文化的交流早已超越围墙，尤其是各种新兴媒体的快速发展，各种信息的传播越来越快。学校既是各种思想的汇聚之所，也是各种信息相互交流的地方，是知识库也是信息库。加上广大师生尤其是高校的师生在全社会中文化程度较高，独立性很强，又在从事精神活动，所以，对外界思想、文化以及各种信息的吸收、交流，比从事其他社会工作的人更敏锐、更集中，交流更频繁，其学术思想和文化交流早已超越学校甚至国界。因此，校园文化结构的开放性也是非常明显的特征。

6.校园文化结构的相关性

辩证法告诉我们，任何事物都是大千世界中万事万物网格中的一个点，都不是孤立的，都与周围的事物有这样或那样的联系，即具

---

[1] 侯长林：《我生命中的十年》，巴蜀书社，2015，第211页。
[2] 侯长林：《没有国际教育的大学算不上真正的大学》，《铜仁学院学报》2017年第1期。

有相关性。同时，事物内部诸要素也不是孤立的，各要素之间也是相互联系、相互制约的。校园文化作为一个整体与其他文化之间，以及组成校园文化的校园精神、校园主体、校园文化环境、校园文化活动和校园组织制度等各要素之间，也同样是相互制约与相互联系的，而且这种联系有时甚至可能会决定校园文化的质与量的关系。比如一所学校的学科层次与科研水平、学术理论层次与学术理论水平的关系如何，有时将直接影响到这所学校的校园文化建设的方向、水平，以及校园文化结构的目的与功能。因此，在研究校园文化结构的相关性时，要做周密的思考与分析，要从多个角度考虑多方面的因素，既要处理好校园文化结构内部与外部以及内部诸要素间的相互关系与相互作用，又要处理好校园文化主体结构中教师与学生的关系、教师与一般职工的关系及学生与一般职工的关系，还有校园文化结构中政治思想要素及对其他结构要素的指导与被指导的关系等。随着科学技术的进一步发展，校园文化活动的范围还在进一步扩大，其触角已延伸到社会的各个领域，包括学校教学、科研和社会服务所需要的环境条件，以及广大师生的思想观念、价值选择、人生态度和道德情感在内的精神需求等。校园文化活动范围的扩大和边界的拓展，必然会有新的文化要素介入，比如企业文化、乡村文化、行业文化等过去与校园文化联系不是很紧密的文化，可能也会随着校园文化边界的拓展而与校园文化发生直接联系。这些相关性因素，都可能影响校园文化结构的优化，所以，都是需要认真研究与考虑的。

第三章　校园文化模式

　　人是创造文化的主体，没有人也就无所谓文化，但是每一个人又都生活在一定的时代和社区的文化之中并由文化尤其是文化模式所决定。每一个人都打上其所生活的时代和社区的文化及文化模式的烙印。可以说，没有一定的文化模式，就不会有一定的社会类型的人。企业文化模式塑造了企业人，乡村文化模式塑造了乡村人，军营文化模式塑造了军人。当然，校园文化模式也就孕育、塑造了校园人。换言之，企业人、乡村人、军人及校园人之所以能在整个社会人群中形成特殊的群体，从文化的角度而言，虽然也有多方面的因素，但主要就是由于其所生活的文化模式各有不同罢了。学校与学校之间的差异主要在于其文化的差异，而不同学校的校园文化之间的差异则主要在于校园文化模式方面的差异。因为"校园文化的差异性及其个性特征是由于存在各自不同的校园文化模式所决定的。各个校园文化模式的形成和发展由于起始条件不同，学校的历史不同，学校的地理位置不同，学校的类型不同，学校的领导人不同等，表现出各自不同的校训、校风、校园文化环境、师生的精神风貌和追求、学校管理制度、文艺活动等"[1]。可见，校园文化模式是校园文化学不能回避的问题。

一、校园文化模式的含义

（一）文化模式

"模式"一词是现代使用率较高的一个术语。在汉语中把它理解为标准的形式或样式，在英语中它和"模型"（Model）的意义相近。一般是指被研究对象在其历史发展过程中逐步形成的比较清晰的轮廓或较为稳定的结构。文化模式这一概念，不同的学者有不同的理解。美国人类学家克洛依伯（Alfred Kroeber）从历史的观点出发，在《人类学》一书中认为："文化模式乃是文化结构和文化功能的规定。不同的结构就有不同的功能，某一稳定的结构也就有某种稳定的功能，而那种稳定的结构得以构成的基本要素和基本关系，就构成了所谓结构'模式'。"[2]这一文化模式观与后来的"结构功能主义"的文化模式观基本一致，属于客观主义的文化观点。美国著名文化人类学家基辛（R. Kessing）在其著作《当代文化人类学》一书中，虽然没有专门论述文化模式的问题，但是他认为："文化既是观念的，这种观念又非个体的，而是民族共同的……文化模式是稳定的，好比贝多芬的一首四重奏'不管是谁去了解或演奏这已写好的乐曲，这首乐曲总归有一个标准而不变的正式模式'。"[3]

---

[1] 王干：《略论校园文化模式》，《学校党建与思想教育》1994年第4期。
[2] 刘敏中：《文化模式论》，《学习与探索》1989年第Z1期。
[3] 刘敏中：《文化模式论》，《学习与探索》1989年第Z1期。

总之，西方社会学家、文化人类学家及民族学家对文化模式的研究很多，看法也很不一致。但影响最大的要算美国人类学家露丝·本尼迪克特（Ruth Fulton Benedict）。在第二次世界大战快要结束的时候，露丝·本尼迪克特开始对文化模式进行研究。她的关于文化模式的研究开始于一次文化调查。为了给美国在战后对日本采取正确的管理形式提供参考，露丝·本尼迪克特从文化人类学的角度出发，对日本的文化进行了系统地调查与研究。在调查研究中发现，日本的文化既与美国的文化不同，也与中国文化和印度文化不同。美国文化强调的是所谓"个人自由"和"人人平等"；中国文化以儒家文化为主体，兼顾佛家、道家文化，它是建立在宗法制度基础上的；印度文化受"种姓"制度影响很大，其民族的人生观是以"涅槃"为最大幸福的；而日本文化则是一种"各安本位"等级森严的文化。日本人从小就开始进行这种文化的自我教育和训练，因此日本人的道德、伦理、风俗、习惯等都是按照这种文化精神和要求培养起来的。露丝·本尼迪克特最后的结论是：美国只能采取由日本人自己统治日本的办法，而不能直接用军事占领的办法对日本进行统治。日本投降后，美国政府采纳了这位人类学家的建议。1946年，露丝·本尼迪克特在她的调查报告基础上撰写出版了《菊与刀》一书。这本书出版后在社会上引起了很大争议，有褒扬、有批评，但它却因此成为后人公认的世界文化社会学的一本经典名著。露丝·本尼迪克特在这本书中对日本人的生存方式进行了详细描述，阐释了西方国家明显存在的"罪感文化"与日本民族存在的"耻感文化"两种类型的文化模式。罪感文化来自基督教的原罪说，其主要观点是："人是带着罪恶来到世界，但作为选民又必须努力获得救赎，才能最终洗脱自己的原罪，因此对每个人都有缺陷皆非完美者来说，原罪是每个人都必须承担的并应努力解脱的。"[1]而耻感文化则没有罪感文化中的"原罪意识"。露丝·本尼迪克特认为："真正的耻感文化依靠外部的强制力来做善行。真正的罪感文化则依靠罪恶感在内心的反映来做善行。羞耻是对别人批评的反应。一个人感到羞耻，是因为他或者被公开讥笑、排斥，或者他自己感觉被讥笑，不管是哪一种，羞耻感都是一种有效的强制力。但是，羞耻感要求有外人在场，至少要感觉到有外人在场。罪恶感则不是这样。有的民族中，名誉的含义就是按照自己心目中的理想自我而生活。这里，即使恶行未被人发觉，自己也会有罪恶感，而且这种罪恶感会因坦白忏悔而得到解脱。"[2]露丝·本尼迪克特在这里所论述的日本羞耻文化类型，就是指日本的文化模式。

露丝·本尼迪克特早在《菊与刀》出版前12年即1934年就曾出版过一本名叫《文化模式》的著作。这本著作到现在为止，已有14种文字的译本面世，影响很大。她认为，每一个民族都有自己独特的文化，这种文化如同人的思想和行为模式。人类行为的方式有多种多样的可能，这种可能是无穷的。但是一个部族，一种文化在这样的无穷的可能性里，只能选择其中的一部分，而这种选择不是盲目的，有自身的社会价值取向。选择的行为方式包括对待人之生、死、青春

---

[1] 袁小云：《文化模式视野下的文化本质——读本尼迪克特的〈文化模式〉》，《未来与发展》2011年第5期。
[2] 袁小云：《文化模式视野下的文化本质——读本尼迪克特的〈文化模式〉》，《未来与发展》2011年第5期。

期、婚姻方式,以至在经济、政治、社会交往等领域的各种规矩、习俗,并通过形式化的方式,演变成风俗、礼仪,从而形成一个部落或部族的文化模式。在《文化模式》一书中,露丝·本尼迪克特着重分析了三种不同的文化模式:一是"日神型",即阿波罗式,指的是新墨西哥州的祖尼印第安人形成的文化模式;二是"酒神型",即底俄尼索斯式,指的是温哥华岛上的夸库特尔人形成的文化模式;三是"妄想狂型",指西北部美拉尼西亚民族中多布人在其历史发展进程中逐步形成的文化模式。在不同的文化模式之间常常存在着很大的差距,有的社会价值观甚至是完全对立的。但是在同一文化模式中的行为方式总能够找到其合理的存在。这些文化模式代表着不同的文化,同时对生活于其中的个体产生熏陶、感染作用。露丝·本尼迪克特认为:"一种文化就像一个人,或多或少有一种思想与行为的一致模式。每一种文化之内,总有一些特别的,没必要为其他类型的社会分享的目的。在对这些目的的服从过程中,每一个民族越来越深入地强化着它的经验,并且与这些内驱力的紧迫性相适应,行为的异质项就会采取愈来愈一致的形式。当那些最不协调的行为被完全整合的文化接受后,它们常常通过最不可能的变化而使它们自己代表了该文化的具体目标。"[1]这就是文化的模式化。文化模式的形成需要一个漫长的过程,并非一朝一夕,有的需要几代甚至几十代人的努力才能逐步结构化和模式化。露丝·本尼迪克特赞成文化相对主义。她认为各文化模式存在着比较大的差异,但没有等级优劣之别,都有其存在的

---

[1][美]露丝·本尼迪克特:《文化模式》,何锡章、黄欢译,华夏出版社,1987,第36页。

理由，绝对不能因其对文化的好恶而有所取舍或有所褒贬，她主张按照每一种文化本来的面目、本来的样本来研究文化现象或文化形态本身。文化模式是文化现象本身所具有的客观存在，而不是研究者研究出的东西，不是研究者先入为主的用来统摄材料的工具。文化是统一的，是具有模式的，但是文化又是多元的。文化相对主义具有十分重要的价值和意义，用露丝·本尼迪克特的话来说：思考文化相对性是一项非常重要的任务，尤其是在社会学和心理学这两个领域内，文化相对性的意义更大，文化相对主义反对习以为常的观念。《文化模式》一书出版后，之所以会产生如此大的影响，除了提出文化模式的理论及其有关文化整体观和文化相对论的观点以外，露丝·本尼迪克特在书里表现出的对人类的真挚的爱，打动和影响了读者。她对人类所有的民族都充满了理解和同情。在她看来，每个人都是平等的，没有高低贵贱之分，不应该有种族歧视；人所创造的文化也是平等的，也没有等级优劣之别；尽管文化的差别确实存在，但这种存在并非意味着落后与先进，这类评价是必然的，每一种文化都有其独特的价值取向，有自己的优势及与所属社会相适应的能力；文化是相对的，但更是相互交流和互相理解的。但她在书中认为文化模式的形成是由民族或部族潜意识决定的等观点，则又回到弗洛伊德老路上去了。露丝·本尼迪克特的"文化模式"概念所内含的实际上是一种文化心理趋向或"价值模式"。在露丝·本尼迪克特之后的文化族体学派代表人物林顿（Ralph Linton）等曾将她的"文化模式"阐释为"行为标准"，并将其做进一步划分，认为文化模式包括"实际文化模式"和"文化结构模式"等。

那么，到底什么是文化模式呢？衣俊卿认为：文化模式就是"特定民族或特定时代人们普遍认同的，由内在的民族精神或时代精神、价值取向、习俗、理论规范等构成的相对稳定的行为方式，或者说基本的生存方式或样法"[1]。我国著名文化社会学家司马云杰的观点是：所谓文化模式不是别的，它实质上就是不同文化的构成方式及其稳定的特征。露丝·本尼迪克特在《文化模式》一书中，就专门通过对祖尼人、多布人、夸库特尔人的文化群落及其特性的考察，描述文化模式的差异。大家都知道，由于生态环境千差万别，因此，不同的文化环境中的文化特质也就各不相同。在长期的历史演变之中，这些文化特质依据不同的构成方式逐步形成不同的文化系统和较稳定的文化特征。如中国人的吃饭方式就不同于西方人的吃饭方式，中国传统的伦理道德观念也与西方国家不一样，就是在我们国内，不同区域的人由于所处的特殊地域及其所受特殊文化的影响，其生活方式也是各有千秋的。这些不同的文化构成方式及其比较稳定的文化特征，就是露丝·本尼迪克特眼中的"文化模式"。文化模式是文化发展的产物，是人类智慧的结晶，但它们一经形成，就对生活在其中的人有着十分重要的作用，甚至可以说，没有一定的文化模式，就不会有一定社会类型的人。文化模式按系统论的观点，可以根据不同的类型、不同的性质、不同的地区、不同的行业等划分为多个子系统或多种层次。当然，在这众多的模式中，也有校园文化模式。

（二）校园文化模式

凡学校皆有固定之所，每一学校的固定校区不仅有自己独特的

---

[1]衣俊卿：《文化哲学十五讲》，北京大学出版社，2004，第65页。

自然环境，还有属于自己的人文环境，即文化的社区，同时，学校又是有目的、有计划、有组织地对受教育者实施教育的专门机构，是从事传授知识和创造知识的重要场所，是知识库或信息库，因此随着学校的发展和校园文化的不断积累，必然逐步形成其独特的文化结构方式及较稳定的特征，即在教学、科研、社会服务系统、文化传承与创新、国际教育，以及行政管理、学生工作等方面逐步形成自己的结构方式和特点。这些盘根错节而又相互紧密联系的系统所形成的比较稳定的有机结合方式，即具有学校特色的文化结构方式及较稳定的特征，就是校园文化模式。

由于校园文化可以划分为校园物质文化和校园精神文化，也可以将校园文化模式划分为校园物质文化模式和校园精神文化模式。从人才培养看，在校园文化模式之中的精神文化部分更为重要，也可以说这一部分是校园文化模式中的主体部分。因为任何一个学生的成长，都不是其自身毫无准备地对外界信息只做机械的加工，也不是塑造者不通过被塑造者内部因素的分化与融合等作用而像工厂生产产品一样可以简单地完成，而是需要通过被塑造者结合自己已有的经验进行主动的建构。[1]没有主动的建构，外界的东西难以被接受。按哲学的观点，每一个人都是被动的客体，同时又是具有主观能动性的实践主体，其品德的形成、知识的掌握、技能的获得、习惯的养成，虽然不能超越客观物质条件，但与学校教的方式、学生学的方式，以及学校倡导的价值取向、管理方式等的关系非常密切，受这些因素的影响很大。一所学校的校园文化模式与其历史发展紧密相连，就一般情况而

---

[1] 杜文华、徐新建：《校园文化论》，贵州师范大学编辑部，1989，第61—62页。

言，历史悠久的学校，其校园文化模式中就自然带有一种厚重的历史感，文化是在历史发展进程中逐步积累而成的，校园文化模式也同样如此。校园文化模式又与其赖以生存的社会文化大背景紧密相连。因为任何校园文化模式的形成与发展都离不开现实的土壤和时代的背景。没有现实土壤和时代背景的支撑，再稳定的校园文化模式也会变得松散甚至夭折。正因为各个学校的发展历史和赖以生存的社会文化大背景等不同，才有不同的校园文化模式，而不同的校园文化模式又决定了不同学校的校园文化形态，即"各个校园文化模式的形成和发展由于起始条件不同，学校的历史不同，学校的地理位置不同，学校的类型不同，学校的领导人不同等，表现出各自不同的校训、校风、校园文化环境、师生的精神风貌和追求、学校管理制度、文艺活动等"[1]。校园文化模式的一般特性有哪些？我以为王干的观点有一定的代表性，他认为校园文化模式的一般特性主要有：一是定势性，即校园群体文化生活必然会具有某种定势特征，包括具有某些共同的文化生活倾向、准则和追求；二是整体性，即校园文化模式是一个文化生活的整体，具体表现在校园文化生活的共同倾向、准则和追求不是分割的，而是彼此联系的；三是互动性，即可以把校园文化模式看作是一个由诸多文化因素组成的校园文化系统，其系统内部存在着诸多文化因素相互制约、相互促进的内在机制，具有互动性；四是交汇性，即由于校园文化不是一个单独的一元的文化模式，而是一种受多种文化交汇发生作用的亚文化，因此，校园文化模式具有交汇性；五是制约性，在社会主义中国，学校校园是社会主义文化的阵地，所以

---

[1] 王干：《略论校园文化模式》，《学校党建与思想教育》1994年第12期。

校园文化模式必然要从根本上与社会主义文化模式的要求和发展方向保持一致；六是扩散性，即校园文化模式所具有的凝聚力和影响力不是凝固不变的，而是处在不断地向外扩散的过程之中的。[1]

二、校园文化模式的类型

（一）文化模式的类型

由于每一种文化都有其不同的文化构成方式，因此文化模式也就千差万别、形态各异。根据不同的标准，从不同的角度对文化模式的类型进行讨论，可以得出不同的文化模式类型。比如德国学者斯宾格勒（Oswald Arnold Gottfried Spengler）在《西方的没落》一书中"把世界文明史划分为希腊（古典）、阿拉伯、西方、印度、中国、埃及、巴比伦、墨西哥八个部分，它们被视为独立的、已经发展完成了的文化形态"[2]。英国学者汤因比（Arnold Joseph Toynbee）在《历史研究》一书中则把世界文明史划分为26个部分。我国学者梁漱溟在《东西文化及其哲学》一书中选择的是中国、印度、西方三大文化形态进行对比研究。总之，不同的学者从不同的角度进行划分，就可以归纳概括出不同的文化模式类型。但不管怎样划分，都要符合文化发展的实际，都要充分考虑文化模式所具有的稳定性及其相应的特征，都要有利于文化模式的演进与发展，绝不是为研究而研究、为学术而学术。

---

[1] 王干：《略论校园文化模式》，《学校党建与思想教育》1994年第12期。
[2] 杨海文：《文化类型与文化模式简论》，《中州学刊》1996年第2期。

（二）校园文化模式的类型

校园文化模式的形成与学校的产生和校园的出现紧密相连，有了学校就开始有了校园，有了校园就开始有了校园文化，有了校园文化也就开启了校园文化模式形成的征程。由此可以说，一部学校史和校园史，也就是一部校园文化和校园文化模式发展史。所以，校园文化模式并不是人们计划和研究的结果，而是在一定环境中长时间形成的。一般说，就某种校园文化模式而言，其历史积淀越长，时间持续越久，模式发展就越成熟、越稳定、个性色彩越浓，价值取向越明确，社会影响也就越大。学校是多种多样的，文化是多种多样的，校园文化模式的类型也是多种多样的。从不同的角度进行划分，可以得出不同的类型：从校园文化模式所表现的价值取向看，有强调在人才培养方面追求并致力于培养出品德高尚的人的美善型校园文化模式与强调追求并致力于培养出实际动手能力强的人的务实型校园文化模式之分；从校园文化模式的有序和无序状况看，可以分出强调校园内特有文化的唯一性、权威性并要求所属师生员工绝对地服从的专制封闭型校园文化模式和讲究民主、平等与推崇学术自由的民主开放型校园文化模式；从校园文化模式的类型来看，可以分为普通教育校园文化模式与职业教育校园文化模式；从校园文化模式功能的偏与全来看，可以分为有缺陷的跛足型校园文化模式与促进学生全面发展的健全型校园文化模式；从校园文化模式的等级来看，可以分为幼儿园校园文化模式、初等学校校园文化模式、中学校园文化模式和高校校园文化模式；从校园文化模式的性质来看，可以分为综合性院校校园文化模式、医学系统校园文化模式、师范系统校园文化模式、农业系统校园文化模式、工业系统校园文化模式、军事系统校园文化模式、商业系统校园文化模式、交通系统校园文化模式；从校园文化模式的区域来看，可以分为东方校园文化模式和西方校园文化模式或东南亚校园文化模式、西欧校园文化模式、北美洲校园文化模式、澳洲校园文化模式、非洲校园文化模式，等等。[1]

对校园文化模式进行划分，也只是为了认识的方便，现实中的校园文化模式并不是非此即彼，而是非常复杂的，很难划清界限，也没有绝对的好与坏之分，比如我国古代的书院文化，虽然不乏学术自由、民主管理等因素，但是其内容几乎都是"四书五经"，与生产劳动联系较少。所以，我们既不能断言它是民主开放型校园文化模式，也不能断言它是专制封闭型校园文化模式，应对其进行全面、具体地分析，具体地看待，不能简单地下定论。

我国校园文化模式建设也同整个教育一样进入了新时代，总体而言，将朝着民主的、开放的、融合的、多元的、特色的方向演变、发展。

---

[1]杜文华、徐新建：《校园文化论》，贵州师范大学编辑部，1989，第62—64页。

第四章　校园文化基本理论

我国对校园文化的研究已取得很大的成绩，出版了几十部著作，研究的内容涉及校园文化的方方面面，但是对校园文化基本理论的系统研究则很少，至今只有我于2014年11月在人民出版社出版的《高校校园文化基本理论研究》一书。我的《高校校园文化基本理论研究》一书研究的只是高校校园文化基本理论，中小学及幼儿园校园文化基本理论仍然只有一些单篇论文谈及，还没有专著出现，因而呈现在人们面前的中小学及幼儿园校园文化基本理论还是碎片化的。所以，在这里也只能就高校校园文化基本理论做一个解读，以期引起人们对校园文化基本理论研究的重视。

一、校园文化基本理论

要对校园文化基本理论的内在相关性进行讨论，首先得回答什么是校园文化基本理论。要回答什么是校园文化基本理论，得先对"基本"二字有一个清醒的认识。正如瞿葆奎在《教育基本理论之研究》的前言中所说："'教育基本理论'的涵盖范围很广，目前尚少统一的认识。我们力求在'基本'的框架内搜集、分析材料,把研究的脉搏跳动在'基本'的节奏上。"[1]把握了"基本"的节奏,才能进一步把握"基本理论"的内涵。所谓"基本",《辞海》解释为:"根本、根本的;主要的。"根据对"基本"的理解,就可以得出"基本理论"就是"根本理论"的结论。按照刘庆昌的"教育基本理论研究,就是对教育中的'基本问题'进行研究"[2]的观点,校园文化基本理论研究,就是对校园文化中的"基本问题"进行的研究。而"所谓基本问题,通常指'根本性''稳定性''纲领性'的问题,它的变化和发展决定其他问题的变化和发展;他自始至终存在,并不随时代变迁而沉浮;他居于最高的抽象层次,笼罩着教育学的全部范畴,奠基着教育学的所有规律"[3]。郑金洲在这里谈的虽然是教育的基本问题,但是他对"基本问题"的精辟认识,同样适应对校园文化的基本问题的理解。既然校园文化基本问题就是校园文化的"根本性""稳定性""纲领性"的问题,那么,校园文化基本问题就带有哲学的意味,其实,校园文化基本理论的研究就是接近于文化哲学问题的研究。因为文化哲学就是对文化领域里基本问题的根本性的回答。那么,校园文化基本理论到底有哪些呢?史华楠等认为校园文化的"理论框架,其结构层次可以简化为:学科论—发展论—范

---

[1]侯长林:《高校校园文化基本理论研究》,人民出版社,2014,第16页。
[2]刘庆昌:《教育基本理论研究的性质和方法初探》,《太原师范学院学报》2004年第1期。
[3]郑金洲:《教育通论》,华东师范大学出版社,2000,第32页。

畴论—建设论—比较论"[1]。但是我以为校园文化基本问题主要有本质问题、结构问题、价值问题、发展问题、建设问题，与此相对应的就是本质理论、结构理论、价值理论、发展理论、建设理论。这些理论就是校园文化的基本理论。为什么呢？因为从校园文化的共时性看，要研究校园文化的本质、结构、功能、特点等问题及其外部关系等。这些问题是校园文化研究不能回避的根本性的问题，对这些的研究，可以进一步回答校园文化是什么，它有什么价值和作用等问题。不研究校园文化本质，显然难以把握校园文化的内涵和特征，对校园文化是什么无法回答；对校园文化结构进行研究，是对校园文化认识的细化和深入，因为对校园文化仅仅从本质上把握是不够的，必须对其结构有比较清醒的认识，才能更好地把握校园文化的运行规律，从而更好地建设校园文化；对校园文化价值的研究，可以帮助人们进一步认识校园文化的功能、作用和意义。因此，贺福利在讨论远程教育本质问题时，首先讨论的就是教育的本质问题[2]；徐述声在《高等学校校园文化建设的理论与实践的若干问题的研究》一文中对高校校园文化基本理论的构成进行研究时，认为高校校园文化基本理论包括"自身的特征、结构和功能"[3]。所以，从高校校园文化的共时性看，高校校园文化本质理论、结构理论、价值理论就是其基本理论。

---

[1] 史华楠、胡敏：《论校园文化研究的几个基本问题》，《扬州大学学报》2000年第3期。

[2] 贺福利：《现代远程教育基本理论研究》，《辽宁广播电视大学学报》2009年第3期。

[3] 徐述声：《高等学校校园文化建设的理论与实践的若干问题的研究》，天津大学硕士学位论文，2003，第8页。

从高校校园文化历时性看，要研究校园文化的起源、传播、变迁和发展的一般动因和规律。这就牵涉高校校园文化的发展及建设问题，与此相对应的就是发展理论和建设理论。认识高校校园文化本质、结构和价值的目的，就在于推进高校校园文化的发展和建设。总之，在高校校园文化本质理论、结构理论、价值理论、发展理论、建设理论中，本质理论是对高校校园文化的总体把握，结构理论是对高校校园文化的深入剖析，价值理论是对高校校园文化功能、作用和意义的认识，发展理论是对高校校园文化起源、传播、变迁的一般动因和规律的反思，建设理论是对高校校园文化现实问题的讨论。

二、高校校园文化基本理论的内涵

既然高校校园文化基本理论就是对其"根本性"问题的研究与回答，那就进入哲学的世界了。我们都知道，哲学总是面对基本问题并对其进行永恒思考的，在哲学的世界里，问题永远是问题，它不会"随时代变迁而沉浮"[1]，而科学则不是这样，"问题一旦得到回答和解决，问题本身将结束，只有答案永恒地留存"[2]。因此，对高校校园文化基本理论研究，更多地应采取哲学思辨和解释的方法。其实，高校校园文化基本理论就是高校校园文化哲学的另一种解读，或者说，就是高校校园文化哲学。

---

[1] 刘庆昌：《教育基本理论研究的性质和方法初探》，《太原师范学院学报》2004年第1期。
[2] 刘庆昌：《教育基本理论研究的性质和方法初探》，《太原师范学院学报》2004年第1期。

(一)本质理论

所有研究文化基本理论的人首先需要讨论的就是文化的本质问题，对高校校园文化基本理论的研究也不例外，也首先必须对其本质问题进行讨论。要讨论高校校园文化本质问题，又必须先对高校校园文化的内涵和特征有一个基本认识。我对校园文化关注了多年，但我以为，不管怎么界定，都应从大处着眼，即应持高校校园文化的广义观。这是因为：第一，作为理论研究者，只有持广义的文化观，才能比较全面比较深入地认识和把握高校校园文化的运行机制及内在规律，丰富和发展高校校园文化理论。第二，作为高校管理者，只有持广义的文化观才能全面调控高校校园文化，制定高校校园文化发展战略，把握高校校园文化的发展方向，从而更好地建设高校校园文化。因此，我认为高校校园文化就是指高校校园物质文化与高校校园精神文化的总和。高校校园文化特征主要有超前性、可塑性、开放性、学术性和创新性等。对高校校园文化的内涵和特征有一个基本认识，只是对高校校园文化本质研究的第一步，还必须对人的本质、文化的本质、教育的本质和大学的本质有一个大致的认识，才能窥见高校校园文化本质的内核，看清高校校园文化本质到底是什么。因为高校校园文化的主体是人，对人的本质不清楚怎么讨论文化的本质？关于人的本质，马克思早就指出："不是某种处在幻想的与世隔绝、离群索居状态的人，而是处在一定条件下进行的、现实的、可以通过经验观察到的发展过程中的人。"[1]在马克思看来，人不仅作为自然存在物，而且是社会存在物。但是"人的本质并不是单个人所固有的

---

[1]马克思、恩格斯：《马克思恩格斯全集》（第3卷），人民出版社，1960，第30页。

抽象物。在其现实性上，它是一切社会关系的总和"[1]。这是马克思主义关于人的本质的科学论断，为考察人的本质提供了科学的思维方法。高校校园文化中的"高校校园"，是教育的场所，对教育的本质也同样不能回避。那么，什么是教育的本质？似乎是不成问题的问题，但是现在的学校教育却已经远离了教育本质。当前中学所关心的是升学率，特别是升重点和名牌学校，把这些当成了学校重要的指标。而大学所关心的是科研，我国大学如此，国外大学也同样如此。比如美国每年的大学排行榜，其主要评价体系中科研成果、论文数量等绝对是主要指标。而关心人才培养质量、学生发展的则不多。人的全面发展的主要条件就是教育，没有全面发展的教育就没有全面发展的人。因此，教育的本质不可能是其他别的，只能是促进学生的全面发展。要研究高校校园文化本质，大学的本质和文化的本质更不能忽视。从历史发展看，大学发生了很大的变化，正如美国学者克尔认为："'大学的理念'是把大学当作一个村庄，有一批教士。'现代大学的理念'是把大学当作一个城镇——一个单一工业的城镇——有着一批知识寡头。'巨型大学的理念'是把大学当作一个变幻无穷的城市。有人在城市迷失，有人在城市中高升，大多数人使自己的生活适应城市许许多多亚文化中的一种。那里比村庄里较少共同意识，但也较少紧闭感。那里比在城市里较少目的性，但有更多出人头地的方法。"[2]但是，贯穿在大学发展各个历史阶段的主线始终没有

---

[1]马克思、恩格斯：《马克思恩格斯全集》（第3卷），人民出版社，1960，第5页。
[2][美]克拉克·克尔：《大学之用》，高铦、高戈、汐汐译，北京大学出版社，2019，第23页。

变,那就是人才培养,就是促进学生的全面发展。这种始终没有变的主线就是大学本质之所在。文化的动态过程是"人化"的过程和"化人"的过程相统一的过程。"人化"产生的结果是文化,"化人"的结果所体现的就是文化的本质,因为"文化的意义与目的是'化人':即使人的本质得到全面自由的发展,即人的现代化"[1]。所以,文化的本质在于促进人的全面自由发展。教育的本质是促进学生的全面发展,大学的本质在于促进大学生的全面发展,文化的本质在于促进人的全面发展,那么,高校校园文化这个集"教育""大学""文化"于一体的概念,其本质绝不会游离于"教育""大学""文化"这三大组成要素的本质之外,当然也绝不是这三大组成要素本质的简单相加,而是有其内在的逻辑联系。显然,这种内在的逻辑联系就是指向其作用的对象,都指向人,尤其是指向学生。只不过,文化的本质指向的是所有的人,教育的本质指向的是所有的学生,大学的本质指向的是大学生这个特殊的群体。"高校校园文化"这个概念,既属于教育的范畴,也属于文化的范畴,还属于大学的范畴,其本质必然具备这三大范畴的基本特性。要具备这三大范畴的基本特性,高校校园文化的本质就只能是促进大学生的全面发展。

讨论高校校园文化的本质,回答什么是高校校园文化这一问题固然重要,但是我以为最重要的还是回答高校校园文化"为什么"的问题,比如为什么产生、为什么存在、为什么消失等,最能够揭示和反映本质问题。高校校园文化与大学同时产生,有大学就有大学文化。大学的产生、存在是为了培养人才,大学文化同样如此,它也是因为

---

[1] 徐宗华:《文化本质的再探讨》,《平顶山学院学报》2007年第4期。

人才的培养而出现、而存在的。可以设想，大学有一天不再培养人才，完全变成了研究机构或社会服务机构，高校校园文化的本质也就相应发生变化，不再是促进青年大学生的成长与全面发展；如果大学还是大学，高校还是高校，其本质就必然是促进青年大学生的成长与全面发展。

（二）结构理论

高校校园文化是社会文化的一部分，既具有社会文化的一般特征，也具有相对完整和独立的结构。要深入研究和认识高校校园文化，探究其差异性，就必须对高校校园文化结构进行研究，"校园文化结构分析是研究起点，只有明确校园文化的结构及结构性要素，才能对校园文化进行识别"[1]，才能进一步把握校园文化的本质、功能与特点，认识校园文化的运行机制和一般规律，从而更好地建设校园文化。高校校园文化像一座大厦，走入其中呈现在我们面前的首先就是内部结构，所以说分析其内部结构是研究高校校园文化的起点。因此，高校校园文化结构理论是高校校园文化的基本理论之一。

高校校园文化是一个多方面、多层次非常复杂的系统，从不同的角度进行划分，可以得出不同的结构分类。我以为高校校园文化的主体结构、层次结构、状态结构和心理结构是主要的几种结构分类方式。高校校园文化主体结构主要是针对创造高校校园文化的主体而言的，每一所高校校园文化的主体结构都包括大学生文化、大学教师文化和大学管理者文化三大部分。可以说，整个高校校园文化就是由

---

[1] 贾九斌：《论高校校园文化的结构识别》，《黑龙江高教研究》2010年第1期。

学校的学生、教师和管理者共同创造的，没有他们的存在，也就没有高校校园文化的存在，也正因为他们的存在，才在高校校园文化中形成了大学生文化、大学教师文化和大学管理者文化三种不同的文化形态。这三种不同的文化形态相互依存，共同构成校园文化整体，如果这个主体不全面，就会出现校园文化结构缺陷，甚至发生校园文化结构质或量的变异。在众多分类方法中，高校校园文化层次结构是最基本的，也是被广泛采用的分类。所谓高校校园文化层次结构是指高校校园文化可分为物质文化、精神文化两个层次，并形成以精神文化为深层文化、物质文化为表层文化的同心圆结构。此外，还有高校校园文化的状态结构和心理结构等，这里就不再一一讨论了。

（三）价值理论

对高校校园文化本质、结构的研究，都是针对高校校园文化内部而言的，从高校校园文化的外部关系看，就不得不研究高校校园文化的功能和价值，因为只有进一步了解了高校校园文化的内在功能，把握了高校校园文化的价值，才能比较全面地认识高校校园文化的运行规律，进一步把高校校园文化建设好。关于高校校园文化的价值，我以为主要体现在文化方面，即主要是文化价值。而要研究高校校园文化价值，首先需要研究高校校园文化的功能，因为功能是高校校园文化本身所具有的内在力量，这种内在力量的外化就会成为高校校园文化的价值。那么，高校校园文化的功能有哪些呢？从目前的研究现状看，主要有教育功能、导向功能、约束功能、凝聚功能、创新功能等。所谓高校校园文化价值就是指那些凝结在高校广大师生员工通过实践活动所创造的物质和精神产品中，并且能够满足其物质和精神文化需要的价值，包括"对人和社会的生存及发展所具有的作用、影响和意义，就是文化对人和社会的生存和发展所具有的功效和能力"[1]。高校校园文化价值还可以划分为高校校园物质类型的文化价值和高校校园精神类型的文化价值。所谓高校校园物质类型的文化价值就是指高校校园那些能够满足其物质需要的文化价值，比如能够满足高校校园人的衣、食、住、行、用等物质需要的就是物质类型的文化价值；所谓高校校园精神类型的文化价值就是指那些凝结在校园人通过精神生产活动所创造的精神产品中能够满足其精神需要的价值。高校校园文化精神类型的文化价值又包括知识价值、道德价值和审美价值，内涵十分丰富，包括的东西很多，值得进一步研究。

（四）发展理论

从高校校园文化的历时性看，需要研究高校校园文化的起源、传播、变迁和发展的一般动因及规律，这就牵涉高校校园文化的发展和建设问题。关于高校校园文化的发展，需要研究高校校园文化的起源。要研究高校校园文化的起源，又需要研究文化的起源和大学的起源。"校园文化作为一种客观存在的文化现象，源远流长，它的源头一直可以追溯到学校产生之初。"[2] "一部校园史就是一部校园文化史。"[3] 因此，现代大学产生的源头实际上就是高校校园文化的

---

[1] 侯长林：《文化笔记》，河南文艺出版社，2006，第107页。
[2] 侯长林：《校园文化溯源》，《贵州文化》1991年第6期。
[3] 侯长林：《校园文化略论》，贵州教育出版社，1991，第161页。

起源所在。在明确了高校校园文化起源之后，就要研究高校校园文化变迁，要研究高校校园文化变迁就得研究高校校园文化发展的方式和运行机制。高校校园文化变迁的内涵十分丰富，但这里主要应该研究的是校园文化的大动态、大趋势，把握校园文化发展、演变的总规律，所以对高校校园文化发展方式及运行机制的讨论，就成为高校校园文化发展所要研究的主要内容。关于高校校园文化发展理论，涉及的内容很多，需要研究的问题也很多。这里不一一列举。

（五）建设理论

高校校园文化的建设理论，是高校校园文化基本理论的落脚点，也是高校校园文化发展理论的现实延伸。在高校校园文化建设中，需要研究的是高校校园文化建设的目标、原则和对策。目标，是方向，是动力。每一所高校都应该明确自己文化建设的目标。高校校园文化建设应该遵守的原则主要有系统性原则、方向性原则、开放性原则、长期性原则、创新性原则等。高校校园文化建设对策是建设理论的重点，其操作性、应用性很强，不同的高校有不同的建设方案，从目前研究的情况看，主要有高校校园物质文化建设理论、高校校园制度文化建设理论、高校大学精神的培育理论和高校校园文化特色建设理论等。这些理论共同组成了高校校园文化建设理论。应该说，关于高校校园文化建设理论的研究还很不够，"长期以来，许多高校都在开展特色校园文化建设，但很少有人从事高校校园文化建设的专门性研究。同时，缺乏对高校校园文化建设规律性的深刻总结，这也影响和限制了高校校园文化功能和作用的发挥"[1]。

---

[1] 侯长林：《校园文化略论》，贵州教育出版社，1991，第161页。

当然，由于每一所高校的具体情况不同，其建设的对策也不一样，再加上每一所高校都是发展变化的，其各个发展阶段所采取的对策也不一样，这在客观上给高校校园文化建设的研究带来了一定的困难。

第五章　校园文化典型形态

校园文化形态因为学校不同而千差万别，因此所有校园文化都拥有的共同的文化形态类型则不多，我在《校园文化略论》一书中选择了校园人、校园物质环境、图书馆、校园文化活动、校风五种典型的校园文化形态进行了专题论述。[1]讨论校园文化学不可避免地要涉及这五种典型的校园文化形态，我在这里做简要介绍。

一、校园人

所谓校园人，顾名思义，指的就是生活在校园里的人。尽管校园的类型很多，有大学、中学、小学和幼儿园，还有高职院校和中等职业学校、初等职业学校等，但是不外乎三大群体：一是教师群体，二是职工群体，三是学生群体，其中占绝大多数的是教师和学生群体。这三大群体在不同类型的学校中分属于不同的组织层级，比如在大学中分属于各处、室（馆）等行政组织和各二级学院、系、专业或教研室或研究中心（所）、班或年级等学科或专业组织，在中小学分

---

[1]侯长林：《校园文化略伦》，贵州教育出版社，1991，第29—106页。

属于各科室等行政组织和学科教研室、班级、小组等教学组织。这些群体相互影响、相互促进，共同构成学校校园文化中教师文化、学生文化和职工文化三大文化结丛。任友群也认为："校园文化的主体应该是校园人，即工作、生活在校园里的人们，校园是社会的缩影，其主体构成尽管很复杂，但主要可分为教师、管理者、学生三大整体。"[1]因为人是文化的人，也是体现文化的人。所以，讨论校园文化，不讨论这些校园人是怎么也说不过去的。至于有学者主张把校园文化主体只界定为学生或学生和教师，是不对的，职工群体也是校园文化的创造者和建设者，当然也是校园文化的主体之一，职工文化也是校园文化的重要组成部分，缺少了这一部分文化，校园文化就是残缺的文化。所以，讨论校园人，就不能只讨论教师和学生，还要讨论职工。

（一）教师

从学校教育的主体看，"教师是教育的主体，教师队伍的状况从根本上决定着教育的水平"[2]。同时，在学校这个文化场域中，知识水平最高的是教师群体。每一个教师都是一个小型的知识博物馆，都是一个独特的带有大量信息的文化个体，用哲学的话来说，都是单个的文化符号，都是文化存在物。对其进行整理，很容易组织成一个完整的知识群体并形成文化共同体。这个共同体能将有用的知识一次次地复制出来，能将文化信息和文化传统通过其特有的文化遗传基因一代代地传承下来。但是在复制和遗传的过程，教师不是简单的中转

---

[1]任友群：《高校校园文化与人的培养》，《高等师范教育研究》1997年第5期。
[2]欧阳康：《大学校园文化建设的价值取向》，《高等教育研究》2008年第8期。

站，即不是将知识或文化信息进行机械地转运，而是通过教师头脑的加工，其所转运的知识或文化信息要发生一定的变化或变型。教师要对知识或信息进行复制与遗传，首先要对其心理进行建构，要理解，要建构才可能有传授。教师对知识或信息的建构过程，同学生对知识或信息的建构过程没有什么不同，都是学习者，都要遵循建构主义的一般原则，即学习者都要根据自己的经验对新学习的知识或信息进行主动地选择、加工和处理。学习者所拥有的经验不同，对其所接受的新知识或新信息的解释，就有可能不同。这就是教师对知识或信息进行复制和遗传为什么会发生变化或变型的原因所在。古人所谓"仁者见仁，智者见智"讲的就是这个道理。这种在知识传授过程中发生变型的现象，一方面使原封不动的复制知识产生了困难，同时又给教学或文化革新创造了条件。[1]在这个意义上，教师的职责是具有矛盾性的，或成为传播新知识新文化的先锋，或成为保守者，或中立者，这就需要教师不断提高自身的素质，自觉地将自己的命运与国家、民族的命运联系在一起，从服务国家和民族发展大业的高度对知识或文化信息进行选择，多方开展科学研究，充分发挥教师的作用，彰显教师文化的风采和魅力。同时，"就教师而言，特别是专业课教师和研究人员必须更深刻地体会自身的双重使命，即除了传授知识以外，也具有不可推卸的普遍义务，即维护公正舆论，充当社会良心"[2]。学校教师往往是一个国家或某一区域中的最高知识群体，他们也往往是一个国家或某一区域中清流派的代表。教师担当社会责任在我国有

---

[1] 杜文华、徐新建：《校园文化论》，贵州师范大学编辑部，1989，第4—5页。
[2] 任友群：《高校校园文化与人的培养》，《高等师范教育研究》1997年第5期。

优良的传统。历史上东林书院的一批学者，他们躬修实践，充当社会清流，关心国家大事，正如顾宪成的对联所言："风声雨声读书声声声入耳，家事国事天下事事事关心。"[1]抗日战争时期，一大批学者感到整个中国已经安放不下一张平静的书桌，于是纷纷拿起笔发表文章或走向街头发表演讲，唤起民众，保卫国家。还有些学者在教学之余，针砭时弊，批评社会不良风气，很好地发挥了教师作为社会良知的作用。

教师文化因教师所教学生的层次不同，其所处的社会地位不同，以及所教的学科不同等，都会导致其文化特征有所不同。这些不同的文化特征构成了不同的文化类型。从不同的角度对教师文化进行划分，可以得出不同的结果。就一般情况而言，"学校中尤其是高等学校中的教师文化，依其表现形式大体可分为学术为本的文化、学校为本的文化、学科为本的文化"[2]。

（二）学生

学生也是学校教育的主体，"是建设校园文化的主体，是校园文化的载体。为此，大学校园文化的价值取向必须依托于大学生的价值取向，并能够为大学生们所接受和认同"[3]。作为知识或文化信息的被传授、被接受者，在其身上有两种力在同时发挥作用：一种是认同，即承认并接受所传授的知识或文化信息；另一种是反叛，即排斥所灌输的一切。学生的认同，既有利于知识或文化信息的传播，也

---

[1] 史文山：《古代书院的地位与价值》，《晋图学刊》1986年第12期。
[2] 郑金洲：《教育文化学》，人民教育出版社，2000，第269页。
[3] 欧阳康：《大学校园文化建设的价值取向》，《高等教育研究》2008年第8期。

有利于学生的社会化；学生的反叛，会给教师传授知识或文化信息提出质疑和挑战，当然也会使教师不得不一次次地反省其所传授的知识或文化信息体系并不断修订和完善。[1]学生的这种认同与反叛的二重态势，将贯穿整个校园生活过程，所不同的是，在中小学阶段更多的是盲目认同和感性反叛，而在大学阶段更多的是主动认同和理智反叛。所以，在不同的阶段，对学生文化的引导，要采取不同的对策，不能一刀切。美国学者弗雷登伯格对学生文化进行了专题研究，认为学生具有殖民地文化特征，即"通过学校对时间的完全占用，以及通过非常刻板的教师、学校管理人员对合理使用空间的各种限制来实现的"[2]。关于学生文化的特征，比较有代表性的观点是学生文化具有过渡性、非正式性、多样性、互补性等特征。[3]这就要求我们要加强对幼儿园学生文化、中小学学生文化和大学学生文化的研究并把握其规律，才能提出切实可行的办法，有针对性地建设好校园文化。

（三）职工

在学校，与教师、学生群体相比，职工人数相对较少，但是其作用和文化的影响力不可忽视。在学校职工群体中，除少数工人外，绝大部分是行政管理人员，其中有学校领导和处、系等管理干部。这些人虽然所占比例不大，但往往影响学校校园文化发展的方向，尤其是在一些新建和处于爬坡上坎阶段的未定型的学校，学校职工

---

[1]杜文华、徐新建：《校园文化论》，贵州师范大学编辑部，1989，第6—7页。
[2]刘红、孟凡春：《多元文化视角下的课程与教学》，《广州广播电视大学学报》2008年第3期。
[3]郑金洲：《教育文化学》，人民教育出版社，2000，第322—324页。

中的管理层具有举足轻重的作用。从文化的角度看,学校管理者所创造的文化,也是人类活动社会化的产物,即是社会存在不可缺少的条件之一,并与其他管理文化一样,具有二重性。正如马克思所指出的:"一方面,凡是有许多个人进行协作的劳动,过程的联系和统一都必然要表现在一个指挥的意志上,表现在各种与局部劳动无关而与工场全部活动有关的职能上,就像一个乐队要有一个指挥一样。这是一种生产劳动,是每一种结合的生产方式中必须进行的劳动。另一方面,完全撇开商业部门不说,凡是建立在作为直接生产者的劳动者和生产资料所有者之间的对立上的生产方式,都必然会产生这种监督劳动。"[1]管理文化的二重性,是由生产过程是生产力和生产关系的统一体所决定的。可见,管理者的职责和使命就是要合理组织生产力的诸要素投入生产并维护生产关系的稳定和发展,以确保生产过程的正常运行。学校管理者的职责和使命就是确保学校管理工作的正常运行,即学校管理者文化在其校园文化中发挥保障作用。

二、校园物质环境

校园物质环境是校园物质文化的载体,没有校园物质环境,也就无所谓校园物质文化。古今中外的教育家们都很重视校园物质环境的打造。因此,研究校园物质环境,不仅具有理论意义,而且具有现实意义。

所谓校园物质环境是一个与校园精神环境相对的概念,具体包括

---

[1] 马克思、恩格斯:《马克思恩格斯全集》(第25卷),人民出版社,1974,第431页。

校园内的各类建筑、花木、园林及雕塑等，在形态上是显性的，即是人们的肉眼能够看得到的，从运动形式上看是静态的，当然，这里所指的静态是相对的。依附于校园物质环境的文化，就是校园物质环境文化，具体来说，校园物质环境文化就是指由校园内的各类建筑、道路系统、花草树木、园林及雕塑等所展现出的学校的历史传统、时代风貌和人文精神等。

（一）校园物质环境的地位

校园物质环境所折射出的校园物质文化是校园文化的重要方面。因此，古今中外的教育家大都十分重视教育环境的选择与建设。

1.我国政治家、教育家对教育环境的看法。从古文献上看，人们早已察觉到环境对人类社会生活的关系和作用。春秋战国音乐家师旷就提出"欲知五谷，先占五木"，就是说，欲知庄稼丰收还是歉收，先要观察森林长得如何，即所谓"木奴千，无凶年"（徐光启《农政全书》卷三十七）。孔子是我国伟大的思想家和教育家，他创立的儒家学派在我国历史上产生了深远的影响。他的思想，特别是他的美育思想有着不可否认的合理内核，有着合乎人才成长规律，合乎教育规律的正确的内容。他热爱大自然，常以自然美教育学生，重视自然美的教育作用，由他创立的"以美比德"之说，在我国美学史上有着重要的意义。可见，教育思想和理念对教育发展的影响有多大。著名教育家蔡元培特别重视环境的打造，他认为："每个学校的建设样式、陈列品，都要合乎美育的条件。"[1]陶行知也曾指出："阵有阵容，校有校容。有其内必行诸外，我们首先重艺术化的校容……我们

---

[1]蔡元培：《蔡元培教育文选》，人民教育出版社，1980，第156页。

的校容要井井有条，秩然有序，凛然有不可侵犯之威仪。"[1]当代教育家们也大都重视校容校貌建设。总的趋势是，当代校园建设大都朝着花园式的校园看齐，努力美化校园及其周围的环境，美化校园已成为当代教育家们的共识。

2.西方政治家、教育家对教育环境的看法。恩格斯十分注意环境问题。他在《自然辩证法》中说道："美索不达米亚、希腊、小亚细亚以及其他各地的居民，为了得到耕地，把森林都砍完了，但是他们梦想不到，这些地方今天竟因此成为荒芜不毛之地，因为他们使这些地方失去了森林，也失去了积聚和贮存水分的中心。"[2]在西方，欧洲古老的大学也十分重视学校环境的选择与营造，他们大多把大学建在远离喧哗都市的美丽的乡镇。

（二）校园物质环境的作用

人从母体中降临到这个世界，就受到一定环境的影响，这是任何人都无法超越也不可能超越的现实。环境对人的发展有着极为重要的作用。近代著名文化学家钱穆在他的《中国文化史导论》中，曾对环境的作用给予了充分的肯定，认为不同的环境决定了不同的人的性格，孕育了不同的文化。但是人也在不断地改造环境，并在改造环境的过程中改造着自己。马克思曾经在《关于费尔巴哈的提纲》中说过："环境的改变和人的活动的一致，只能被看作是并合理地理解为

---

[1]陶行知：《陶行知文集》，江苏人民出版社，1981，第709页。
[2]马克思、恩格斯：《马克思恩格斯全集》（第20卷），人民出版社，1971，第619页。

革命的实践。"[1]这就告诉我们，人要接受环境的影响，同时又会主动地影响周围的环境。从生态学的观点看，在生态系统中，生物间相互制约、相互依赖，并处于统一体中，正由于这种相互制约、相互依赖，才使得这个统一体在一定条件下保持相对的平衡关系，这种相对平衡的关系就是生态平衡。人类和各种生物都生活在地球的表面层里，即生物圈，也可以说它是人类和一切生物生存的物质环境。人类和这个环境中的各个组成部分正处于辩证统一的整体中，人类这个环境也可以称作生态环境。当然，人在生态系统中是居于首要的中心的支配的地位，因为人不仅能利用环境，而且能改造环境，并用以维持自己的生存与发展。总之，人与周围环境之间不是单向的而是一种"互动"的关系。人虽然受制于其所生活的环境，但对周围的环境绝不是完全被动、无能为力的，人是有思想的动物，与一般动物的区别就在于，不仅可以选择环境中的不同文化要素，而且可以在一定程度上改造和重组环境。

那么，一个优化的校园物质环境到底对校园人具有哪些作用呢？具体表现在：一是非强制的影响力。校园物质环境对校园人的影响是无形的，潜在的，"既不是通过硬性灌输，也不是通过纪律约束来令人接受的，而是于潜移默化之中感染人的感情，陶冶人的情操，净化人的心灵"[2]。二是潜在的规范力。校园建筑等物质环境已经不是纯粹的自然环境，而是人化了的环境，都或多或少隐含着一定的"范型"和"价值"等文化观念。这些"范型"和"价值"等文化观念会

[1]马克思、恩格斯：《马克思恩格斯全集》（第3卷），人民出版社，1960，第4页。
[2]仲波：《大学校园文化浅论》，《教育评论》1987年第4期。

对生活在其中的校园人产生支配和影响作用。一个优美、舒适、恬静、整洁的学习、工作和生活环境，会对生活在其中的每个人都起着规范行为的作用。三是导向力。一个优化的校园物质环境总是会将办学理念及其所倡导的思想和价值取向等融入其中并以此引导学校发展。四是美育力。生活在按照美的规律建造的校园里的学生就"像住在风和日丽的地带一样，四周一切都对健康有益，天天耳濡目染于优美的作品，像从一种清幽境界呼吸一阵清风，来汲取它们的好影响，使他们不知不觉地从小就培养起融美于心灵的习惯"[1]。所以，校园环境的美育力是不可忽视的。

三、图书馆

（一）校园图书馆的职能

要了解图书馆的基本职能，首先要对什么是职能有一个基本了解。《现代汉语词典》对"职能"的解释是：人、事物、机构应有的作用。图书馆是学术性机构。那么，图书馆的职能就是指图书馆这一学术机构应有的作用。对图书馆应有的作用，从不同角度出发有不同的解读，总体看，有基本职能、校内职能和社会职能三个方面。

1.校园图书馆的基本职能。校园图书馆的基本职能是将人类所创造的知识以纸质或电子文献的形式进行保存和传递。也就是说，保存和传递构成了图书馆基本职能不可分割的两个方面。所谓保存，就是指对文献信息资料的搜集、整理、加工、收藏和组织管理等；传递是

---

[1] [古希腊]柏拉图：《文艺对话录》，人民出版社，1963，第62页。

指内阅、外借、复制、检索咨询等对文献的利用。这两个方面互相依存，共同发展，形成了图书馆工作的有机整体。

2.校园图书馆的校内职能。在学校里，图书馆是基本的教育设施，是学生经常出入的一块重要领地，因而具有教育职能。它的教育职能主要体现在三个方面：一是对师生员工进行政治思想品德教育，培养和发展学生专业能力；二是为提高教师教学水平、学术水平提供条件；三是培养师生的文献检索利用能力。

3.校园图书馆的社会职能。校园图书馆的职能除基本职能和校内必须履行的职能外，还有一个职能，那就是社会职能。社会职能并非今天才有，而是"从图书馆产生以来，图书馆社会职能都一直客观地存在着，它或是现实地存在着，或是潜在地存在着；或被人们所认识，或未被人们所揭示。这是人类社会的需要和图书馆的社会性质所决定的，是不以人们的意志为转移的"[1]。学校图书馆也是图书馆，同样要履行图书馆的社会职能。所谓社会职能就是指图书馆对学校周围及其相关社区的影响和作用。这一职能实际上是图书馆基本职能的延伸。图书馆以自己长期积聚的藏书资源和所积累的文献信息作用于社会，为社会提供信息咨询与服务，对推动社会的进步与发展，无疑具有十分重要的意义。

（二）学校图书馆文化

所谓图书馆文化，其实质就是以图书馆为依托，以各种文化资料所包含的文化信息为内容的一种独特的文化形式及其文化氛围，它是整个图书馆的灵魂和精华。图书馆文化是校园文化的有机组成部分，

---

[1]潘仁彬：《图书馆社会职能探讨》，《图书馆建设》1995年第3期。

它对校园文化整体的繁荣、发展有着不可忽视的作用。主要表现在：第一，图书馆是学校重要的文化设施。图书馆是书的世界，是人们吸收文化信息的主要聚集场所。不少校园人把图书馆视为求知的良师、精神的向导和陶冶情操的场所。因此，"图书馆是一种文化现象、科学现象，是文化和科学发展到一定阶段的产物"[1]，尤其是"高校图书馆并不是与校园文化无所关联的单纯性的学术机构，而是在校园文化中起着重要作用的文化教育设施。它本身既是校园文化的一部分，同时又支持着校园文化的丰富多样的开展"[2]。第二，图书馆是校园文化活动的重要场所。图书馆作为学校最重要的文化设施，是校园文化信息的储存中心，是一个知识库和知识喷泉，借书、还书、查阅书刊，构成了一道独特的文化风景线。著名历史学家邓广铭在《我与北大图书馆的关系》一文中回忆道："北大图书馆的藏书既极丰富，一些年老的工作人员也富有版本目录知识，因而，走进了北大的新图书馆，随时都使我感觉到得心应手、左右逢源的效应，受益是非常大的。"[3]总之，现代大学的图书馆往往成为学生和教师最喜欢去的地方。学生和教师最喜欢去的地方自然也就成了校园文化活动最重要的场所。第三，图书馆馆员是图书馆文化的主体。依托图书馆而产生的文化，就是图书馆文化。参与学校图书馆文化建设的虽然也有学生和教师，但是主要的还是图书管理员。因此，图书馆文化的主

---

[1] 傅正：《现代图书馆学》，安徽大学出版社，2005，第36页。
[2] 曹廷华：《高校图书馆与校园文化》，人民教育出版社，2002，第1页。
[3] 巩梅：《浅谈高校图书馆在校园文化建设中的作用》，《大学图书馆学报》2002年第5期。

体,主要还是图书馆馆员。

四、校园文化活动

(一)校园文化活动的类型

校园文化活动居于校园文化表层,是人们可感可触的显性文化现象。校园文化活动也有广义与狭义两种:广义的校园文化活动是指发生在校园内的一切文化活动,狭义的则要除去课堂教学。我们平时所说的一般是指这种除去课堂教学的狭义校园文化活动,严格地说,也主要是指众多的社团和各种文化活动,如书法、绘画、摄影、集邮、咨询、演讲、写作等协会、学习活动,天文地理、理工农医、文史哲等方面的兴趣小组活动,不同规模的文娱体育活动等。

校园文化样式很多,并且在不断地翻新,但归纳起来,还是可以分为知识和娱乐两大类。一般说来,知识系统侧重于通过某种活动使学生了解某一方面或某几方面的知识,从中受到思想道德教育,比较有目的性;娱乐系统偏重以美育的途径进行教育。当然,二者不能绝对分开,两者都是糅合在一起的——知识系统中有娱乐成分,娱乐系统也具有知识性。

(二)校园社团

校园社团是学校校园文化活动的重要组织形式。自从1978年以来,在北京大学、武汉大学、复旦大学、同济大学、中国科技大学、西北大学、贵州大学等高校相继出现诗社、写作研究会、法学研究会、马列主义研究会、近代史研究会、书画协会、摄影协会等社团以后,社团活动方兴未艾。如果说校园是一方沃土,那么学生社团就是这方沃土上开出的朵朵鲜花。社团具有很强的生命力，全国各地的高校社团还在不断发展。这些社团在促进学生身心健康、完善知识结构、陶冶高尚情操、学会人际交往的技能等方面有着十分重要的作用，是校园文化繁荣不可缺少的重要因素。

1.社团的类型。社团属于非正式群体，这种群体成员或因利益和观点相一致，或因价值观和爱好相一致，或因经历和背景相一致聚在一起而形成的。从我国学校社团发展的情况来看，社团的类型大致有以下几种：文体娱乐型、学术研究型、实践服务型。

2.社团活动的特征。第一，参加社团活动的普遍性。现在的学生比较活跃，既和过去"两耳不闻窗外事，一心只读圣贤书"的古典书生形象大不一样，也冲破了"教室—食堂—宿舍"的所谓"三点一线"式的生活模式。他们大都喜欢参加各种活动，生活是丰富多彩的，各种社团活动正好满足了他们的要求。第二，社团活动内容的广泛性。各种社团文化活动呈现出多渠道、全方位的发展趋势，近年来的社团活动范围越来越大，早已超越了学科专业的界限、学校的界限，甚至区域的界限、国家的界限。文科学生涉猎理科领域，理科学生对哲学、管理等社会科学也很偏爱。第三，社团活动组织的网络化。各种社团的发展，打破了学校过去比较单一的纵向联系和封闭体系，形成了学生与学生之间、学生与教师之间、社团与社团之间、社团与社会之间的纵横交错的联系网络。此外，还有社团文化活动形式的多样性等特征。

五、校风

校风，是校园精神文化的核心内容，建设有时代特色的优良的校风是校园精神文化建设极为重要的方面。袁振国认为："在校园文化研究中，校风属于校园精神文化层次，被看作是塑造组织成员行为和专业学习环境的完整的、强制性的力量，最核心之处是一种习得的无意识（或半意识）的思想模式概念，反映在人们的行为中并得到加强，默默但有力地影响一个人的行为。"[1]北京市育英学校校长于会祥也认为："校风非常重要，它反映学校的办学价值取向，是学校文化的内核。而优良的校风既是学校教育的重要成果，又是一种学校精神和优良传统的行为表征；既是学校办学指导思想和培养目标的集中体现，又是培育优良学风、教风的根本保证。"[2]因此，对校风进行研究，既是时代、社会的需要，也是校园文化自身发展的要求。

校风是一种有教育理论意义的教育实践，是在共同目标指引下，经过所有校园人长期努力，在人才培养、科学研究、社会服务、文化传承等一系列活动中，逐步形成的一种突出的行为风尚，是所有校园人共同形成的一种比较稳定的心理倾向，是一所学校精神和灵魂的象征。它是学校办学的指导思想、培养目标、教育教学效果和管理水平等的集中反映，是学校的学风以及其他作风等一系列习惯的总和，"是一所学校教育力量的综合的外在表现，是指学风、教风和工作

---

[1] 范丰慧、史慧颖：《校风研究述评》，《外国教育研究》2003年第9期。
[2] 于会祥：《校风的理性思考与感性表达》，《北京教育》（普教版）2019年第7期。

作风"[1]。

　　校训、校歌、校史、校徽是校风的表现形式。校训，是将学校办学理念、教学要求、工作风格，以及生活态度等所做的警示格言式的规定；校歌，是将校训的内容用音乐和歌唱的形式表达出来，使之形象化、艺术化；校史，是对一所学校历史发展的记录和反映；校徽，是将办学理念融入其中的一种空间的艺术造型。可见，"校风之魂并非是缥缈的虚无，它是一种实在"[2]。

　　（一）校风的特点

　　校风，乃治校之风。它作为一种文化现象，既有个性又有共性。由众多的个体学风、考风以及其他作风所集合而成的校风，基本特征是：第一，时代性和倾向性。校风虽然产生于学校，但它是一种社会文化现象。而任何社会文化现象都是时代的产物，必然受其所处历史时期政治、经济的影响，即必然打上时代的烙印，反映时代的特征。校风作为一种社会现象，是一种意识的观念形态。一种校风一旦形成，就会对生活在其中的校园人产生潜移默化的倾向性作用，并使之朝着这种观念形态所提倡的倾向性的方向发展。第二，一致性和多样性。凡是学校，无论是小学、中学还是大学都要遵循学校教育的一般规律，并受一般教育规律所支配，因而各种学校校风的内容和构成校风的各要素基本上是相同的、一致的。但由于各个学校所处时代不同，所处区域不同，发展历史路径不同，学校的学科专业不同，等

---

[1] 王东平：《校园文化建设初探》，《武汉交通政治管理干部学院学报》1989年第1期。
[2] 曾山金：《校风——大学之魂》，《高等教育研究》2005年第11期。

等，又会使其校风具有多种选择或多个发展方向，从而具有多样性。第三，继承性和发展性。文化的一个重要特征，就是既继承又发展。没有哪一种文化是凭空产生的，都是在原有文化的基础上发展而来的，并且其形成是渐进的，是在历史的风雨中逐步积累而来的。校风的继承性十分明显，一所学校优良的校风一旦形成，就会代代相传。如在我党的历史上，毛泽东曾为"抗大"题写了"团结、紧张、严肃、活泼"八个大字。"抗大"的校风不断发扬光大，以致后来成为全军的传统作风。

（二）校风的内在结构

从不同的角度来看，可以将校风划分为不同的子系统，但是从学校各项不同门类的工作来划分，校风的内在结构包括学生的学风、教师的教风和管理干部的工作作风三个主要方面：第一，学风。学风包括治学风气和研习风尚。学风既有教师之学风，也有学生之学风。这里所要讨论的仅是学生的学风问题。学风"是学生在学校教育、培养下养成的心理和生理品质，是学生成长状态的内在和外在的表现，通过学风能够充分反映一所学校的人才培养质量的高低"[1]。学生的学风表现在学生的学习动机、学习志向、学习目的、学习热情、学习态度和学习方法等方面。其中学习目的是决定学风好坏的关键。当前学生中确实存在着许多令人忧虑的问题，尤其是当代大学生学习的自觉性不高，学习动力不足，学习态度不端正，学习纪律松懈，考试作弊现象严重等。第二，教风。教风，是指教师的教学态度和工作作

---

[1] 郝雅翰：《再论校风、教风、学风建设》，《黑龙江教育》（高教研究与评估）2009年第7—8期。

风。它涉及教师的政治态度、思想观念、精神风貌、教育理念、治学能力、教学能力、科研能力和教学方法等。能否从严执教，是教风优劣的重要标志。从严执教有两方面的含义：一是教师要从严要求自己，二是教师要严格要求学生。第三，工作作风。所谓工作作风就是指学校领导、行政职能部门和二级学院等负责人及其管理人员在实施管理过程中所表现出来的办学理念、思维方式、工作态度和生活作风等。学校领导干部的工作作风如何，是能否形成优良校风的关键。

第六章　校园文化价值

关于文化价值，虽然有多种不同的表述，但是对文化价值都是肯定的。高占祥认为："文化是一所无形的学校，它凭借文化力对人类文明发展的引领，产生巨大的影响力，它把时代的灵魂、未来的光明送进人类心灵的深处。"[1]可见，文化是多么重要！校园文化作为社会文化的亚文化，同样重要，尤其是在人才培养方面，"校园文化不仅要展现高新科技及其巨大成就，去启迪学生的灵性，而且更要以多种优秀人文文化，启迪灵性，张扬人性"[2]。校园文化价值在校园文化学科建设中也占有十分重要的位置。可以说，校园文化价值是建立校园文化学必须研究和关注的问题，它的内涵丰富、形式多样，依据对文化的一般划分也可以将其划分为物质的价值和精神的价值，总体看比较抽象和比较复杂，属于校园文化价值哲学的范畴，但是对校园文化价值的研究与思考，又是不能回避的，是校园文化学必须研究和回答的问题。

---

[1]高占祥：《文化力》，北京大学出版社，2007，第3页。
[2]杨叔子：《校园文化与时代精神》，《中国高教研究》2007年第3期。

一、价值的含义

虽然，人们对"价值"这个词并不陌生，但是到底什么是价值？要把这个问题说清楚则是不容易的事，因为，价值是事物满足人的需要的属性，它不是一个实体性概念，而是一个关系性范畴。它所概括的只是一种看不见摸不着的客体与主体（人）的需要之间的关系。正如马克思所说："'价值'这个普遍的概念是从人们对待满足他们需要的外界物的关系中产生的。"[1]马克思虽然没有直接对"价值"进行定义，但是他的这句话告诉我们：第一，价值的产生离不开人。价值是人的价值，没有人就无所谓价值；动物的世界里不可能有价值。第二，价值所表现的就是人与外界事物之间的需要与满足的关系。只有需要与满足的关系存在，才有可能产生价值，并且必须是人由于某种需要而与某一事物发生关系，才能产生价值。比如学生要看书，学生便与书发生"看"的关系，从而产生了获取思想、知识、信息等价值。第三，价值产生于人与外界物需要与满足的关系，但关系本身并不是价值。如学生与书的关系是"看"或"阅读"，但它的价值并不是"看"或"阅读"，而是"获取了思想、知识、信息"等。根据马克思对价值的这一论述，我们可以给价值下这样一个定义：所谓价值，就是主体人根据自己的需要，与能满足其需要的客体属性之间的关系所产生的意义。主体人的需要、客体的属性以及两者间的关系是价值产生的三大要素，是价值产生后得以存在的载体或媒介，但

---

[1]马克思、恩格斯：《马克思恩格斯全集》（第19卷），人民出版社，1963，第406页。

不是价值本身。因此，从这三个要素入手，对价值做进一步的阐述。

（一）主体人的需要

在现实生活中，人的需要是多层次和多方面的。关于需要的层次结构，不少学者进行过深入的研究，如1938年摩莱（H.Murry）在他的《人格的探索》中曾列举了20余种人类需要。而影响最大的是美国心理学家亚伯拉罕·马斯洛的需要层次论，他认为人的需要有5个层次：生理需要、安全需要、爱与归属的需要、尊重的需要、自我实现的需要。马克思在1844年撰写的《经济学哲学手稿》中，对需要问题进行了讨论，提出社会的需要、人的需要、工人的需要、文明的需要、交往的需要、自然的需要等概念，认为："人为了生活，首先需要衣、食、住以及其他东西。因此第一个历史活动就是生产满足这些需要的资料，即生产物质生活本身。"[1]并且马克思还指出："人以其需要的无限性和广泛性区别于其他一切动物。"[2]主体人的需要的多样性和丰富性特征，导致人与不同的客体发生不同形态的关系，不同的关系导致不同的价值形态的产生。因为"价值是从人们对待满足他们需要的外界物的关系中产生的。事物对人的意义和价值是由人的需要决定的，以人的需要为转移的"[3]。所以，我们要特别重视对主体人的需要的研究。

---

[1]马克思、恩格斯：《马克思恩格斯全集》（第3卷），人民出版社，1960，第31页。

[2]马克思、恩格斯：《马克思恩格斯全集》（第49卷），人民出版社，2016，第130页。

[3]李连科：《价值哲学引论》，商务印书馆，2003，第232页。

（二）客体的属性

这里的客体是指与主体人发生关系的各种事物，既包括自然界的各种物体，也包括人类社会的各种活动及其产品，还包括人本身。客体作为主体人的对象而存在，但是导致价值产生的却往往只是与主体人发生关联并为主体人所认识或把握的属性。而作为价值产生要素的也正是客体的那部分已为主体人所认识或把握的属性。因此，在认识和讨论价值产生的客体要素时，有必要把客体的全部属性与已为主体人所认识的客体的属性加以区别。

（三）需要与满足的关系

只有主体人与客体是不会产生价值的，导致价值产生的根本机制是需要与满足的关系实实在在地发生，如果主体人与客体的关系是静态的，即非运动的，它们之间也不会产生价值。因为价值产生在主体人与客体发生关系的过程之中。通过对价值三要素的描述，我们对价值有了一个大致的了解，可以得出这样的结论：第一，价值是主客体相互作用的产物；第二，价值产生于主客体的关系运动；第三，价值也是抽象与具体的统一体。

二、文化价值

"文化价值"的概念，早在19世纪后期就由法国和德国学者在研究文化哲学的过程中提了出来，但是，直到今天，人们对文化价值的认识，一般还停留在伦理的层次上，未能做深入的研究。在我国，由于价值研究在相当长的一段时期内被我国主流意识形态所排斥，人们不敢谈人的需要、人的利益、人的尊严与价值问题，因而文化价值研

第六章 校园文化价值

究在20世纪50、60、70年代是我国学术界的禁区、空白，谁也不敢涉足，是文化哲学或价值哲学园地里的荒僻之壤，是一块待开垦的处女地。改革开放，随着文化研究热和价值哲学研究热的兴起，人们才又开始把目光投向文化价值并对文化价值进行研究与思考，可以说，我国对文化价值的研究还处于起步阶段，就是对文化价值的分类等基本问题也还存在认识上的差异，需要和值得再研究，再思考，再认识。

要研究文化价值的分类，首先得考察文化的分类。关于文化的分类，文化学家们曾做了许多有益的探索。英国马林诺斯基根据文化的功能把纷繁复杂的文化现象分为四类，即物质设备、精神方面的文化、语言和社会组织。美国的奥格本从文化的功能与产生入手，先将各种文化现象划分为物质文化和非物质文化，然后在非物质文化中又划分出宗教、艺术类精神文化和规范人类行为的制度、习惯等一类调适文化。除此之外，还有根据文化功能调适过程的不同，将文化划分为文化事物与文化行为的，也有根据社会成员参与的多少将文化划分为普遍的文化（社会全体成员支持的文化）、特殊的文化（一定社会阶层的文化，如农民的文化、老年的文化、青年的文化等）和任意的文化（社会中有一定地位、职业的人所采取的文化，如学术流派）三种不同类型。从这些分类来看，由于分类标准不一，其文化现象的分类也就带有很大的随意性。因此，对文化的分类，还得从文化的概念入手。因为，只有比较准确地揭示文化概念的内涵，才能寻找到比较科学的文化分类标准。大家都知道，文化是一个内涵十分丰富的概念，不同的人从不同的角度出发，对文化的研究往往得出不同的认识。因而早在1952年，美国的两位人类学家克洛依伯和克鲁克洪就对文化的多义性进行了专题研究，他们合作写了题为《文化：概念和定义批判分析》一书，对文化的定义进行了统计分析。根据他们的统计，从1871年到1951年的80年间关于文化的定义就有164种之多。当然，如果统计到现在为止，关于文化的定义肯定会更多。不过，"尽管迄今为止有关Culture的定义出现了成百上千种，但却不过是从某种有限视角对其本义所作的表征"[1]。一般而言，文化即人化，凡是属人的都是文化的。人们对文化的划分，往往从广狭的角度入手，认为：广义的文化即人化，它反映的是历史发展过程中人类的物质和精神力量所达到的程度的方式，依据其领域的不同，再分为物质文化和精神文化；狭义的文化特指以社会意识形态为主要内容的观念体系，是宗教、政治、道德、艺术、哲学等意识形态所构成的领域，它们是精神文化的组成部分。就这一般的大家比较认同的文化定义而言，文化现象显然是十分复杂的，但尽管如此，文化还是大致可以分为两类，一类是物质类型的文化，一类是精神类型的文化。物质类型的文化有价值的问题，精神类型的文化也有价值问题。苏联E·鲍戈柳鲍娃持的就是这种观点，她认为："文化价值是为满足人们的各种各样的需要而建立的，文化价值本身也是多种多样的。文化价值一般可分成物质的和精神的价值。在它们之间划分明确的界线具有一定的复杂性。"[2]文化本来就是十分复杂的，物质文化中有精神的东西，精神文化中有物质的东西，要想截然分开是不可能的，因而这种划分是

---

[1] 何中华：《文化哲学中的悖论刍议》，《哲学动态》1998年第1期。
[2] 冯利、覃光广：《当代国外文化学研究》，中央民族学院出版社，1986，第202—203页。

相对的。

　　对"文化"和"价值"两个概念有了大致了解，还不等于就把握了"文化价值"，还得看看文化与价值的关系。文化与价值的关系问题比较复杂，不可能在这段短短的文字里厘清两者所有的联系，也只能从价值的文化性和文化的价值性两个方面做一个大致描述。一方面，价值具有文化性。因为价值总是属于人的价值，文化价值是"文化对人的价值，是就文化对人的需要和追求、生存与发展而言的价值，离开了主体就无所谓文化价值"[1]。而人总是文化的人，文化是人与动物的根本区别。既然人是文化的人，那么文化的人必然打上文化的烙印，具有文化的因素。这些烙印和文化因素也就势必会进入主体人的需要之中。而人的需要中的这些烙印和文化因素，又必然会进入到人的价值及其体系之中。所以价值必然和文化发生联系，必然内含文化的因素，即具有文化的属性。另一方面，文化又具有价值性。因为文化被人创造之后，又是以价值的形式作用于人，对人产生影响，从而使文化具有了价值的属性。这里我们便开始接触到了文化价值。对文化价值的界定，有多种看法。比如孙美堂认为："文化价值通常有两种意义，一是指某种文化特质对人的生存和发展所具有的功能或意义；二是指一定的价值对象对促进人'人化'、文明化或充分社会化所具有的功能或意义。"[2] 万光侠认为："文化价值

---

[1] 孙美堂：《文化价值：一种关系的诠释》，《北京理工大学学报》（社会科学版）1999年第1期。
[2] 孙美堂：《文化价值：一种关系的诠释》，《北京理工大学学报》（社会科学版）1999年第1期。

的基本含义是指：文化作为客体，它对于人的文化本性和需求的意义。"[1]徐小明和李向红认为："文化价值则可以定义一种价值的对象（事物、行为、人自身）对我们做人、做文明的人、做特定民族和生活样态中的人来说，所具有的意义。换句话说，文化价值指某种对象的属性对人成为'人'所具有的意义。"[2]我也曾经对文化价值做过界定，认为："所谓文化价值，其实不是别的，就是指那些凝结在人们通过实践活动所创造的物质产品和精神产品中并能够满足人们的物质和精神文化需要的价值。"[3]我所下的定义，现在看来，也和各位专家学者的认识相差不大，其实，文化价值就是物质文化产品和精神产品中的文化对人和社会的生存和发展所具有的作用、影响和意义，就是文化对创造文化的人及其社会的生存和发展所具有的功效与能力。这种作用、影响、意义、功效和能力的性质就是文化价值的性质，作用、影响、意义、功效和能力的大小就是文化价值的大小。纵观人类文化史的发展，凡是对人和社会生存和发展产生了比较大的影响的文化，其凝结在文化产品中的价值也大；反之则小。凡是对人和社会生存和发展产生了积极影响的文化，其凝结在文化产品中的价值也是正面的、积极的；反之则是负面的、消极的。对"文化""价值"和"文化价值"概念进行考察之后，再来讨论文化价值的分类，就比较容易找到符合实际的分类标准——主体的需要。我们

---

[1] 万光侠：《文化价值的人学阐释》，《山东师范大学学报》（人文社会科学版）2003年第3期。
[2] 徐小明、李向红：《文化价值刍议》，《中共贵州省委党校学报》2007年第6期。
[3] 侯长林：《对文化价值分类的再认识》，《铜仁师专学报》2002年第1期。

考察文化价值中主体的需要就会知道，主体的需要尽管多姿多彩、纷繁复杂，但一般可以分为两类，一类是物质的需要，一类是精神的需要。因而，根据主体需要的不同，可以将文化价值划分为物质类型的文化价值和精神类型的文化价值。

三、校园文化价值

关于校园文化价值，依据对文化价值的理解，可以得出这样的定义：指那些凝结在校园人通过实践活动所创造的校园物质产品和校园精神产品中并能够满足校园人的物质和精神文化需要的价值。校园文化价值一般也可以划分为校园物质文化价值和校园精神文化价值两大类。

（一）校园物质文化价值

它是校园人在校园基础设施建设包括人文景观打造，以及对校园里的各种自然物体进行多次反复的改造（价值化）活动中所形成的，它凝结在校园人的物质产品中。比如校园建筑、花园、草坪、校园人工湖等，无一不打上校园人的烙印，因而，它们是校园人的文化价值的凝结，反映了校园人的价值观念和价值理想。校园里文化价值物化形态的类型虽然很多，但物质类型的文化价值则是最基本的物化形态。

（二）校园精神文化价值

校园文化价值在主体校园人与客体的关系运动中产生后，并非闲置不动，而是像流动的泉水一样又返身流向主体校园人的心里，逐步内化为主体校园人的本质力量，并以精神形态的方式出现。作为主体的校园人当意识到自己身上存在这一精神形态的现象后，就会再度将其视为客体，并进行对象化活动。这一活动的结果不再是精神形态的东西而是以某种物质化的形式表达出来，这就是校园精神文化价值。比如，生物专业的学生到野外考察，就是价值活动，其中产生的价值就是在考察中获得的各种有关生物的知识、感受和体会，然后以其所获得的知识、感受和体会为对象，进行加工整理，并把加工整理的成果用文字、图表以及标本等物质化的形式表达出来，从而形成考察报告、生物标本、考察日记等成果，这就是精神类型校园文化科学与知识价值的体现；美术专业的学生进行采风，也是价值活动，其中产生的价值就是他们在采风中获得的各种认识和感受，然后以他们的认识和生活感受为对象，进行艺术创造活动，并把艺术创造的成果用色彩线条等物质媒介表达出来，从而形成绘画艺术作品，这就是精神类型校园文化艺术与审美价值的体现。精神类型的校园文化价值具有不同的形式，如科学与知识价值、艺术与审美价值、道德价值、思想价值等。需要指出的是，精神类型的校园文化价值，同精神不能离开物质一样，必须依赖于一定的物质媒介或载体，才能得以表现和保存，这种物质媒介包括书本、纸张、色彩、线条、声音、文字、电子及其设备设施等，但是这些物质材料只仅仅是媒介和载体，而不是精神类型的校园文化价值本身。我们知道，物质价值是有形的价值，而精神价值则是无形的价值。无形价值寓于有形价值之中，精神寓于物质之中，这是比较普遍的现象和规则。

以上的划分，也只是一种现象的描述。校园文化价值的每一具体类型，只有纳入到校园文化价值的整个循环体系中，才能为人们真正所认识。而且，校园文化价值的体系化，已使不同类型校园文化价值之间的界限显得模糊不清。所以必须指出以上的划分是相对的、有条件的，只是为了认识的方便而已。

（三）校园文化价值的主观形态

校园文化价值的主观形态，指的是校园文化价值在主体校园人的心理结构、心理活动中的凝结，它是以意识、观念等各种精神现象的形态，对校园人发生作用。因而，也可以说，校园人自身也成了校园文化价值的活的媒介或载体，从而赋予了校园文化价值以主体性的感性形态。从另一方面看，凝结或内化在主体校园人身上或心理中的校园文化价值，实际上也就成了主体校园人的本质力量的一部分。一所学校的校园文化价值的主观形态，在每一个校园人身上，还有它的个体性的表现形式，那就是每个人都具备的价值观念、价值评价、价值理想。

第七章　校园文化发展

校园文化有丰富的内容和多样的形式，它对校园人的发展和人的进步有着十分重要的意义，尤其是在进行现代化建设的今天更是如此。那么，它是从哪里来的，其发展的趋势怎样，演变的动因如何，等等，都是校园文化学亟须研究和回答的。

一、校园文化起源

（一）文化的起源

追溯文化发展的历史，必然会产生这样一些疑问：文化是如何产生，源于何处，诞生于何时，当时的情况怎么样，等等。从现有考察资料看，文化的起源是多元的：有的诞生于西方，有的诞生于东方；有的诞生于欧洲，有的诞生于亚洲，有的诞生于美洲等。同时，文化还是非常复杂的，是多因素共同作用的结果。由于各地区、各民族和具体条件不同，文化的起源也各有各的特色，有的早有的迟，有的发展快有的发展慢，各有所长，又各有不足。但就整个人类文化而言，线索是比较清楚的。让我们从恩格斯关于从猿到人进程三个阶段的划分说起。恩格斯在谈到从猿到人的进程时提出了"攀树的古猿""正在形成中的人"和"完全形成的人"三个科学概念。人类进化史研究表明：人类从"攀树的古猿"到"正在形成中的人"，再到"完全形成的人"经过了几千万年的漫长历史，而在这漫长的从猿到人的进程中，正是劳动创造了人及其人类社会本身，也是劳动使自然物逐步进入人类的视野并成为人类服务的对象。两三千万年前，古猿在树上生活时，前肢和后肢从事着不同的活动，使身体的骨骼和韧带发生了相应的变化，为手脚进一步分化和下地直立行走创造了条件。后来，由于气候的变化，尤其是森林面积逐步减少，迫使一部分长期生活在树上的古猿不得不从树上下来，离开熟悉的森林，到地面生活。地面生活与在树上生活不一样，促使手脚有了进一步分工，尤其是双脚的直立行走，完成了从猿到人的具有决定意义的一步。脚的直立行走，使前肢得到了解放，使正在形成中的人能经常使用石块、木棒等天然工具。同时，躯干的逐步直立，看得高了看得远了，视野扩大了，从而又促进了脑和头部各种感觉器官的进一步发展。在集体劳动中，由于经常接触，已经到了彼此间有些非说不可的地步了。于是便逐渐产生了语言。语言又和劳动一起进一步促进了脑的发达和手的灵巧，终于有一天发展到能够制造工具。人类能用劳动制造工具，也就创造了文化。处在正在形成中的人的腊玛古猿和南方古猿已开始使用石器、木棒等自然工具，并且有了简单的语言交流。从这时起，人类就有了"初始文化"。但这种文化还不是严格意义上的文化。恩格斯说"没有一只猿手曾制造过一把哪怕是最粗笨的石刀"[1]，因此，有学者

---

[1] 马克思、恩格斯：《马克思恩格斯全集》（第20卷），人民出版社，1971，第510页。

认为严格意义上的文化是从人类能够创造工具那一刻开始的。人类创造第一件工具的那一刻，现在虽然无从考察，但创造第一件工具的那一刻是客观存在的。人类创造的第一件工具就是人类文化的第一件作品。这第一件人类工具的诞生，其意义十分重大，它是人类文化的起点，即从此人类开始进入文化意义的世界。所以，人类创造了工具，也就创造了自己的文化。根据这一理论，人类在300万年前后的更新世纪就已开始制造劳动工具，也就是说，在那一时期，人类已经开始创造自己的文化，比如非洲的奥杜威文化和中国的元谋人文化就是这一时期人类文化的代表。创造这些文化的人类已经能够直立行走，尤其是能够创造工具等文化作品，证明他们已经真正从动物界分化出来变成了"完全形成的人"。所以，严格意义上的"人类"与严格意义上的"文化"是同时产生的。

（二）校园文化起源

文化和人类同时产生，有了人类也就有了文化，不过，由于人类从"攀树的古猿"到"正在形成中的人"，再到"完全形成的人"，是一个漫长的过程，所以，要想找出人类创造的第一件工具是不可能的，只能做大致的划分，即文化起源也只能是大致的，不可能找到精确的时间点。那么，作为文化分支或亚文化的校园文化又产生于何时呢？近几年，校园文化理论研究者提出了不同的看法：有的认为校园文化兴起于20世纪80年代，有的认为校园文化产生于学校诞生以后。而我比较赞成后一种观点，中国的"校园文化作为一种客观存在的文化现象，源远流长，它的源头一直可以追溯到学校产生之初的

第七章　校园文化发展

先秦时代"[1]，"一部校园史实质上就是一部校园文化史"[2]。

在世界教育史上，中国是最早出现学校的国家之一。传说五帝时已有学校，当时叫"成均"。古籍中有关夏代学校的记载有："夏后氏之学在上庠"（《礼记·礼仪》郑玄注），"序，夏后氏之序也"（《礼记·明堂位》），"夏曰校"（《孟子·滕文公上》）等。可见夏朝已有名叫"庠""序""校"的施教机构。商朝在此基础上出现了"学""瞽宗"。西周已初步具有了学制系统，从宏观上构筑了校园文化的体系雏形，为校园文化的发展奠定了基础。但"学在官府"，文化教育完全被奴隶主所垄断，奴隶的子弟是无权问津的。当时学校教育的主要内容是六艺：礼、乐、射、御、书、数。"礼"是别上下，分尊卑，用来维持世袭等级制的典章制度，以及各种道德规范；"乐"指音乐和舞蹈，是用来祭祀天地鬼神、颂扬王公贵族和鼓舞军心的手段和工具；"射"是指射箭技术；"御"是指驾车等技术；"书"是指对语言文字的阅读和写作以及文史哲方面的知识；"数"是指计算包括天文历法地理等自然科学方面的知识。

春秋时的校园文化继续发展，到战国时期，学在官府的传统受到冲击，少数贵族垄断文化知识的局面被打破，文化知识教育开始普及于民间，因而有"孔墨之弟子徒属，充满天下"（《吕氏春秋·有度》）之说。孔墨及弟子们著书立说，上说下教，文化学术获得空前的发展，尔后，道家、法家等学派相继勃发，把先秦校园文化的发展推到了高潮。先秦的各种学术思想首先来源于校园，并在校园中分

---

[1] 侯长林：《校园文化溯源》，《贵州文化》1991年第6期。
[2] 侯长林：《校园文化略论》，贵州教育出版社，1991，第161页。

化、争鸣和交融。如稷下学宫是当时的高等学府。诸子学派都是在稷下学宫形成和发展的。黄老学派还以此为大本营，并经历了产生、分化与演变的过程。后期儒家大师都曾游学稷下，从儒家分化出来的阴阳学派，在稷下也很有势力。此外，其他稷下学士，有的是名家的代表，有的是纵横家的先驱。稷下学宫兼容并包各学派的办学方针，提倡"百家争鸣"的学风，学宫议政的传统，形成了自己独特的文化，对封建校园文化的确立与发展产生了深远的影响。

但当前有些论者则认为校园文化兴起于20世纪80年代，是初生的婴儿。持这种观点，不说是妄断，至少可以说是对校园文化的片面理解。因为，校园文化史实际上就是校园史。这主要表现在：

第一，从教育与文化的关系看，"文化和教育是紧密相连的，它们是同一事物的两个方面"[1]。既然文化与教育"是同一事物的两个方面"、教育是传递文化的手段，那么，当教育发展到一定阶段，出现学校以后，学校也当然就是文化的载体了。也就是说，在学校产生的同时，产生了具有学校特色的文化即校园文化。当然，把校园文化说成与教育同时产生，也是不准确的，因为教育在学校产生之前就早已存在。原始社会，虽然没有专门的教育机构和专职教育人员，但教育是实实在在存在的，如年老的人向年轻人传授饲养牲畜、种植庄稼、制造陶器、建筑房舍等生产斗争的经验与技术，并同时进行宗教、习惯、风俗、音乐、舞蹈，以及礼节仪式等方面的训练，这些不都是教育吗？而这时的教育还不是学校的教育。学校教育还要晚得多。在这一阶段，显然还谈不上校园文化，因为没有学校，没有校

---

[1] 卫道治、沈煜峰：《教育与文化关系剖析》，《百科知识》1988年第9期。

园，何来校园文化？由此看来，将校园文化说成是教育的孪生姊妹，是不准确的。校园文化，就字面意思来看，它是指诞生在校园里的文化，是以校园为载体的文化。

第二，从校园文化的构成来看，目前，尽管对校园文化的构成有物质的和精神的两大层面、硬体部分和软体部分、自然的物质化的和社会的精神化的等看法，不过，一般认为校园文化只要具备了校园人、校园物质环境、校园文化设施、校园文化活动、校园文化制度与非制度文化等基本要素，就是比较完整的校园文化了。因为，校园人是校园文化的主体，校园物质环境是物化形态校园文化的静态表现，校园文化设施是校园文化信息储存的地方或依托的载体，而校园文化活动则是校园文化的动态表现，校园文化制度与非制度文化（如校园文化心理等）是校园文化的核心内容。由此，不难看出，只要是学校一般都具备这些要素，就是商代的学校也基本具备了这些要素。据《礼记·明堂位》载："'瞽宗，殷学也'。注：乐师瞽蒙之所宗也，古者有道德者使教焉。死则以为乐祖，于此祭之。"说明"瞽宗"已设有专职教师。而教师则是典型的校园人。我国最早的教育专著《学记》载："藏焉、修焉、息焉、游焉。"意思是：在规定时间内应该上正课，课外要有相应的作业；上正课要认真学习，但休息时应尽可能地娱乐和休息。这种"娱乐"和"游息"不就是校园文化活动吗？《学记》又载："大学始教，皮弁祭菜，示敬道也。"即大学开学要举行隆重的开学典礼，以表示重视。典礼仪式就是校园文化制度，并且这种文化制度一直沿用到今天。何况，就是不完全具备这些要素，只要有学校，也就有校园文化的存在，只是程度有别罢了。

总之，无论是从文化与教育的关系，还是从校园文化的内部构成要素来看，都足以说明校园史与校园文化史的密切关系。那么，为什么会出现"校园文化兴起于20世纪80年代"的论断呢？究其根源，主要是没有把校园文化现象与校园文化理论分开，作为管理学理论的校园文化"源出美国，根在日本"，"兴起于20世纪80年代"，这是事实。第二次世界大战后，日本教育的飞速发展使得美国各界人士大为震惊。经过研究，他们发现成功的学校管理是日本教育发展的重要原因之一。在学校管理中，美国人注重"硬"的方面，强调理性的科学管理，而日本不仅注重"硬"的方面，还注重"软"的方面，即注重校园中的文化因素，重视教职工的共同价值观念及对学校的归属感，重视引导教职工的文化行为。这样，在对日本注重校园中文化因素的研究中，校园文化的特殊地位和重要作用逐渐被人们所认识，也就逐渐诞生了校园文化理论。但校园文化理论和校园文化现象毕竟不是一回事，决不能将它们等量齐观或互相混淆。

在欧洲，最早出现的校园文化是在斯巴达和雅典。斯巴达是一个古老的农业国，奴隶主为了维持他们的统治，十分重视对子女进行体操和军事训练，将赛跑、跳跃、角力、骑马、游泳、掷铁饼、投标枪、使用武器等作为主要的学习内容，学校培养的是效忠国家、镇压奴隶的武士，使其具有军营文化的特点。而雅典的校园文化则不同，由于雅典是一个商业发达的国家，国内斗争也比较复杂，他们比较注重学生从事商业能力和政治活动能力的培养，既有军事和体操等科目的训练，也有政治、哲学和文学，以及读、写、算、音乐等方面的教育，学校充满着商业文化和政治文化的氛围。

综上所述，关于校园文化的起源，可以下这样的结论：校园文化作为亚文化，它是人类社会发展的产物，是人类文化积累到一定阶段的必然结果，它起源于学校，以学校为载体，有学校也就有了校园文化，一部校园史也就是校园文化史。

（三）高校校园文化起源

高校校园文化涉及大学，当然其起源也涉及大学起源。由于校园文化依附于校园，一部高校校园史实质上也是一部高校校园文化史。因此，可以得出这样的推论：高校校园文化起源与大学起源是同一的，即大学起源也就是高校校园文化起源。

那么，大学起源的情况如何？

关于大学的起源，有不同的观点和认识，比如有的学者认为中国、印度、古埃及等国家也是高等教育的发源地，也有自己独特的高等教育体系，古希腊、罗马、拜占庭等国家的高等教育体制也比较完备。既然已经形成一定的高等教育体系，建立了比较完备的高等教育体制，当然也应该把这些国家高等教育所属的学校看成是大学。但是大多数学者还是认为这些不是真正意义上的大学，真正意义上的大学起源于欧洲中世纪，欧洲中世纪大学才是现代大学的源头。现代大学的源头不等于高等教育的源头，高等教育比现代大学要宽泛得多。比如有现代大学就必然还有古典大学，并且欧洲中世纪各国大学产生的情况也不尽相同，也有先后之分，只能说大致产生在这一时期。我们知道，欧洲中世纪最早的大学是"行会组织"，比如拉丁文"universitas（大学）"一词的原意就是指"行会"和"社团"等，只是到后来才逐步演变为专指12世纪末在欧洲出现的高等教育组织。

20世纪在意大利、法国、英国出现了世界上最早的现代大学,其中,最有代表性的是意大利的博洛尼亚大学、萨莱诺大学,法国的巴黎大学,英国的牛津大学以及剑桥大学。博洛尼亚大学被公认为"最古老的欧洲大学"。有的学者认为博洛尼亚大学早在公元423年由罗马帝国皇帝狄奥多西(Theodosius)创办。博洛尼亚大学的最大特点就是以学生管理著称于世,学生可以"组建自己的团体、自行选举校长,并授权学生选举一名市长专门为大学的利益而服务,甚至学生还获得了任命教师的权利"[1]。博洛尼亚大学的创建标志着校园学生型文化管理模式的诞生。这种独特的校园学生型文化管理模式对意大利、法国以及西班牙和葡萄牙的大学都曾经产生过比较深远的影响。萨莱诺大学具体创建的时间已无法考证。传说最初的学校是由一位希腊人、一位拉丁人、一位犹太人和一位阿拉伯人创办的,他们四位都是医生。因此,自12世纪以来,萨莱诺城就一直是欧洲大陆最著名的医学中心,不过,"尽管萨莱诺在医学史上占据着很重要的地位,但对大学组织的发展却没有什么影响"[2]。直至13世纪后期,萨莱诺大学才逐步符合当时的大学标准,"尽管如此,萨莱诺大学的重要性仍然不可磨灭,它是希腊-阿拉伯医学和科学向西欧转移的一个中介,作为一个教育机构,它奠定了中世纪大学医学课程的基础,萨莱诺的教师和医生恢复了希腊、希腊-罗马、阿拉伯的医学,把它们和当时

---

[1] 贺国庆:《欧洲中世纪大学起源探微》,《河北大学学报》(哲学社会科学版)2007年第6期。
[2] [意大利]卡斯蒂廖尼:《医学史》(上册),程之范译,广西师范大学出版社,2003,第248页。

第七章 校园文化发展

的医学理论及实践融合在一起,并在实践中加以应用和发展"[1]。后来的萨拉曼卡大学、蒙彼利尔大学医学院等都是根据萨莱诺大学的办学模式建立的。巴黎大学的前身是位于西岱岛上的巴黎圣母院大教堂学校,也是逐步形成的,具体创建时间也无法考证。巴黎大学自己选择的诞生年是1200年,因为巴黎大学在这一年获得了其第一份皇家特许状。中世纪的巴黎大学非常重视神学,神学的地位在巴黎大学高于其他学科,因而人们把巴黎大学称为"高深科学的夫人"[2]。这正是巴黎大学校园文化的特色之所在。巴黎大学对后世的影响特别大,以至威尔·杜兰(Will Durant)写道:"自亚里士多德以来,没有一个教育机构能与巴黎大学所造成的影响相比拟。"[3] 它的影响波及法国北部、低地国家以及德国和英国的大学。牛津大学也是逐步发展起来的大学,其创建的具体时间也是一个谜。1167年,英格兰国王亨利二世召回了当时在巴黎大学的英国师生。这批师生来到牛津,使牛津大学迅速成为英国经院哲学教学和研究的中心,于是牛津大学开始出现。因此,一般认为牛津大学是按照巴黎大学的办学模式创建的。其实,并不完全是这样。因为牛津大学本身经历了一个逐渐发展、演变与进步的过程,"巴黎移民学者所做的贡献只是整个12世纪

---

[1]贺国庆:《欧洲中世纪大学起源探微》,《河北大学学报》(哲学社会科学版)2007年第6期。

[2]贺国庆:《欧洲中世纪大学起源探微》,《河北大学学报》(哲学社会科学版)2007年第6期。

[3][美]威尔·杜兰:《世界文明史信仰的时代》(下卷),幼狮文化公司译,东方出版社,1999,第1285页。

牛津大学不断发展过程中的重要一环"[1]。牛津大学比较重视数学和自然科学,曾经是欧洲数学和自然科学研究的中心,其学院制是牛津大学和剑桥大学校园文化的重要特色。此外还有剑桥大学。1209年,牛津大学的一批师生因骚乱而迁往剑桥,剑桥大学才逐渐发展起来。因此,有的人把剑桥大学看作是牛津大学的派生物。正如贺国庆所说:"即使剑桥大学享有的欧洲声誉不及它享有更高声誉和拥有更大规模的英国同伴——牛津大学,但它在多方面的发展并不比后者逊色。"[2]剑桥大学同样是古老大学中的佼佼者,是欧洲中世纪大学校园文化的发源地之一。

欧洲中世纪大学校园文化的许多特征都保留到现在,现代大学校园文化的基本制度来源于中世纪大学。中世纪大学"开创了现代世界的大学传统,这种共同的传统属于我们今天所有的高等教育机构"[3],因为"他们创造了现代世界的大学传统,无论是最年轻的还是历史最悠久的高等教育机构都是这个共同传统的继承者"[4]。显然,这里所指的大学传统就是典型的大学校园文化。所以哈斯金斯(Charles Homer Haskins)说:"尽管中世纪大学与现代大学差别

---

[1]贺国庆:《欧洲中世纪大学起源探微》,《河北大学学报》(哲学社会科学版)2007年第6期。

[2]贺国庆:《欧洲中世纪大学起源探微》,《河北大学学报》(哲学社会科学版)2007年第6期。

[3]Charles Homer Haskins.*The Rise of Universities*[M].New York: Henry Holtand Company, 1923, P.3.

[4][美]查尔斯·霍默·哈斯金斯:《大学兴起》,梅义征译,上海三联书店,2007,第3页。

巨大，但中世纪大学是现代大学的源头和基础。"[1]的确，今天的大学与中世纪大学相比，有比较大的差别，比如"在整个启蒙时期，中世纪的大学都没有图书馆、实验室或博物馆，没有捐赠，没有自己的建筑物"[2]，但是"它们是我们现今大学的源头和赖以发展的基础。二者基本组织结构相同，且历史的连贯性从未间断"[3]。

尽管中世纪大学开启了现代大学校园文化的先河，但是中世纪大学校园文化也有许多局限，比如在中世纪大学中"宗教神学禁锢了科学在大学的生长"[4]"崇尚权威、注重思辨而不重事实导致了教育的墨守成规"[5]"缺乏质量和效益观念的大学管理"[6]等。

对中世纪大学校园文化创建与发展进行研究，其产生的原因和背景主要包括以下几个方面：一是城市的发展，经济和贸易的繁荣，为大学及大学校园文化的产生奠定了物质基础。二是12世纪的文艺复兴运动，为大学的产生奠定了知识基础。哈斯金斯说："大学兴起之时，正处于一个伟大的学术复兴期。"[7]在这一历史时期，各种新思想、新观念、新知识大量传入欧洲，比如柏拉图、亚里士多德、

---

[1] Charles Homer Haskins.*The Rise of Universities*[M].New York: Henry Holtand Company, 1923, P.3.

[2] [美]查尔斯·霍默·哈斯金斯：《大学兴起》，梅义征译，上海三联书店，2007，第1页。

[3] [美]查尔斯·霍默·哈斯金斯：《大学兴起》，梅义征译，上海三联书店，2007，第2页。

[4] 宋文红：《欧洲中世纪大学的演进》，商务印书馆，2010，第335页。

[5] 宋文红：《欧洲中世纪大学的演进》，商务印书馆，2010，第337页。

[6] 宋文红：《欧洲中世纪大学的演进》，商务印书馆，2010，第337页。

[7] [美]查尔斯·霍默·哈斯金斯：《大学兴起》，梅义征译，上海三联书店，2007，第2页。

欧几里得等人的文章和著作等,如果没有这些新思想、新观念、新知识,"只要知识仅仅局限于中世纪早期的文科七艺,大学就不可能产生"[1]。三是中世纪社会的进步与发展为大学及大学校园文化的产生提供了现实需要。

二、校园文化发展

(一)校园文化变迁

1.校园文化变迁的含义

文化变迁在西方近代文化史上影响很大,在不同时期的社会科学家的著作中都可以找到其踪迹,只不过其表述各有不同罢了。19世纪60年代以后,一些社会学家和人类学家对人类社会及文化的进化规律已经展开研究,如斯宾塞和摩尔根的著作已涉及历史文化变迁方面的问题了,只不过当时他们使用的词语不是"文化变迁"而是"进化"。直到19世纪末和20世纪初,因为反进化论思潮的出现,人们才开始放弃文化进化论而改用"文化变迁"一词。"文化变迁"一词开始使用时,也是仁者见仁、智者见智。心理学方面的专家将其界定为不同民族认识和忘却个体心理的过程;文化适应研究方面的学者将其定义为合乎规律的适应变化的过程;还有的人从现代科学技术的角度出发将其看作是由少量能量到大量能量、由低级能量到高级能量的转化过程等。而我国孙本文的《社会文化的基础》一书则强调文化变迁中文化特质和文化模式方面的变化。这些定义都从不同的角度对文化

---

[1][美]查尔斯·霍默·哈斯金斯:《大学兴起》,梅义征译,上海三联书店,2007,第3页。

变迁现象进行了描述，也都不同程度地揭示了文化变迁的一般规律及其本质。

"文化变迁"一词内涵丰富，界定众说纷纭，但是，我是想从文化变迁的角度来研究校园文化的发展与变化，了解校园文化的发展趋势，把握校园文化发展变化的总规律，因此，比较赞同将文化变迁定义为：文化的波浪式发展或文化的渐变与突变。探明了文化变迁的本质或内涵，再来研究校园文化变迁的定义，就不是困难的事了。那么，到底什么是校园文化变迁呢？可以依据文化变迁的定义进行定义，亦即所谓校园文化变迁，主要就是指校园文化的波浪式发展或校园文化的渐变与突变。

2.我国校园文化变迁的总趋势

我国校园文化自产生以后，在先秦时期，由于儒、墨、道、法等学派的出现，充实了校园文化的内容，使校园文化结构发生了变化，出现了我国校园文化的第一个繁荣时期，诸子百家大都肇始于校园而又繁荣于校园，因此，先秦校园文化就充满着浓厚的学术味，完全可以这样说，先秦的校园文化主要是校园学术文化。

当历史发展到秦朝时期，校园文化的发展由波峰跌到了波谷，因为，秦朝时期既禁私学，又不设官学，秦始皇还"焚书坑儒"，将《诗》《书》焚毁，将四百六十多名儒生方士坑死。焚书坑儒对于古文献的保存和学术的传授，造成了重大的损失，校园文化处于暂时的逆转时期，出现了文化变迁中的文化停滞现象。到了两汉，情况就发生了很大变化，进入了校园文化的突变与发展时期。两汉虽然实行"罢黜百家，独尊儒术"的政策，对学术思想的发展有一定的制约，但官学和私学得到了发展，出现了比较健全的校园文化，如太学文化、鸿都门学文化、贵胄学校文化、宫廷学校文化等。两汉校园文化的特点是开始注重精神文化的建设，形成了比较良好的校园风尚，具体表现在：第一，儒家思想成为校园文化的精神支柱。当时，开办太学，就是为了研究儒家经学，造就儒家治术人才。儒家的《诗》《书》《礼》《春秋》《易》被尊崇为经。自汉武帝至西汉末，百余年间，经学极盛，经学大师前后多至千余人，有些经书的解说多达百余万言。经学的发达，对统一校园思想有一定的积极作用。第二，校园中出现了良好的学风。由于汉儒有"疑经而不敢强通"（顾炎武《日知录》卷二十七）的精神，讲究名家的本源并防止假冒、错误，养成了"明本源，防伪冒"的学风。在学术上注重是非，就是对于有权势的人也不肯让步，形成了一种"重是非，不畏权势"的好风气。此外，太学博士在讲学中还表现了讨论和相互诘难的良好风尚。这对我国后来校园文化的发展，有着十分重要的意义。

魏晋南北朝时期，由于长期的封建割据战争以及复杂的阶级矛盾，官学时兴时废，校园文化也就若明若暗，总体而言，没有多大发展。

到了唐代，书院的设立，揭开了我国古代校园文化发展最辉煌的篇章。唐代的书院文化是我国校园文化发展历史中的又一个高峰。书院文化制度在我国前后延续了一千多年，直到清末，才逐渐消失。书院文化，为我国古代文化的繁衍生息作出了巨大的贡献，对我国校园文化的发展产生了广泛而深远的影响。

在半封建半殖民地的旧中国，由于受重重压迫，广大人民生活在水深火热之中，除蔡元培主持的北京大学校园文化表现了较强的现代意识和具有浓厚的民主空气以外，其他校园大都处在反动政府的阴影之中。总体而言，这时期的校园文化没有多大发展，且校园政治文化成了校园文化的主流。抗战时期，解放区的校园文化呈繁荣之势，如延安抗日军政大学等开创了新时代校园文化的先河。中华人民共和国成立以后，校园文化得到空前发展。但十年"文化大革命"又使校园文化受到严重的创伤。党的十一届三中全会以后，我国校园文化才获得真正意义上的新生。

从以上不难看出，我国校园文化的发展也是呈波浪式前进的，时而突变时而渐变或停滞，但总的变迁趋势是朝着健全的、民主的方向演变发展的。

（二）书院文化的演变、特点及动因

书院文化是我国校园文化最辉煌的乐章，为此，单独进行分析。

1.书院文化的演变

从书院文化的历史演变来看，大致可以划分为四个时期，即兴起时期、发展时期、极盛时期和衰落时期。

第一，兴起时期。唐朝官办的丽正书院（723年）和集贤书院（724年），虽取"书院"之名，但无"书院"之实，只是宫廷图书馆而已，书院文化制度的雏形应该是唐贞元之后私人创办的书院，如皇寮书院、松州书院、义门书院、梧桐书院等，这些书院已开始出现课堂文化。但真正具有聚徒讲学性质的书院文化，则当推庐山国学。据王应麟《玉海》载："唐李渤与兄涉，俱隐白鹿洞，后为江州刺史，即洞创台榭。南唐升元（937—943年）中，因洞建学馆，置田以给诸生，学者大集。以李善道为洞主，掌教授。当时谓之白鹿国庠。"所以，有人称庐山国学是"由私人读书治学之所发展为聚徒讲学的书院的典型形态"[1]。北宋初年，庐山国学就发展成了具有相当规模并对后世产生深远影响的白鹿洞书院。此外，这时影响较大的还有岳麓、应天府、嵩阳等书院，但不久，由于封建政治文化的调整，不再重视书院文化，书院也就渐次衰落。

第二，发展时期。南宋淳熙六年（1179年），废弛的白鹿洞书院恢复，宋代理学集大成者朱熹为之奔走呼号，并亲自为书院确定方针，拟订《白鹿洞书院条规》。不久，他又主持恢复和扩大了岳麓书院。在朱熹的带动下，全国各地竞相仿效，书院发展很快。据统计，南宋书院有136所，占宋代共建书院的78.61%。元代书院文化继续发展。元世祖至元二十八年（1296年）"令江南诸路学及各县学内，设立小学，选老成之士教之，或自愿招师，或自受学于父兄者，亦从其便。其他先儒过化之地，名贤经行之所，与好事之家出钱粟赡学者，并立为书院"（《元史·选举志一》）。于是书院迅速增多。元代新建书院143所，兴复65所，改建19所，合计227所。元代书院数量虽多，但由于领导管理和讲学水平不高，加之官方控制甚严，书院文化的特色不突出，总体而言，书院质量不高，所以也算不上书院文化发展的极盛时期。

第三，极盛时期。书院真正的极盛时期应该是明成化至嘉靖年间（1465—1566年）。因为：一是明初书院虽然沉寂，但后来发展很快，数量超过前代。据统计，明代书院达1200多所，建于嘉靖年间

---

[1] 毛礼锐：《中国教育史简编》，教育科学出版社，1984，第69页。

者最多，占37.13%，建于万历年间者次之，占22.71%。二是明代书院可以说是整个书院的代表，其特色十分突出，无论是学术气氛或是民主空气都相当浓厚。在学术方面，与朱学对立的王守仁的"心学"影响很大。王守仁是明中叶重要的哲学家与教育家。他先后在龙岗书院、贵阳书院、濂溪书院、稽山书院和敷文书院讲学。在贵州时，他提出了知行合一之说，后又提出致良知之说，形成了比较完整的思想体系。《明史·列传》曰："正嘉之际，王守仁聚徒于军旅之中，徐阶讲学于端揆之日，流风所被，倾动朝野，于是搢绅之士，遗佚之老，联讲会，立书院，相望于远近。"可以说，王守仁"心学"的影响在某种程度上并不在朱学之下。在校园民主方面，空气活跃，如顾宪成、高攀龙、叶茂才相继主事的东林书院，其师生关注现实，积极参与当时的政治活动，对当时的朝政产生了很大影响。《明史·顾宪成传》载："其讲习之余，往往讽议朝政，裁量人物。朝士慕其风者，多遥相应和，由是东林名大著。"此外，从嘉靖十六年、十七年及万历七年三次毁禁书院的理由，如"倡其邪学，广收无赖""建书院，聚生徒，供亿科扰""群聚党徒""空谈废业""摇撼朝廷"等，也可以感受到一些民主气息。

第四，衰落时期。清代初年对书院采取抑制政策，害怕书院讲学发扬爱国主义精神。顺治九年（1652年）曾令"各提学官督率教官，务令诸生将平日所习经书义理，著意讲求，躬行实践，不许别创书院"。因此，清初九十年间，书院沉寂无闻，直到雍正十一年（1737年）才令各省在省会设置书院。以后，书院的数量虽然发展很快，达2000多所，但这时的书院已和官学没有多大区别，失去了独立性。所以，光绪二十七年（1901年）八月，清廷下诏将各省所有书院改为大学堂，也并非突然，而是书院文化制度发展的必然结果。

2.书院文化的特点

从书院的兴衰史可以清楚地看到，书院文化有如下特点：

第一，不仅重视精神文化建设，而且也开始重视校园物质文化建设。在精神文化方面，书院已建立比较完整的文化制度、领导体制和规章制度，订立了许多"教约""学规""学则""守则"等。如朱熹在为白鹿洞订立的学规里，明确提出了教育的目标和内容，为学的程序，修身、处事和接物的纲领。南宋时，理学笼罩了整个书院。有人说"创书院而不讲明此道，与无书院等"[1]。所谓"此道"，就是理学之道。在物质文化方面，比较重视校园物质环境建设。此外，还注重物质文化设施建设。书院是在图书馆的基础上发展起来的，因为唐代的丽正书院和集贤书院实际上就是宫廷图书馆。"书院以藏书丰富为特点。"[2] 图书馆是文化设施的代表，是校园文化信息的储存中心。

第二，初具现代高校校园文化的特点：一是超前性。明末无锡东林书院，由于师生积极参与当时的政治活动，使书院不仅成为教育学术中心，而且也成为思想舆论和政治中心，最后导致魏忠贤下令"拆毁天下书院，首及东林"，跟着"天下之书院与之俱毁矣"。二是开放性。书院实行"门户开放"，不受地域限制。《明史·顾宪成传》载："当宪成、攀龙讲学时……远近名贤，同声相应，天下学者，咸

---

[1] 毛礼锐：《中国教育史简编》，教育科学出版社，1984，第74页。
[2] 毛礼锐：《中国教育史简编》，教育科学出版社，1984，第75页。

以东林为归。""闻风响附，学舍至不能容。"又《白鹿洞志》载，直到清代顺治年间的白鹿洞书院还规定："书院聚四方之俊秀，非仅取才于一域。或有远朋，闻风慕道，欲问学于其中者，又不可却……当留洞中，以资切磋。"三是创造性。书院既是教育机关，又是学术研究机关。学术研究是书院教育教学的基础。南宋书院的兴起与发展都与理学的发展紧密相连。因为南宋学者多以理学为研究对象，朱熹、杨时、游酢、罗从彦、李侗、陆九渊、吕祖谦等都是理学大家。同时，南宋书院也多以理学为讲授内容。所以，研究理学和讲授理学成为书院教育教学的基本内容和主要特色。理学研究盛行的地区也是书院最集中的地区。比如福建、湖南、江西、江南等地理学盛行，这些地区的书院就特别集中和发达。

3.书院文化发展的动因

纵观书院文化的发展，可以清楚地看到书院文化像一条忽明忽暗的光带闪烁在教育文化发展的历史长河之中。为什么会出现这种时兴时废的现象？究其原因，是多方面的，主要表现在：

第一，从哲学的角度来看，是书院文化制度自身矛盾运动的结果。作为客观事物，它符合一般事物的发展规律，有其发生、发展及衰亡的历史。就整体而言，它实际上也是马克思主义否定之否定规律的极好例证：从唐末的创立到宋初的勃兴，旋即衰落，出现第一次否定，南宋又开始兴盛，然后衰落，出现第二次否定，明成化至嘉靖达到极盛，然后衰落直至清末被大学堂取代，达到彻底否定，发生质变，朝近代校园文化演进。

第二，从外部原因来看，考察其历史，主要有两点：一是理学的发展。理学亦称道学,起于北宋,盛于南宋,推衍发展于元、明,终结于清代。理学和书院联系紧密,互相影响、互相促进。理学以书院为发展、传播基地,而书院则从根本上受到理学思潮的影响和制约。自从理学产生、兴旺之后,书院在教育目的、教学内容和教学方法等一系列问题上出现了重大历史性的转折,从而形成了独自的风格和特色。大理学家朱熹为了纠正官学的弊病,在《白鹿洞书院揭示》中,明确提出"熹窃观古昔圣贤所以教人为学之意,莫非使之讲明义理,以修其身,然后推以及人,非徒欲其务记览、为词章,以钓声名取利禄而已也"。因此,南宋时理学家们既开创了理学和书院相结合的局面,同时也奠定了书院以儒学伦理为宗旨的教育目的。随着教育宗旨的改变,书院的教学内容也相应进行了调整。汉唐诸儒以《诗》《书》《礼》《易》《春秋》等"五经"为主要教材,理学家除继续使用"五经"外,尤重《论语》《孟子》《中庸》《大学》等"四书",其地位往往高出"五经"成为更为重要的教材。此外,书院还以理学家们的著作为教科书或教学参考书。如《岳麓书院学规》规定,除以"四书"及朱子的《集注》为"读书之本务"外,"次则以性理为宗",即以理学家的著作(《太极图说》《通书》《正蒙》《西铭》《朱子语类》等)作为教学内容。这些都是理学和书院相结合以后在教学内容方面所体现出来的特色。二是封建政治文化的影响。当封建政治文化与书院文化渗透、交融的时候,书院文化就发展、兴盛,否则,就沉寂、衰落,甚至消亡。书院的几次兴盛,都与封建统治者的支持有关,几次衰落,也都是封建统治者排斥、反对、毁禁的结果。所以,作为封建制度下的书院文化,是不可能超越封建政治文化制约的。

（三）新时期校园文化的发展

中华人民共和国成立以前，在中国共产党的领导下，在革命根据地内建立起来的新民主主义教育，是无产阶级文化教育的一部分，属于社会主义文化教育的范畴。体现延安抗日军政大学学校生活的"团结、紧张、严肃、活泼"八个字，是抗大校风和抗大精神的写照，也是革命根据地校园文化兴盛的集中概括，为后来的校园文化建设树立了一面旗帜。因此，抗战时期，解放区的校园文化应算是新时期校园文化的起点和开端。由于革命战争和根据地的具体情况，解放区对学制的各种等级、入学资格、在校年限及相互衔接，不要求统一，不要求整齐划一。学校教育的组织形式也就十分灵活，如群众教育采取冬学、半日学校、夜校、星期学校、巡回学校等形式；同样，干部教育也采取如上形式进行。除公办学校教育外，还提倡民办，或民办公助。这些特点反映了广大工农劳动群众政治觉悟的提高和对科学文化知识的渴求。不过，由于当时客观条件的限制，革命根据地学校校园文化制度的建立和发展，还有一定的局限性，在学制上也还不可能形成一套完整的体系。但是建立和发展革命根据地学校校园文化制度的指导思想和具体措施，对于我国校园文化制度的改革和发展，仍有其现实的指导意义。

中华人民共和国成立初期，我国的校园文化制度实际上存在着两个系统：一是解放区的学校校园文化制度，二是接收下来的经过初步改造了的旧的校园文化制度，直到1951年10月1日政务院颁布《关于改革学制的决定》后，才建立新的学校校园文化组织系统，把我国的校园文化划分为：幼儿园校园文化、初等学校校园文化、中等学校校园文化、高等学校校园文化和各级政治学校校园文化等。此外，还有各级各类补习学校、函授学校及听障人士、盲人等特殊学校校园文化。

新型的校园文化组织系统建立以后，我国的社会主义学校校园文化得到了迅速发展，取得了巨大的成绩，出现了20世纪50年代的兴盛时期。但十年"文化大革命"使我们新型的校园文化遭到了严重的摧残，出现了中华人民共和国成立后的第一次文化停滞现象。20世纪70年代中期至20世纪80年代中期，尤其是党的十一届三中全会以来，校园文化得到了飞跃性的发展。

党的十一届三中全会重新确立了"解放思想，实事求是"的思想路线和以经济建设为中心的政治路线。教育得到了应有的重视。恢复高考制度后入学的第一批大学生，带着对知识的渴求和满腔的热情，带着强烈的责任感和使命感，跨入校园。他们刻苦学习，不断进取。因此，发奋学习，振兴中华，成为这一时期校园文化的主旋律。所有高校几乎都成立了大学生科技协会，经常举办讲座，开展各种科技活动，掀起了校园科技文化热潮。

随着改革开放的不断深入，人们的思想也得到了空前解放，社会文化逐步走向繁荣。在文化繁荣的过程中，由于学生开放意识、自主意识和审美意识的加强，一个以学生社团为轴心的校园文化新格局逐步形成。从党的十一届三中全会到20世纪80年代中前期，校园文化一直处在健康发展之中，无论是深度还是广度，都是以往任何时候不能相比的。当然，也应看到，这时期的校园文化建设还缺乏系统的科学理论指导，对校园文化运行机制和发展规律认识不够，校园文化整体层次偏低，缺乏科学性、系统性和创造性。

20世纪80年代以来，在校园文化中一直存在着中西文化的兼容与抗争。1989年后，中国共产党坚持把四项基本原则作为立国之本，视改革开放为强国之路，制定了物质文明和精神文明一起抓的基本方针。正是在这样一种充满生气的政治社会环境中，校园文化才走上了健康发展的轨道。

1990年4月28日，由中国群众文化学会、中国高等教育学会、中国教育学会、共青团中央宣传部联合召开的全国首届校园文化理论研讨会在北京举行。这次会议的召开，目的就是总结新经验，探讨新问题，把好经验、好做法升华到理论上来，以进一步推动我国校园文化的发展。它的召开，标志着我国校园文化建设由自发进入自觉的崭新阶段。

这次会议认为，学校是培养和造就人才的重要基地。校园文化，不管你承认不承认，它是客观存在的，无产阶级不去占领，资产阶级就会乘虚而入。在学生中开展丰富多彩的高品位的校园文化活动，实际上是一项非常重要的思想政治工作，也是培养全面发展的"四有"新人的不可忽视的精神文明建设的重要阵地。会上还分析了我国校园文化的现状，总结了我国校园文化建设中值得注意的问题，为今后校园文化的发展指明了方向。

那么，随着市场经济的逐步建立，我国校园文化演变的趋势又如何呢？当然，总的趋势仍是朝着健全的、民主的方向发展，具体可能有这样几种变化：第一，校园文化将从以政治目标为导向的文化演变为以经济目标为导向的文化；第二，校园文化将从单维度文化演变为多维度文化；第三，校园文化将从单渊源文化逐步演变为多渊源文化；第四，校园文化将从衍生文化演变为创造性文化等。[1]

（四）我国高校校园文化的变迁

1.我国高校校园文化的波浪式发展

我国现代高校校园文化变迁有比较明显的三个阶段，最能够体现波浪式发展的特征。这三个阶段是高校校园文化的初创时期、高校校园文化的低谷时期、高校校园文化的恢复及全面发展时期。

第一，高校校园文化的初创时期。

由于著名教育家和民主主义革命家蔡元培倡导"循思想自由原则、取兼容并包主义"的办学思想，使得北京大学思想非常活跃，学术出现了繁荣的局面，因此，一般认为自蔡元培于1917年出任北京大学校长开始，我国的现代大学就已经产生。所以，我国现代大学的初创时期，就包括蔡元培主政北京大学时期及1949年中华人民共和国成立后至1966年过渡时期和社会主义建设初期。蔡元培主政的北京大学思想解放，学术文化活跃，其校园文化很有特色。延安抗日军政大学的"团结、紧张、严肃、活泼"的校风，是革命根据地高校校园文化兴盛的集中概括，为后来的高校校园文化建设树立了一面旗帜。因此，抗战时期，解放区的校园文化，应算是新时期校园文化的起点和开端。中华人民共和国成立初期，我国的高校校园文化制度实际上存在两个系统：一是解放区高校校园文化制度，另一个就是接收下来的经过初步改造了的旧的高校校园文化制度，直到1951年才建立新的高

---

[1]杜文华、徐新建：《校园文化论》，贵州师范大学编辑部，1989，第75页。

校校园文化组织系统。新型高校校园文化组织系统建立后,我国的社会主义高校校园文化得到了迅速发展,取得了很大成绩,出现了20世纪50年代高校校园文化的兴盛时期。当时的高校"校园内弥漫着一种'牺牲小我,奉献国家'的精神氛围,从上到下一鼓作气为建设、搞建设,此番景象催人奋进,净化心灵"[1]。

第二,高校校园文化的低谷时期。

1966年至1976年的十年,是"文化大革命"时期。在这一时期,我国的政治运动一浪高过一浪,经济处于崩溃的边缘,学校停课,高校也非常混乱,"读书无用论"的思想在高校盛行,高校校园文化遭到严重摧残,此时的校园文化已经完全被扭曲,狂热的政治和无情的批判斗争抢占了校园文化的阵地,学校尤其是大学教授纷纷被戴上资产阶级反动学术权威的帽子,被打成"臭老九",高校的学术文化已经找不到生存的空间。学生走出课堂,参与运动,打砸抢随处可见,学校已经不成其为学校,尤其是高校变成了重灾区,各种大字报贴满校园,大串联、个人崇拜、派性斗争成了当时的主流价值选择。每一所高校的校园都人心惶惶,昔日传承文化的教育圣地,早已是一片狼藉,高校校园成了造反文化任意施虐的场所。这是中华人民共和国成立后高校校园文化处于最低谷的时期。

第三,高校校园文化的恢复及全面发展时期。

1977年恢复高考,一批求知若渴的大龄青年走进大学校园,给高校校园文化带来了"振奋"的景象。"学习求知"成为那一时期高校

---

[1] 曾长秋、程玮:《回顾与展望:建国后高校校园文化的发展》,《湖南第一师范学院学报》2009年第6期。

校园文化的特点。因为,"发奋读书、立志成才、实现自我"成为那一时期各高校校园文化的主旋律,大学生的主体意识被唤醒,为校园文化的创新和发展创造了有利条件,尤其是"校园文化"概念被正式提出之后,校园文化活动空前活跃,各种形式的学生社团及其创办的刊物如雨后春笋般应运而生,文化节、艺术节、电影节纷纷出现。不过,高校校园文化内容却鱼龙混杂、喜忧参半,其中那些介绍西方思潮的学术著作和学术沙龙很有市场,使大学生难以分清好坏,尤其是那一浪高过一浪的如洪水般汹涌而来的西方社会思潮对这一时期的校园文化产生了很大的冲击和影响。1989年后,高校校园文化又跌入谷底。20世纪90年代中期,由于市场经济的建立和知识经济兴起,我国校园文化开始进入全面恢复重建阶段。此时的高校"校园里弥漫着求真求善求美的文化氛围,大学生追求自我完善和自我价值的实现,努力学习科学文化知识,以便更好地奉献社会"[1]。20世纪初我国的高校校园文化继续发展,尤其是随着"中国加入世贸组织,高等教育改革的深入和市场经济对高素质人才的需求,直接影响到校园文化,刺激了学生们的求知欲"[2]。所以,这一时期,对知识的崇拜与渴望成为高校校园文化的主要特色之一。历史进入21世纪,高校校园文化发展出现了欣欣向荣的局面,普通高校在"985"高校、"211"高校的带领下,高职高专在国家示范性高职院校和国家骨干高职院校

---

[1] 曾长秋、程玮:《回顾与展望:建国后高校校园文化的发展》,《湖南第一师范学院学报》2009年第6期。

[2] 曾长秋、程玮:《回顾与展望:建国后高校校园文化的发展》,《湖南第一师范学院学报》2009年第6期。

的带领下，出现了前所未有的良好的发展势头，其政治文化、职业文化，学术文化、娱乐文化，教师文化、学生文化，知识文化、技术文化，大学精神文化、校园环境文化等，都得到了很大的发展，一派繁荣的景象。当然在这种一派繁荣的校园文化之中，不是没有一点问题，比如近几年来在高校中不断发生的学术腐败现象，就是高校校园文化中的"毒瘤"，不彻底铲除，高校学术文化就会失去其学术的尊严，没有学术的尊严，学术文化也就算不上学术文化，没有学术文化又哪里还有高校校园文化应有的理性？没有理性的高校校园文化当然也就称不上高校校园文化。不过，近十年高校校园文化发展的主流是好的，尤其是党的十九大召开以后，高校校园文化迎来了新的发展机遇。

2.我国高校校园文化发展历程的原因分析

第一，高校校园文化受政治的冲击最大。

自新中国成立以后，我国高校校园文化就是社会主义文化的一部分。作为社会主义文化一部分的高校校园文化就必须坚持社会主义方向。所以，社会主义国家校园文化的基本性质，无疑是社会主义的，同样，资本主义国家的校园文化性质，也无疑是资本主义的。因此，在社会主义中国，就必须建设社会主义性质的有中国特色的校园文化。这就决定了高校校园文化必然受制于"社会主流文化、政治形式以及经济发展程度的影响，其中，民主平等、政治开明的政治形式，校园文化必定以此为基调"[1]。从我国高校校园文化发展的实

---

[1] 于晓阳、徐淑红、周芳：《校园文化建设新趋向》，东北林业大学出版社，2005，第90页。

践看，每个社会主流文化所关注的热点问题，都会在高校校园文化中找到相应的反映，都会有所表现。新中国成立初期，我国高校校园文化的主要内容和表现形式，都与社会主义建设的需求与发展相一致；"文化大革命"时期，由于受社会主流文化的影响，尤其是把知识分子当成"臭老九"，打倒资产阶级知识分子，使高校校园文化遭到了严重的破坏；改革开放后，社会发展的重点转移到以经济建设为中心，这就对人才发展提出了需要，"知识就是力量"越来越成为人们的共识，高等教育的发展引起了党和国家领导人的高度重视，高校校园重新燃起了希望，高校校园文化进入了恢复发展时期。这一时期，"文化大革命"的结束虽然打破了教条主义的精神枷锁，人们思想比较活跃，高校校园文化也同社会文化一样得到了一定的发展，但是这一时期高校校园文化的最大特点是自发性和无序性，同时，"这一时期的高校校园文化存在内涵不深刻、载体不丰富的缺陷，校园文化对大学生全面发展作用的主要形式还是校园文化活动"[1]。

第二，高校校园文化受经济发展的影响。

政治、经济、文化既相互区别又相互联系、相互影响。社会经济发展是文化发展的物质基础，当然也是高校校园文化发展的物质基础。没有资金的保证，难以建成现代化的大学校园，没有现代化的大学校园，高校校园文化的发展就缺乏一定的物质基础。新中国成立初期的高校校园文化与今天高校校园文化相比，一个重要的条件，就是物质基础不同。改革开放以来，尤其是20世纪90年代以后，我国高

---

[1] 夏立军：《改革开放以来高校校园文化的发展轨迹》，《广西青年干部学院学报》2009年第5期。

校校园文化进入了深化发展的时期，其主要原因，就是这一时期的经济发生了历史性的变化，这种变化深刻地影响了人们的世界观、人生观和价值观。同时，这种影响也不可避免地对高校发生作用、产生影响，并推进高校校园文化向纵深发展。

第三，高校校园文化受自身发展的限制。

在同一个国家同一时期的不同高校校园文化为什么会有比较大的差异？其重要的原因就是每所高校校园文化自身发展的历史不同，历史文化条件不同、现状不同，必然对其校园文化的发展产生重大影响。我国高等教育中的"双一流"大学与一般普通高校校园文化建设水平的差异，主要就是其自身历史文化发展的不同，清华大学与北京大学校园文化的差异，也主要是两所大学校园文化自身发展所走的历史路径不同所致。

第八章　校园文化社会控制

学校是社会的有机组成部分，校园文化隶属于社会文化。对校园文化这一特殊文化现象实行科学控制，既是时代、社会发展的要求，也是校园文化自身发展的需要，是校园文化有规律地运动所必然产生的社会现象。

一、社会控制的含义

（一）社会控制理论的发展

人类是群居动物，是群居动物就需要一定的势力才能将其聚集在一起。这种能够将人聚集在一起的势力，就属于控制力。早在远古时代，人们就已经认识到这种人类控制力的客观存在。所谓理也，数也，就是对这种人类控制力的最初的认识。中国古代的"天命"，西方古代柏拉图的"理念"（即"精神实体"），也是一种对控制的认识，在他们看来，控制这种势力，不仅主宰着自然界，也控制着人类的命运。孔子认为"获罪于天，无所祷也"（《论语·八佾》）。柏拉图认为不敬神的人是会走到邪路上去的。[1]由这些观念的演化、发展，就导致了宗教的产生。宗教也是对社会的一种控制，当然也控制着文化创造和发展。不过，儒家控制思想的核心要义是人心归附，强调内心修炼。孔子已经认识到"君子之德风，小人之德草。草上之风，必偃"（《论语·颜渊》），即王者行为道德如风，要影响被管理者，因为被管理者如草，草是顺着风向倒的。孟子也十分重视管理者的道德素养，他说："天下有达尊三：爵一，齿一，德一。朝廷莫如爵，乡党莫如齿，辅世长民莫如德。"（《孟子·公孙丑下》）与儒家重视人心归附、强调内心修炼的观点相反，荀子主张从社会内部去寻求控制力量。他认为人与动物的区别就在于"人能群，彼不能群也""群而不能分"（《荀子·王制》）。所谓"群"就是指人类社会群体，"分"就是指形成不同的社会组织和社会势力。因此就必须明确社会组织和社会势力的具体标准，对人的行为准则和道德规范做出规定，才能实现社会控制，没有这些标准和规定就谈不上控制。大家按照一定的标准和规定行为处事，实际上就是实施控制。他说："先王为之制礼义以分之，使有贵贱之等，长幼之差，知、贤、愚、能、不能之分，皆使人载其事而各得其宜。"（《荀子·荣辱》）荀子的这些主张，尽管是出于维护新的封建社会秩序的目的，但确是一种社会控制理论。这种社会控制不仅对人的社会行为进行限制，也对人的文化思想实施控制，荀子的"凡言不合先王，不顺礼义，谓之奸言，虽辩，君子不听"（《荀子·非相》），就是文化思想控制的表

---

[1]北京大学外国哲学史教研室：《古代希腊罗马哲学》，商务印书馆，1961，第219页。

现。此外，孔子的"君子欲讷于言而敏于行"（《论语·里仁》），老子的"多言数穷，不如守中"（《老子·第五章》）等都闪烁着控制思想的火花。我国虽然对控制的认识较早，但却没有将它作为一种独立的社会科学理论进行深入系统地研究，而将社会控制论作为一种社会科学理论首先进行专门研究却不是中国而是产生在西方。这种理论最早的代表人物是美国的劳斯、白克马等社会心理学家。美国社会心理学家劳斯在其《社会控制》一书中最早提出了"社会控制"的概念，并认为："社会控制是一种有意识、有目的的社会统治，它广泛地存在于社会的政治、法律、道德及社会制度的各个方面。"[1]白克马关于社会控制方面的观点是"社会秩序，亦不能维持；因个人常各寻自己私利，而盲然于社会利益"，因此，他认为需要"一种中心控制的势力，以维持秩序"[2]。这个时候的所谓社会控制论思想主要是基于维护资本主义的社会秩序而提出的。这种理论虽属控制论范畴，但与当代的控制论思想还是有很大区别的。

美国的维纳（Norbert Wiener）是当代"控制论"的创始人，同时，他也是第一个用控制论的理论来审视社会的人。他认为"控制论"就是"关于控制和通讯的科学"。[3]他还认为，系统的动力主要来自所谓"至动行为"，而控制论最感兴趣的是"有目的的至动行为"，而且所有有目的的至动行为都必须建立在信息反馈的基础之

---

[1]周桃平、周建：《隐蔽课程与社会控制》，《江苏教育学院学报》（社会科学版）1997年第1期。
[2]孙本文：《社会学原理》，商务印书馆，1935，第512页。
[3]《自然辩证法研究通讯》编辑部编：《控制论哲学问题译文集》（第1辑），商务印书馆，1965，第26页。

上，这样才能做到有的放矢，弹无虚发。这种理论最初主要是用来研究通讯及自动化控制的，因而也主要是围绕着通讯及自动化控制而展开的。他认为："我们只能通过消息的研究和社会通讯的设备的研究来理解社会；阐明这些消息和通讯设备的未来发展中，人与机器之间、机器与人之间以及机器与机器之间的消息，势必要在社会中占据着重要的地位。"[1]后来，西方一些科学家进一步发展了这一理论，尤其是把这一理论引入到生物学和社会学的研究之中，使这一理论逐步发展成为一种社会科学的认识论和方法论。

控制论认为，人类社会内部系统不是静止不变的，而是一个有序状态和无序状态交替更迭不断变化的过程。有序性是人类社会内部控制系统的重要特征。人类社会内部系统中"各子系统之间总存在着有一定秩序的相互作用。通过能量或物质的传递和信息的交换，各子系统相互作用导致它们的状态随时间发生变化，从而形成系统的演变。在不同的非受控系统的演化中，有序性可以增加，也可以减少"[2]。人类社会内部系统对外界信息的感知和选择能力，是人类社会自我调节的一种机制。这种自我调节的机制具有控制、调节自身行动的作用。控制论综合了系统论、信息论、突变论、集合论、耗散结构论以及生物科学、遗传工程学等方面的研究成果，形成了自己独特的体系和特征，对强化社会管理具有较大的理论和现实意义。

---

[1][美]N.维纳：《人有人的用处——控制论与社会》，陈步译，商务印书馆，1989，第8页。
[2]宋健：《系统控制论》，《系统工程理论与实践》1989年第3期。

（二）社会控制的内涵

社会控制是一个有机的系统，按其作用可分为硬性社会控制和软性社会控制。

硬性社会控制是指社会权力对被控对象所采取的措施是强制性的，是不执行就不行的，也就是社会权力一旦下达指令就必须执行，即它是统治阶级意志的集中表现，并且是以法律和行政命令等形式来落实的控制形式，其突出特点是强制性。这种控制的效用是增加对被控制对象的压力，这种压力是针对社会群体中的每个人的，不管谁触犯了法律，都要受到法律的制裁，不管谁违背了上级的命令，都要受到行政的处罚。就学校而言，学生违反了校规校纪，就要受到学校的处分；不听老师的安排，就要受到老师的批评。

而软性社会控制则不同，它是指社会规范对人的思想意识产生的潜移默化的约束作用，主要体现在思想观念、社会道德、价值取向、历史传统、宗教经义、文化风尚等方面。与硬性社会控制相比，它不是针对人的意志行为而是针对人的思想意识，是观念性的和非强制性的。它的控制范围相当广，涉及面相当宽，每时每刻都对人的思想意识发挥作用。

根据软性社会控制的力量来源，又可分为两类：自控和他控。所谓自控也就是平常说的自我控制，它主要是指作为个体的单个的人对来自外界客观事物的刺激进行内化，形成自我意识（或自我觉醒）并对其行为产生自导或自我调节作用，以适应外界客观事物发展需要的自我调节的过程。人的这种主观能动作用表现为人的觉悟。所谓他控，就是指外界客观事物尤其是社会群体对作为个体的单个人产生非强制性的约束，如社会道德公众舆论等都会对作为个体的人产生非强制性的约束力。社会道德是形成社会舆论的基础或前提；公众舆论是大家趋于一致的意见和认识，是社会集体中大多数人的共同的心理或思想倾向，也可以说是信息交流、思想沟通后引起的一种舆论共鸣现象。舆论是在一定社会背景下有关要素如各种问题、大众传播媒介等相互作用的结果，它一旦形成，不管是显性舆论，还是潜在舆论，都会对社会集体和个人产生一定的约束作用，而这种约束作用是非强制的、社会的、民众的。当然，舆论的产生有不同的渠道和途径，有的是自发的，有的则需要通过宣传工具（包括报纸、广播电台等媒介，以及微信等自媒体）才能实行人为的控制，尤其是在现代大众传播媒介相当普及的社会里，谁掌握了传播媒介，谁掌握了舆论，谁就掌握了控制社会的主动权，谁就能在斗争中占据上风，对对方产生强大的舆论压力，有利于胜利的取得。

这种软性社会控制，其实就是所谓文化控制。二战以后，日本跨国公司开始普遍采用一种新的控制模式，即文化控制模式来取代日本以往通用的官僚控制模式。所谓官僚控制模式在日本就是指公司或组织通过采用明确职责划分、统一规章制度和严格的流程控制等常用的正式化的、外生的控制方式进行管理和控制的模式。而文化控制模式是指公司或组织利用共同的远景、价值观和行为目标凝聚人心、实施控制的模式。这种控制模式，由于管理层和被管理层，即全体员工具有一致的价值观和行为目标，公司或组织给员工长期甚至终身聘用合同，从而使员工对组织具有很高的认同度和忠诚度。校园文化本身就是文化，因此，在选择控制模式时，要尽可能采用文化控制的办法和方式。因为文化虽然是隐性的无形的，但其控制力往往比传统控制形式更深刻、更持久、更管用，特别是"当文化控制实施效果良好时，全体员工具有共同的价值观念和行为规范，控制成为一种内化的自觉行动，可以减少对传统控制手段的使用，大幅降低控制成本"[1]。

硬性社会控制和软性社会控制作为控制的两个方面，相辅相成，有机地构成了整个社会控制系统。在现实社会里，两者的作用是互为补充、缺一不可的，离开软性社会控制的硬性社会控制缺乏说服力，而且控制的面比较窄，尚未达到硬性社会控制度的不良行为，就得不到制止，就会出现失控现象；而离开硬性社会控制的软性社会控制则没有威慑力，超过软性社会控制度的越轨行为，如在校园里打架斗殴、扰乱校园秩序、侵吞学校财产等，就得不到有效制止。因此，可以说，它们两者相辅相成、互为补充，共同形成辩证统一的社会控制体系。这种控制体系越健全，对社会、对学校的控制力就越强，控制度也就把握得越好。所以，应认真调查研究，逐步建立一套适合我国各级各类学校校园文化建设的科学的社会控制体系。

二、校园文化社会控制的必要性

任何事物的发展都是内外因共同作用的结果，校园文化也不会例外。下面将从内外因两方面来探讨对校园文化实行社会控制的必要性。

---

[1]王宁、陈志军：《文化控制——管理控制手段的新发展》，《山东社会科学》2007年第11期。

（一）从内因看对校园文化实行控制的必要性

从内因看，如果不实行有效、合理的控制，校园文化所固有的超前性、开放性、突变性，容易转化成反叛性，使校园文化偏离社会主义方向。

校园文化隶属于社会文化，既具有一般社会文化的共性，又有自己独具特色的个性。其特征有：

1.超前性

校园文化是超前的文化。超前，就意味着其拥有的知识和知识的生产必然是指向未来，以及未知的领域。否则，有什么超前可言？要具有这种超前性，其文化主体必须是高水平、高层次的。而高校校园文化就是高水平、高层次文化，它的载体是学生、教师和职工，绝大部分是知识分子，而且汇集了相当一部分高中级知识分子。青年大学生是高校校园文化的主体，他们的年龄一般在20岁左右，生理上已完全成熟，有充沛的精力与旺盛的热情。他们的情绪来得快，平息得也快，常常是"暴风雨式"的。因而，有的心理学家就把青年期说成是"急风怒涛的时期"。这时，也是他们自我意识大觉醒的时期，是人的一生中最富有理想和幻想的阶段，由于特殊的社会地位，使他们最敏锐也最强烈地感受到社会存在的问题。他们组织的学术交流、研讨性的社团，往往有一个显著的特点，就是以锐利的思想为标志，而这些思想大多数又都是针对传统、针对社会的不完善而言的。因此，高校校园文化在冲击传统、变革时代中起了率先激进的作用，走在社会矛盾冲突的前沿。当然，这种先锋性不应该受到压制，它正是高校校园文化内在精神魅力之所在，但必须把握好这种先锋性的发展，引导青年学生自觉地与社会融合，否则，这种激进情绪的升级将会导致社会的混乱。因此，有学者认为："就总体而言，校园文化总是最接近前沿文化，在一定程度上超前于社会现实并对社会现实常常采取批判的态度，又以极大的热情把人类发明、社会发展推向前进的。"[1]

2.开放性

列宁曾指出："人类的整个经济、政治和精神生活，在资本主义社会制度下已经越来越国际化了。社会主义把它完全国际化了。"[2]可见，国际化、开放态是社会主义文化发展的基本特征。在社会主义文化中，校园文化是更加开放的文化，与乡村文化、企业文化相比，其开放性更为突出。许嘉璐曾明确说道："大学校园文化应该是开放的。不但内容和形式是开放的——民族文化与异质文化兼收，校内资源与校外资源并蓄，而且校园文化的传播也应该是开放的，要让周边的人们也参加进来。"[3]首先，校园文化的开放性表现在学术自由方面。高校是学术研究的重要基地之一，因而它的开放性相对而言更明显，这就导致青年学生比工农青年更多地接触西方的学术思潮。当然接触西方学术思潮并不是坏事，关键是部分青年学生良莠不分。于是，出现了把民主与自由的概念弄混淆，出现了政治行为中一些不够成熟的举动。其次，校园文化的开放性表现在青年学生的思维模式方面，他们的思维模式是开放型的，他们乐于接受新的思想，积极对待社会变革。此外，由于传播媒介的迅速发展，高校的信

---

[1]蒋宏、李强：《"校园文化"再探》，《当代青年研究》1989年第6期。
[2]列宁：《列宁全集》（第19卷），人民出版社，1963，第239页。
[3]许嘉璐：《高校校园文化建设漫议》，《求是》2004年第18期。

息储量大，运转速度快、更新周期短，广大师生对外界信息的吸收、交流，比社会上一般人更敏锐、更集中，因而各种新思想、新观念更容易在学校产生，正因为如此，"校园里充满着一种由伟大思想、不朽著作和长远观点形成的令人陶醉的气氛"[1]。这种氛围又会进一步促进其开放性文化的形成。最近几年，学校尤其是高校校园文化的开放程度越来越高，各种交流更频繁，特别是"一带一路"倡议实施以来，思想和文化的交流早已超越国界，这就加速了校园文化开放性的形成。

3.突变性

就一般情形而言，社会文化的演变、发展比较缓慢，不可能在短期内得到彻底改观。社会文化尤其是精神文化的巨大惯性很难改变。但校园文化的演变则与一般社会文化不同，具有一定的特殊性。其特殊性表现在：校园文化中"除了物质文化以相对静止的形态存在以外，其余的文化形式则无不处于不断变换之中。在外观上呈现出一种积极活跃的姿态。校园文化不仅受到社会大文化环境的间接影响，而且更直接地受到校园文化主体有机构成的直接影响。不仅社会政治的变迁、经济的发展可以促使校园文化的变化，甚至校园文化主体中管理者的不同观念、工作方式和管理方法都能够促使校园文化完全改观"[2]。中华人民共和国成立后，封建残余文化在很长一段时间内还有不同程度的存在，但是学校校园文化却发生了颠覆性变化，比如

---

[1]蒋宏、李强：《"校园文化"再探》，《当代青年研究》1989年第6期。
[2]葛金国、石中英：《论校园文化的内涵、特征和功能》，《高等教育研究》1990年第3期。

当时的北京大学、清华大学等几所高校的校园文化已经完全改观,封建军阀政客控制下的校园文化的影子已经荡然无存。还比如学校主要领导的变化,尤其是校长的变化,由于校园文化建设理念的不同,都会给校园文化建设带来很大的冲击和影响,甚至会使校园文化发生建设目标、努力方向、发展战略等重大调整。这些都是校园文化不同于社会文化的地方,是校园文化发展的特殊现象和独有的规律。

校园文化的超前性、开放性和突变性,都伴有一定的盲动因素于其中。对校园文化的超前性、开放性和突变性,如果把握不好,出现失控,就有可能使校园文化偏离社会主义办学方向,有的甚至可能转化成反叛性。这是校园文化管理者要高度重视和重点监控的地方,不能有丝毫的懈怠和麻痹大意。

(二)从外因看对校园文化实施控制的紧迫性

校园文化不是孤岛文化,是社会文化之中的亚文化,因而尽管有校园的物理围墙和心理围墙在抵御外来文化的渗透和影响,但如果不实行有效、合理的控制,校园之外的文化大背景一旦发生裂变必将在校园内引起震荡,使校园文化偏离方向的可能转化成现实。

随着经济的转型升级,社会文化也在相应发生变化。社会文化的演变,必然从各个渠道、各个方面向校园围墙之内渗透,就像泡菜水要向浸泡于其中的泡菜渗透一样,是必然的。社会文化对校园文化的渗透和影响,有积极的一面,也有消极的一面。积极的影响是:社会文化的变化会给学校的办学水平,尤其是人才培养质量提出更高的要求,并进而能够推动学校办学理念、教育目标、教育内容、教育方法以及教育管理等方面的变革与图新。消极影响主要表现在:第一,市场经济体制建立后，有些学校的领导只注重高校对市场经济的适应，而忽视了高等教育自身的规律，把主要精力用在找钱上，尤其是在市场经济建立初期，学校领导找钱，部分教师从事第二职业，学生"下海"做经济人，如北京某大学副教授在校园里经商——卖馅饼，还引起了一场争论。有的认为，这是知识分子开始摆脱几千年传统文化的束缚，放下知识分子的清高，走出"书斋"，丢掉"君子固穷，耻于名利"的观念，是一种进步；也有的认为，作为副教授，更应该把时间用在教学和科研上，这样，比卖馅饼更能为社会创造财富。这里，不想讨论这些观点对与否，但有一点是可以肯定的，如果一窝蜂地"下海"游泳，不考虑社会的需要、不考虑自身的实际情况，于国于己都是不利的。第二，市场经济体制的建立，引起了青年学生价值观念的裂变。这种裂变有其两面性，既有好的一面，也有不好的一面。不好的方面是：在价值的取向上，出现了否定"精神价值"，片面追求"物质价值"，嘲笑见义勇为、雷锋精神，一切向钱看，物质利益至上等现象；在个人利益与社会整体利益的关系问题上，由于个人主义、极端利己主义的影响，有些学生只讲个人价值而无视社会价值，只想到自己而想不到别人，时时处处为自己着想，对他人对社会漠不关心；在对价值的支配问题上，有的人只知享受不知创造，把享受价值放在第一位，片面追求享受，不思进取，当前校园中出现的盲目追求高消费的不良风气，就是这一现象的具体表现；在人生价值的实现问题上，出现了互相攀比、损公肥私、损人利己的现象。总而言之，由于个人主义、拜金主义、享受主义再度回潮，造成了一些青年学生的人生观和价值观的混乱，甚至倒错。第三，校园娱乐文化有泛化的趋势，使整个校园文化品位下降。由于受商业文化的冲击，校园歌舞厅、卡拉OK厅、录像室等纷纷出现，"在校园文化潮流中很明显的表现是媚俗和功利主义"[1]。这些都说明，我们也面临着社会文化大背景变化可能带来的负面影响的挑战。李英说得好，如果"一味地对日益泛滥的商业文化冲蚀校园文化的负面效果听之任之，甚至推波助澜，说得严峻一点，就是'祸国殃民'"[2]。因此，这种负面影响的"挑战"，正是我们对校园文化实行社会控制的根据所在。当然，最近几年，由于对校园文化加强了引导和控制，以上情况在一定程度上得到了遏制，保证了校园文化的健康发展，但并不是说校园文化没有控制的必要了。

由此可见，校园文化自身的发展及其外在文化环境的变化，客观上都要求对校园文化实施控制，才能确保其顺利健康地发展。

三、校园文化的可控性

要使校园文化健康发展，就必须对校园文化实行控制。但是校园文化是不是可以控制？其可控性表现在哪些方面？这些问题都是需要研究与思考的。

（一）校园文化是一种可塑性文化

校园文化的形成、培育，固然要受到传统文化、外来文化、学校的历史与社会地位等诸多因素的影响，但从根本上说，它更容易受

---

[1] 李英：《商业文化对校园文化冲击的理性思考》，《高校思想教育信息报》1994年8月5日。
[2] 李英：《商业文化对校园文化冲击的理性思考》，《高校思想教育信息报》1994年8月5日。

到学校教育者的教育、教学和行为方式的支配和影响。教育者这种支配和影响，在中小学更大。中小学及幼儿园的学生由于在文化层次和思想观念等方面尚未独立，基本上是教师怎么说他们就怎么做，可以说，中小学及幼儿园学生的自主性很小，可塑性更大。大学生虽然知识文化层次较高，且有一定的自主性，但由于大学教师的学术水平和社会影响力相比中小学及幼儿园的教师更大，有些名师更是备受青年大学生的喜欢、热爱甚至崇拜，其对青年大学生的影响显而易见。因此，完全可以说，在某种意义上，学校的教育者就是校园文化建设的主要矛盾方面，他们的世界观、人生观、价值观，以及精神风貌决定了校园文化的主要走向、发展水平和内在品质。因此，无论何时何地，任何一所学校，只要从自身的实际出发，尽可能调动教育者的积极性，发挥他们的优势和长处，帮助他们扩大社会影响力，使其在人生信念、价值选择、行为规范等方面能够带领学生发展，就能促进原有校园文化结构发生变化，摒弃校园文化形态中陈旧落后的东西，不断吸收新的文化气息，从而塑造出新型的具有与时俱进品质的校园文化。

（二）校园文化是一种未定型的文化

校园文化主体虽然包括教师、学生和职工，但主要是学生。大中小学以及幼儿园由于学生的年龄不同，其文化的层次也不同。中小学及幼儿园基本上不会出现文化失控的现象。在这里讨论文化控制问题，主要是针对高校校园文化而言的。在高校，教师的文化水平较高，但是人数不多，主要还是青年学生，因而高校校园文化主要就是青年文化。青年大学生的独立性相对增强，但仍然是一种未定型的文化。青年大学生，他们在身体上已经接近成年，但是在心理上、人格上尚未成熟，虽有自己的主见和一定的价值观念，并掌握了理论，但是这种观念还未形成体系，也谈不上理论化，而且极不稳定。当我们的国门刚刚打开的时候，西方思潮在我们的高校校园引起了极大震荡，出现了著名的"校园三大文化现象"（"萨特现象""尼采现象"和"弗洛伊德现象"）。这些文化现象的出现，表明西方价值观念对现代中国高校校园文化具有巨大的冲击力和影响力，也告诉我们高校校园文化内含有许多不稳定的因素。如果相当稳定，就不可能在短时期内出现一浪高过一浪的文化热潮。这种校园人价值观念的不稳定性，说明可以通过对影响高校校园文化变化因素的控制从而实现对高校校园文化的控制。[1]

（三）校园文化是一个完整的文化系统

校园文化，虽是一种未定型的文化，但它作为亚文化，则具有完整的系统，它包括校园人的内在精神系统、价值系统、符号系统、行为活动系统、组织制度系统、学科专业系统、社会服务系统、后勤保障系统等。校园文化系统不仅是一个完整的文化系统，而且是一个严密的文化系统。从管理学的角度看，还是一个严密的文化管理系统。从控制的标准和要求看，其实管理就是控制，管理系统就是典型的控制系统，校园文化系统就是典型的文化控制系统。我们知道，完整的系统是自成体系的，不是散乱无章的，是特定事物按其内部要求通过一定的方式组合而成的整体。如果把一个系统做成抽象模型，可以看到其共同的流程：输入—处理过程—输出。任何系统都有一定的功

---

[1] 张汉明：《青年文化的社会控制》，《青年研究》1989年第8期。

第八章 校园文化社会控制

能，文化系统也不例外，也可以从系统功能的角度将文化系统划分为文化控制系统和文化因果系统。当然这种划分不是绝对的，正如校园文化系统一样，既包含因果关系又具有可控制性，是因果关系和可控制性有机统一的复杂系统。可见，校园文化作为一个完整的严密的管理系统本身就具有可控制性的特点。韦禾指出：校园文化活动"在系统中应是目的一致、前后相连、指导思想相关的，也就是说应是有序的和可控的，否则，就无法发挥其应有的全部作用"[1]。

四、校园文化社会控制的目的、方法、手段

对校园文化实施社会控制比较复杂，牵涉面广，且各校有各校的特殊性，但要搞好校园文化的社会控制，至少应注意以下几点：

（一）校园文化控制的目的

从控制的目的看，既不能实行强控制，也不能实行弱控制。

封闭的社会往往实行强控制。所谓强控制，就是指在比较封闭的社会环境下，对校园文化采取一切能够采取的手段和措施，包括硬性社会控制和软性社会控制所拥有的手段和力量，对学生偏离的思想观念、价值取向、生活态度、行为规范乃至言谈举止等进行严格限制。这样做的结果是，首先在短期内有可能能够控制局势，实现控制者的目的，但是人为地给校园文化制造了一种压抑、沉闷的氛围，扼杀了学生的创造性和主动精神；其次，强控制有很大的保守性，而保守的东西，人们是不易接受的，再加上文化思想总要突破封闭或半封闭的世界，引起校园人思想的变化，因而，强控制也就会逐渐变弱，就像

---

[1] 韦禾:《关于校园文化的几点探讨》,《教育研究》1992年第2期。

一根弦不可能长期绷得太紧,弦断了,文化也就失控了。

开放的社会环境下往往实行弱控制。所谓弱控制,就是指在比较开放的社会文化背景下,对校园文化采取不干涉、不指责,更多听其自由发展。这样做的结果是:校园文化能够自主发展,其独立性很大,但是校园文化有可能由激进走向颓废,并容易偏离社会主流文化的发展方向。

强控制和弱控制都走向了极端,任何极端都不利于事物的发展,"过犹不及"说的就是这个道理。校园文化管理是比其他文化更复杂的管理,既不能扼杀也不能放任,唯一正确的选择就是按照适度的原则,根据校园文化运行的规律对其进行科学的控制,才能取得比较好的效果。

关于科学的社会控制,我以为主要应该注意以下几点:第一,要严格掌握控制的度。在社会文化控制系统中,各种文化控制都是按照一定度的标准和要求有机地结合在一起并最终形成总体控制的,总体控制的度过高过严或过低过宽都是不行的。那么,如何把握控制的度呢?学校不同,度的标准和要求也不同,各个学校应根据各自不同的情况进行具体分析,拿出符合自己实际的方案,才能很好地把握控制的度。第二,要掌握控制的原则。对校园文化的各要素,尤其是校园人实行控制,不仅要掌握控制度,还要掌握控制原则,超出原则也是不行的。高校的硬性社会控制是根据国家法律和《普通高等学校学生管理规定》等政策而制定的一系列规章制度。制度的执行是强制性的,对违纪学生的处理不能搞"运动式"处理,应该是有一个违纪的就处理一个。当然,硬性社会控制的原则并非铁板一块,永久不变,而是要根据新的情况进行修订，如果硬抱着错误的原则不放，要对大多数学生进行处理，那是要闹出乱子的。硬性社会控制的原则性表现在强控制上，而软性社会控制的原则性则表现在说理疏导上，主要通过思想教育来实现。学校的思想政治教育工作是软性社会控制的主要内容，它是做人的工作，旨在转变人的工作态度，提高人的思想觉悟，以及工作的积极性和自觉性。它通过采取谈话谈心、说理疏导等方式，改变个体的自我意识和思想观念，提高个体觉悟从而达到个体自我控制的目的。思想政治教育不属于硬性社会控制的范畴，因此，思想政治工作要以理服人、以情动人，不能压制、威吓。校园文化控制不能以硬代软，如果将硬性社会控制范围无限扩大，比如有的学校在学生的言谈举止、生活习惯、兴趣爱好、吃穿打扮等方面都做出了明确的硬性的要求和规定。这样做的结果会造成学生的逆反心理，反而会适得其反。这些方面要不要控制，肯定需要，但最好的办法是引导，是通过耐心细致的思想政治教育使言谈举止规范并养成良好的生活习惯等。此外，还要掌握控制的一致性，以及掌握控制的一体化原则等。[1]

（二）校园文化控制的方法

从控制的方法看，主要是通过程序设置、条件要求与数量规定，规范校园文化主体的言行及活动，保证校园文化健康发展。

运用程序、条件与数量规定控制方法，主要是借助于程序、措施、数量的制约作用。这种方法认为只要设计好科学的程序，提供一定的条件，规定出恰当的数量，就会使得人们沿着管理者希望的路

---

[1] 李鸣：《试析高校的社会控制》，《学校思想教育》1989年第1期。

子、规格去活动。那么,根据什么设计程序、提供条件、给予定额或数量规定呢?主要是依据对过去因果关系的分析,找准因果联系。所以,这种控制方法,实际上就是运用过去和现有的工作资料,以期影响未来的一种过程。基于这种因果关系的特点,一般可归为下列三种方法:

1.程序控制

程序控制是计算机领域一种普遍使用的控制方法,后来也广泛应用于各种生产、工艺加工和社会文化领域的管理。在校园文化管理中的程序控制,就是指在校园文化管理过程中通过设置一定的程序,使校园文化按照管理者的期望和要求发展的一种控制方法。这种控制方法,还可以根据校园文化发展的阶段划分为事前程序控制、事中程序控制、事后程序控制三种阶段性程序控制方法。比如在事前程序控制中可建立专家论证与咨询制度、听证制度等,在事中程序控制中可建立运行情况报告制度、指导督查制度等,在事后程序控制中可建立总结反思制度、表彰奖励制度等。这些制度和机制构建得科学、合理,校园文化程序控制就能够收到良好的效果,达到预期的控制目的,否则再好的控制设想也会落空。

2.条件控制

条件控制也是计算机程序设计中最常用的基本概念。在校园文化管理中的条件控制,就是指在校园文化运行过程中预设一定的条件,促使校园文化按照管理者的设想向前发展。比如要想提高校园文化的品位,就要依此设计一系列高雅的文化艺术活动,并常抓不懈,逐渐成为惯例,成为校园文化主体的稳定的价值选择。这种为提高校园文化品位而设定的一系列活动，就构成了校园文化管理中的一种条件控制。一学期定期地举办各种文化体育活动，如三月学雷锋活动、"红五月"系列活动、七一建党庆祝活动、九月十日教师节活动、十月国庆活动、十二月"校园文化活动月"等。当前，在高校尤其要多组织一些健康向上的层次较高的校园文化活动，比如学术活动、高雅艺术活动等。其中，尤其是学术活动，不仅可以实实在在地扩大教师和学生的知识视野，提升其学术水平，而且有利于促进学校良好学术风气的形成。因此，在高校应经常组织学术讲座，举办学术会议及学术成果展，创办学术刊物和群众性的学术团体，使学术文化真正能够与校园教学文化及校园生活文化并驾齐驱，给校园文化增添新的色彩。这样，自然提高了校园文化的品位，淡化了商业文化的冲击，既陶冶了学生的情操，锻炼了他们的能力，又使校园文化充满了生机和活力。

3.数量控制

数量控制多指工程数量的控制，用在校园文化管理方面就是指用数量指标与数量规定来对校园文化进行控制的方法。这种控制就是通过有关校园文化数量化的指标，对其实施控制。这里应注意的是，在设计工作项目、规定数量指标的时候，要把德育放在首位，把握好分寸。同时，还要重视各种量化指标的设定，因为这些指标将直接影响校园人的工作态度及其效果，指标设定得合理，符合党的教育方针和国家政策，符合教育规律和校园文化建设实践的需要，就会促进校园文化健康发展，并进而促进学生的全面发展，否则，就会起相反的作用。

（三）校园文化控制的手段

从控制的手段看，应重在加强软性社会控制，以引导校园文化健康发展。软性社会控制主要体现在思想和舆论工作等方面。

1.习俗控制

习俗控制，是指借助习俗进行的控制。习俗的作用不可低估，"习俗作为一种观念性的社会控制形式，虽然没有明文规定，也没有专门的机构来贯彻执行，但它却遍布于社会生活的各个角落，渗透于人们的心灵深处，形成一种民俗氛围和民俗心理结构，严格控制着人的行为和观念"[1]。这种无形的力量如果在校园文化建设中使用得好，可以起到事半功倍的作用。

2.道德控制

道德控制的作用比习俗控制要大得多。道德作为一种普遍性的社会规范，对校园文化有着比较大的控制作用。校园人的言行只有与其所处的社会道德规范相符合，才能为社会及其群体所认同和接受，否则，就会受到社会的制约与控制，就要受到其所处群体的批评、指责，就会感到一种压力。道德规范是靠社会舆论和人的内心信念才得以使其普遍遵守的，违反了道德规范一般不会受到法律的制裁，只会受到社会舆论和自己良心的谴责，即道德的约束力不如法律强，但是比法律的约束力更广泛、更普遍。所以，不仅不能放松道德建设，反而要加强道德建设，努力形成良好的道德风尚，弘扬中华民族的传统美德，那种把孔子的"仁爱"、孟子的"老吾老，以及人之老，幼吾

---

[1] 丁玲：《谈丧葬礼俗中的习俗控制》，《青海师范大学学报》（社会科学版）1994年第4期。

幼，以及人之幼"、孙中山的"博爱"等看成是小农经济基础上的产物的看法，是完全错误的。这些传统美德，对国家的统一、民族的团结，依旧有着十分重要的作用，可以断言，今天没有过时，今后也永远不会过时。校园文化管理者对此应有清醒的认识，决不能含糊，此外，还应大力提倡讲文明、讲礼貌、讲卫生、讲秩序，维护国家利益，取利有道、遵纪守法，注重校风建设，努力使学校形成优良的教风、学风和工作作风。

3.舆论控制

舆论控制是社会控制的一种重要形式，它与舆论自由构成对立统一的矛盾体，任何国家都没有绝对的舆论自由，资本主义国家的舆论自由也仅仅是口头上说说而已，西方的所谓"独立媒体"也不可能真正独立，比如"作为国务院一个部门的《美国之音》，台长由美国总统直接任命，经费全部由美国政府拨给。据透露，1986年它的经费为1.6亿美元……在英国，被新闻界同行称作'政府宠儿''最佳大使'的BBC广播公司，名义上是民营独立的企业，但它的经费是由政府提供的，董事会成员要由政府提名，女王任命，指导方针由内政部确定"[1]。当然，也没有绝对的舆论控制，舆论控制与舆论自由相互对立、相互牵制，共同推动舆论朝着正确的轨道向前发展。在校园里运用舆论的力量对校园文化进行控制的方法，就是校园舆论控制。舆论的方式很多，比如利用报纸、广播电台以及微信等所形成的舆论、街谈巷议式的舆论等。根据不同的标准对舆论进行划分，可以分为不同的类型，比如进步的舆论、落后的舆论、虚假的舆论、极端的

---

[1] 乐综：《西方世界怎样控制舆论》，《新闻界》1990年第4期。

舆论等。在校园里，舆论往往通过课堂教学、讲座报告、广播电台、报纸墙报、学习讨论等形式进行传播。校园舆论对统一校园人的思想，形成一致的意识和看法，进而形成统一的活动，有着十分重要的意义。因此，要加强对校园舆论工作的指导，强化校园舆论文化的管理，制定各种规章制度，严格按程序、按制度办事，逐步形成良好的舆论风尚，充分发挥舆论的导向作用。当前，网络舆论影响很大，一件小事处理不好，可以在一夜之间引起全国乃至世界性的震动。校园网络管理者要高度警惕!

综上所述，在当前新的历史变革时期，尽管校园文化发展的方向是正确的，过程是规范的，但决不能因此麻痹大意、放松管理，而要调动各方面的力量，加强引导，对其进行认真分析研究，以期达到合理、有效的控制，并逐步建立适合我国社会经济发展大背景下校园文化发展的社会控制体系，以有利于培养更多更好的社会主义事业接班人。

第九章　中国校园文化与其他文化

为了准确地认识和把握校园文化，将校园文化放在其所依托的社会文化背景，以及更大的时空中进行考察，会比仅仅从其内部进行研究得出更多的启示。我的《校园文化略论》[1]一书在这几个方面有比较深入的讨论，现摘要进行介绍。

一、校园文化与社会文化

校园文化是社会文化百花园中的花朵，属于社会文化中的一部分，因此，与社会文化相互制约、相互影响，共同发展。随着社会的发展与进步，尤其是社会文化大背景的变化包括校园文化的不断演变，它们之间既剧烈地分化又紧密地结合，关系错综复杂。因此，对它们之间的关系进行探讨是十分必要的。

（一）校园文化与社会文化的对立

马克思主义的对立统一观认为，无论是自然界还是人类社会，一事物和它事物之间都存在着差别和对立，不是绝对同一的，就是每

---

[1]侯长林：《校园文化略论》，贵州教育出版社，1991，第107—147页。

一事物的自身也同样如此，其内部也必然存在差别和对立的方面或因素。同一或统一的前提是差别和对立，没有差别和对立这个前提，就无所谓同一或统一，反之，任何内在的差别和对立又总是与同一或统一相联结的。辩证法的矛盾就是反映事物之间或事物内部不同方面的对立和统一关系的哲学范畴。当然，校园文化与社会文化的关系也是在差别、对立前提下的同一或统一，即对立统一的关系。

1.校园文化与社会文化的区别。校园文化与社会文化的区别主要表现在六个方面：第一，从存在的空间范围看，校园文化与社会文化有明显区别。蔡成效认为：校园文化，一般是以校园物理围墙为界，"主要存在和发展于学校内部，本质上是社会文化领域的一个角落所具有的特殊文化形态"[1]。第二，从存在的方式看，校园文化与社会文化有比较大的区别。关于文化的定义，其中有一个说法，就是将文化界定为存在方式。在校园文化中，虽然包含着各种各样的文化要素，每一种文化要素都有不同的存在方式，但教与学是校园中教师文化和学生文化要素所表现出的最具独特性的存在方式，也即是说："在具体的文化建设内容上，校园文化主要是围绕人的培养和发展来形成一种教与学的文化环境与文化氛围。"[2]因为教师是以"教"的方式向学生传授知识和文化并体现其价值，学生是以"学"的方式接受知识和文化并体现自己的存在。第三，从文化产品看，校园文化与社会文化也不一样。大家都知道，任何文化形态，其文化产品都由

---

[1]杜文华、徐新建：《校园文化论》，贵州师范大学编辑部，1989，第18页。
[2]徐仲伟、陈昭文、周旬：《浅论我国高校校园文化建设》，《重庆师院学报》（哲学社会科学版）1990年第3期。

其存在方式所决定。校园文化产品，同其教学方式、思维方式、组织方式、生活方式等相适应，其产品既有精神的也有物质的，但主要属于精神产品，具体包括学术成果和人才培养。许嘉璐对此有比较详细的解读，他认为："大学的产品主要是两类：学术成果和人才。学术成果应该包括学术方法的演进和自由探索的气氛，这将由大学扩散至全社会，推动社会的进步；大学所培养的人，一批批地走到社会的各个角落，他们所带去的除了所学得的科学技术，还有所受到的文化熏陶。"[1]校园文化与社会文化的区别，主要是因为它的"对象是具有相当的知识水平，充满着精神活力的青年学生，这是校园文化与其他文化现象最为鲜明的区别"[2]。第四，从主从关系看，校园文化与社会文化所处的位置不同。社会文化是一个国家或一个民族文化的总体。校园文化与社会文化比，显然只是整体中的部分和一盘棋中的棋子，如果说社会文化处于主导地位，那么，校园文化就处于从属地位。第五，从所处的文化层次看，校园文化与社会文化也不尽相同。校园文化依附于学校，而学校是知识的汇聚之所，尤其是大学校园更是众多高层次人才集中工作、学习和生活的地方，就是青年学生也比一般社会青年的知识文化程度高。大学"成功的校园文化，自身就代表了这个大学，乃至于代表了一种国家的精神，如牛津之于英国，哈佛之于美国。所以，大学校园文化不同于带有明显功利性的企业文

---

[1]许嘉璐：《高校校园文化建设漫议》，《求是》2004年第18期。
[2]杨泉良：《社会文化与校园文化的关系》，《江苏教育研究》2010年第8期。

化,也不同于以接受和继承现有知识为目的的中小学文化"[1]。社会文化中的乡村文化、社区文化、企业文化等相对于校园文化而言,其文化层次总体偏低,所以,就一般情况而言,校园文化与社会文化处在不同的文化层面。第六,从与经济的关系看,校园文化与社会文化所受经济决定的方式和程度也不一样。马克思、恩格斯在《共产党宣言》中指出:"难道你们的教育不是由社会决定的吗?不是由你们借以进行教育的那种社会关系决定的吗?不是由社会通过学校等进行的直接的或间接的干涉决定的吗?"[2]也即是说,经济决定文化,有什么样的经济状况,就会产生什么样的文化形态,一定的文化是一定社会的经济的表现和反映。社会文化包括校园文化都受制于经济并最终决定于经济的发展。但是校园文化作为社会文化大系统中的子系统,"作为社会文化领域中一个角落里的文化形态,则较为直接地取决于文化的内部状况,较为间接地接受社会经济对它的决定"[3]。因此,在我国经济体制的变革中,首先发生变化的是社会文化大背景,然后才是校园文化的变化,即校园文化是在社会文化大背景发生变革的基础上,才逐步发生变化的。

2.校园文化与社会文化的矛盾冲突。校园文化与社会文化之间的矛盾冲突,主要表现在两个方面:第一,反映在校园文化与社会文化所拥有的知识内容的不同步上,其原因是"校园文化起主要作用是在

---

[1] 刘彬:《从校园文化与社会文化的互动关系谈校园文化建设》,《吉林教育科学》(高教研究)1999年第6期。
[2] 马克思、恩格斯:《马克思恩格斯全集》(第4卷),人民出版社,1958,第486页。
[3] 杜文华、徐新建:《校园文化论》,贵州师范大学编辑部,1989,第18页。

校大学生在校园内长期共同生活形成了他们的共同价值观念、思维习惯和行为方式。经过知识的积淀自然对社会文化及'成人文化'反映出一些不满和怀疑,加之青年具有喜欢标新立异,敢作敢为的年龄特征,就使得校园文化很快地超出于社会文化,甚至有时产生消极文化现象"[1]。这种不同步又有两种不同的表现:一种是当校园文化所拥有的思想观念明显超前于相应领域的社会文化时,校园文化就要求对落后的社会文化进行变革,以适应已经超前发展的校园文化的需要;另一种是校园文化所拥有的观念、知识、技术等落后于相应领域的社会文化时,社会文化就会对校园文化提出变革的要求,如果校园文化满足不了社会文化的需要,校园文化就对社会文化形成了阻碍。现实中"这两种文化在知识内容方面的不同步发展,必然使它们在发展变化中呈现出互相否定、互相阻碍和互相冲突的趋势"[2]。第二,反映在思维方式的冲突上。校园文化思维方式主要以理性反思为主,"常常采取演绎、综合的形式和运用抽象、概括的逻辑方法,习惯于从一般向个别推演的思维程序,侧重于理论型的思维,其思维活动通常以收敛、单一、纵向、静态和反馈为主要特征"[3]。

(二)校园文化与社会文化的统一

按马克思主义唯物辩证法的观点,校园文化与社会文化有对立,有区别,有排斥,那就必然有同一或统一。因为"校园文化同社会文

---

[1] 土一兵、杨德华:《校园文化与社会文化的冲突和融合》,《沈阳医学学报》1996年第2期。
[2] 杜文华、徐新建:《校园文化论》,贵州师范大学编辑部,1989,第20页。
[3] 杜文华、徐新建:《校园文化论》,贵州师范大学编辑部,1989,第20页。

化的融合是文化现象发展的必然"[1]。两者的统一方面，主要表现在：第一，校园文化与社会文化相互联系，共同构成文化的统一体。校园文化与社会文化本来就是一个文化的统一体，之所以这样划分，是人们认识和研究的需要。校园文化与社会文化要想共同发展，也必须相互依存，结成一个文化的整体，才能相得益彰，共同发展。第二，校园文化发展与社会文化发展的总体趋势是一致的。尽管校园文化与社会文化在发展的过程中，有各自的独立性，也存在这样那样的问题，但是从总的发展趋势看是一致的。第三，校园文化与社会文化的主体都是人。校园文化的主体包括教师、学生和职工，社会文化的主体因为构成文化要素的不同而有所不同，但无论是校园文化的教师、学生和职工，还是林林总总的社会各文化要素的主体，比如经理、员工、农民、军人等，都是人。是人创造了社会文化，包括校园文化，同时，社会文化包括校园文化一旦被人创造出来，都会反作用于人——校园文化促进校园人的成长与发展，社会文化促进社会人的成长与发展。这就是校园文化和社会文化的意义所在，本质所在！此外，校园文化与社会文化的统一性还表现在文化渊源及基本倾向的同一、文化基本功能的同一、文化变迁规律及作用因素的同一等诸多方面，[2]不再一一赘述。

---

[1]王一兵、杨德华：《校园文化与社会文化的冲突和融合》，《沈阳医学学报》1996年第2期。
[2]董敏志：《同一·相异·互动——对校园文化与社会主文化关系的阐释》，《当代青年研究》1992年第4期。

二、当代校园文化与传统文化

中华民族在几千年的漫长历史中以自己的聪明智慧创造了独特的极其丰富灿烂、绚丽夺目的文化,同时,传统文化又滋养了中华民族,当然,也滋润了生长在其大地上的校园文化。

(一)当代校园文化与传统文化的关系

当代校园文化和传统文化的关系问题,一直是近十年来引人注目的问题,它关系到传统文化的延续与发展,同时,也关系到当代校园文化的发展。

传统文化是当代校园文化的本源,而当代校园文化则是"流",是对传统文化的继承和发展,即传统文化与当代校园文化是"源"与"流"的关系。用"源"与"流"来表述传统文化与当代校园文化的关系,是比较准确的。同时认为传统文化是当代校园文化的历史母体,任何人包括校园人都生活在本民族的传统文化氛围之中等观点,也颇有新意,因为"作为从属于社会文化的校园文化,它的发生和发展都不能离开母体,深受其影响"[1]。总之,校园文化只有牢牢扎根于传统文化的土壤之中,汲取传统文化的乳汁和精华,继承传统文化的优良传统,才有创新和发展的可能,否则像断线的风筝,不可能飞得高、飞得远。黑格尔曾说过:"我们在现世界所具有的自觉理性,并不是一下子得来的,也不只是从现在的基础上生长起来的,而是本质上原来就有的一种遗产。确切点说,乃是一种工作的成果——

---

[1] 潘正云:《传统文化与校园文化》,《学校党建与思想教育》1992年第3期。

人类所有过去各时代工作的成果。"[1]黑格尔想告诉我们的就是,不仅仅是他的研究成果,包括世界上所有自觉理性的成果,不是凭空产生的,都是在原来基础上发展而来,甚至是原来就有的一种遗产。马克思指出:"人们创造自己的历史,但是他们并不是随心所欲地创造,并不是在他们自己选定的条件下创造,而是在直接碰到的、既定的、从过去继承下来的条件下创造。"[2]马克思强调的是,人们对历史的创造,是在对过去继承下来的历史条件下的创造,是在继承前提下的创造。毛泽东指出:"中国现时的新政治新经济是从古代的旧政治旧经济发展而来的,中国现时的新文化也是从古代发展而来,因此,我们必须尊重自己的历史,决不能割断历史。"[3]确确实实,历史是文化发展的根脉,割断了历史也就割断了文化的根脉。没有了根脉,我们的文化还谈什么发展?就像断线的风筝,最终不知会飘向哪里。更何况中国的传统文化并不会在历史的烟云中失去生命的价值,反而会随着历史的发展日益凸显其应有的光辉。习近平指出:"中华民族有着深厚文化传统,形成了富有特色的思想体系,体现了中国人几千年来积累的知识智慧和理性思辨。这是我国的独特优势。中华文明延续着我们国家和民族的精神血脉,既需要薪火相传、代代守护,也需要与时俱进、推陈出新。"[4]校园文化是在传统文化土

---

[1] [德]黑格尔:《哲学史讲演录》,贺麟、王太庆译,商务印书馆,1959,第8页。
[2] 马克思、恩格斯:《马克思恩格斯全集》(第8卷),人民出版社,1961,第121页。
[3] 毛泽东:《毛泽东选集》,人民出版社,1967,第708页。
[4] 习近平:《在哲学社会科学工作座谈会上的讲话》,《人民日报》2016年5月19日。

壤中开出的花朵，必须继承和发扬优秀传统文化，才能丰富其精神内核并具有持续发展的动力。当然，对中国传统文化的继承，是继承其精华而非糟粕。这就需要对中国传统文化进行系统整理和研究，把真正优秀的传统文化成果挖掘出来，用于提升当代校园文化的层次和水平。当然，从传统文化的发展来看，也只有承传给当代校园文化，才有新生的希望。因为，任何文化都不可能像校园文化尤其是高校校园文化那样准确、完整地保留、传播传统文化。所以，在某种意义上，它们是相互交融的统一体。不过，它们又是相对独立的，各自具有其特殊性，因而，又不能把它们混为一谈。

大家都知道，爱国主义教育是校园文化的主旋律，而中国传统优秀文化教育则在这个主旋律教育中占有十分重要的地位。中共中央宣传部拟定并颁发的《爱国主义教育实施纲要》就明确规定把进行中华民族优秀传统文化教育作为主要内容之一。由此可以说，当代校园文化要想走出迷惘，要想进一步发展，上新的台阶，就必须弘扬中华民族传统优秀文化，并抓好抓落实。

（二）当代校园文化对待传统文化的基本原则

如何对待传统文化，是一个值得研究与思考的问题，既不能全盘否定，当然，也不能全盘肯定，那么，到底应该怎样对待传统文化呢？让我们先来看看恩格斯曾说过的一段话："仅仅宣布一种哲学是错误的，还制服不了这种哲学。像对民族的发展有过如此巨大影响的黑格尔哲学这样的伟大创作，是不能用干脆不理的办法加以消除的。必须从它本来的意义上'扬弃'它，要批判地消灭它的形式，但是要救出通过这个形式获得的新内容。"[1]恩格斯在这里具体谈论的虽然是如何看待黑格尔哲学遗产的问题,但在方法论上,其实就是在讨论如何对待民族文化遗产的一般原则问题,当然也是校园文化对待传统文化的一般原则,所以,当代校园文化对待传统文化的基本原则应该是采取分析、辩证的态度,不能全盘端来,也不能全盘否定。

从这一原则出发来审视中华民族的文化传统,就会发现中华民族是一个敢于创新、富于创造的民族,在长达几千年的历史中,无论是文史哲乃至文化艺术领域,还是在科学技术方面,都创造了光辉的成就,为世界所瞩目,但是也应该清醒地看到,我国传统文化中确实有很多糟粕,有很多陈旧落后的东西,曾经严重地阻碍着我国的发展,对此不仅要敢于批判,更重要的是要在批判中不断自我更新。

一个国家、民族及其文化包括校园文化的发展与进步,根本上在于自己长期形成的民族的创造精神。没有创造精神,难以有大的创新与发展。在长期的发展中,中华民族创造了光辉灿烂的文化。那么,如何从马克思主义的立场和原则出发对中华民族传统优秀文化进行审视?运用马克思主义的原则批判地继承民族的文化遗产,有着十分重要的现实意义。首先,中国优秀的传统文化是世界公认的文化瑰宝之一,是中华民族宝贵的精神财富,是祖先留给我们的最大的文化资源。当代校园文化作为社会文化苑中的高层次文化,有义务也有责任在对传统文化进行科学审视、筛选和去粗取精的研究中发挥积极作用,为把这份遗产贡献给人类的文化宝库作出贡献。为此,习

---

[1]马克思、恩格斯:《马克思恩格斯全集》(第21卷),人民出版社,1965,第314页。

近平指出：我们"要加强对中华优秀传统文化的挖掘和阐发，使中华民族最基本的文化基因与当代文化相适应、与现代社会相协调，把跨越时空、超越国界、富有永恒魅力、具有当代价值的文化精神弘扬起来"[1]。其次，历史是从昨天走过来的，新的是从旧的发展来的，没有旧的就没有新的，没有昨天就没有今天，没有今天也就不可能有未来。要建设社会主义的新型的校园文化，提升其品位，就离不开对于传统文化的继承和改造。正如列宁所说："马克思主义这一革命无产阶级的思想体系赢得了世界历史性的意义，是因为它并没有抛弃资产阶级时代最宝贵的成就，相反的却吸收和改造了两千多年来人类思想文化发展中一切有价值的东西。"[2]钱逊也曾经谈道："马克思主义是在继承、吸取人类全部文明成果的基础上产生的，它也必须在不断吸取人类文明新成果的基础上发展。真正的马克思主义者决不会拒绝接受人类文明发展中的任何新成果，当然这也包括中国传统文化的优秀成果，这项工作当然要靠中国的马克思主义者来做。"[3]总之，马克思主义包括新型的校园文化的建设，都是离不开对传统文化中优秀文化的吸收与继承的。没有传统文化养料的滋补，也就不会有新的创造，这是马克思主义和人类社会科学发展所证明了的真理。

---

[1]习近平：《在哲学社会科学工作座谈会上的讲话》，《人民日报》2016年5月19日。
[2]列宁：《列宁选集》（第4卷），人民出版社，1996，第362页。
[3]钱逊：《关于马克思主义与传统文化关系的几点想法》，《学术月刊》1996年第5期。

三、中国校园文化与外来文化

随着改革、开放的不断深入，中国文化与外来文化的交流将日益频繁，不仅是高等教育，就是中等教育和基础教育也呈开放之势，可以说国际教育已经实实在在地到来了，这种大的发展潮流势不可挡。伴随着国际教育潮流的到来，国际交流必然增多，其校园文化与外来文化发生碰撞与交融的机会也必然增多。因此如何对待外来文化，如同如何对待传统文化一样，是一个值得认真研究和思考的问题。

（一）中国校园文化与外来文化的关系

1.校园文化的排外性

中国校园文化与外来文化的关系，也仍然是对立统一的关系，二者之间也存在着互相排斥和交融的情况。当然，这种排斥和交融不可能绝对分开，往往是排斥中有交融，交融中有排斥，只是主次不同罢了。

任何文化都具有一种排外性，中国文化同样如此，当年的佛教文化、基督教文化等传入中国的时候，就遭到猛烈的冲击。作为在长期封闭的中国传统文化土壤中生长起来的当代校园文化，无疑也具有同样的排外性。如果从校园人的角度来看，则主要表现在教师方面，尤其是中老年教师，因为他们是典型的校园传统文化的守护者和传播者。校园传统文化已深入他们的心里，可谓根深蒂固，对外来文化就自然地有一种排外性。当我们的国门刚刚打开的时候，这种排外现象表现得更为明显，许多中老年教师对涌来的外来文化，程度不同地怀有抵触情绪。这种抵触情绪，就是排外性的一种表现。

2.中国校园文化与外来文化的统一性

不过，我们中国校园文化与外来文化又有统一的一面，即二者相互依存、共同作用的一面。当代校园文化是外来文化最主要的集散地，许多国外的新思想、新理论，大都是首先传到校园，然后再由校园传入社会的。不断吸收、引进外来文化发展中一切积极合理的因素和有价值的成果，并结合我国的国情，加以批判继承、吸收消化，这对于建设中国特色社会主义的校园文化有着极为重要的意义，尤其是西方发达国家的校园文化建设有一些成功的经验可以借鉴、可以学习。西方不少国家，在发现学校教育和社会文化建设出现偏差以后，会及时采取加强对本国青少年进行思想品德及道德教育等措施。比如美国高校重视帮助学生成为一个合格公民的教育，日本的学校教育非常注意对学生进行如何做人的教育等。这些成功的经验值得我们学习。

由于"文化迁移"现象的存在，随着国际交流日益频繁，学校尤其是高校教师和学生接触外来文化的机会越来越多，受到的冲击和影响较大。据有关"调查结果表明，在外来文化的冲击下，绝大多数大学生能充分肯定中国传统文化，但仍有少数大学生盲目崇洋媚外。这一事实告诉我们，在世纪之交的世界文明体系和民族关系中，西方不良思潮的侵入具有一定的逻辑可能性"[1]。这就给我国高校学生思想政治工作提出了挑战。外来文化的大量涌来，不仅会影响我国教育基本观念的更新，而且会制约教育内容和方式的选择。因此，一方

---

[1] 张莉、陆亚玲、沈新华、杨呈胜：《外来文化对大学生的影响及其应对措施》，《长江大学学报》（社会科学版）2017年第3期。

面，如果不能借鉴在经济上已步入现代化的西方发达国家的文化成果，不能吸取这些国家的教训，不能把握校园文化发展的大趋势，就有可能陷入被动，当然，也就难以取得比较好的效果；另一方面，如果不能坚持以中国特色社会主义文化建设实践及其建设目标为校正系数对西方文化进行选择，就不能正确地对待西方文化包括其他外来文化。

（二）对待外来文化的原则

在校园文化领域如何坚持对外开放，怎样对待外来文化，这是一个十分重要的问题。外来文化并不可怕，问题是如何对待、怎样对待。在改革开放之初，有的人主张"全盘西化"，外来的东西都是好的，都是美的，而视中国文化为落后的陈旧的东西，企图以西方文化取代中国文化或以西方文化模式来改造中国文化，这条路已被社会实践证明，是行不通的。另一些人则视西方文化为洪水猛兽，拒其于国门之外、校门之外，一概排斥也是不对的。因为，随着国门的打开，尤其是"一带一路"倡议实施以后，中国文化包括校园文化与外来文化的交流与融合正在日益加强，并成为一种趋势和潮流，同时，这种趋势和潮流也是中国特色社会主义文化进一步发展的内在需求和必然选择。正如邓小平所指出的：任何一个民族、一个国家，都需要学习别的民族、别的国家的长处，学习人家的先进科学技术。习近平也明确指出："中华民族是一个兼收并蓄、海纳百川的民族。对各国人民创造的优秀文明成果，我们当然要学习借鉴，不断汲取各种养分。"[1]由此可见，向别人学习是何等的重要，我们决不能故步自

---

[1]中共中央宣传部：《习近平总书记系列重要讲话读本》，人民出版社，2014，第100页。

第九章 中国校园文化与其他文化

封,井底之蛙是没有出路的,我们一定要登高望远,要吐故纳新,要有包容百川的气度和胸怀。那么,到底应该怎样对待外来文化?对待外来文化的原则如何呢?邓小平的回答是:在坚持社会主义根本制度的前提下,"我们要向资本主义发达国家学习先进的科学、技术、经营管理方法以及其他一切对我们有益的知识和文化,闭关自守、故步自封是愚蠢的。但是,属于文化领域的东西,一定要用马克思主义对它们的思想内容和表现方法进行分析、鉴别和批判"[1]。江泽民在十五大报告中进一步指出:"我国文化的发展,不能离开人类文明的共同成果。要坚持以我为主、为我所用的原则,开展多种形式的对外文化交流,博采各国文化之长,向世界展示中国文化建设的成就。坚决抵制各种腐朽思想文化的侵蚀。"[2]对待外来文化,应从我国的现实国情、从现代化建设的需要、从校园文化的建设实践出发,用马克思主义的观点和方法,加以不断筛选,去芜存菁,择其有用者而用之。不过,人们已逐渐认识到,中国文化和西方文化是完全不同的两种类型的文化。而日本文化则是以东方文化为主的东西方文化的综合产物。大家都知道,日本文化的渊源在中国,又糅合了西方文化。日本文化在它的经济发展中起了重要作用。然而日本有日本的国情,中国有中国的国情,只能借鉴,不能照搬。就拿儒学来说,中国的儒家以"仁"为核心,日本的儒教虽源于中国,但却根据他们的民族传统

---

[1]邓小平:《邓小平文选》(第3卷),人民出版社,1993,第44页。
[2]江泽民:《高举邓小平理论伟大旗帜,把建设有中国特色社会主义事业全面推向二十一世纪——在中国共产党第十五次全国代表大会上的报告》,《人民日报》1997年9月22日。

进行了改造，以"忠"为核心。所以，只能从自己的国情出发，寻求有中国特色的校园文化建设模式。总之，对待外来文化，要有开放包容的胸怀，但同时要有辩证取舍的态度，坚持自主性、平等性、中国化、渐进性等原则。

第十章 校园文化建设总论

许嘉璐指出："文化建设，无论是国家的、民族的，还是学校的，都是一个复杂的过程。"[1]校园文化建设既牵涉到校内的方方面面，又与校外有着千丝万缕的联系。校园文化建设的地位如何？其指导思想是什么？在建设校园文化时应坚持哪些原则？有哪些建设途径和一般方法？这是校园文化应用理论必须研究的课题，也是校园文化建设者和实践者必须回答的问题。

一、校园文化建设的地位

当历史的车轮进入20世纪90年代以后，校园文化建设已越来越引起人们的重视，主要表现有三点：一是引起了党和国家领导人的关注。江泽民在党的十四大报告关于精神文明重在建设的论述中提出，要"搞好社区文化、村镇文化、企业文化和校园文化建设"[2]。这

---

[1]许嘉璐:《高校校园文化建设漫议》,《求是》2004年第18期。
[2]江泽民:《江泽民在中国共产党第十四次全国代表大会上的报告》,《人民日报》1992年10月12日。

是"校园文化"一词首次进入党和国家领导人的报告,从一个新的高度和视角把校园文化建设问题摆到了全党和全国人民面前。习近平在全国高校思想政治工作会议上的讲话中指出:"一所高校的校风和学风,犹如阳光和空气决定万物生长一样,直接影响着学生学习成长。好的校风和学风,能够为学生学习成长营造好气候,创造好生态,思想政治工作就能润物无声给学生以人生启迪、智慧光芒、精神力量。"[1]习近平虽然没有直接使用"校园文化"一词,但是他所谈到的"校风"和"学风"就是校园文化的典型形态之一,是校园文化的核心内容。二是校园文化建设已引起学校和社会的普遍重视,绝大部分学校都将校园文化建设列入了学校发展的总体规划之中,并加大投入,为校园文化发展提供条件保障。三是校园文化建设作为新形势下学校思想政治工作的一种途径,早在1984年上半年就已经提出来了,不少学校进行了积极研究和探索,教育部思政司还在四川、上海等省市进行了"校园文化"布点研究,做了大量工作,初步构建了具有各自特色的校园文化建设模式,形成了校园文化建设体系。但是,当我们依照《中共中央关于加强和改进学校德育工作的若干意见》和《中国普通高等学校德育大纲》的精神去审视当前的校园文化建设时,我国的校园文化建设无论是在理论探讨还是在建设实践方面,都还存在很多问题,就是在校园文化定位方面也没有完全厘清,还存在许多模糊认识。许嘉璐曾经说过:"大学校园文化建设之所以重要,是因为这关系到一代又一代年轻人的成长,关系到我国能不能

---

[1]习近平:《习近平在全国思想政治工作会议上的讲话》,《中办通报》2016年31期。

培养出千百万合格的社会主义现代化事业的建设者和接班人，关系到民族文化的现在和未来能不能始终朝着中国先进文化前进的方向发展。"[1]

怎样才能给校园文化建设一个准确的定位呢？我以为，我国正在进行现代化建设，只有把校园文化建设放进现代化这一大背景中进行考察，才能把握其发展方向，确定其战略地位。为什么这样说？主要是基于现代化已经全球化、世界化。现代化既是"物"的现代化，没有物质基础，肯定不行，但更是"人"的现代化，并最终取决于"人"的发展。美国著名学者英格尔斯（Alex Inkeles）在《走向现代化》一书中明确指出，人的现代化是国家现代化必不可少的因素。他认为，"一个国家可以从国外引进现代化的科学技术和卓有成效的管理方法，但是，如果这个国家的人民缺乏一种广泛的现代心理基础，自身还没有从心理、思想、态度和行为方式上经历一个向现代化的转变，那就注定不能成功地使其从一个落后的国家跨入自身拥有持续发展能力的现代化国家的行列。人的现代化的重要内容及其发展程度的重要标志之一，是人们综合素质的改善和提高"[2]。这是许多国家在现代化进程中所得出的一条宝贵经验。非洲一些国家利用丰富的自然资源，选择"用钱买现代化"的发展道路，虽然取得一定的成果，但最终事与愿违，因为文化的落后与人的落后是难以用钱在短时间内克服的主要障碍。所以说，现代化虽以"物"为基础，但最终还

---

[1] 许嘉璐：《高校校园文化建设漫议》，《求是》2004年第18期。
[2] 何志武：《论国民素质的提高与精神文明建设的关系》，《华中师范大学学报》（哲学社会科学版）1992年第5期。

是"人"的现代化。我国也要建设社会主义的现代化，这是自周恩来提出以来几代人的愿望和梦想。在这个问题上，毛泽东从整个无产阶级革命事业的高度充分肯定"无论工厂、农村、军队、学校的革命事业，没有青年就不能胜利"[1]，特别是当他把青年同国家民族的进步联系在一起时，就对知识青年包括青年学生更加重视，认为在中国革命和社会主义建设中，知识分子和青年学生"有很大的革命性……常常起着先锋和桥梁的作用……中国马克思主义的传播和接受，首先也是在知识分子和青年学生中开始的"[2]。这些见解很有道理，对我们今后的现代化建设有极大的指导意义。在人的现代化的进程中，校园文化尤其是高校校园文化有着特别重要的作用。因此，校园文化建设是造就青年学生现代素质的非常关键也非常紧迫的因素。

基于以上我们可以得出这样的结论，校园文化建设的地位和作用，不仅仅在于能促进学生知识面的扩大、丰富校园文化生活，更重要的是，它能通过培养适应新生产力发展需要的劳动者和科学技术人才，在较长时间里不断改变生产的面貌，提高产品的科技含量，形成新的高附加值，大幅度地提高劳动生产率，使经济效益几倍、几十倍，甚至几百倍地增长，具有"极大的增值作用和长效作用"[3]，简言之，就是它能促进和推动现代化事业的实现。

---

[1] 毛泽东:《毛泽东选集》（第5卷），人民出版社，1977，第83页。
[2] 毛泽东:《毛泽东在苏联的言论》，人民日报出版社，1957，第14页。
[3] 朱楚兵:《树立教育的现代价值观》，《中国教育报》1996年3月9日。

二、校园文化建设的原则

根据社会主义教育目的及校园文化的运行规律和校园文化建设的经验教训，新形势下的社会主义校园文化建设应遵循以下九个原则。

（一）党委领导和分工负责相结合的原则

中国是社会主义的中国，是在中国共产党领导下的社会主义中国。习近平在党的十九大报告中指出："党政军民学，东西南北中，党是领导一切的……提高党把方向、谋大局、定政策、促改革的能力和定力，确保党始终总揽全局、协调各方。"[1]坚持中国共产党的领导是中国特色社会主义取得胜利的根本保证。我们的校园文化是中国特色社会主义文化大家庭中的一员，也只有始终坚持党的领导，才能保证校园文化建设不偏离中国特色社会主义方向。当然，党的领导不是包揽一切，而是充分发挥总揽全局、协调各方的作用。校园文化建设是一项系统工程，涉及学校的方方面面，学校党委要把校园文化建设列入重要议事日程，把握校园文化建设方向，明确指导思想，研究校园文化发展规划和总体实施方案。同时，必须坚持分工负责，齐抓共管，协调一致的管理体制，才能保证校园文化建设的顺利进行。

（二）政治性和教育性相结合的原则

文化与政治紧密相连。英美文化研究的理论家约翰·菲斯克（John Fiske）说："文化研究中的'文化'一词，其中心既不在美

---

[1]习近平：《习近平在中国共产党第十九次全国代表大会上的报告》，《人民日报》2017年10月28日。

学方面，也不在人文方面，而在于政治。"[1]

校园文化特别是高校校园文化在这方面表现得更为突出：一方面，校园文化中的一个重要模块，就是关于校园意识形态方面的内容，就是校园政治文化，也就是说，坚持校园文化的政治性是校园文化建设本身的内在要求。另一方面，国际敌对势力对我国的渗透主要就是通过对校园文化施加影响来展开争夺青年一代的斗争的。我们的校园文化建设是为培养社会主义建设者和接班人服务的，作为社会主义建设者和接班人的基本要求必须体现在校园文化建设之中。2018年5月2日，习近平在北京大学师生座谈会上的讲话中指出："古今中外，每个国家都是按照自己的政治要求来培养人的，世界一流大学都是在服务自己国家发展中成长起来的。我国社会主义教育就是要培养社会主义建设者和接班人。"[2]因此，我们在校园文化建设中必须旗帜鲜明地讲政治，这一点决不能含糊。同时，在校园文化的众多功能中，育人是最基本最核心的功能。校园文化的一切工作，都应以育人为基点，以育人为目的，旨在提高师生员工的政治素质、思想素质、道德素质和科学文化素质。

（三）导向性和愉悦性相结合的原则

校园文化既然存在明显的政治性和教育性，就需要从政治和教育的角度加强引导，比如政治引导、价值引导和生活方式引导，以及传

---

[1] 殷旭辉、王华：《文化与政治——评雷蒙德·威廉斯的文化唯物主义理论》，《学术论坛》2010年第1期。
[2] 习近平：《习近平在北京大学师生座谈会上的讲话》，《人民日报》2018年5月3日。

统引导、现实引导和未来引导等等，从而产生理想的整体引导效益，这正是我国校园文化社会主义性质的必然要求，也是校园文化教育性的表现和根本要求。新形势下校园文化建设要坚持社会主义文化建设方向，以正面引导为主，积极进行正面宣传。随着经济全球化到来所伴随的文化全球化，青年学生所受到的冲击和影响将会越来越大，我们要引导和启发学生客观地分析、评价各种文化现象，防止"跟着感觉走"等非理性文化的滋长和泛滥。

学校教育是有目的、有计划的社会实践活动。在坚持导向性的同时，要坚持愉悦性。学校开展的各项文化活动，要充分考虑学生的生理、心理特点，使人在不知不觉中潜移默化地受到教育。校园文化中的环境文化，也应寓思想性、针对性、参与性于可感性、服务性、愉悦性之中，把有意识的影响、教育渗透于无意识的文化形态之中，通过美好、健康、整洁的环境和浓厚的文化氛围，影响、感染青年学生的内心世界，使他们的身心得到健康发展。

（四）学术性和娱乐性相结合的原则

学校是学术性组织，尤其是在高校校园文化中，学术文化是重要的文化形式，是校园文化的最高水准，忽视学术研究的作用，势必影响校园文化的整体水平，影响学校在社会中的地位。高校校园文化，其学术性是重要的品质，甚至有学者认为："大学的学术品格可以说是大学的生命，而这种生命是要靠学生来延续和传承的。保存、延续和光大学术品格是大学校园文化建设的核心与精髓，也是市场经济条件下校园文化建设面临的最大挑战之一。"[1]因此，校园文化建设

---

[1]欧阳康:《大学校园文化建设的价值取向》,《高等教育研究》2008年第8期。

离不开学术研究活动。为了保证校园文化质量，不降低建设水平，学校应该根据自己的实际情况，有选择有重点地开展一些学术研究，比如成立一些学术性的社团并开展活动，以学术文化带动和推进整个校园文化的发展。但是，也不能放弃娱乐文化建设，娱乐文化也是校园文化建设的重要内容。这就要求在校园文化建设的总体规划中，既要考虑学术性，也应考虑娱乐性，坚持学术性与娱乐性相结合的原则。

（五）多样性和统一性相结合的原则

校园文化是充满个性的文化。我国有多少所学校，就应该有多少个校园文化的样本，这样才能避免千校一面的趋同，但事实上并非如此，因为有不少学校校园文化建设者不知道建设个性化校园文化的重要性。在同一所学校的校园文化之中，也应该允许不同的学术观点、不同的教学风格、不同的活动形式并存，而且应该"百花齐放，百家争鸣"，提倡校园文化各要素形态的多样化。这样，校园文化才富有生机，青年学生的个性发展才有适合的环境，学校才能办出自己的特色，形成自己的优势。

根据哲学上普遍性和特殊性的原理，普遍性要寓于特殊性之中，共性要寓于个性之中。管理上、风格上的多样化，必须以建设中国特色社会主义校园文化为必要前提；治学上、性格上的个性化，必须服从培养社会主义事业建设者和接班人的根本要求。所以，我们应注重校园文化建设多样性与统一性的结合，只强调任何一方都是不对的，都不利于校园文化的健康顺利发展。

此外，还要坚持开放性和选择性相结合的原则、先导性和从属性相结合的原则、自发性和建设性相结合的原则、稳定性和发展性相结合的原则等。

三、校园文化建设的途径和方法

由于各校的实际情况不同,校园文化建设的途径和方法也各有各的特点,但一般可采取如下途径和方法。

（一）明确校园文化建设目标

目标不明确,方向就不明确。目标还具有很强的导向力。明确校园文化的建设目标,就是为了加大目标价值的吸引力,引导校园人围绕校园文化的目标去努力,去奋斗。根据现代管理理论,正在兴起的目标管理,又称为成果管理,是一种全新的观念和哲学。所谓目标管理,主要不是自上而下的控制和监督,而是首先确定管理目标并给管理对象以相应的自主权限,实行自我控制,调动各级人员的积极性和主动性,这种管理并不是死死地盯住下属的每一个动作,而是以最后的结果评价管理成效的优劣。实行目标管理的关键是确定目标,提高目标的价值。其实,不仅仅是校园文化建设需要确定目标,学校所有工作的开展都需要有明确的目标,才能增强凝聚力,把各项工作做得更好。从目标的实现来看,校园文化就是因为学校目标而存在的,是学校目标折射的学校办学理念的体现和表征,"由于校园文化总是伴随着对学校目标的追求而活跃于师生员工的精神活动之中,所以没有对学校目标的追求,也就无所谓校园文化"[1]。

---

[1]叶水涛:《试谈校园文化建设》,《江苏教育科研》1990年第6期。

（二）重视对校园文化的总体规划

校园文化建设是一项系统工程，涉及学校的方方面面，而且需要较长时间的努力才能收到好的效益。当前，许多学校口头上承认校园文化建设的重要性，但是往往不抓落实。究其原因，其中之一，就是不纳入学校发展的总体规划。没有规划，校园文化建设往往就会成为短期行为。因此，"高校要充分重视校园文化对学校发展和人才培养的重要作用，特别是高等教育理论研究界和高校主要领导要对校园文化的作用有充分的认识，真正予以重视，纳入学校发展的总体规划，使校园文化建设作为学校发展的重要内容"[1]。

（三）针对学生的时代特点开展文化活动

学生有学生的特点，不同层次的学生还有不同层次的特点。大学生不同于中学生，中学生不同于小学生，小学生不同于幼儿园的学生。校园文化建设者在开展各种各样的校园文化活动时要充分考虑这些学生的不同特点，关注他们的兴趣爱好，有针对性地开展活动，才能事半功倍，收到良好的效果。

（四）注意发挥校园人的主观能动性

学校的学生、教师和职工是校园文化的三大主体，即校园人。在校园人中，对校园文化影响最大的是教师和学生。教师是学校学术方面的代表，在校园文化建设中有着十分重要的作用，其言谈举止将直接影响校园文化的建设质量。学生是学校人数最多的群体，没有他们的广泛参与，校园文化活动难以开展，因此，也应当尽可能地调动他

---

[1] 张书明：《当前高校校园文化建设的局限及其对策》，《山东工业大学学报》（社会科学版）1998年第1期。

们的主动性和创造性,并针对其特点,开展有特色的丰富多彩的校园文化活动。

(五)把握校园文化建设的若干关系

校园文化不是孤岛文化,它与社会文化、传统文化和外来文化有着千丝万缕的联系,当我们把校园文化建设放到历史的、现实的、世界的及现代化的进程中去审视时,校园文化内部各文化要素及其外部的关系就显得十分复杂,比如校园物质文化与精神文化的关系、校园人文精神与科学精神的关系、学校历史文化传承与时代发展进步的关系、校园文化的共性与个性的关系、学生文化与教师文化的关系、娱乐文化与学术文化的关系、校园文化中依法治校与以德治校的关系、课堂文化与课外文化的关系等等,都需要很好地认识和准确地把握。

(六)树立系统建设思想

校园文化本来就是一个大系统,"从校园文化的总体来看,校园文化的大系统与子系统之间,子系统与子系统之间,以及各子系统内部,都是按照校园文化特定的形式将特有的内容形成一个环环相扣、步步相连的整体,而具有十分严密的系统性"[1]。所谓系统建设思想,是指把校园文化建设看作一个整体,尤其是看作一项培养学生形成各种良好心理素质和积极向上的行为方式的系统工程。校园文化建设系统工程的各种组成要素包括价值体系、荣誉体系、制度规范体系、教学体系、科研体系、社会服务体系、符号意义体系、物质文化体系、行政管理体系等。价值体系是校园人所共有的关于区分事物或

---

[1] 徐仲伟、陈昭文、周旬:《浅论我国高校校园文化建设》,《重庆师院学报》(哲学社会科学版)1990年第3期。

行为的好与坏、对与错、符合或违背人的愿望以及可行与不可行的参考构架。它决定着人的理想目标。校园文化的价值体系必须通过一定的制度和规范才能得以具体化。荣誉体系包括对学生、教师和职工的各种奖励，及其表扬、肯定等方面的荣誉。制度规范是对校园人在特定情况下应该怎样思考、怎样行动的期望。制度规范体系包括校规校纪、校园风俗和学生群体所形成的各种约定。教学体系包括课堂教学等各种教学形式和有关教学的各种管理规定，以及教务处、教务科、教研室等教学组织形式等。科研体系包括各种科研管理制度，科研项目申报、科研项目实施等科研活动，科研处、科研科等，以及各种各样的研究院、研究中心（所）等学科组织形式。社会服务体系包括社会服务的有关规定，社会服务项目的争取、实施等活动。符号意义体系是对价值体系和高度规范体系的言语表达，包括各种理论著作、音像作品和大众传播体系。物质文化体系，包括实验室设备、学习娱乐场所、校容校貌、艺术雕刻等，对校园人能产生潜移默化的影响。行政管理体系包括学校党政领导、各处（室、馆、部），以及二级学院的相应组织形式及其相关规定。可见，校园文化所涉及的内容很多、范围很广，在建设校园文化时一定要有整体观，切不可只见树木不见森林。总之，没有整体的系统的思维，校园文化是难以建设好的。

» 主要参考文献

一、主要参考著作

[1][美]查尔斯·霍默·哈斯金斯：《大学兴起》，梅义征，译，上海三联书店，2007。

[2][德]恩斯特·卡西尔：《人文科学的逻辑五项研究》，关子尹，译，上海译文出版社，2013。

[3][法]加斯东·米亚拉雷，维亚尔：《世界教育史》，张人杰，译，上海译文出版社，1991。

[4][美]露丝·本尼迪克特：《文化模式》，何锡章，黄欢，译，华夏出版社，1987。

[5][美]塞缪尔·亨廷顿，劳伦斯·哈里森：《文化的重要作用：价值观如何影响人类进步》，程克雄，译，新华出版社，2010。

[6][苏]A·H·阿尔诺利多夫：《文化概论》，邱守娟，译，中国人民大学出版社，1989。

[7][苏]苏霍姆林斯基：《帕夫雷什中学》，赵玮，王义高，蔡兴

文，纪强，译，教育科学出版社，1983。

[8]《自然辩证法研究通讯》编辑部编：《控制论哲学问题译文集》（第1辑），商务印书馆，1965。

[9][德]H·李凯尔特：《文化科学和自然科学》，涂纪亮，译，商务印书馆，1986。

[10][古希腊]柏拉图：《文艺对话录》，朱光潜，译，人民出版社，1963。

[11]北京大学外国哲学史教研室：《古代希腊罗马哲学》，商务印书馆，1961。

[12]刘新科：《中国传统文化与教育》，东北师范大学出版社，2002。

[13]冯利，覃光广：《当代国外文化学研究》，中央民族学院出版社，1986。

[14]葛力：《十八世纪法国哲学》，商务印书馆，1979。

[15]李宗桂：《中国文化概论》，中山大学出版社，1989。

[16]毛礼锐：《中国教育史简编》，教育科学出版社，1984。

[17]司马云杰：《文化价值论》，山东人民出版社，1990。

[18]宋文红：《欧洲中世纪大学的演进》，商务印书馆，2010。

[19]叶澜：《新编教育学教程》，华东师范大学出版社，1991。

[20]衣俊卿：《文化哲学十五讲》，北京大学出版社，2004。

[21]张维迎：《大学的逻辑》，北京大学出版社，2004。

[22]章柳泉：《中国书院史话》，教育科学出版社，1981。

[23][法]米盖尔·杜夫海纳：《美学与哲学》，孙非，译，中国社

会科学出版社，1985。

[24][美]F·普洛格·D·G·贝茨：《文化演进与人类行为》，邓勇，译，辽宁人民出版社，1988。

[25][美]Morris Dickstein：《伊甸园之门——六十年代美国文化》，方晓光，译，上海外语教育出版社，1985。

[26][美]德里克·博克：《走出象牙塔——现代大学的社会责任》，徐小洲，陈军，译，浙江教育出版社，2001。

[27][美]玛格丽特·米德：《代沟》，曾胡，译，光明日报出版社，1988。

[28][美]威尔·杜兰：《世界文明史信仰的时代》（下卷），幼狮文化公司，译，东方出版社，1999。

[29][美]亚伯拉罕·弗莱克斯纳：《现代大学论——美英德大学研究》，浙江教育出版社，2001。

[30] [英]C.P.斯诺：《两种文化》，纪树立，译，生活·读书·新知三联书店，1994。

[31]陈序经：《文化学概论》，商务印书馆，1947。

[32]仇春霖：《简明美学原理》，高等教育出版社，1987。

[33]邓晓春：《高等教育管理概论》，南开大学出版社，1986。

[34]杜文华，徐新建，全学军等：《校园文化论》，贵州师范大学编辑部，1989。

[35]范为启：《校园文化管理学》，北京邮电学院出版社，1993。

[36]张秀清，梁周清，王聿发，朱连斌：《大学和谐文化建设研

515

究》，山东大学出版社，2008。

[37]顾久，顾劳：《中国文化教程》，贵州教育出版社，1995。

[38]高占祥：《文化力》，北京大学出版社，2007。

[39][德]黑格尔：《哲学史讲演录》，贺麟，王太庆，译，商务印书馆，1959。

[40]侯长林：《我生命中的十年》，巴蜀书社，2015。

[41]侯长林：《邓小平文化观研究》，中国文联出版社，2001。

[42]侯长林：《高校校园文化基本理论研究》，人民出版社，2014。

[43]侯长林：《文化笔记》，河南文艺出版社，2006。

[44]侯长林：《校园文化略论》，贵州教育出版社，1991。

[45]胡近：《大学生心理学》，上海交通大学出版社，1987。

[46]华中师范学院教育系等：《教育学》，人民教育出版社，1982。

[47]黄济：《教育哲学》，北京师范大学出版社，1984。

[48]贾春峰：《文化力》，人民出版社，1995。

[49]金耀基：《大学之理念》，生活·读书·新知三联书店，2008。

[50]居延安：《信息·沟通·传播》，上海人民出版社，1986。

[51]李连科：《世界的意义——价值论》，人民出版社，1985。

[52]李连科：《价值哲学引论》，商务印书馆，2003。

[53]李述一，李小兵：《文化的冲突与抉择》，人民出版社，1987。

[54]钟秉林:《大学的走向》,商务印书馆,2015。

[55]联合国教科文组织国际教育发展委员会:《学会生存——教育世界的今天和明天》,教育科学出版社,1996。

[56]梁漱溟:《中国文化要义》,路明书店,1949。

[57]林惠祥:《文化人类学》,商务印书馆,1935。

[58]中央党校科社教研室:《文明和文化》,求实出版社,1982。

[59]柳诒微:《中国文化史》,中国大百科全书出版社,1988。

[60]陆庆壬:《思想政治教育学原理》,高等教育出版社,1991。

[61]朱九思:《高等教育散论》,华中理工大学出版,1990。

[62]孟昭兰,王垒,张智勇:《心理学概论》,文化艺术出版社,1991。

[63]裴时英:《教育社会学》,南开大学出版社,1988。

[64]齐亮祖:《普通学校管理学》,辽宁教育出版社,1985。

[65]钱穆:《中国文化史导论》,上海三联书店,1988。

[66]冉苒:《教育探索与思考》,贵州民族出版社,1999。

[67]沙莲香:《社会心理学》,中国人民大学出版社,1992。

[68]施昌东:《"美"的探索》,上海文艺出版社,1980。

[69]司马云杰:《文化社会学》,山东人民出版社,1987。

[70]孙本文:《社会学原理》,商务印书馆,1935。

[71]孙本文:《社会的文化基础》,世界书局,1930。

[72]王曙光,刘成根:《青年与行为科学》,四川社会科学院出

版社，1988。

[73]王元化：《文化发展八议》，湖南人民出版社，1988。

[74]吴灿华、詹万生：《人生哲学》，北京师范学院出版社，1987。

[75]吴文藻：《文化论》，商务印书馆，1944。

[76]萧扬、胡志明：《文化学导论》，河北教育出版社，1989。

[77]徐远和：《儒学与东方文化》，人民出版社，1994。

[78]杨心恒：《社会学概论》，群众出版社，1986。

[79]于晓阳，徐淑红，周芳：《校园文化建设新趋向》，东北林业大学出版，2005。

[80]苑子熙：《应用传播学》，北京广播学院出版社，1991。

[81]张岂之：《中国传统文化》，高等教育出版社，1994。

[82]张尚仁：《新学科小词典》，云南人民出版社，1986。

[83]张正忠，顾土龙，刘国华：《思想道德修养》，贵州民族出版社，1998。

[84]章志光：《心理学》，人民教育出版社，1988。

[85]钟叔河，朱纯：《过去的学校》，湖南教育出版社，1982。

[86]周复昌：《高等师范专科学校教育概论》，浙江大学出版社，1988。

[87]郑金洲：《教育文化学》，人民教育出版社，2000。

二、主要参考论文

[1]艾子：《新时期教育基本理论的马克思主义传统发展研

究》，东北师范大学博士学位论文，2018。

[2]蔡文鹏，李丽：《马克思关于人的全面发展的理论逻辑》，《河南师范大学学报》2001年第1期。

[3]曹勇：《论校园制度文化建设》，《湘潭师范学院学报》（社会科学版）2009年第6期。

[4]曾山金：《校风——大学之魂》，《高等教育研究》2005年第11期。

[5]曾长秋，程玮：《回顾与展望：建国后高校校园文化的发展》，《湖南第一师范学院学报》2009年第6期。

[6]车广吉：《关于德育首位的全球化问题》，《东北师大学报》（哲学社会科学版）2002年第6期。

[7]陈奎彦：《关于校园文化的思考》，《教育研究》1992年第2期。

[8]陈梦晖，吴艳阁：《图书馆文化在高校校园文化中的地位与作用》，《科技情报开发与经济》2009年第3期。

[9]陈其泰：《唯物史观与创造性阐释传统学术精华》，《中国史研究》2018年第5期。

[10]陈中亚：《马克思对人的价值的一般理解》，《复旦学报》（社会科学版）1989年第3期。

[11]段建，周云华，袁淑文：《高校社团文化对大学生的影响及其建设》，《有色金属高教研究》1989年第7期。

[12]段作章：《学校教育本质论》，《徐州师范学院学报》1992年第6期。

[13]董桂琴：《天一阁藏书流布及文化影响研究》，《图书馆》2007年第2期。

[14]董敏志：《同一·相异·互动——对校园文化与社会主文化关系的阐释》，《当代青年研究》1992年第4期。

[15]杜艳华：《论毛泽东文化思想的重要地位和现实价值》，《思想理论研究》2013年第12期。

[16]窦海燕：《高职院校校园文化建设的反思与重塑》，《经济研究导刊》2010年第12期。

[17]E.鲍戈柳鲍娃，安起民：《论精神文化的价值》，《国外社会科学》1982年第8期。

[18]范俊玉：《马克思主义的文化理论及其当代价值》，《学术交流》2004年第2期。

[19]费业昆：《文献增长与知识爆炸》，《情报理论与实践》1990年第5期。

[20]傅威：《图书馆职能的基本概念及其规范化》，《四川图书馆学报》1996年第1期。

[21]冯克斌：《繁荣校园文化培养"四有"新人》，《运城高专学报》1994年第2期。

[22]葛金国，石中英：《论校园文化的内涵、特征和功能》，《高等教育研究》1990年第3期。

[23]苟明俐：《文化模式理论的解释力研究——读本尼迪克特的〈文化模式〉》，《学术交流》2008年第9期。

[24]郭劲：《高校精神文明建设的出发点和归宿——大学生素

质的全面提高》,《广西大学学报》(哲学社会科学版)1997年第4期。

[25]郭秦鹏,孙亚洲,王彦涛:《新时期大学校园文化建设》,《中国—东盟博览》2012年第4期。

[26]巩梅:《浅谈高校图书馆在校园文化建设中的作用》,《大学图书馆学报》2002年第9期。

[27]郝雅翰:《再论校风、教风、学风建设》,《黑龙江教育》(高教研究与评估)2009年第7—8期。

[28]郝宇青:《当前中国社会转型中政治不信任的原因:政治文化视角的分析》,《江西师范大学学报》(哲学社会科学版)2017年11期。

[29]何志武:《论国民素质的提高与精神文明建设的关系》,《华中师范大学学报》(哲学社会科学版)1992年第5期。

[30]何中华:《文化哲学中的悖论刍议》,《哲学动态》1998年第1期。

[31]何砚华,田志勇:《试论弘扬传统文化与建设社会主义精神文明之间的关系》,《广西教育学院学报》1999年第8期。

[32]贺福利:《现代远程教育基本理论研究》,《辽宁广播电视大学学报》2009年第3期。

[33]贺国庆:《欧洲中世纪大学起源探微》,《河北大学学报》2007年第6期。

[34]贺宏志:《大学校园文化的结构与功能》,《高等教育研究》1993年第10期。

[35]侯怀银，杨辉：《校风解读》，《教育科学研究》2007年第10期。

[36]侯长林：《对文化价值分类的再认识》，《铜仁师专学报》2002年第1期。

[37]侯长林：《谈谈高校校园文化建设》，《贵州高师教育研究》1989年第1期。

[38]侯长林：《校园文化溯源》，《贵州文化》1991年第6期。

[39]侯长林：《关于校园文化学科建设的探讨》，《贵州高教》1995年第3期。

[40]侯长林：《校园文化是一门亟待建立的新兴学科》，《铜仁师专学报》1994年第2期。

[41]侯长林：《论高校校园文化起源与变迁》，《学术探索》2012年第7期。

[42]侯长林：《技术创新文化：高职院校核心竞争力培植的生态基础》，《中国高等教育》2012年第12期。

[43]侯长林：《高校校园文化的理论研究》，《中国高等教育》2013年第23期。

[44]洪群英：《论高校校园文化建设与传统文化的关系》，《哈尔滨职业技术学院学报》2012年第3期。

[45]黄禧侦：《高校校园文化研究综述》，《高教探索》1991年12期。

[46]黄睿：《政治关联、宗教传统与企业慈善捐赠的关系》，西南财经大学硕士学位论文，2014。

[47]胡增裕：《浅谈高校校园文化》，《商业文化》（学术版）2008年第10期。

[48]贾九斌：《论高校校园文化的结构识别》，《黑龙江高教研究》2010年第1期。

[49]贾聚林：《回归教育的本质》，《人民教育》2010年第1期。

[50]蒋宏，李强：《"校园文化"再探》，《当代青年研究》1989年第6期。

[51]金文斌：《加强教风学风建设提高人才培养质量》，《中国高等教育》2013年第11期。

[52]李德顺，刘奔，李连科，朱葆伟：《价值哲学笔谈》，《求是学刊》2000年第6期。

[53]李振纲：《论21世纪的文化价值观》，《燕山大学学报》2000年第1期。

[54]李鸣：《试析高校的社会控制》，《学校思想教育》1989年第1期。

[55]李帆，甘世斌：《校园文化与大学生社会化》，《高等工程教育研究》2002年第3期。

[56]李权时：《论文化本质》，《学术研究》1991年第6期。

[57]李英：《商业文化对校园文化冲击的理性思考》，《高校思想教育信息报》1994年8月5日。

[58]李忠实：《略论大学生群体与校园文化》，《高等教育学报》1991年第2期。

[59]李宗桂：《中国文化精神与中华民族精神的若干问题》，《社会科学战线》2006年第1期。

[60]李宗桂：《试论中国优秀传统文化的内涵》，《学术研究》2013年第11期。

[61]李群山：《马克思主义文化理论发展史上的三座里程碑》，《理论学刊》2012年第11期。

[62]李龙：《中国传统文化与社会主义精神文明建设》，《消费导刊》2007年第10期。

[63]李晶：《学科范式转型与高等教育学学科建设》，《高教探索》2013年第8期。

[64]厉以贤：《马克思关于人的学说与教育》，《北京师范大学学报》1983年第5期。

[65]刘奔：《在现实矛盾的解决中实现人的全面发展》，《学习与探索》2005年第9期。

[66]刘红：《习近平文化思想对马克思主义中国化的新发展》，《理论与改革》2016年第6期。

[67]刘敏中：《文化模式论》，《学习与探索》1989年第4—5期。

[68]刘小强：《学科还是领域一个似是而非的争论——从学科评判标准看高等教育学的学科合法性》，《北京大学教育评论》2011年第4期。

[69]刘贵友：《控制论在煤矿安全管理中的应用研究》，《中国安全科学学报》2011年3月15日。

[70]刘彬：《从校园文化与社会文化的互动关系谈校园文化建设》，《江南学院学报》1999年第1期。

[71]刘庆昌：《教育基本理论研究的性质和方法初探》，《太原师范学院学报》2004年第1期。

[72]刘楠，姜正国：《牛津大学的人文精神及其现实启示》，《湖南科技大学学报》（社会科学版）2014年第9期。

[73]刘仁圣：《论校园环境的审美效应》，《江西社会科学》1993年第9期。

[74]娄素君：《略论校园文化的功能及特点》，《河南大学学报》（社会科学版）1995年第3期。

[75]凌厚锋：《论综合创新文化观的历史发展——从毛泽东、邓小平到江泽民》，《中共福建省委党校学报》1999年第10期。

[76]罗静：《应用学科的内涵及发展方略》，《贵州社会科学》2018年第4期。

[77]马千里，吉强：《校园文化建设评述》，《高教文摘》1991年第7期。

[78]马千里：《高校校园文化理论研讨会综述》，《教育研究》1992年第2期。

[79]欧阳康：《大学校园文化建设的价值取向》，《高等教育研究》2008年第8期。

[80]孟笑飞：《对高校校园文化建设的思考》，《华北水利水电大学学报》（社会科学版）2016年第12期。

[81]谭伟平：《大学人文教育与人文课程》，华中科技大学博士

学位论文，2005。

[82]潘正云：《传统文化与校园文化》，《学校思想教育》1992年第3期。

[83]潘连根，屠剑虹：《档案文化价值及其实现》，《浙江档案》2009年第4期。

[84]庞博：《南阳医专仲景特色校园文化建设研究》，郑州大学硕士学位论文，2013。

[85]钱逊：《关于马克思主义与传统文化关系的几点想法》，《学术月刊》1996年第5期。

[86]彭未名：《中西校园文化及其走向》，《教育与现代化》2002年第6期。

[87]任友群：《高校校园文化与人的培养》，《高等师范教育研究》1997年第5期。

[88]史华楠，胡敏：《论校园文化研究的几个基本问题》，《扬州大学学报》2000年第3期。

[89]史洁，冀伦文，朱先奇：《校园文化的内涵及结构》，《中国高教研究》2005年第5期。

[90]史文山：《古代书院的地位与价值》，《晋图学刊》1986年第12期。

[91]舒永生：《论费尔巴哈"人是人的最高本质"的思想及其意义》，《武汉大学学报》（人文科学版）2001年第1期。

[92]宋雪霞，余新华：《谈谈校园文化的性质和核心内容》，《高校理论战线》2009年第10期。

[93]宋健：《系统控制论》，《系统工程理论与实践》1989年第3期。

[94]宋莉：《浅谈大学校园文化建设》，《中国校外教育》2012年第7期。

[95]施琳：《论文化——民族文化与市场文化》，《民族研究》1995年第1期。

[96]孙斌：《论胡锦涛的文化建设思想》，《求实》2012年第4期。

[97]孙美堂：《文化价值：一种关系的诊释》，《北京理工大学学报》（社会科学版）1999年第1期。

[98]索长清：《教师文化的结构要素分析》，《教育导刊》2016年第12期。

[99]冉昌光：《中国文化何以自信》，《邓小平研究》2017年第1期。

[100]万光侠：《文化价值的人学阐释》，《山东师范大学学报》（人文社会科学版）2003年第3期。

[101]汪勇：《社会文化与高校校园文化的关系研究》，《新远见》2010年第5期。

[102]汪源：《教育的本质是学生的发展》，《当代教育论坛》2010年第5期。

[103]王玉梁，李连科，李律顺，赵馥洁，袁贵仁：《价值哲学笔谈》，《人文杂志》1998年第1期。

[104]王玉梁：《20年来我国价值哲学的研究》，《中国社会科

学》1999年第4期。

[105]王琳：《中山大学的校园文化》，《中山大学研究生学刊》（人文社会科学版）2017年第9期。

[106]王传满：《精神文明建设与发展中国先进文化——邓小平、江泽民、胡锦涛对文化建设思想的发展》，《中共合肥市委党校学报》2004年第3期。

[107]王东平：《校园文化建设初探》，《武汉交通政治管理干部学院学报》1989年第1期。

[108]王宁，陈志军：《文化控制——管理控制手段的新发展》，《山东社会科学》2007年第11期。

[109]王干：《略论校园文化模式》，《学校党建与思想教育》1994年第4期。

[110]王辉，常阳，朱健：《我国高校科技创新的效率评价与时空分异研究》，《南华大学学报》（社会科学版）2017年第6期。

[111]王建军：《论校园文化的多维系统结构》，《吉林教育科学·高教研究》2001年第3期。

[112]王建军：《校园文化的结构探析》，《学校党建与思想教育》2001年第3期。

[113]王荃，王莎：《高校校园文化与社会文化互动繁荣的运行机制》，《中国青年政治学院学报》2012年第2期。

[114]王素琴：《浅析高校图书馆两个职能的基本特征》，《图书馆学研究》1991年第3期。

[115]王文锋：《论大学校园文化的育人功能》，《山东理工大

学学报》（社会科学版）2011年第1期。

[116]王豪：《空间视角下的乡村传播与社会变迁》，兰州大学硕士学位论文，2018。

[117]王寒松：《校园文化：现状、理论、对策》，《南开教育论丛》1991年第2期。

[118]王洁茹：《多校区大学文化建设的对策研究》，《现代教育科学》2011年第1期。

[119]王雪桦：《拓宽型多校区大学管理研究》，华东师范大学硕士学位论文，2006。

[120]王新海：《西财光华校区资源整合问题研究》，西南财经大学硕士学位论文，2009。

[121]王洪昌：《高校校园文化建设研究》，河北大学硕士学位论文，2010。

[122]王萍：《文化哲学视阈下的俄罗斯哲学研究》，《理论探讨》2009年第9期。

[123]王少安，周玉清：《大学的本质属性与非本质属性》，《河南理工大学学报》（社会科学版）2011年第7期。

[124]吴雪菡：《中国特色哲学社会科学的继承性与民族性——结合〈礼记·儒行〉谈谈先秦儒者的品德行为》，《人文天下》2018年第7期。

[125]韦禾：《关于校园文化的几点探讨》，《教育研究》1992年第2期。

[126]卫道治，沈煜峰：《教育与文化关系剖析》，《百科知

识》1988年第9期。

[127]夏立军：《改革开放以来高校校园文化的发展轨迹》，《广西青年干部学院学报》2009年第5期。

[128]夏人青：《强化人文教育培养时代新人——对国外高等教育改革一大趋势的分析》，《外国教育研究》2002年第4期。

[129]肖前，陈朗：《论文化的实质和人的发展》，《江淮论坛》1992年第4期。

[130]肖跃：《崇尚科研诚信树立优良学风》，《中国高等教育》2010年第9期。

[131]徐小明，李向红：《文化价值刍议》，《中共贵州省委党校学报》2007年第6期。

[132]徐仲伟，陈昭文，周旬：《浅论我国高校校园文化建设》，《重庆师院学报》（哲学社会科学版）1990年第3期。

[133]徐宗华：《文化本质的再探讨》，《平顶山学院学报》2007年第4期。

[134]徐林：《宋代书院的兴衰及教育教学特点》，《乐山师范学院学报》2011年第6期。

[135]徐新建：《试谈校园文化》，《教育研究》1998年第10期。

[136]许嘉璐：《高校校园文化建设漫议》，《求是》2004年第18期。

[137]颜丽红，尹海涛：《高校校园心理文化构建研究》，《扬州教育学院学报》2016年第1期。

[138]杨泉良：《社会文化与校园文化的关系》，《江苏教育研究》2010年第8期。

[139]杨叔子：《校园文化与时代精神》，《中国高教研究》2007年第3期。

[140]杨益民：《关于校园文化建设的双向思考》，《江西高教》1990年第1期。

[141]杨海文：《文化类型与文化模式简论》，《中州学刊》1996年第2期。

[142]杨兆山，张海波，宋强：《党的教育方针的时代表征与中国表达——基于对习近平同志教育讲话的解读》，《东北师大学报》（哲学社会科学版）2017年第6期。

[143]杨信礼：《发展哲学引论》，中共中央党校博士学位论文，1999。

[144]杨小敏：《我国教师文化研究综述：现状、问题及展望》，《唐山师范学院学报》2012年第11期。

[145]叶水涛：《试谈校园文化建设》，《江苏教育科研》1990年第6期。

[146]殷旭辉，王华：《文化与政治——评雷蒙德·威廉斯的文化唯物主义理论》，《学术论坛》2010年第1期。

[147]郁丽玲：《构建图书馆文化的思考》，《武汉船舶职业技术学院学报》2012年第5期。

[148]于音：《先进大学，文化先行》，《科技信息》（科学教研）2007年第8期。

[149]严湘琦:《当代大学校园文化形态演进及整合研究》,湖南师范大学硕士学位论文,2007。

[150]袁建清:《〈校园文化略论〉评介》,《贵州文化》1991年第7期。

[151]袁建清:《图书馆教育漫议——兼论图书馆职能认识问题》,《贵州高教》1990年第3期。

[152]袁小云:《文化模式视野下的文化本质——读本尼迪克特的〈文化模式〉》,《未来与发展》2011年第5期。

[153]张岱年:《中国古典哲学中的优良传统》,《高校理论战线》1993年第1期。

[154]张根:《教育本质探讨中诸方法和结论的商榷》,《教育研究》1992年第7期。

[155]张汉明:《青年文化的社会控制》,《青年研究》1989年第8期。

[156]张奎良:《马克思人的本质思想的全景展示》,《天津社会科学》2014年第1期。

[157]张莉,陆亚玲,沈新华,杨呈胜:《外来文化对大学生的影响及其应对措施》,《长江大学学报》(社会科学版)2017年第3期。

[158]张书明:《当前高校校园文化建设的局限及其对策》,《山东工业大学学报》(社会科学版)1998年第1期。

[159]张西平,赵红文:《高校校园文化构成结构分析》,《湖北函授大学学报》2005年第3期。

[160]张智彦：《"传统文化研究"述评》，《哲学研究》1986年第6期。

[161]张婉春：《以育人为中心的高校校园文化建设思考》，《南方论刊》2009年第4期。

[162]张东明：《高校校园文化建设与行政管理作用刍议》，《漳州师范学院学报》（哲学社会科学版）2010年第12期。

[163]张晶晶：《从人文视角探析中国传统文化的功能》，《晋中学院学报》2014年第10期。

[164]张月：《关于高等教育学学科体系建立的思考——基于经济学学科体系建立的视角》，《科协论坛》（下半月）2013年第8期。

[165]张玉能：《论深层审美心理与人的认知能力全面发展》，《学习与探索》2014年第6期。

[166]张小刚，赵洁：《论合并高校的校园文化建设》，《湖南工程学院学报》（社会科学版）2005年6期。

[167]张青伦：《校园文化的教育功能》，《有色金属高教研究》1992年第12期。

[168]仲波：《大学校园文化浅论》，《教育评论》1987年第4期。

[169]仲波：《大学校园物质文化建设散论》，《上海高教研究》1989年第7期。

[170]朱正亮：《校园文化层次性刍议》，《学校思想教育》1989年第1期。

[171]朱伟，杨柳，徐新：《论中国现代化进程中的校园文化建设》，《湖州师专学报》1994年第8期。

[172]祝东力：《书面文化与知识分子理论》，《江淮论坛》1995年第5期。

[173]庄严：《罪感文化与耻感文化的差异——〈菊与刀——日本文化类型〉读后》，《黑龙江社会科学》2005年第8期。

[174]周云水，李旺旺：《略论文化的模式和人文类型——读〈人文类型〉与〈文化模式〉》，《西藏民族学院学报》（哲学社会科学版）2008年第5期。

» 附 录

新学科　新视野
——读《校园文化学导论》[1]

任明刚

今年6月，铜仁师专青年教师侯长林的第二部专著《校园文化学导论》出版了。这是一部系统、完整地探讨、论述新兴学科校园文化学基本理论的具有创见性和开拓性的学术专著。

"校园文化"一词自1984年上海教育界提出之后，短短几十年时间就得到了社会各界的认可。尤其是1990年4月全国校园文化理论研讨会在北京召开后，校园文化建设发展迅速，山西、贵州、广东等省相继掀起了校园文化热，如校园文化艺术节、校园文化活动月等不断涌现。这在客观上迫切地需要有一门学科理论来指导概括、综合协调，以便进一步揭示校园文化的发展规律，促进校园文化的健康发展。

---

[1] 该文曾刊发在《贵州日报》2000年10月18日上。

侯长林十分勤奋刻苦，他不仅担负着繁重的教学任务和繁忙的行政工作，还长期致力于校园文化理论研究。1991年他出版了《校园文化略论》，对校园文化的种种典型形态与成因进行了深入的研究与探讨，是我国较早研究校园文化理论的专著之一，并获得了贵州省第二届哲学社会科学优秀成果三等奖。1996年，以他为第一主持人完成的铜仁师专"校园文化建设的研究与实践"成果，荣获全国普通高校优秀教学成果贵州省一等奖。十余年来，长林对校园文化的研究持之以恒，坚持不懈，一步一步地深入拓展，终于完成了《校园文化学导论》这部全面论述和研究校园文化基本理论的专著。

兼容并包，开拓创新，是这部书最大的特点。校园文化研究在我国起步较晚，成果不多，专著则更少见，加上这部书又是从学科建设的角度对校园文化进行研究与思考，把校园文化学放在教育学、文化学、哲学、美学等多学科的范畴内多层次、多方位地进行考察与探讨，其开拓性显而易见。书中关于"校园文化的本质在于人的全面发展"等论点，可以说既熔专家学者的真知灼见于一炉，又有作者独特的、富有创见的发挥。

亦史亦论，联系实际，是这部书的又一特点。研究方法既注重史论兼顾又注重联系实际。这部书比较系统地论述了校园文化的本质、结构、功能、特点等问题及其外部关系；比较详细地研究了校园文化的起源、变迁和发展的轨迹，实际是校园文化史的浓缩。在"论"的同时有"史"的照映，做到了二者的结合与兼顾。全书的立论和分析，自始至终都贯穿着理论联系实际的原则，紧密联系校园文化发展的现状和趋势，对校园文化进行理性思考，集知识性、史料性、学术性、实践性于一体。

长林是我的学生,现在他的第二部著作出版了,一种浓浓的师生情、同志情、朋友情驱使我写下以上文字,以表达我的欣慰、祝贺之情,也算是我读这部书的点滴体会。

(任明刚系原铜仁师专中文系教授,退休后仍笔耕不辍,出版了《江畔诗文集》一书)

《校园文化学导论》原版后记

本书就要和读者见面了。这是我生命历程里又一个人生的标志。此时，我虽然没有出版第一本书时的那种彻夜难眠的兴奋与激动，但却有一种丰足而幸福的感觉。因此，我要感谢窗外和煦的阳光以及那奔流不息的美丽的锦江。

铜仁师专是我的母校，也是我现在工作的单位。我在这里生活了近十六个年头，度过了我艰难而又美好的青春时期。学校不仅教育、培养了我，而且出版这部书还在经济上给予资助，这是值得我用一生来回报的。我要感谢我的师长任明刚、曾传轩、袁建清等老师对我的谆谆教诲和给我树立的人格的风范，我要感谢原铜仁师专校长陈朝刚、原党委书记孟庆慰、现任校长牧帮哲等领导对我长期关心、支持和教导。

我还要感谢我的妻子杨桂菊。她不仅平时给我誊写、打印文章，而且这部书还是她一字一句输入微机的。这部书凝聚着她的心血与汗水！当然，我还要感谢关心、支持但在这里不能一一列出名字的同事、朋友、学生和相识与不相识的曾打开我的第一本书以及即将打开这本书的亲爱的读者。

  窗外阳光明媚,江畔芳草萋萋。但愿我的领导、师长、朋友和读者今后的人生更美好!

侯长林
2000年3月18日于铜仁师专校园

《校园文化学导论》第一次修订版后记

随着我的《高校校园文化基本理论研究》等近几年面世的著作被翻译成英文出版,有同事几次提到希望翻译我早期的著作,我一直没有答应,原因是这些著作出版年限较长,有不少地方已经不合时宜,且由于当时历史条件的限制,加上自己的认识水平有限和理论研究能力不足,著作虽然出版了,并且在当时还获了奖,但是客观地说,从现在来看,是浅陋而稚嫩的,甚至还有许多遗漏和差错,要重新出版,就必须进行修订,而要全面修订,工作量很大,以致我几次翻出早期的几部旧稿几次放下。

今年暑假,没有其他安排,终于沉下心来,用了一个多月的时间,在通读这部书稿的基础上,做了核对、增补和调整,使这部18年前的书稿能够再次出现在读者的面前。但是由于要保证基本体例和基本内容及观点不变,也只能是修补和完善。所以,这部书稿所存在的时代的局限性依然没有得到大的改观。我想这就是历史难以逆转的特性所致吧。既然是历史,不能改变,遗憾就让它遗憾。不过,通过修订,我终究还是有机会对有些缺陷做了尽可能地修补,这是值得欣慰的。

现在想来，几次翻出旧稿几次放下，也不仅仅是修订工作量大的问题，其中重要的一点是，修订旧稿，少了新鲜感，尤其是少了研究新问题所能够得到的惊异的感觉。卡西尔曾经援引柏拉图的话说过："惊异其实乃是一种哲学的激情，并且说，一切哲学思维之根本，都可以溯源于这一种惊异。"[1]修订旧稿，没有这种惊异，自然也就缺失工作的激情。没有激情的工作，确确实实是很难受的。所以，我庆幸完成了对这部书的没有激情的修订工作，并且少了一份歉疚和负债之感。

有了修订这部书的开头，我会逐步对我早期的著作进行修订，尽管我知道对每一部著作的修订，都会占用我很多的精力，但为了对自己负责，对历史负责，这也是不得已迟早都得做的事。既然是迟早都得做的事，倒不如趁着目前精力和身体尚可，就将此提上工作的日程。

时光如斯，生命如斯！但愿通过我的修订能够使这部书稿对关心校园文化理论研究及其建设实践的人们有所借鉴和启迪！如此这般，我也就释然了。

侯长林
2018年8月16日于铜仁学院明德桥边的办公楼

---

[1] [德]恩斯特·卡西尔：《人文科学的逻辑五项研究》，关子尹译，上海译文出版社，2013，第1页。

本《选集》后记

早上的太阳，是那么温暖，那么明丽，给人带来无限的遐想！贵州省的高等教育就像初升的太阳，正处于上升的阶段。

铜仁学院是贵州高等教育高质量发展的缩影。铜仁学院于2020年获得硕士授权单位和三个硕士授权点之后，又提出了在建设硕士点的同时培育博士授权单位和马克思主义理论一级学科博士授权点的目标。我作为马克思主义理论一级学科硕士授权点和博士授权点培育的负责人，有责任和义务为马克思主义理论一级学科硕士授权点和博士授权点培育尽自己的绵薄之力。加快这本《选集》的编辑和修订，就成了应然之举。因为我过去关注、研究了几十年的文化及其校园文化，不正好是在为马克思主义理论一级学科硕士和博士研究生在文化及校园文化方面的研究开疆拓土吗？这是我研究文化及校园文化时所没有想到的，也是人生不确定性的表现。

这次修订，还对所有文献进行了核对，尤其是把马克思、恩格斯的相关文献尽可能追踪到了《马克思恩格斯全集》。这样做，有时为了一则文献要花费几个小时的时间和精力，但我乐在其中，作为一个学者原本就应该如此。然而，遗憾的是，在目前的学界，文献出现差错或以讹传讹者不在少数。在文献引用方面偶尔出现差错，在所难免，包括我自己在内，但还是要努力减少。这是一个学者基本的坚守，也是学者的基本功！在这次修订的过程中，硕士研究生李世梅、孟祥旭、王楠、张希望、杨秀奇、李泽朋、石天鹏、张秀做了不少工作，在此表示感谢！

看着挂在西天的那一片灿烂的晚霞，放下这本《选集》的编辑和修订工作，有一种如释重负的感觉。

侯长林

2023年6月18日于铜仁学院学科楼513室